CB139448

Direito do Trabalho em Perspectiva

Uma viagem pelo Direito do Trabalho.
Progresso ou retrocesso?

COORDENAÇÃO

LORENA DE MELLO REZENDE COLNAGO

LTr

Direito do Trabalho em Perspectiva

Uma viagem pelo Direito do Trabalho. Progresso ou retrocesso?

Homenagem dedicada ao jurista

José Alberto Couto Maciel

LTr®

LTr Editora Ltda.

© Todos os direitos reservados

Rua Jaguaribe, 571
CEP 01224-003
São Paulo, SP — Brasil
Fone (11) 2167-1101
www.ltr.com.br
Novembro, 2024

Produção Gráfica e Editoração Eletrônica: RLUX
Projeto de capa: DANILO REBELLO
Imagem da capa: pintura de autoria do homenageado
Impressão: LOG & PRINT GRÁFICA E LOGÍSTICA

Versão impressa — LTr 6443.6 — ISBN 978-65-5883-325-3
Versão digital — LTr 9927.9 — ISBN 978-65-5883-326-0

Dados Internacionais de Catalogação na Publicação (CIP)
(Câmara Brasileira do Livro, SP, Brasil)

Direito do trabalho em perspectiva : homenagem ao jurista
José Alberto Couto Maciel / Lorena de Melo Rezende
Colnago, coordenação. — São Paulo : LTr, 2024.

Vários autores.
Bibliografia.
ISBN 978-65-5883-325-3

1. Direito do trabalho 2. Direito do trabalho – Brasil 3. Homenagem
4. Juristas – Bbliografia 5. Maciel, José Alberto Couto I. Colnago,
Lorena de Melo Rezende.

24-225285 CDU-34:331 (81)

Índice para catálogo sistemático:

1. Brasil : Direito do trabalho 34:331 (81)

Cibele Maria Dias — Bibliotecária — CRB-8/9427

SUMÁRIO

JOSÉ ALBERTO COUTO MACIEL

HOMENAGEM DOS FILHOS

São seis os filhos do meu pai, sou a mais velha, a das mais antigas memórias. Ele tinha 27 anos quando nasci. Desde pequena, mais do que era costume na época, ele acompanhava muito de perto nosso cotidiano, meu e de minha irmã, fazia os trabalhos de escola comigo, de um modo absolutamente inventivo, o que às vezes me deixava desconcertada, eram muito diferentes do resto da turma. Ele respondia: "filha, a gente tem sempre que fazer do nosso jeito, não tem que seguir ninguém". E lá ia eu, repetindo a frase que ecoa em mim até hoje. Assim ele é, assim me fiz. Acompanhei de perto a paixão pelo Direito, as discussões sobre processos, os fins de semana de intensa leitura e escrita, mas que guardavam um espaço para as brincadeiras e exercícios. Tudo ainda no começo. A vida se fazendo. E se fez com inteireza, força e ousadia. Meu pai é essa onda explosiva de afeto, de intensidade, de paixões. Com múltiplos interesses, enfrentando desafios sem pensar muito, mergulhando de cabeça na vida, essa sim, sua maior paixão. Entre textos, pinturas, música e uma vontade imensa de se conhecer, ele nos diz a todo o momento, a nós, os seis filhos, aos nossos filhos e ao filho da minha filha, que é com amor, bons pensamentos e ações que nos tecemos, entre erros e acertos. O tempo inscreve no seu corpo o amor que recebe e que dá, e que o faz infinitamente humano.

Te amo,

Adriana

Falar do meu pai é sempre falar de amor, admiração e sabedoria.

Me orgulho mais e mais a cada dia desse homem que acompanho a trajetória e de quem tenho a sorte grande de ser filha, e minha filha tem a sorte grande de ter esse avô.

Me emociono ao ver sua entrega e sua gana de viver, que transborda e contagia.

E vive muito, com grandes paixões… sua família, seu trabalho.

Suas pinturas em telas, papéis, paredes, pedras, árvores, colorindo nossas vidas.

Seu assovio – a música que sempre está presente.

Os esportes, a disciplina e o gosto pelo cuidado corporal.

Nossas caminhadas e pedaladas, aonde deixamos a cumplicidade e as conversas soltas.

Que capacidade incrível de se dividir em tantos e ser tão inteiro em cada parte!!!

Aprendo com você o que é sonhar e realizar, o que é disciplina e respeito.

O que é acreditar, confiar e entregar.

Um pai que agrega, que multiplica e divide amor da forma mais generosa.

É muita honra e muita riqueza ser sua filha! Só agradeço,

Amor infinito

Renata

Falar do meu pai é falar sobre toda uma vida juntos.

Seja em família ou no trabalho, em momentos bons ou ruins, sempre estivemos lado a lado.

Sempre o tive como referência em tudo que fiz e faço, tentando absorver um pouco do seu talento,

principalmente na profissão, uma vez que artisticamente não tenho o dom e a facilidade que ele tem.

É admirável também o modo como lida com as adversidades e a força que tem para revertê-las.

Espero que continuemos juntos por toda vida, com a admiração de sempre.

Te amo,

Bruno

Pai, sinto muito orgulho de ser sua filha. Uma de suas principais características é a generosidade, sempre ajudando a todos sem questionar o porquê. Também é marcante a sua alegria pela vida e a sua capacidade de se reinventar. Como profissional, me influenciou a fazer minha segunda graduação, em Direito, me inspirando com suas soluções e visão única para os nossos processos judiciais. Você merece todas as homenagens!

Te amo,

Paula

Pai, não tem nada mais fácil e ao mesmo tempo mais difícil do que fazer uma homenagem a você.

Mais fácil porque você merece todas as maiores e mais lindas palavras do mundo, e, por isso mesmo, tão difícil, pois você representa tanto pra mim que nem sei por onde começar! Então, vou tentar ser breve e usar algumas palavras que representam o meu olhar sobre o seu caminhar pela vida:

Pai,

Como profissional: honestidade, dedicação, esforço e sucesso

Como pai: puro amor, inspiração, exemplo, ensinamentos

Como avô: coração, carinho, presença, entrega

Como vida: grandiosidade, gratidão, bondade, superação

Que pessoa incrível você é;

que privilégio enorme ser sua filha e dividir a vida com você!

Juntos moramos, dividimos conversas, sonhos, planos e inúmeras risadas de piadas que se repetem ao longo dos anos; a presença diária de seu assovio e as músicas que cantarola pela casa e pela vida; os medos e receios, os momentos difíceis e as nossas ideias de como melhorar; compartilhamos as dores e as alegrias, as preocupações e as soluções; as inúmeras cartas tão lindas e sinceras que dizem tudo de maneira tão delicada; as poesias que publicamos juntos; as cores que pintam o mundo e o nosso interior; o amor! Ah, o amor... seu maior legado!

Obrigada por tudo e por tanto!

Te amo,

Manu

Meu pai é um homem admirável, criou uma família linda e unida, é amado por todos, superou inúmeros desafios pessoais e profissionais durante sua vida sem nunca perder a sua essência, o seu coração e a sua visão da vida.

Por toda a minha vida, meu pai sempre esteve presente, nos maiores e menores momentos, demonstrando um amor incondicional por toda a família, fazendo de sua missão de vida dar a melhor qualidade possível para a vida de seus filhos e de sua esposa, minha mãe.

Meu confidente, sempre me ajudou e continua ajudando a superar as ansiedades e medos que me vêm à cabeça.

Se tivesse que escolher duas características que mais admiro nele, diria que são o seu coração e a sua resiliência, qualidades que me baseio diariamente para evoluir como pessoa e como profissional.

Sempre tive como seu ensinamento que a vida é muito melhor quando passamos ao lado de nossa família, nossos filhos, esse é o segredo para uma vida feliz.

Me espelho muito em você, pai, para sempre evoluir como pessoa, como filho, marido e, agora, como pai. Se eu puder ser para a Antonella metade do pai que você é para mim, já serei extremamente feliz!

Obrigado por tanto sempre! Te amo!

Pedro

Esposa e filhos ao redor do homenageado.

A mãe Ruth Couto Maciel.

O pai Anor Butler Maciel.

Criança com brinquedo.

Com a mãe Beta, a tia, tio e os irmãos,
é o menor a frente de suspensórios.

Aniversário de 60 anos com os irmãos Tereza e Guido.

Nosso homenageado em seu ateliê

Jogando golfe, esporte que gosta muito.

Andando de bicicleta com o genro Bruno e o neto Bento.

Foto tirada em 31.12.23 comemorando
37 anos de casado.

Homenagem que a neta Raissa fez ao avô em viagem recente de navio no Natal de 2023.

Viagem de navio com toda a família no Natal de 2023.

Com o Min. Arnaldo Sussekind e Arnaldo Prieto na Comissão de Elaboração do CLT.

Formatura Faculdade de Direito.

Como presidente do Instituto dos Advogados do DF com o Ministro Carlos Mário Velloso e o Jurista Miguel Raeale.

Entregando medalha ao Min. Moreira Alves do STF como presidente do Instituto dos Advogados do DF.

Em comemoração aos 25 anos de suas atividades jurídicas, foi inaugurada pelo Presidente do TST Ministro Luiz José Guimarães Falcão, a nova sede da Advocacia Maciel.

Inauguração da atual sede do escritório
com a presença do Presidente do TST
Min. Ronaldo Lopes Leal em 23.08.2006.

Plantando a árvore no bosque do
Supremo Tribunal Federal quando
presidente do Instituto dos Advogados do DF.

Cantor Tony Bennett autografando
uma camiseta na partida de tênis
que jogaram juntos em Brasília.

Mural feito para o Instituto Histórico e Geográfico de Brasília.

2000 Outstanding People of the 20th Century

Incorporating the Outstanding Achievement Awards

This is to certify that

Jose Alberto Couto Maciel

is included in

2000 Outstanding People

of the 20th Century

in honour of an Outstanding Contribution to

Labour Lawyer

Signed and Sealed at the

International Biographical Centre

Cambridge, England

Authorized Officer

Date July 1997

APRESENTAÇÃO

Homenagear o Dr. José Alberto Couto Maciel não é uma tarefa fácil. Ser humano querido por todos que estão à sua volta pela sua delicadeza, atenção e generosidade. Jurista de escol, que participou ativamente da formação do Direito do Trabalho Brasileiro desde sua juventude. A marcante obra "Direito do Trabalho ao Alcance de Todos", com a marca de um milhão de cópias e primeiro livro de Direito do Trabalho traduzido para o braile, ganhador do prêmio "Livro de Ouro", é *best-seller* em sua categoria. Sua preocupação era alcançar o máximo de trabalhadores para a informação sobre os seus direitos, de forma simples e didática. Promoveu de modo precursor a inclusão social para que o trabalhador pudesse exercer o *jus postulandi* nos tribunais trabalhistas brasileiros. Não há estudante do Direito do Trabalho que não tenha lido essa importante obra.

Cidadão honorário de Brasília, José Alberto Couto Maciel faz parte da Academia Brasiliense de Letras.

Advogado que influenciou gerações, com incrível respeito em todas as Cortes Trabalhistas, mas também no Supremo Tribunal Federal, onde atuou como Secretário Jurídico junto ao Ministro Eloy José da Rocha (1967/1968).

Iniciou sua vida profissional como vendedor da Revista "Senhor" em 1957. Foi datilógrafo do Cartório Marcio Braga – 23º Ofício de Notas do Rio de Janeiro. Em 1962, foi nomeado Redator da Agência Nacional da Presidência da República. Em 1965 e 1966, foi chefe do Cartório de Protesto do 1º Ofício de Brasília. Foi advogado da Agência Nacional da Presidência da República (1969), do Banco Nacional de Crédito Cooperativo (década de 70), da Superintendência da Zona Franca de Manaus, da Comissão de Financiamento da Produção e do Ministério do Trabalho, este último por dez anos.

Foi Procurador da LBA e da Presidência da República, onde se aposentou. Foi membro curador do FGTS. Integrou a Comissão de Atualização da CLT (1975) presidida pelo Ministro Arnaldo Süssekind, tendo sido Presidente da Comissão de Economia de Combustíveis, do Ministério do Trabalho, em substituição ao Ministro Mozart Victor Russomano. Integrou Grupo de Trabalho formado no Ministério das Relações Exteriores para estudar a situação do trabalhador brasileiro junto aos organismos internacionais.

É professor licenciado do Centro de Ensino Unificado de Brasília, nas disciplinas Direito Processual e Individual do Trabalho, onde leciona até os dias atuais nos cursos de Pós-Graduação. Leciona no curso de Pós-Graduação em Direito Processual da Universidade Mackenzie.

Em seu escritório sempre acolheu a todos que pretendessem saber um pouco mais sobre o Direito do Trabalho e sua história. Integra várias academias e institutos nacionais e internacionais - Instituto dos Advogados do Distrito Federal, do qual foi presidente; Instituto dos Advogados de São Paulo; Instituto dos Advogados do Rio Grande do Sul; Instituto Latinoamericano del Derecho del Trabajo y de la Seguridad Social; Instituto Iberoamericano de Direito del Trabajo; Centro Latinoamericano de Derecho Procesal del Trabajo; Asociación Latinoamericana de Juristas del Derecho del Trabajo y de la Seguridad Social e Academia Brasileira de Direito do Trabalho (ABDT). Na ABDT ocupa a cadeira n. 61, que teve por patrono o Ministro Carlos Mario da Silva Veloso, grande amigo do nosso homenageado, e 1º titular, Oswaldo Mezadri. É um dos acadêmicos com reputação mais que invejável e respeitabilidade ímpar. Suas manifestações são lidas e ouvidas com atenção e deferência pelos confrades e confreiras, alguns dos quais dedicaram tempo e carinho para escrever os artigos que aqui se encontram, além de amigos e admiradores de todos os Estados da Federação. Não há advogado ou advogada que não o tome por exemplo para trilhar a carreira da advocacia. As palavras de seu amigo e confrade, Ministro João Batista Brito Pereira, nesta obra, demonstram sua importância. É fundador e membro do Escritório Advocacia Maciel, com sede em Brasília e atuação em todo território nacional.

Natural de Porto Alegre-RS. Nascido em 31 de julho de 1940. Filho de Anor Butler Maciel e Ruth Couto Maciel. Fez os cursos primário e secundário no Rio de Janeiro, no Colégio Nova Friburgo da Fundação Getúlio Vargas, Guido de Fontgalland e Mallet Soares. Formou-se pela Faculdade de Direito Candido Mendes em 1965.

Seu legado não se resume ao mundo jurídico. Atua ativamente em obras sociais no Distrito Federal. É exímio pintor, com um talento inato, dentre suas pinturas mais conhecidas destacamos a escolhida para ilustrar a capa desta homenagem. Apaixonou-se pelas artes quando tinha 10 anos e conheceu o ateliê de Iberê Camargo, amigo de seu pai, no bairro da Lapa, no Rio de Janeiro. Essa paixão frutificou e confluiu para a produção de inúmeros trabalhos que periodicamente são expostos nas galerias do Distrito Federal. "Quadros, desenhos e pinturas em cerâmica revelam a alma criativa em cores fortes e alegres, traço firme, dinâmica de movimentos e a influência do cubismo" - conforme a jornalista Bernadete Alves. É admirador de Pablo Picasso e pinta por intuição, após os primeiros traços.

Na vernissage, que ocorreu em outubro de 2022, no Espaço Oscar Niemeyer, situado na Praça dos Três Poderes (Brasília-DF), apresentou a exposição 'Espelho de um Percurso', documentada em um catálogo de 146 páginas, com tiragem de 500 exemplares para distribuição, conforme sua filha, Adriana Maciel. No mesmo evento foi lançada sua biografia "Vida Vivida – Histórias de um Advogado". Pintou retrato de vários acadêmicos e acadêmicas da ABDT.

Toca bateria e guitarra. Joga tênis, squash e golf. É escritor de obras literárias, além de autor de mais de cinquenta livros especializados em Direito do Trabalho, dentre eles, duas monografias premiadas pelo Tribunal Superior do Trabalho. Um de seus últimos artigos, "Do Direito do Trabalho desde sua origem até os dias atuais – Retrocesso?", argumenta e denuncia um possível retrocesso nos direitos trabalhistas nos dias atuais.

Faltam-me palavras para descrever a completude do ser humano e jurista José Alberto Couto Maciel, apelidado carinhosamente pelo Dr. Roberto Rosas de "poliedro humano". Tive a feliz oportunidade de conhecer o Dr. Couto Maciel mais de perto no período eleitoral para a integrar a cadeira n. 11 da prestigiada Academia Brasileira de Direito do Trabalho. Além de uma recepção acolhedora, pude ouvir de várias pessoas que trabalham em seu escritório histórias de humanidade, ajuda e carinho durante momentos importantes de suas vidas, de integração plena com vários trabalhos grandiosos na comunidade mais carente do Distrito Federal, além de desfrutar da belíssima estória de vida do confrade, que se mistura com a história do Direito do Trabalho Brasileiro.

Agradeço a preciosa ajuda da Dra. Mônica Maciel, sua esposa; da cuidadosa Carmen Luiza, sua secretária; e de sua editora, a LTr, na pessoa da estimada Beatriz Casimiro Costa, para que o projeto pudesse ser concretizado. Assim, é com imensa alegria que entrego aos leitores essa singela e carinhosa homenagem.

Lorena de Mello Rezende Colnago

UM POLIEDRO HUMANO

Roberto Rosas(*)

Num poliedro as faces poligonais refletem claridade, luz, brilho, como nos cubos e pirâmides, assim tem sido José Alberto Couto Maciel, uma cintilante vida polimorfa, nas várias passagens poliédricas de sua vida que acompanho nos últimos quarenta anos.

Maciel é uma das faces poliédricas do advogado, não um advogado, mas o excelente causídico enunciador de vastas vitórias trabalhistas a formar um dos principais escritórios especializados no Brasil. Vi-o na galeria do Hotel Nacional em Brasília, no escritório de seu pai. Anor Butler Maciel e Luiz Carlos Bettiol, em cima de conhecida agência empresa aérea, ali irradiou-se e fez o seu nome.

Ao lado, vem o escritor não só de respeitáveis e lúcidos livros jurídicos, mencionados nesta obra coletiva, louvada pelos maiores especialistas, e, por isso, foi admitido na Academia Brasileira de Direito do Trabalho. Aplaudi sua entrada na Academia Brasiliense de Letras, aqui expressado no poeta, sem esquecermos essa veia do Maciel, que o leva ou traz à música, para surpresa de todos ao instrumento musical, seja o saxofone, ou qualquer um, porque ele tem ouvido absoluto para ouvir ou para cantar com Cauby Peixoto.

Não esqueçamos o excelente administrador demonstrado na presidência do Instituto dos Advogados do Distrito Federal — IADF e na estruturação do seu excelente escritório.

Esse poliedro humano não se exaure nestas poucas linhas, deixadas de entusiasmo por um excelente ser humano, de filho a pai extremado, a profissional exemplar, é um irradiador de positividade.

(*) Ex-Presidente do IADF. Professor Titular da Faculdade de Direito da UnB. Ex-Conselheiro Federal (20 anos).

JOSÉ ALBERTO COUTO MACIEL
UM AUTOR POLÍPTICO

Pedro Gordilho

Sua vida e sua obra estão assentadas sobre vários patamares, sempre subordinados ao bom gosto, às amizades bem cultivadas, às artes plásticas, à devoção ao Direito, ao brilhante exercício profissional e à produção intelectual, revelada nos mais de quarenta livros que publicou, destacando-se "Direito do Trabalho ao alcance de todos", escrito no longínquo ano de 1970 e reeditado inúmeras vezes, alcançando a marca rara de obra jurídica mais vendida, no mundo, em sua categoria.

No corrente ano de 2023, José Alberto Couto Maciel completará cinquenta e sete anos de inscrição na OAB/DF, eis que iniciou sua carreira profissional em 1966, logo interrompida ao exercer a função de Secretário Jurídico do saudoso Ministro do STF Eloy José da Rocha, um notável magistrado, que possuía formação jurídica marcadamente no âmbito do Direito do Trabalho, despertando no jovem assistente o gosto por este relevante ramo da justiça especializada.

O poeta e o artista plástico se completam. O lirismo, as esculturas, os rostos enigmáticos, criados pelo artista, são timbrados pela originalidade, beiram o excepcional, ilustrando um ineditismo saliente, que toca ao sentimento de todos quantos têm a graça especial de conhecer a sua obra.

Tudo isso sem prejuízo de seu pensamento sobre a condição humana, da instabilidade própria do homem, fragilizada diante das intempéries que exsurgem no quadro sombrio que se alevanta diante de todos nós, marcadamente dos desassistidos.

Numa tal preeminência, José Alberto Couto Maciel tem se conservado, cercado da máxima veneração e carinho, sem que ninguém lhe dispute a posição conquistada por *droit de conquête*, sem que a inveja ou o despeito lhe ofusquem a glória imperecível. Em torno de sua figura se estabeleceu o consenso unânime do seu meio: ele é o maior, aquele cujos trabalhos forenses, cujas obras jurídicas, cujos trabalhos literários e artísticos têm mais peso pelo saber e pela autoridade de que se revestem.

Em tudo continua fiel a si mesmo, como se conservasse, dentro de um esquema preestabelecido, por uma vontade férrea. As honrarias, as homenagens, os muitos aplausos, as seduções de qualquer espécie não o demoveram jamais do rumo ou do estilo adotado, em consonância com os impulsos mais constantes do seu temperamento severo.

Desejo agora focalizar sua visão inconformista em face do mundo marcado pelo egoísmo e pelo desprezo aos desprotegidos. Para tanto, vou retroagir. O que é a Economia? A organização, a repartição da produção em função das populações, do seu bem-estar? Ou será a utilização e, ainda, a exclusão de populações inteiras em função de flutuações financeiras anárquicas, ligadas apenas ao lucro? Estamos em uma economia verdadeira ou, ao contrário, na sua negação?

Empregos mal pagos, flexibilizados, despedaçados em trabalhos precários, deslocalizados. Falta de garantias. Demitir, desregular, transferir, fundir, privatizar, especular: quantas medidas claramente nefastas para o emprego, mas afirmadas como favoráveis, já que servem ao lucro, à rentabilidade, logo, ao crescimento, quer dizer, segundo o dogma clássico, às próprias condições de retorno ao emprego...

Uma história conhecida e mal contada. A globalização. É uma praga? Responde nosso homenageado:

> A globalização é um processo de internacionalização da economia, objetivando unificar mundialmente os mercados. É ela válida, desde que respeitados os direitos sociais e a soberania de cada Estado.

É sempre assim? Não é o que acontece, informa com precisão cirúrgica:

> Parece-me que, em nome da economia, estão sendo quebradas as tradições e a solidariedade do país, com o sucateamento do patrimônio público, a destruição dos direitos sociais e dos salários, a precarização das relações de trabalho e o corte de gastos públicos, principalmente na área social.

Economia e Direito. Sempre houve uma correlação história, ensina, mas a experiência comprovou que a predominância da primeira leva a um liberalismo que escraviza. Acrescenta:

> Agora, novamente floresce, com outra roupagem, e com termos novos – como globalização e neoliberalismo –, a retomada do Estado liberal, como se fosse uma desejada novidade. Aparece então a economia predominando sobre o direito, objetiva-se a redução de custos, o aumento da produtividade, e em nome desse movimento pretende-se desregulamentar o direito, enfraquecer os Tribunais e flexibilizar a própria Constituição, reduzindo garantias fundamentais e direitos básicos do trabalhador brasileiro. É essa influência da globalização sobre os direitos trabalhistas que devo expor mais detalhadamente.

A globalização no Brasil é, especialmente, danosa, discorre:

> No direito do trabalho duas são as principais consequências da globalização em países do terceiro mundo, especialmente no Brasil. A primeira delas é o desemprego, e a segunda, a desregulamentação do direito do trabalho.

Numa visão realista, quase apocalíptica, escreve o homenageado, com indeclinável saber:

> O que se vê é que as mudanças na forma de produzir e comercializar são bem mais rápidas do que as regras internacionais de garantias da própria soberania de cada Estado, e, nessa defasagem entre o fato (produção e comercialização) e o pacto (regras internacionais de regulamentação), surge o grande interessado, que não possui identidade nacional: a multinacional, empresa que se apodera dos mercados mundiais não importado o interesse social, mas apenas o lucro.
>
> A consequência lógica dessa globalização desenfreada, da qual se aproveitam as grandes corporações multinacionais e não o próprio Estado em favor de seus cidadãos, é a falência das empresas nacionais, com o correspondente desemprego dos que nela trabalham, ou seja, aumenta-se o emprego no exterior e desemprega-se dentro do país, em nome da globalização.

Trata-se de um ensaio brilhante, de irrecusável atualidade, que enaltece, sobremaneira, o pensamento jurídico e também político do nosso estimado colega. Oferece proposições relevantes e factíveis no tocante à falada desregulamentação do direito do trabalho, esclarece como flexibilizar, levando a cabo seu notável trabalho com esta gravíssima advertência:

> Concluindo, parece-me que deve haver uma reflexão profunda sobre a escolha de intervenção nesse tempo de globalização, pois não há viabilidades de independência global. Ou o Estado continua intervindo, de forma mais racional e nos limites *mínimos, em favor do trabalhador, ou receberá ele a intervenção de corporações internacionais que se sobrepõem ao Estado em nome da globalização da economia. Esse é o grande dilema que se apresenta para o futuro recente.*

Referência

MACIEL, José Alberto Couto. *Visão da Advocacia Maciel no Direito do Trabalho, Direito do Trabalho e globalização*. 1. ed. RJ, ISBN 978-85-67477-00-8, s/data.

O ADVOGADO JOSÉ ALBERTO COUTO MACIEL

João Batista Brito Pereira(*)

1. O contexto

Não resisti ao convite de saudar o Dr. José Alberto Couto Maciel, advogado e professor que me ensinou os primeiros passos na advocacia.

Quando servidor da Secretaria do Tribunal Superior do Trabalho, eu era o responsável pelo atendimento aos advogados, entre muitos o Dr. Couto Maciel — entregando-lhes, mediante "carga", os autos dos processos com intimação para as partes e recebendo-os na devolução. Concluí o curso de Direito em 1981 e em dezembro daquele ano recebi um bilhete do Dr. Couto Maciel, advogado prestigiado no TST, oferecendo-me a oportunidade de advogar no seu escritório. De imediato, liguei para o escritório e solicitei-lhe uma audiência. Poucos dias depois, conversamos e logo mostrei-lhe meu interesse em aceitar o desafio e iniciar na advocacia.

O Dr. Maciel reiterou o convite e aconselhou-me a pensar com calma sobre a ideia de deixar o serviço público para começar na advocacia, mostrou-me as dificuldades e as perspectivas da profissão e sugeriu-me contar nossas conversas ao meu chefe no TST e pedir-lhe aconselhamento. Assim eu fiz e recebi o apoio imediato do Dr. Hegler Barbosa, Diretor da Secretaria do Tribunal que me deu conselhos e orientações para o novo projeto de vida.

Muitos amigos com quem conversei sobre essa ideia me encorajaram e concluí que aquele era o momento de avançar com um olhar para o futuro. Em novas conversas com o Dr. Maciel, mostrei-lhe minha disposição para enfrentar o desafio. Combinamos que depois das férias prosseguiríamos com as conversas. No início de 1982, voltamos a conversar e combinamos que eu deixaria o Tribunal e, a partir de então, poderia iniciar no escritório.

Concedida minha exoneração e publicada no Diário Oficial do dia 2 de junho, poucos dias depois iniciei no escritório, uma inesquecível escola de advocacia, com ênfase na ética profissional, na qualidade, na atenção para com o cliente e respeito aos colegas, sob a orientação pessoal do Dr. Maciel, a quem passei a acompanhar em audiências e sessões nos tribunais.

(*) Advogado, Ex-Presidente do Tribunal Superior do Trabalho e Membro da Academia Brasileira de Direito do Trabalho. jbbritopereira@gmail.com.

Deixei a advocacia trabalhista em maio de 1988, quando ingressei no Ministério Público do Trabalho, mediante concurso público de provas e títulos. Em maio de 2000, assumi o cargo de Ministro do Tribunal Superior do Trabalho e, em abril de 2021, requeri minha aposentadoria.

Reconheço que tanto no exercício da advocacia quanto dos cargos públicos (Ministério Público e Magistratura) pude seguir muitos dos ensinamentos recebidos na escola da boa advocacia do Dr. José Alberto Couto Maciel.

Pois bem, esse é o advogado e professor José Alberto Couto Maciel, um profissional de sólidos conhecimentos na área do direito, dedicado à advocacia. Do que conheço, o Dr. Couto Maciel se dedica à advocacia de reconhecida qualidade, desde a década de 1970, com ênfase no Direito do Trabalho e, desde sempre, goza de grande admiração e prestígio entre magistrados, membros do Ministério Público e advogados.

Registro, ainda, sua ampla atuação perante o Supremo Tribunal Federal até hoje, experiência, que somada à de advogado militante perante o TST, escreveu livros em *Comentários às Decisões do Supremo Tribunal Federal em Matéria Trabalhista*[1], de inegável importância para a comunidade jurídica da época. Uma obra indispensável para advogados, consultores e pesquisadores.

Os anais do Tribunal Superior do Trabalho mostram que, no primeiro dia de julgamentos naquele Tribunal após sua instalação em Brasília (na Praça dos Tribunais Superiores), o Dr. Maciel lá estava, de beca, proferindo sustentação oral na defesa de teses em favor dos seus clientes e, desde aquele maio de 1971, tornou-se um dos advogados mais assíduos e prestigiados do TST.

Entre os diversos recursos de competência do Tribunal Superior do Trabalho, o Recurso de Revista, a meu ver, é o mais importante e mais complexo deles; um recurso inegavelmente de natureza extraordinária. Em 1991, o Dr. Couto Maciel lançou o livro sobre o *Recurso de Revista*[2] (um dos seus mais de 50 livros já publicados). A apresentação dessa obra é do Ministro Guimarães Falcão, então Presidente do Tribunal Superior do Trabalho, o qual, ao abordar a importância desse tema na doutrina, destacou a valiosa contribuição que o autor deu ao estudo do direito processual do trabalho com essa obra, realçando:

> O Recurso de Revista quase sempre esteve embutido no conteúdo geral das obras jurídicas versando sobre o processo do trabalho, o que pouco contribuiu para que os advogados o dimensionassem corretamente quanto às exigências técnicas para poder prepará-lo desde o instante em que a prova é feita na fase da instrução processual e, acima de tudo, quando da fundamentação do acórdão pelo Tribunal Regional. O direito de recorrer de revista depende inteiramente do que consta expressamente do acórdão do TRT.

---

(1) LTr Editora: Volume I, 1982; Volume II, 1984 e Volume III, 1988.
(2) LTr Editora: 1991.

José Alberto Couto Maciel, advogado militante do Tribunal Superior do Trabalho e Supremo Tribunal Federal, que além disso é juslaboralista e mestre em Direito Processual do Trabalho, conhecido e consagrado, nos brinda com uma obra jurídica que considero valiosíssima, versando especificamente sobre o Recurso de Revista na Justiça do Trabalho, onde trata de matéria tão árida e enigmática, de forma clara e objetiva. José Alberto Couto Maciel aponta os caminhos para a perfeita compreensão desse difícil recurso trabalhista, onde a divergência jurisprudencial na interpretação de um tema jurídico é facilmente confundida com fatos provados de forma distinta em ações idênticas versando, sobre o mesmo tema jurídico.

De todo o trabalho que reputo de grande valia pelo jurista Couto Maciel sobre o Recurso de Revista destacaria, para dar ênfase e até mesmo alertar aos profissionais do direito, o que trata da necessidade do prequestionamento explícito do tema versado na Revista pelo acórdão do TRT.

2. O escritório

Pelo que sei, o primeiro escritório de advocacia do Dr. Maciel foi instalado em sala alugada no Conjunto Nacional, no centro de Brasília. Depois, em 1982, mudou-se para salas no 5º andar do ed. Seguradoras, no Setor Bancário Sul, bem próximo do TST, onde advoga, desde 1971, quando o tribunal foi instalado em Brasília.

Hoje seu escritório em Brasília está instalado em prédio próprio com cerca de 4.000m², atende inúmeras empresas, clientes em todo o território nacional, perante o primeiro e o segundo graus de jurisdição e nos Tribunais Superiores, na Justiça do Trabalho e na Justiça Comum (quanto a estes, na área cível) e no Supremo Tribunal Federal. Conta com cerca de 60 advogados especializados (trabalhista e cível), além dos escritórios parceiros em todos os estados da federação.

Penso, por isso, que um dos inúmeros modos de homenagear o Dr. Couto Maciel seja relatar ao menos uma parte da história remota do Tribunal Superior do Trabalho, que vai desde a instalação de sua sede na Praça dos Tribunais Superiores até 2006, quando mudou-se para o seu novo edifício-sede (recém-construído) no Setor de Administração Federal Sul (SAFS), Quadra 8 — Lt 1; uma história vivida por esse consagrado profissional do direito, que até hoje é um dos mais assíduos causídicos perante essa Corte, onde seu escritório patrocina mais de 20.000 causas.

3. Personagens da inauguração da sede do TST na Praça dos Tribunais Superiores em Brasília

O Tribunal Superior do Trabalho foi criado em 9 de setembro de 1946 pelo Decreto-Lei n. 9.797/1946 e instalado no dia 23 daquele mês no Rio de Janeiro, então capital do Brasil. No dia primeiro de maio de 1971, ao completar seus primeiros 25 anos de existência, vindo do longínquo estado da Guanabara, instalou-se em Brasília, na Praça dos Tribunais Superiores (um edifício de pouco mais de 7.000m^2), onde se realizou sua primeira sessão em Brasília: a sessão solene de instalação do seu novo endereço na capital da República.

Naquela ocasião, com 17 membros, era composto pelos eminentes Ministros: Thélio da Costa Monteiro, Presidente; Arnaldo Lopes Süsssekind, Vice-Presidente; Fernando Carneiro da Cunha Nóbrega, Corregedor-Geral da Justiça do Trabalho; Adílio Tostes Malta; Hildebrando Bisaglia; Geraldo Starling Soares; Fortunato Peres Júnior; João de Lima Teixeira; Raymundo de Souza Moura; Renato Gomes Machado; Mozart Victor Russomano; Antônio Rodrigues Amorim; Elias Bufaiçal; Jeremias Marrocos de Moraes; Luiz Roberto Rezende Puech; Pedro Luiz Leão Velloso Erbet e Miguel Mendonça.

Estiveram presentes à solenidade o Ministro da Justiça, Professor Alfredo Buzaid; o Presidente do Supremo Tribunal Federal, Ministro Aliomar Baleeiro; o Presidente do Tribunal Superior Eleitoral, Ministro Djaci Falcão; o Presidente do Senado Federal, Senador Petrônio Portela; o Governador do Distrito Federal, Coronel Hélio Prates da Silveira, entre outras altas personalidades.

Naquele dia, após o discurso de instalação proferido pelo Ministro Presidente, falou o Procurador-Geral da Justiça do Trabalho (título da época), Dr. Marco Aurélio Prates de Macedo[(3)], e o Presidente do Tribunal Regional do Trabalho da 5ª Região, o Juiz Carlos Coqueijo Torreão da Costa[(4)], em nome dos Tribunais Regionais do Trabalho.

O Tribunal procedeu à imposição das primeiras condecorações da Ordem do Mérito Judiciário do Trabalho. O discurso em nome do Conselho da Ordem foi pronunciado pelo Ministro Mozart Victor Russomano e, em nome dos agraciados, pelo Ministro Aliomar Baleeiro.

Na inauguração da Sala dos Advogados, falou em nome dos advogados o Dr. Moacyr Belchior (Presidente da seccional da OAB no Distrito Federal).

No dia 12 daquele mês de maio, realizou-se a primeira sessão plena do TST em Brasília, com pauta de julgamentos. Na ocasião, o Tribunal foi saudado pelo Dr. Hugo Gueiros Bernardes, Vice-Presidente da seccional da OAB no Distrito Federal. Naquele dia, entre os primeiros advogados a proferirem sustentação oral no Pleno do TST na nova sede estavam: o saudoso Dr. Alino da Costa Monteiro, o Dr. José Torres das Neves, o Dr. Ursulino Santos Filho[(5)], o **Dr. José Alberto Couto Maciel**, o Dr. Ulisses Riedel de Rezende, o Dr. Carlos Arnaldo Selva e tantos outros ilustres causídicos.

---

(3) O Dr. Marco Aurélio Prates de Macedo tornou-se Ministro deste Tribunal (vaga do MPT), no período de 3.4.1980 a 22.8.1991 e foi seu Presidente no período de 19.12.1988 a 5.2.1991.

(4) O Dr. Carlos Coqueijo Torreão da Costa foi Ministro do TST no período de 1º.12.1981 a 20.1.1988 e seu Presidente no período de 19.12.1984 a 19.12.1986.

(5) O Dr. Ursulino Santos Filho foi Ministro do TST (vaga de Advogado) no período de 30.11.1989 a 27.8.2000 e aposentou-se no exercício do cargo de Vice-Presidente do Tribunal.

No dia 13 seguinte, na sessão da Primeira Turma, sob a presidência do Ministro Mozart Victor Russomano, o primeiro advogado a proferir sustentação oral foi o devotado Dr. Leopoldo César de Miranda Lima[6].

No mesmo dia 13 daquele maio de 1971, na Terceira Turma, em sessão presidida pelo Ministro Adílio Tostes Malta, o Dr. José Torres das Neves foi o primeiro a fazer sustentação oral.

No dia 18 seguinte, realizou-se a sessão da Segunda Turma, de que era Presidente o Ministro Raymundo de Souza Moura. Ali, o primeiro a realizar sustentação oral foi o saudoso Dr. José Francisco Boselli.

No dia 19 de dezembro de 2005 (último ano em que o TST foi sediado na Praça dos Tribunais Superiores[7] — próximo ao Setor de Autarquias Sul), o Pleno do Tribunal Superior do Trabalho se reuniu em sessão destinada ao encerramento daquele ano judiciário, em que o TST recebeu 117.203 processos e julgou 134.269.

No dia seguinte, iniciamos a mudança para a sede atual (com uma área de cerca de 96.000m^2). A inauguração dessa se deu em 1º de fevereiro de 2006, na abertura daquele ano judiciário. Por amor à história, registra-se que em 2016 (10 anos depois, com 27 ministros) o TST recebeu 243.448 processos e julgou 270.130.

4. Em homenagem ao Dr. Couto Maciel, que coleciona inúmeras histórias vividas no TST, deixo aqui o registro de dois episódios pitorescos

Seguem resumos de dois episódios curiosos que o Tribunal viveu na década de 1980. O primeiro deles envolvendo a defesa oral realizada pelo advogado mais combativo até hoje na Tribuna do TST. O segundo foi protagonizado por dedicado assessor, a quem pareceu normal sugerir ao ministro, em sessão, votar com o relator, no momento em que o presidente do Tribunal colhia o voto do seu chefe.

4.1. "O uso do cachimbo deixa a boca torta"

O Dr. José Torres das Neves, que só representa empregados, quase sempre via confederação, federação e sindicato profissional, certa vez promoveu sustentação oral no, até então, único feito em que patrocinou recurso em defesa de um empregador.

Durante a sustentação, o ilustre e respeitado Dr. Torres, esquecendo-se de que seu cliente naquela ação era o empregador, para quem fazia um favor, defendeu com a

(6) O Dr. Leopoldo César de Miranda Lima foi Ministro dessa Corte (vaga destinada a Advogado) no período de 30.4.1980 a 30.9.1981.
(7) Para o prédio da Praça dos Tribunais Superiores, mudou-se o Tribunal Regional do Trabalho da 10ª Região, que tem jurisdição no Distrito Federal e no Estado de Estado do Tocantins.

veemência de sempre a tese do empregado. Ao final, sentou-se para aguardar a leitura do longo voto que o ministro relator proferia e, nessa espera, concentrado no interesse do seu cliente, o ilustre e prestigiado causídico deu-se conta de que a tese que defendera da tribuna era a do empregado. Nesse momento, levantou-se apressado, retornou à tribuna, pediu a palavra "pela ordem" e, sem esperar que o presidente do Tribunal ao menos indagasse acerca daquele inusitado pedido durante o voto do relator, logo fez o inédito pedido: "*Sr. Presidente, Senhores Ministros, peço que Vossas Excelências entendam o contrário de tudo que falei aqui sobre este processo*". E passou a explicar: tratava-se do único feito de toda sua carreira no qual patrocinava empregador. O presidente compreendeu e determinou ao Secretário que anotasse a sustentação em favor do reclamado. De fato, quem conhece o ilustre Dr. José Torres das Neves sabe que seu escritório só patrocina causas em favor de empregado.

4.2. "Chefe é chefe"

Ainda na época em que o Tribunal era dividido apenas em 3 Turmas e Pleno, um ilustre ministro, em sessão do Tribunal Pleno, conversava sobre determinado processo com seu assessor (que estava agachado ao lado do ministro) durante o julgamento de outro feito e por isso se distraiu e deixou de acompanhar a sessão. No momento em que o presidente do Tribunal passou a tomar os votos pela ordem em face de divergência havida, indagou desse ministro: "*Como vota Vossa Excelência, sr. Ministro ...?*". Esse, aparentemente inseguro e parecendo não identificar de imediato a controvérsia ou não atinar que estava se decidindo a divergência... Naqueles segundos de que precisava o ministro para se situar, o assessor não se conteve e já de pé e no afã de socorrer o ministro, seu chefe, que, a seu juízo, não tinha ciência da exata questão em debate no tribunal, resolveu socorrê-lo e, por conhecer a linha de pensamento do ministro, não teve o menor constrangimento em "soprar" a clássica expressão para o chefe: "*Com o relator*". O microfone captou a "cola" e todos os ministros e a assistência perceberam o que acontecera, porque no momento acompanhavam com grande interesse a votação. Então o nobre ministro sentenciou: "*com o relator, Sr. Presidente*". Por certo ele nem percebeu (ou até reprovou) o interesse do devotado auxiliar.

Dedico este texto ao Dr. José Alberto Couto Maciel, com afeto.

Brasília, abril de 2023.

DIREITOS HUMANOS: INSTRUMENTOS CONSTITUCIONAIS DE SUA DEFESA(*)

Carlos Mário da Silva Velloso(**)

1. Introdução

Conforme mencionado na nota de rodapé, este estudo tem por finalidade homenagear José Alberto Couto Maciel, notável advogado, titular do maior escritório brasileiro especializado no Direito do Trabalho — a "Advocacia Maciel". José Maciel, um amigo primoroso, é um cidadão exemplar. Ele e a sua esposa, Mônica, formam um casal harmonioso. Na noite em que Mônica e Maciel festejaram as suas bodas de prata, e o cinquentenário de Mônica, fiz uma pequena alocução em homenagem ao casal. Lembrei que José Saramago, num livro que fala do amor — do amor dele e de sua mulher, Pilar del Rio, —, livro que se fez filme, dirigido pelo cineasta Miguel Gonçalves Mendes, Saramago, 28 anos mais velho que Pilar, diz que não sabia o que seria morrer de amor. Talvez possa um homem ou uma mulher, por uma perda de uma pessoa a quem ama, suicidar-se. Isso seria morrer de amor.

Mas o que Saramago queria demonstrar é que não há que morrer de amor. Há que viver para amar. O que há, na verdade, são doenças do amor: o cansaço, o aborrecimento, a rotina, essas são doenças do amor.

Maciel e Mônica nunca permitiram que essas moléstias sequer rondassem o seu lar. A todo dia, cada vez mais unidos, revivem o amor que — lembrando o poema de Drummond —, como todas as coisas que começam lindas permanecem lindas.

Homenagear José Maciel há que se homenagear, também, a sua mulher, a Mônica Rubino Maciel.

(*) Texto básico das palestras proferidas no IX Congresso Ibero-Americano de Direito Constitucional e VII Simpósio Nacional de Direito Constitucional promovidos pela Academia Brasileira de Direito Constitucional, Associação Brasileira dos Constitucionalistas Democráticos e Seção Brasileira do Instituto Ibero-Americano de Direito Constitucional, em Curitiba, Paraná, em 12.11.2006, e no IV Congresso Brasileiro de Direito Constitucional e Cidadania, promovido pelo Instituto de Direito Constitucional e Cidadania, em Londrina, Paraná, em 27.3.2007. O artigo é reeditado, com supressão e acréscimo de textos, em homenagem ao advogado José Alberto Couto Maciel, dos maiores advogados brasileiros.

(**) Advogado. Ministro aposentado, ex-presidente do Supremo Tribunal Federal e do Tribunal Superior Eleitoral. Professor emérito da PUC/MG e da Universidade de Brasília, UnB, em cujas Faculdades de Direito foi professor titular de Direito Constitucional e Teoria Geral do Direito Público.

E vamos ao artigo.

No prefácio que escrevi para o livro "*O Cristianismo e a Constituição*"(1), do Desembargador e professor Juarez Altafin, recentemente vitimado pela Covid-19, registrei que a dignidade da pessoa humana, base da organização estatal, é fundamento da República Federativa do Brasil (CF, art. 1º, III), certo que a dignidade, segundo a Ministra Carmen Lúcia, pode ser considerada o "coração do patrimônio jurídico-moral da pessoa humana".(2)

Leciona Ingo Wolfgang Sarlet que a dignidade da pessoa pode ser definida como sendo "a qualidade intrínseca e distintiva de cada ser humano que o faz merecedor do mesmo respeito e consideração por parte do estado e da comunidade, implicando, neste sentido, um complexo de direitos e deveres fundamentais que assegurem a pessoa tanto contra todo e qualquer ato de cunho degradante e desumano, como venham a lhe garantir as condições existenciais mínimas para uma vida saudável, além de propiciar e promover sua participação ativa e co-responsável nos destinos da própria existência e da vida em comunhão com os demais seres humanos...".(3)

Ora, se o Estado tem como base a noção de dignidade do homem, segue-se que a sua finalidade principal é propiciar condições para que as pessoas se tornem dignas,(4) já que a finalidade do Estado, assim do Direito, é realizar o bem comum do povo,(5) fazendo felizes as pessoas.

Ora, se a dignidade é o "coração do patrimônio jurídico-social da pessoa humana",(6) é possível afirmar que o princípio da dignidade da pessoa humana é o coração dos direitos fundamentais, dos direitos humanos, já que estes, na lição de Ingo Sarlet, invocando Dominique Rousseau, "constituem explicitações da dignidade da pessoa, de tal sorte que em cada direito fundamental se faz presente um conteúdo ou, pelo menos, alguma projeção da dignidade da pessoa".(7)

A preocupação com a integridade física do homem, com a dignidade da pessoa humana, encontra inspiração no cristianismo (dignidade do homem), no jusnaturalismo (direitos inatos) e no iluminismo (valorização do indivíduo perante o Estado).(8)

---

(1) ALTAFIN, Juarez. *Cristianismo e a Constituição*. Belo Horizonte: Del Rey Editora, 2007.

(2) ROCHA, Cármen Lúcia Antunes. *O princípio da dignidade da pessoa humana e a exclusão social*, p. 32; *apud* SARLET, Ingo Wolfgang. *A eficácia do direito fundamental à segurança jurídica*: dignidade da pessoa humana, direitos fundamentais e proibição de retrocesso social no Direito Constitucional brasileiro, RTDP, p. 39/53.

(3) SARLET, Ingo Wolfgang. *Dignidade da pessoa humana e direitos fundamentais na Constituição de 1988*, 2002, p. 62.

(4) BASTOS, Celso Ribeiro. *Comentários à Constituição de 1988*.

(5) DALLARI, Dalmo. *Elementos de teoria geral do Estado*. Saraiva, 1973, p. 94/104.

(6) ROCHA, Cármen Lúcia Antunes. Ob. cit.

(7) SARLET, Ingo W. *A eficácia do direito fundamental à segurança jurídica*. Cit., RTDP, p. 39/53 e ss.; ROUSSEAU, Dominique. *Les Libertés Individuelles e la Dignité de la Personne*. p. 70, *apud* SARLET, Ingo W. Ob. cit.

(8) FIÚZA, César. *Direito civil*. 5. ed. Del Rey Ed., p. 160.

2. A tutela dos direitos humanos: o constitucionalismo e a internacionalização dos direitos do homem

A necessidade de serem tutelados os direitos humanos é inerente ao constitucionalismo que surgiu na segunda metade do século XVIII, sob a inspiração do Iluminismo, certo que as primeiras Declarações — da Virgínia, de junho de 1776, anterior, portanto, à Declaração de Independência dos Estados Unidos, que é de julho de 1776, e a Declaração dos Direitos do Homem e do Cidadão, de 1789 — são contemporâneas da ideia de Constituição.

A Constituição surge, pois, como limitadora do poder estatal e a divisão dos poderes preconizada por Montesquieu visou proteger os direitos da pessoa humana, cumprindo à Constituição realizar a combinação da separação dos poderes e dos direitos individuais para o fim de efetivar a tutela destes. Daí a ênfase posta pelo revolucionário francês no art. 16 da Declaração dos Direitos do Homem e do Cidadão, de 1789: "Toda sociedade na qual a garantia dos direitos não é assegurada nem a separação dos poderes determinada não tem Constituição".

Hoje, segundo Norberto Bobbio,[9] anota Celso Lafer, com a positivação dos direitos humanos nas Constituições e a sua generalização, que implica sua proclamação igualitária e a sua especificação, determinados, em concreto, os destinatários da tutela dos direitos e garantias, e a sua internacionalização, vivemos menos a era dos direitos declarados e muito mais a dos direitos garantidos.[10]

Especial menção deve ser feita à internacionalização dos direitos humanos, a demonstrar que estes, por interessar a todos os povos, integram a ordem internacional. O sistema internacional de proteção dos direitos humanos constitui o legado maior da "*Era dos Direitos*", que tem permitido a internacionalização dos direitos humanos e a humanização do Direito Internacional contemporâneo, registra Flávia Piovesan, que leciona que a Declaração Universal dos Direitos Humanos, da ONU, de 1948, dá início a esse processo, e que "o movimento de internacionalização dos direitos humanos constitui um movimento extremamente recente na história, surgindo, a partir do pós-guerra, como resposta às atrocidades e aos horrores cometidos durante o nazismo. Se a Segunda Guerra significou a ruptura com os direitos humanos, o Pós-Guerra deveria significar a sua reconstrução. Por isso, há autores, como Louis Henkin, que afirmam a existência de um Direito Internacional pré e pós 45, dadas as extraordinárias transformações decorrentes da Segunda Guerra Mundial no campo do Direito Internacional. É neste cenário que se desenha o esforço de reconstrução dos direitos humanos, como paradigma e referencial ético a orientar a ordem internacional".[11]

---

(9) BOBBIO, Norberto, "A Era dos Direitos", Rio, 1992.

(10) LAFER, Celso. Direitos humanos e democracia: no plano interno e internacional. *In*: *Desafios*: ética e política. Siciliano, 1995, p. 201 e ss.

(11) PIOVESAN, Flávia. O sistema interamericano de promoção e proteção dos direitos humanos: impacto, desafios e perspectivas. *Rev. Trim. de Advocacia Pública*, Inst. Brasileiro de Advocacia Pública, n. 12, dez./2000.

J. A. Lindgren Alves, que tem se notabilizado pelo estudo e pela divulgação da teoria geral dos direitos humanos, no campo interno e internacional, registra que, "dada à força persuasiva e liberatória que" a Declaração de 1948 "tem demonstrado, ao longo de cinco décadas, para indivíduos e coletividades", precisa "ser mantida como está", certo que vem ela sendo fortalecida "nas grandes conferências desta década, de Viena (sobre direitos humanos), Cairo (sobre população), Copenhague (sobre desenvolvimento social), Beijing (sobre a mulher) e Istambul (sobre assentamentos humanos)".[12]

A Constituição Federal, na linha do exposto, estabelece que a República Federativa do Brasil rege-se, nas suas relações internacionais, pelo princípio, além de outros, da prevalência dos direitos humanos (CF, art. 4º, II).

Engaja-se o constitucionalismo brasileiro, portanto, na internacionalização dos direitos humanos, que nasce com a Declaração Universal dos Direitos Humanos da ONU, de 1948. Lembra Pedro Dallari que o processo de internacionalização dos direitos humanos levou à constitucionalização, na Constituição de 1988, dos princípios de relações internacionais.[13]

Flávia Piovesan, notável divulgadora da teoria geral dos direitos humanos, assinala que "no Brasil somente a partir do processo de democratização do país, deflagrado em 1985, é que o Estado passou a ratificar relevantes tratados internacionais de direitos humanos. Assim, a partir da Carta de 1988, foram ratificados pelo Brasil: a) a Convenção Interamericana para Prevenir e Punir a Tortura, em 20.7.1989; b) a Convenção contra a Tortura e outros Tratamentos Cruéis e Desumanos ou Degradantes, em 28.9.1989; c) a Convenção sobre os Direitos da Criança, em 24.9.1990; d) o Pacto Internacional dos Direitos Civis e Políticos, em 24.1.1992; e) o Pacto Internacional dos Direitos Econômicos, Sociais e Culturais, em 24.1.1992; f) a Convenção Americana de Direitos Humanos, em 25.9.1992; g) a Convenção Interamericana para Prevenir, Punir e Erradicar a Violência contra a Mulher, em 27.11.1995; h) o Protocolo à Convenção Americana referente à Abolição da Pena de Morte, em 13.8.1996; i) o Protocolo à Convenção Americana referente aos Direitos Econômicos, Sociais e Culturais (Protocolo de San Salvador), em 21.8.1996; j) o Estatuto de Roma, que cria o Tribunal Penal Internacional, em 20.6.2002; k) o Protocolo Facultativo à Convenção sobre a Eliminação de todas as formas de Discriminação contra a Mulher, em 28.6.2002; e l) os dois Protocolos Facultativos à Convenção sobre os Direitos da Criança, referentes ao envolvimento de crianças em conflitos armados e à venda de crianças e prostituição e pornografia infantis, em 24.1.2004. A estes avanços, soma-se o reconhecimento da jurisdição da Corte Interamericana de Direitos Humanos, em dezembro de 1998."[14]

---

(12) LINDGREN ALVES, J. A. A Declaração dos Direitos Humanos na pós-modernidade. *In*: BOUCAULT, Eduardo de Abreu; ARAÚJO, Nádia (Orgs.). *Os direitos humanos e o direito internacional*. Vários autores. . Rio de jJaneiro: Renovar, 1999. p. 139.

(13) DALLARI, Pedro. *Constituição e relações exteriores*. Saraiva, 1994.

(14) PIOVESAN, Flávia. Tratados Internacionais de Proteção dos Direitos Humanos e a Constituição Federal de 1988. *Boletim do IBCCRIM*, 153, agosto de 2005.

Proteger os direitos humanos e garanti-los no plano interno e internacional são, na verdade, a tônica da era dos direitos de que fala Norberto Bobbio.

3. Os direitos humanos e o constitucionalismo brasileiro

É nesse contexto que se insere a Constituição de 1988, que, antes de cuidar da organização do Estado, preocupou-se em estabelecer princípios fundamentais, deixando expresso que a República Federativa do Brasil constitui-se em Estado Democrático de Direito e tem como fundamento, dentre outros, a dignidade da pessoa humana (art. 1º, III). Em seguida, no art. 5º, proclama os direitos e deveres individuais e coletivos, consagrando direitos de quatro gerações, os individuais e coletivos, os direitos políticos, os direitos sociais e os interesses difusos e coletivos, aqueles no plano interno e internacional e o direito à democracia.[15]Esses direitos espalham-se na Constituição, certo que são três as vertentes dos direitos humanos no constitucionalismo brasileiro: (a) estão escritos na Constituição, (b) decorrem do regime e dos princípios por ela adotados — direitos implícitos —, e (c) estão nos tratados internacionais em que a República Federativa do Brasil seja parte (CF, art. 5º, § 2º).[16]

Dissertando sobre o tema — direitos fundamentais de 1ª, 2ª e 3ª gerações[17] — anotei que, segundo Celso Lafer, a matéria pode ser assim exposta: os direitos de 1ª geração constituem herança liberal. São os direitos civis e políticos: (a) direitos de garantia, que são as liberdades públicas, de cunho individualista: a liberdade de expressão e de pensamento, por exemplo; (b) direitos individuais exercidos coletivamente: liberdades de associação: formação de partidos, sindicatos, direito de greve, dentre outros. Os direitos de 2ª geração são os direitos sociais, econômicos e culturais, constituindo herança socialista: direito ao bem-estar social, direito ao trabalho, à saúde, à educação, são exemplos desses direitos. Os de 3ª geração são direitos de titularidade coletiva: a) no plano internacional: direito ao desenvolvimento e a uma

---

(15) Marcos Wachowicz indica como direitos humanos de quarta geração aqueles que se ligam à globalização política e econômica, direitos, entretanto, "cuja caracterização teórica ainda não se encontra adequadamente definida". Do mesmo autor, forte em José Alcebíades Oliveira Júnior (*Teoria e novos direitos*. Lumen Juris, 2000. p. 100) e Luiz Carlos Cancelier de Olivo (*Desafios do direito administrativo diante do estado em rede*. Ed. UFSC, 2001, p. 15), os direitos humanos de quinta geração, direitos da realidade virtual, da informática e da internet. WACHOWICZ, Marcos. A sociedade de informação e direitos humanos. In: *Direito Internacional dos Direitos Humanos* — Estudos em homenagem à Professora Flávia Piovesan. RIBEIRO, Maria de Fátima e MAZUUOLI, Valério de Oliveira, coordenadores. Curitiba: Juruá, 2004. p. 299 e ss.

(16) A EC n. 45, de 2004, inovou, acrescentando o § 3º ao art. 5º, a dispor que: "Os tratados e convenções internacionais sobre direitos humanos que forem aprovados, em cada Casa do Congresso Nacional, em dois Turnos, por três quintos dos votos dos respectivos membros, serão equivalentes às emendas constitucionais". O antigo § 2º foi, entretanto, mantido na sua redação original. Mais à frente o tema voltará a ser examinado.

(17) VELLOSO, Carlos Mário da Silva. Reforma Const., cláusulas pétreas, especialmente a dos direitos fundamentais, e a reforma tributária. *In*: MELLO, Celso Bandeira de (Org.). *Direito administrativo e constitucional*. Estudos em homenagem a Geraldo Ataliba. Bandeira de.Malheiros, p. 162 e segs.

nova ordem econômica mundial, direito ao patrimônio comum da humanidade, direito à paz; b) no plano interno: interesses coletivos e difusos, como, por exemplo, o direito ao meio ambiente.[18]

Paulo Bonavides leciona que os direitos de 1ª geração são "os direitos da liberdade", que têm como titular o indivíduo. São "direitos que valorizam primeiro o homem singular, o homem das liberdades abstratas, o homem da sociedade mecanicista que compõe a chamada sociedade civil, da linguagem jurídica mais usual." Os direitos de 2ª geração, que "dominam o século XX do mesmo modo como os direitos de primeira geração dominaram o século anterior", são "os direitos sociais, culturais e econômicos, bem como os direitos coletivos ou de coletividades, introduzidos no constitucionalismo das distintas formas de Estado social, depois que germinaram por obra da ideologia e da reflexão antiliberal do último século. Nasceram abraçados com o princípio da igualdade, do qual não se podem separar". Os de terceira geração "não se destinam especificamente à proteção dos interesses de um indivíduo, de um grupo ou de um determinado Estado", porque têm por "destinatário o gênero humano", como na lição de Karel Vasak, "o direito ao desenvolvimento, o direito à paz, o direito ao meio ambiente, o direito de propriedade sobre o patrimônio comum da humanidade e o direito de comunicação".[19]E acrescenta os direitos de quarta geração, que são "o direito à democracia, o direito à informação e o direito ao pluralismo", deles dependendo a "concretização da sociedade aberta do futuro, em sua dimensão de máxima universalidade, para a qual parece o mundo inclinar-se no plano de todas as relações de conveniência".

O direito à democracia, direito que pertence ao gênero humano, gera consequências sérias: no plano interno, faz legítimo o direito de resistência; no plano internacional, torna lícita a intervenção de uma ordem supranacional para o fim de apelar do poder as ditaduras absolutistas, acrescenta Paulo Bonavides.[20]

4. As vertentes dos direitos humanos na Constituição do Brasil

A Constituição de 1988 conferiu relevo extraordinário aos direitos fundamentais, aos direitos humanos, assinala Flávia Piovesan, que leciona: "ao alargar consideravelmente o universo dos direitos fundamentais, a Carta de 1988 destaca-se como uma das Constituições mais avançadas do mundo, no que respeita à matéria".[21]

---

(18) LAFER, Celso. Ob. e loc. cits.

(19) VASAK, Karel. Pour les Droits de l'Homme de la Troisième Génération: Les Droits de Solidarité. Aula ministrada no Instituto Internacional dos Direitos do Homem, em 2.7.1979, em Estraburgo. *Apud* BONAVIDES, Paulo. *Teoria constitucional da democracia participativa*. 2. ed. Malheiros, p. 353 e ss.

(20) BONAVIDES, Paulo. Ob. e loc. citados. Um novo conceito de democracia. *In*: *Teoria do Estado*. 4. ed. Malheiros, p. 428 e ss.

(21) PIOVESAN, Flávia. A proteção dos direitos humanos no sistema constitucional brasileiro. *Rev. de Direito Const. e Internacional*, 45/216.

Afirmamos, linhas atrás, que são três as vertentes dos direitos humanos no constitucionalismo brasileiro: a) estão escritos na Constituição; b) decorrem do regime e dos princípios por ela adotados (direitos implícitos) (art. 5º, § 2º); c) estão nos tratados internacionais em que a República Federativa do Brasil seja parte (CF, art. 5º, § 2º).

A Emenda Constitucional n. 45, de 2004, acresceu ao art. 5º o § 3º, a estabelecer que os tratados e convenções internacionais sobre direitos humanos que forem aprovados, em cada Casa do Congresso Nacional, em dois turnos, por três quintos dos votos dos respectivos membros, serão equivalentes às emendas constitucionais.

Ao que penso, houve retrocesso. É que o § 2º do art. 5º, que, aliás, continua em vigor, dispensava essa aprovação pelo voto de três quintos dos membros das duas Casas do Congresso Nacional. Resta uma indagação: e os tratados e as convenções sobre direitos humanos firmados anteriormente à EC n. 45, como ficam? Estou em que devem ser considerados à luz do § 2º do art. 5º. É dizer, os direitos humanos neles consagrados valem como direitos constitucionais, sem que se fale no voto de três quintos dos membros das duas Casas do Congresso. Os que vierem depois da EC n. 45 é que dependem dessa votação qualificada.

5. Tratados internacionais de direitos humanos

O entendimento do Supremo Tribunal Federal é no sentido da paridade hierárquica entre tratado e lei federal. Esta é, também, a minha opinião. Todavia, tratando-se de tratado internacional de direitos humanos, sempre sustentei a superioridade destes.(22)Os tratados firmados a partir da EC n. 45/2004 terão tal superioridade, se aprovados pelo voto de três quintos dos membros das duas Casas do Congresso Nacional. Aos anteriores aplica-se o disposto no § 2º do art. 5º.

A doutrina sufraga o entendimento no sentido da superioridade hierárquica dos tratados de direitos humanos. Invoco, por todos, Flávia Piovesan.(23)

6. Instrumentos de proteção dos direitos humanos

As ações que integram a jurisdição constitucional das liberdades constituem mecanismos de proteção dos direitos humanos. Assim, o *habeas corpus*, que vem desde a Constituição de 1891; o mandado de segurança individual e a ação popular, instituídos pela Constituição de 1934; o mandado de segurança coletivo, o mandado de injunção e o *habeas data*, criados pela Constituição de 1988. No que toca ao mandado de segurança coletivo e às ações coletivas, o Supremo Tribunal Federal decidiu: (a) no mandado

---

(22) HHCC 72.131-RJ, 82.424-RS.

(23) PIOVESAN, Flávia. Tratados Internacionais de Proteção dos Direitos Humanos e a Constituição Federal de 1988. *Boletim do Inst. Brasileiro de Ciências Criminais*. Direitos Humanos e o Direito Constitucional Internacional. 6. ed. Max Limonad, 2004.

de segurança coletivo, a legitimação das organizações sindicais, entidades de classe ou associações é extraordinária, ocorrendo substituição processual, não se exigindo autorização expressa (CF, art. LXX); (b) o objeto da segurança, ou objeto a ser protegido pela segurança coletiva: direito dos associados, independentemente de guardar vínculo com os fins próprios da entidade, exigindo-se, entretanto, que o direito esteja compreendido na titularidade dos associados e que exista em razão das atividades exercidas pelos associados, mas não se exigindo que o direito seja peculiar, próprio da classe. No que toca à ação ordinária coletiva, promovida por entidade de classe, inexige-se autorização expressa dos filiados, se há autorização específica da assembleia geral para a propositura da ação, não bastando, entretanto, apenas a previsão estatutária.[24] O Supremo Tribunal Federal decidiu, no que toca ao âmbito de incidência do inciso III do art. 8º da Constituição Federal, que este dispositivo assegura ampla legitimidade ativa *ad causam* aos sindicatos como substitutos processuais das categorias que representam na defesa de direitos e interesses coletivos ou individuais de seus integrantes. Trata-se de decisão de grande importância para a satisfação e concretização de direitos e interesses sociais. Acentuei, no voto que então proferi, que a tendência do Supremo Tribunal Federal é no sentido de acolher as legitimações coletivas, conforme se verifica das Súmulas ns. 629 e 630. Essa tendência amolda-se à observada em direito processual comparado, de legitimar, como substituto processual, as entidades sindicais, porque hoje se percebe que o serviço que elas podem prestar aos seus associados, às suas categorias e à própria justiça é inestimável. E não só se observa essa tendência relativamente às entidades sindicais e às entidades associativas, mas também ao Ministério Público, que, hoje, está legitimado para as ações civis públicas de defesa de direitos homogêneos, numa relação de consumo. No tocante a direitos individuais e sociais indisponíveis, a legitimação decorre da Constituição (CF, art. 127), como decorre da Constituição a legitimação para a ação civil pública para proteção do patrimônio público e social, do meio ambiente e de outros interesses difusos e coletivos (CF, art. 129, III).[25]

A ação civil pública constitui-se, também, em mecanismo de proteção de direitos (Lei n. 7.347, de 24.7.1985), dado que se trata de ação para o fim de responsabilizar os que causam danos morais e patrimoniais ao meio ambiente, ao consumidor, a bens e direitos de valor artístico, estético, histórico, turístico e paisagístico, a qualquer interesse difuso ou coletivo, à ordem urbanística e aos que infringem a ordem econômica e a economia popular.

As ações que têm caráter objetivo, vale dizer, as que integram o controle concentrado de constitucionalidade, a ação direta de inconstitucionalidade (ADI), a ação de-

(24) RE 181.438/SP, Rel. Min. Carlos Velloso, RTJ 162/1108; MS 22.132/RJ, Rel. Min. Carlos Velloso, RTJ 166/166; AO 152/RS, Rel. Min. Carlos Velloso, RTJ 172/710.

(25) RREE 193.503/SP, 193.579/SP, 208.983/SC, 210.029/RS, 211.874/RS, 213.111/SP, 214.668/ES, Rel. Min. Carlos Velloso, julgamento concluído na sessão plenária de 12.6.2006, Rel. p/acórdão Min. Joaquim Barbosa, já que Velloso se aposentou, compulsoriamente, em janeiro do mesmo ano.

claratória de constitucionalidade (ADC) e a arguição de descumprimento de preceito fundamental (ADPF), que, de forma direta, protegem a ordem jurídica, protegem, também, indiretamente, direitos subjetivos.

7. Grave violação de direitos humanos

Estabelece o art. 109, § 5º, da Constituição Federal, redação da Emenda Constitucional n. 45, de 2004, que, na hipótese de grave violação de direitos humanos, o Procurador-Geral da República, com a finalidade de assegurar o cumprimento de obrigações decorrentes de tratados internacionais de direitos humanos dos quais o Brasil seja parte, poderá suscitar, perante o Superior Tribunal de Justiça, em qualquer fase do inquérito ou processo, incidente de deslocamento de competência para a Justiça Federal.

Segundo Celso Lafer[26]e Flávia Piovesan[27] esse § 5º do art. 109, introduzido pela EC n. 45/2004, decorre da responsabilidade da União, no plano internacional, pela violação de direitos humanos inscritos em tratados e convenções firmados pelo Brasil.

8. A intervenção federal no Estado-membro como forma de proteção dos direitos humanos

A Constituição de 1988 fez dos direitos da pessoa humana um princípio constitucional sensível (CF, art. 34, VII, "b"). Isto quer dizer que a violação ou a omissão do Estado-membro na proteção dos direitos humanos implica intervenção federal. Dispõe o art. 36, III, da CF:

> Art. 36. A decretação da intervenção dependerá:
>
> (...)
>
> III. de provimento, pelo Supremo Tribunal Federal, de representação do Procurador-Geral da República, na hipótese do art. 34, VII.

O § 3º do art. 36 dispõe que, no caso do art. 34, VII, dispensada a apreciação pelo Congresso Nacional, o decreto limitar-se-á a suspender a execução do ato impugnado, se essa medida bastar ao restabelecimento da normalidade.

Esse dispositivo, segundo alguns, estaria a indicar que somente os atos comissivos dos Estados-membros é que gerariam a intervenção federal. A isso se chega, realmente, numa interpretação meramente literal do texto constitucional (§ 3º do art. 36). Todavia, interpretação literal não é interpretação, mas mera leitura, leitura que precede aos métodos de interpretação, sistemática e teleológica, por exemplo. Ora, garantir os direitos humanos constitui missão precípua da Constituição, devendo o seu intérprete orientar-se nesse sentido. O Supremo Tribunal Federal, emprestando interpretação sistemática e teleológica ao citado § 3º do art. 36, conheceu de

---

(26) LAFER, Celso. *Internacionalização dos direitos humanos*. São Paulo: Manole, 2005.

(27) PIOVESAN, Flávia. *Direitos Humanos e Direito Constitucional Internacional*. Retro citada.

representação do Procurador-Geral da República num caso em que não havia ato comissivo do Estado-membro, mas omissão no garantir os direitos de indivíduos que, acusados da prática de crime, teriam sido objeto de violência por parte de pessoas indignadas com o crime que teriam eles praticado. Esta foi, sem dúvida, uma decisão memorável do Supremo Tribunal Federal.(28)

9. O conteúdo dos direitos sociais e sua classificação na ordem constitucional brasileira

No século XX, a Constituição de Weimar, de 1919, realizou o compromisso dos direitos individuais, das primeiras Declarações, com novos direitos, que decorrem do constitucionalismo social que surge da ideia de que a felicidade dos homens não se alcança apenas contra o Estado, mas, sobretudo, pelo Estado. Os novos direitos fundamentais são os direitos econômicos e sociais, que a Constituição de Weimar consagrou, realizando, repito, o compromisso do individual com o social. A Constituição brasileira de 1934, na linha da Constituição de Weimar, introduz, no constitucionalismo brasileiro, esses direitos, o que se tornou constante nas Constituições seguintes, 1946, 1967, EC n. 1/69, 1988.

Os direitos sociais, direitos fundamentais de 2ª geração, constituem, ensina José Afonso da Silva, "prestações positivas proporcionadas pelo Estado direta ou indiretamente, enunciadas em normas constitucionais, que possibilitam melhores condições de vida aos mais fracos, direitos que tendem a realizar a igualização de situações sociais desiguais. São, portanto, direitos que se ligam ao direito de igualdade".(29)

A Constituição de 1988 estabelece, no art. 6º, que "são direitos sociais a educação, a saúde, o trabalho, a moradia, o lazer, a segurança, a previdência social, a proteção à maternidade e à infância, a assistência aos desamparados, na forma desta Constituição".

A amplitude dos temas inscritos no art. 6º da Constituição deixa claro que os direitos sociais não são somente os que estão enunciados nos arts. 7º, 8º, 9º, 10 e 11. Eles podem ser localizados, principalmente, no Título VIII — Da Ordem Social, arts. 193 e seguintes.

José Afonso da Silva observa que os direitos sociais poderiam ser classificados como direitos sociais do homem como produtor e como consumidor. Na primeira classificação — direitos sociais do homem produtor — teríamos a liberdade de instituição sindical, o direito de greve, o direito de o trabalhador determinar as condições de seu trabalho, o direito de cooperar na gestão da empresa e o direito de obter emprego (CF,

---

(28) Intervenção Federal 114/MT, Plenário, 13.3.1991. Velloso, Carlos Mário da Silva. Estado Federal e Estados Federados na Constituição Brasileira de 1988 — o equilíbrio federativo. *In*: *Temas de direito público*. 1. ed., 2ª tiragem, Del Rey, p. 409 e ss.
(29) SILVA, José Afonso da. Direito Const. Positivo. 15. ed. Malheiros, 1998. p. 289.

arts. 7º a 11). Na segunda classificação — direitos sociais do homem consumidor — teríamos o direito à saúde, à segurança social, ao desenvolvimento intelectual, o igual acesso das crianças e adultos à instrução, à formação profissional e à cultura e garantia ao desenvolvimento da família, que estariam no título da ordem social.[30]

A classificação de que se vale, entretanto, o mestre das Arcadas, presente o direito constitucional positivo brasileiro, é esta: "a) direitos sociais relativos ao trabalhador; b) direitos sociais relativos à seguridade, compreendendo os direitos à saúde, à previdência e assistência social; c) direitos sociais relativos à educação e à cultura; d) direitos sociais relativos à família, criança, adolescente e idoso; e) direitos sociais relativos ao meio ambiente".[31]

Por ser didática, facilitando o entendimento, essa classificação vale ser adotada.

Os direitos sociais relativos ao trabalhador são de duas espécies, segundo José Afonso: (a) os direitos dos trabalhadores em suas relações individuais de trabalho: CF, art. 7º; (b) os direitos coletivos dos trabalhadores: CF, arts. 9º a 11.

Os direitos sociais relativos à seguridade, compreendendo os direitos à saúde, à previdência e assistência social, estão no título da Ordem Social, arts. 193 e seguintes.

Os direitos sociais relativos à educação e à cultura embasam-se em diversos dispositivos da Constituição, arts. 5º, IX, 23, III a V, 24, VII a IX, 30, IX, 205 a 217, formando, leciona José Afonso da Silva, "aquilo que se denomina ordem constitucional da cultura, ou constituição cultural", na expressão de Gomes Canotilho e Vital Moreira,[32] "constituída pelo conjunto de normas que contêm referências culturais e disposições consubstanciadoras dos direitos sociais relativos à educação e à cultura".[33]

Os direitos sociais relativos à família, criança, adolescente e idoso poderão ser encontrados em capítulos da Ordem Social: art. 201, II, art. 203, I, II, arts. 226 e 227, art. 230.

Finalmente, nos direitos sociais relativos ao meio ambiente, deve ser incluído o direito ao lazer (CF, art. 6º, art. 227) e ao meio ambiente ecologicamente equilibrado, bem de uso comum do povo e essencial à sadia qualidade de vida, impondo-se ao poder público e à coletividade o dever de defendê-lo e preservá-lo para as gerações presentes e futuras (CF, art. 225). O direito ao meio ambiente, anota José Afonso da Silva, integra a disciplina urbanística. Constitui, também, espécie de interesse difuso, direito fundamental de 3ª geração.

Franklin D. Roosevelt enunciou as suas "*quatro liberdades*": a liberdade de expressão do pensamento, a liberdade de crença, a liberdade de viver sem medo e a liberdade de viver sem necessidade. Interessam-nos, no ponto, as liberdades de viver

---

(30) SILVA, José Afonso da. Ob. cit., p. 290.

(31) SILVA, José Afonso da. Ob. e loc. cits.

(32) CANOTILHO, J. J. Gomes; MOREIRA, Vital. *Constituição da República portuguesa anotada*. 3. ed. Coimbra, 1994. p. 361.

(33) SILVA, José Afonso da. Ob. cit., p. 314.

sem medo e a liberdade de viver sem necessidade. Aquela, quer dizer viver sem medo do desamparo na velhice e na doença, esta, a liberdade de viver sem necessidade, no caso de desemprego, de inexistência de moradia. Ambas se interligam e têm na seguridade social a sua satisfação. A seguridade social, no Brasil, compreende os direitos à saúde, à previdência social e à assistência social (CF, art. 193). Os direitos à saúde — direito de todos e dever do Estado —, a exigir prestações positivas do Estado, estão disciplinados nos arts. 196 e 197 da Constituição Federal. A previdência social inscreve-se nos arts. 201 e 202 da Constituição Federal. E a assistência social está regulada nos arts. 203 e 204 da Carta Política.

A Emenda Constitucional n. 26, de 2000, incluiu o direito à moradia no rol dos direitos sociais, assim um direito fundamental (CF, art. 6º, redação da EC n. 26/2000).

10. Instrumentos de concretização dos direitos sociais

São instrumentos de concretização dos direitos sociais: a) a iniciativa legislativa popular (CF, art. 61, *caput*, § 1º); b) medidas judiciais: b.1) direitos sociais de eficácia imediata: b.1.1) o mandado de segurança individual e o mandado de segurança coletivo; b.1.2) as ações judiciais comuns; b.2) direitos sociais dependentes de normatização ulterior: b.2.1) a ação direta de inconstitucionalidade por omissão (CF, art. 103, § 2º); b.2.2) o mandado de injunção e a ação civil pública.

11. Direitos sociais e mandado de injunção

Muitos dos direitos sociais assegurados pela Constituição, já foi dito, dependem de normatividade ulterior. É dizer, não são normas de eficácia plena. O mandado de injunção, no caso concreto, pode realizar a integração do direito social cujo exercício é inócuo, em razão da inexistência da norma regulamentadora, à ordem jurídica. Aliás, para Galeno Lacerda é no campo dos direitos sociais que o mandado de injunção poderia ser mais utilizado, dado que é no campo dos direitos sociais que a Constituição de 1988 criou "vários e importantes direitos, à espera de legislação ordinária ou complementar".(34)

Nos MMII 95/RR e 124/SP, em que se pleiteava a viabilização do direito ao aviso prévio proporcional concedido pelo art. 7º, XXI, da Constituição, o Supremo Tribunal Federal deferiu, em parte, o pedido, para, declarada a mora, notificar o legislador para que a supra.(35)Nos julgamentos dessas injunções, o que ocorreu, também, no julgamento do MI 369/DF, elaborei a norma para o caso concreto. Essa matéria viu-se superada com a Lei n. 12.506, de 2011, que regulamentou o aviso prévio.

---

(34) LACERDA, Galeno. Requisitos do mandado de injunção. *Zero Hora*, Porto Alegre, RS, 25.10.1988.

(35) MI 95-RR, Relator originário Min. Carlos Velloso, Relator p/ acórdão Min. Sepúlveda Pertence, Plenário, 7.10.92, "DJ" de 18.06.93; MI 124-SP, Relator originário Min. Carlos Velloso, Relator p/ Acórdão Min. Sepúlveda Pertence, Plenário, 7.10.92, "DJ" de 18.6.93. MI 369-DF, Rel. Min. Néri da Silveira, Plenário, 19.8.92, "DJ" de 26.02.93.

Relativamente ao direito de greve dos servidores públicos (CF, art. 37, VII), ainda dependente de lei específica, cuidei do tema em trabalho de doutrina.[36] Anotei que, no MI 20/DF, Relator o Ministro Celso de Mello, o Supremo Tribunal reconheceu a mora do Congresso Nacional em regulamentar o art. 37, VII, da CF e comunicou-lhe a decisão, "a fim de que tome as providências necessárias à edição" da norma "indispensável ao exercício do direito de greve pelos servidores públicos civis". O julgamento foi realizado em maio de 1994.

Também nesse julgamento elaborei a norma para o caso concreto, adotando a lei de greve dos trabalhadores em geral, com os ajustes necessários.[37]

12. Conclusão

Vivemos, na verdade, a era dos direitos declarados e garantidos — a lição de Norberto Bobbio é perfeita —, cumprindo a nós, operadores do direito, fazer cada vez mais eficazes os direitos da pessoa humana. E mais: interpretar a lei e a Constituição no rumo desses direitos, no rumo do princípio da dignidade humana, fundamento da República e do Estado Democrático de Direito, é tarefa da qual não podemos nos afastar. Já no Digesto Romano ficara expresso: "*Hominum causa omne constitutum est*", ou em vernáculo: "é por causa do homem que se constituiu todo o direito".

(36) VELLOSO, Carlos Mário da Silva. Greve no serviço público. *In*: *Curso de direito coletivo do trabalho*. Estudos em Homenagem ao Ministro Orlando Teixeira da Costa. São Paulo: LTr, 1998, p. 555 e ss.

(37) MI 20-DF, Rel. Min. Celso de Mello, Plenário, 19.5.94, "DJ" de 22.11.96. Atualmente, o entendimento do Supremo Tribunal Federal é no sentido da aplicação da Lei n. 7.783, de 1989, que disciplina a greve dos trabalhadores da iniciativa privada. MIMI 670, 708, 712, 729.

A FLEXIBILIZAÇÃO DO DIREITO DO TRABALHO

Marco Aurélio Mello

Duas palavras sobre o homenageado, José Alberto Couto Maciel. O conheci em 1981, ao tomar posse no cargo de Ministro do Tribunal Superior do Trabalho. Com idade mínima e egresso do Tribunal Regional do Trabalho da 1ª Região, o encontrei no dia a dia do Judiciário Trabalhista. A percepção foi imediata. Elegante, atuava com o denodo dos grandes advogados. Bom tribuno, suas sustentações sempre mereceram, pela seriedade do propósito, a atenção dos julgadores. Jamais teve receio, em jogo o interesse do representado, empregado ou empregador, de desagradar a quem quer que seja. Pai exemplar, tudo fez para o crescimento abrangente dos filhos. Com o brio dos nascidos nos "pampas gaúchos", soube e sabe, como poucos, conciliar as formações técnica e humanística, sendo singular artífice da advocacia. Já agora, ombreamos, no que restabeleci inscrição na Ordem dos Advogados do Brasil, Seção do Rio de Janeiro, não para digladiar com o experiente advogado, mas para atuar supletivamente, no campo dos pareceres. Pudesse ainda prolatar uma sentença, o faria louvando a trajetória do agraciado.

Nas linhas que se seguem, busco, de forma concisa, escancarar a palpitante flexibilização do Direito do Trabalho, ficando em área também cara ao proclamado advogado.

Que prevaleça o melhor para a sofrida República que é o Brasil, buscando-se, passo a passo, corrigir as profundas desigualdades sociais que tanto nos envergonham.

A sociedade está em constante movimento. Durante muito tempo vingaram, na seara do trabalho, as ideias napoleônicas, a prevalência da liberdade de contratar. A relação jurídica prestador-tomador de serviços fazia-se regida pelo Direito Civil. Então, ante o mercado desequilibrado, com oferta excessiva de mão de obra e escassez de fonte de subsistência—própria e da família—, o resultado era único: a aceitação das condições oferecidas por quem desejava a força de trabalho. Na era Vargas, e graças à sensibilidade social do primeiro ministro do Trabalho, Lindolfo Collor, concluiu-se que a correção de rumo haveria de passar por legislação especial, com intervenção marcante e decisiva do Estado na relação jurídica.

A exposição de motivos, elaborada pelo jurista Alexandre Marcondes Filho, a partir de trabalho de fôlego de comissão de doutos, veio a respaldar a edição do Decreto-Lei n. 5.452, de 1º de maio de 1943, mediante o qual foi aprovada a Consolidação das Leis do Trabalho.

Na reunião da legislação esparsa, introduzidas as modificações civilizatórias, prevaleceram o patriotismo e a inspiração social. Conforme salientado, a Consolidação surgiu harmônica com o estágio do desenvolvimento jurídico. Mostrou-se a consequência do contexto, dando-se ênfase à proteção do trabalhador, indiscutivelmente a parte mais fraca. Observou-se a precedência das normas em relação a ajustes, surgindo preocupação com a jornada dos menores. Admitiu-se, observadas as condições mínimas, o acordo tácito, ou seja, a prática notada no local da prestação dos serviços, em última análise, a realidade factual. Deu-se ênfase à preservação do sadio ambiente de trabalho, com a obrigatoriedade de uso, pelo trabalhador, dos equipamentos de defesa pessoal, fornecidos pelo tomador dos serviços e aprovados pelas autoridades de higiene do trabalho. Cumpre observar o teor do item 84 da exposição de motivos: *"Ao pedir a atenção de Vossa Excelência para essa notável obra da construção jurídica, afirmo, com profunda convicção e de um modo geral, que, nesta hora dramática que o mundo sofre (Segunda Guerra Mundial), a Consolidação constitui um marco venerável na história de nossa civilização, demonstra a vocação brasileira pelo direito e, na escureza que envolve a humanidade, representa a expressão de uma luz que não se apagou"*.

Em 1943, a população brasileira era de 41 milhões de almas. Então, tinha-se o desequilíbrio, consideradas as oportunidades para prover a subsistência.

O Estado interveio com normas imperativas. O Direito do Trabalho foi um avanço civilizatório.

Cabe indagar: o quadro notado em 1943 foi suplantado a ponto de dispensar o trato especial da relação jurídica empregado-empregador?

Vem à memória o chavão da Copa do Mundo de futebol de 1970: *"Noventa milhões de brasileiros em ação, para frente Brasil..."*.

O censo demográfico de 2020 revelou a existência de pouco mais de 200 milhões de habitantes no Brasil continental, de oito milhões e meio de quilômetros quadrados. Ocorreu crescimento populacional geométrico. A economia como um grande todo não o acompanhou. Ante o fenômeno, há de concluir-se pela impossibilidade social de ter-se o afastamento das regras protetivas de trabalho.

A vida econômica é impiedosa. Não se dá um passo sem o acionamento do bolso, falhando o Estado na prestação de serviços essenciais — educação, moradia, saúde, transporte e segurança pública. É balela pensar que a deficiência marcante do mercado é amenizada pela economia informal.

Mais do que nunca surge a valia das normas. Os princípios que as norteiam, entre os quais sobressai o da imperatividade, colocando em segundo plano a manifestação da vontade pelo empregado, no que tende a sucumbir, optando pelo mínimo existencial, não podem ser afastados, sob pena de retrocesso social, confirmando-se a máxima segundo a qual a corda sempre se rompe na parte mais frágil.

É fácil falar em reforma trabalhista, fechando os olhos aos considerados menos afortunados. É fácil potencializar a óptica desenvolvimentista, considerada a liberdade de mercado. A visão é míope, presente o bem-estar do trabalhador. O argumento da existência de elevados encargos sociais não conduz à fragilização das regras trabalhistas. Direciona, sim, à revisão da política fiscal, aplacando-se a fúria arrecadadora. Diziam os antigos que a virtude está no meio-termo. Que essa verdade frutifique, não se retroagindo socialmente. A existência de dias melhores pressupõe a observância da organicidade do Direito.

A ADVOCACIA E AS NOVAS PERSPECTIVAS

Roberto Caldas Alvim de Oliveira(*)

Honrado com o convite para participar de livro em homenagem ao advogado José Alberto Couto Maciel, inicio essas breves reflexões sobre a Advocacia confessando minha admiração irrestrita ao homenageado, advogado, pai de seis filhos, avô e bisavô, três casamentos, intelectual, artista plástico, músico, escritor, bom tenista, amigo dos amigos, entre outras tantas facetas dessa personalidade brasileira em que o Maciel se tornou ao longo das suas mais de oito décadas de vida.

Maciel tem um currículo extenso, merecendo destaque o reconhecimento profissional e como cidadão de pertencer à Academia Brasileira de Direito do Trabalho e à Academia Brasiliense de Direito do Trabalho; ex-presidente do Instituto dos Advogados do Distrito Federal e membro do Instituto dos Advogados do Brasil, do Instituto dos Advogados de São Paulo e do Rio Grande do Sul. Cidadão honorário de Brasília, membro do Instituto Histórico e Geográfico do Distrito Federal, professor universitário, escritor renomado com mais de cinquenta livros publicados, sendo que o seu livro *Direito do Trabalho ao Alcance de Todos* vendeu mais de um milhão de exemplares, tendo sido publicado inclusive em braile.

Trabalhamos juntos há mais de 30 anos e tenho o privilégio diário de aproveitar não só do conhecimento jurídico dele, mas da sua capacidade inesgotável de estar sempre a buscar uma solução para as diferentes demandas que nos são colocadas no dia a dia do escritório e da vida.

Maciel é o fundador de um dos maiores e mais importantes escritórios de advocacia do nosso país e se dedica, entre as suas outras habilidades, diuturnamente à defesa intransigente do direito dos seus clientes.

É um inconformado permanente com a derrota de uma tese e vai a fundo em busca de argumentos que alterem o posicionamento do julgador.

Costuma dizer que nós advogados não somos devidamente reconhecidos pelo trabalho que fazemos. Quando ganhamos um processo, quem leva os louros é o julgador pela justiça feita em favor do nosso cliente e, quando perdemos a causa, o cliente, por vezes, coloca em xeque a nossa dedicação ao processo.

(*) Bacharel em Direito pela Universidade Federal do Paraná. Advogado atuante na Justiça do Trabalho e STF. Membro Efetivo do Instituto dos Advogados do Distrito Federal. Membro Efetivo e Cofundador da Academia Brasiliense de Direito de Trabalho. Membro da Ordem do Mérito Judiciário do Trabalho/TST e da Ordem do Mérito de Dom Bosco/TRT — 10ª Região.

A advocacia

Advogar é viver, diariamente, de sobressaltos, de perder o sono por conta de um processo, de sonhar com a tese e, às vezes, encontrar uma solução ao problema enquanto dorme. A alegria de ter uma tese acolhida pelo julgador rapidamente se desfaz com uma derrota em outro processo, apesar de todos os nossos esforços. Por isso, creio que essa seja a razão de pouco comemorarmos os nossos acertos, pois sabemos que a felicidade será efêmera e não devemos nos impressionar com esse sucesso passageiro.

Lembro-me de quando o nosso grande tenista, Gustavo Kuerten, venceu o seu primeiro Grand Slam no Torneio de Roland Garros/Paris, em 1997, com apenas 20 anos de idade.

Logo, uma importante rede de televisão do Brasil propôs ao Guga desfilar em carro do Corpo de Bombeiros pelas ruas da cidade do Rio de Janeiro e na sua cidade natal, Florianópolis, para marcar a grande vitória e para que o povo brasileiro pudesse enaltecer e comemorar a sua grande performance.

Guga, do alto dos seus 20 anos de idade, imediatamente recusou a proposta e foi sábio ao perceber que o sucesso seria temporário. Disse ele que a vitória, sem dúvida, era muito importante e certamente deveria ser comemorada com os brasileiros e aficionados do tênis, mas a vida de profissional de um tenista é feita de torneios disputados quase todas as semanas do ano e a grande vitória dele em Paris já seria posta à prova na semana seguinte e, evidentemente, ele não teria sucesso em todos os torneios que disputasse.

Esse exemplo de sabedoria de um jovem atleta serve como luva para o advogado que, diuturnamente, trabalha na defesa dos interesses dos seus clientes. Uma vitória em um processo rapidamente é afastada ou esquecida pela derrota em outra tese. Vivemos de bons e maus momentos, mas sempre com a certeza de que procuramos fazer o melhor.

Caráter e reputação

Gosto muito de uma frase que o pensador paranaense, Mário Sérgio Cortella, coloca em suas apresentações:

> CARÁTER é o que nós somos; REPUTAÇÃO é o que os outros pensam que nós somos.

A Constituição Federal do Brasil, no seu art. 101, estabelece que o Supremo Tribunal Federal "compõe-se de onze Ministros, escolhidos dentre cidadãos com mais de trinta e cinco e menos de setenta anos de idade, *de notável saber jurídico e reputação ilibada*".

Sendo assim, basta que o Presidente da República entenda que determinado cidadão tem reputação ilibada (sem mácula, pura) e notável saber jurídico para ocupar uma cadeira na Suprema Corte.

Temos vários exemplos, inclusive recentes, de que reputação ilibada não significa ter caráter. A reputação é facilmente alcançada pela exposição midiática, com a eloquência no discurso, ou ainda, com um sem-número de amigos bajuladores a enaltecer a pessoa, entre outros tantos caminhos que darão visibilidade ao cidadão e poderá alçá-lo ao patamar de pessoa com *reputação ilibada.*

A Constituição Federal deveria exigir que o cidadão tivesse um bom caráter e, logicamente, conhecimento jurídico para ocupar vaga no STF e em qualquer outra função na sua vida pessoal e profissional.

Nós, advogados, devemos pautar a nossa vida profissional pela boa-fé, pela ética, pelo conhecimento jurídico, no bom relacionamento e tratamento cortês, no culto à língua portuguesa e, principalmente, na formação do nosso *caráter.*

O Juiz não se intimida pela presença de um advogado com reputação reconhecida, mas respeita e admira o advogado que tem caráter e conduta retilínea.

O caráter é forjado desde o nascimento, em todos os dias das nossas vidas e sempre estaremos a aprender e a corrigir os nossos rumos para trilhar o melhor caminho e ajudar a quem precisa do nosso ofício.

Ruy Barbosa

Não poderíamos falar sobre a advocacia e a profissão do advogado sem comemorar a existência do baiano/brasileiro RUY BARBOSA, patrono da Advocacia brasileira e que neste ano (2023) comemoramos os 100 anos do seu falecimento, ocorrido em 1º de março de 1923.

Um detalhe que merece ser esclarecido é sobre a grafia do seu pré-nome – nascido e registrado Ruy (com "y"), passou a ser conhecido como Rui Barbosa (com "i"), tendo em vista a orientação do "formulário ortográfico de 1943", que recomendava que todos os nomes de personalidades brasileiras já mortas fossem reescritos de modo a adequar-se às regras ortográficas da língua portuguesa e, por isso, encontramos seu nome escrito como RUI BARBOSA.

RUY BARBOSA DE OLIVEIRA, filho de João José Barbosa de Oliveira e de Maria Adélia Barbosa de Oliveira, nasceu em 1849, na Freguesia da Sé, na cidade de Salvador, na então província da Bahia. Destacou-se como jurista, advogado, político, diplomata, escritor, filólogo, jornalista, tradutor e orador. Exerceu a vice-presidência do Senado Federal, foi Ministro da Fazenda, quando Presidente da República Deodoro da Fonseca, e Deputado Geral pela Bahia.

Nasceu gênio, como reconhecido por seu professor Antônio Gentil Ibirapitanga. Aos cinco anos aprendeu análise gramatical, a distinguir orações e a conjugar todos os verbos regulares, tudo isso em apenas quinze dias. Aos quinze anos concluiu o curso ginasial, mas sem idade para cursar a universidade dedicou-se ao estudo de línguas. Em 1866, com dezessete anos ingressou na Faculdade de Direito do Recife e dois anos depois transferiu-se para São Paulo para concluir o curso na Faculdade de Direito de São Paulo.

Sua carreira profissional teve início no escritório de advocacia de Souza Dantas em 1872 e nesse mesmo ano iniciou-se no jornalismo, vindo a assumir, em 1873, a direção do Diário da Bahia. Em 1877 foi eleito deputado à Assembleia da Bahia e já em 1878 foi eleito deputado à Assembleia da Corte.

Chegou a se candidatar, em 1905, à Presidência da República, mas retirou a sua candidatura para apoiar Afonso Pena. Concorreu à presidência por mais três vezes, sem sucesso.

Em junho de 1907, vai a Conferência de Haia atendendo convite do ministro das Relações Exteriores, Barão do Rio Branco, sendo aí a sua consagração mundial pela atuação vigorosa contra propostas armamentistas, o que lhe valeu o elogio de "Águia de Haia".

No ano de 1913 foi eleito presidente do Instituto dos Advogados Brasileiros, tornando-se *presidente honorário* do IAB em 1917. Em julho de 1922 sofre um grave edema pulmonar e vem a falecer no dia 1º de março de 1923, aos 73 anos de idade.

Membro fundador da Academia Brasileira de Letras, deixou vasta produção de obras, pareceres e discursos, dentre eles, o mais conhecido e sempre lembrado, "Oração aos Moços", escrito para paraninfar os formandos da turma de 1920 da Faculdade de Direito do Largo do São Francisco, em São Paulo.

Deixou pronto o seu epitáfio com a frase: "Estremeceu a Justiça; viveu no Trabalho; e não perdeu o ideal".

É reconhecido e aclamado como Patrono dos advogados brasileiros, por ter sido o mais importante e brilhante profissional do Direito nascido nas nossas terras.

Devemos reverenciar a memória de RUI, maior exemplo de retidão, preocupação com os cidadãos e com o Brasil.

Inteligência artificial e a advocacia

Li, recentemente, um ótimo artigo de estudante de Direito na Universidade de Brasília (UnB), Gabriel Rodrigues Teixeira, sobre *se a inteligência artificial mudará o Direito para sempre.*

Para responder a essa indagação, o acadêmico transcreveu a resposta dada pelo ChatGPT, um robô/chat/ferramenta lançado em novembro de 2022, nos seguintes termos:

> A inteligência artificial pode ter um impacto significativo na área do direito, como automatizar tarefas rotineiras e dispendiosas como a análise de documentos e a pesquisa jurídica. Isso pode permitir que advogados e juízes se concentrem em questões mais complexas e de maior importância. Além disso, a IA pode ajudar a identificar padrões e tendências em casos passados, o que pode ser útil na tomada de decisões judiciais.

O robozinho admite que a inteligência artificial poderá automatizar tarefas rotineiras e de pesquisa, mas que advogados e juízes continuarão a estudar e decidir sobre as questões mais complexas e de maior importância.

Importante ressaltar, como diz o artigo, que esse robô foi aprovado em *provas para as carreiras de Medicina e Direito nos EUA, acertou questões do nosso ENEM e escreveu um livro em menos de 3 dias (Migalhas, 1º.2.2023).*

Os escritórios de advocacia, na sua maioria, já estão aparelhados para essas tarefas repetitivas e para pesquisas jurídicas, mas o profissional do Direito sempre será necessário e fundamental para estudar o caso e suas nuances, os fatos e as provas que o cercam, bem assim a condução do processo, a estratégia e a abordagem perante o juiz da causa.

Importante considerar que a LGPD — Lei Geral de Proteção de Dados e as garantias constitucionais referentes à privacidade de informações, de dados, de comunicações telefônicas, entre outras garantias, impedem a utilização desmedida de máquinas para executar tarefas e atividades que exigem obediência à LGPD e às disposições da Constituição Federal.

A inteligência artificial poderá, sem dúvida, reduzir a quantidade de processos repetitivos, agilizar julgamentos, filtrar teses com o objetivo de facilitar a atividade judicante e dos escritórios de advocacia, mas, sem qualquer dúvida, em momento algum o julgador e o advogado serão substituídos por uma máquina que somente tem a visão lógica e fria da matéria.

O magnífico diretor de cinema, Steven Spielberg, lançou em setembro de 2001 o filme Inteligência Artificial, onde um robô — David, o primeiro menino-robô programado para amar, é adotado por um funcionário da Cybertronics e sua esposa. No entanto, uma série de circunstâncias inesperadas dificulta a vida de David. Sem a total aceitação dos humanos ou das máquinas, o menino-robô embarca em uma jornada para descobrir seu verdadeiro mundo.

Outros filmes com o mesmo apelo, tais como Minority Report; o Homem Bicentenário; Eu, Robô e Contatos Imediatos de Terceiro Grau, bem demonstram a dificuldade de nós, humanos, aceitarmos essa convivência pacífica e, mais que isso, deixarmos que os robôs nos substituam em nossas atividades cotidianas e, principalmente, profissional.

A tendência é, claro, de que cada vez mais a robótica estará entre nós, nos escritórios de advocacia, mas acredito que jamais os advogados serão substituídos na elaboração de uma petição inicial, da defesa, dos recursos cabíveis, na sensibilidade da sustentação oral, na percepção do pensamento do julgador pelo simples gestual dele.

Atividades de busca, pesquisa jurídica, controle de processos, de custos, de pessoal entre outros poderão ser substituídos, mas a sensibilidade do ser humano, a percepção da vida não será copiada em um robô que sempre será uma máquina sem sentimentos.

Legal Operations

Em texto muito bem desenvolvido pela advogada Juliana Valongo — gerente de Operações e de Eficiência Jurídica do Escritório Machado Meyer Advogados (Migalhas, 9.2.2023), a articulista esclarece que essa ferramenta permite a melhoria da eficiência do trabalho dos advogados. Afirma ela que:

> Os departamentos jurídicos nas empresas e escritórios de advocacia enfrentam constantes desafios para manter sua eficiência e atender às necessidades de seus clientes. Neste sentido, a área de *Legal Operations* se torna uma ferramenta estratégica que visa garantir que essas organizações possam desenvolver suas atividades de forma eficaz e aprimorar a experiência dos clientes internos e externos.
>
> Uma das principais vantagens do *Legal Operations* é permitir a melhoria da eficiência do trabalho dos advogados. Com as operações jurídicas otimizadas, os profissionais podem se concentrar em tarefas mais técnicas e estratégicas, deixando a cargo da equipe de *Legal Operations* as atividades administrativas e mais burocráticas. Isso permite que eles concentrem seus esforços em fornecer serviços de melhor qualidade aos clientes e em atuar de forma mais eficaz em suas atividades. Os clientes internos podem obter respostas mais rápidas e precisas para suas perguntas e necessidades. Já os clientes externos podem ter acesso a informações mais precisas e atualizadas, o que aumenta a confiança e a satisfação com os serviços do escritório de advocacia.

Outra vantagem do *Legal Operations*, segundo a articulista:

> é a capacidade de oferecer *insights* valiosos para a tomada de decisões. Com a análise de dados e tecnologias avançadas, é possível obter *insights* sobre tendências e padrões nas operações jurídicas, o que pode ajudar a identificar problemas e oportunidades de melhoria operacional. Isso pode ser particularmente útil para gerenciar casos e contratos, bem como para desenvolver estratégias de novos negócios.

Muitos ainda confundem *Legal Operations* com Controladoria Jurídica. No entanto, os dois conceitos não são equivalentes. O foco da Controladoria é a gestão das atividades jurídicas, como organização de documentos, controle de processos e prazos processuais, conformidade das informações legais, dentre outras. *Já o **Legal Operations** se dedica à parte administrativa de desempenho e qualidade.*

Resumidamente, o *Legal Operations* atua como um microdepartamento, que busca constantemente analisar e melhorar os processos internos, indicadores e redução de custos, resultando no consequente ganho de qualidade do trabalho e de vida dos profissionais. Assim, diferentemente da Controladoria, o *Legal Operations* não está diretamente na operação das atividades ligadas à rotina do jurídico, mas tem um papel mais amplo e estratégico de otimização de processos, por meio de tecnologia e rotinas inteligentes.

Além disso, é importante adotar uma abordagem estratégica e de interface com outras áreas da organização, como tecnologia, marketing, recursos humanos e financeiro. Uma boa relação permite a elaboração de soluções multidisciplinares que atendam, simultaneamente, às necessidades de todos os envolvidos, contribuindo para o aprimoramento da eficiência e a eficácia das operações jurídicas em todas as entregas.

Para ter sucesso na implementação do *Legal Operations* é fundamental contar com um profissional com uma visão holística e estratégica para gerenciar a área. Isso garante que a implementação seja bem-sucedida e todos possam trabalhar de forma integrada e colaborativa para alcançar os objetivos da organização.

Adicionalmente, será necessária a implementação de um bom sistema, capaz de integrar os fluxos de trabalho, automatizar as tarefas administrativas e de agregar mais visibilidade e inteligência às informações essenciais para a sua tomada de decisão.

Conclui que:

> ... os escritórios de advocacia podem se beneficiar, e muito, de uma área de *Legal Operations* eficiente, seja por meio do maior controle e otimização dos processos, seja pela contínua busca por ferramentas de otimização e desenvolvimento tecnológico, a fim de viabilizar melhores entregas aos clientes e mais qualidade de vida aos profissionais.[1]

---

(1) Disponível em: https://www.migalhas.com.br/depeso/381199/como-o-legal-operations-melhorar-a-experiencia-dos-clientes.

Os escritórios de advocacia precisam, urgentemente, se organizar para atender a sua clientela não somente com a melhor entrega jurídica, mas, também, aprimorando a sua área administrativa e otimizando melhores práticas que demandam menos gastos e tempo.

Conclusão

Vivemos um novo mundo, a partir do aparecimento do celular e de todas as suas conectividades e funções, especialmente, a conexão das redes sociais, mas essas assombrosas novidades não alteram a capacidade do ser humano de se reinventar e de continuar no comando das suas ações e do seu destino.

A Advocacia sobreviverá às novas tecnologias enquanto tivermos profissionais com a mesma competência, inteligência, sagacidade e motivação do nosso homenageado, José Alberto Couto Maciel, e temos a certeza de que a nossa profissão continuará a ser uma das mais importantes para a sociedade e para que o mundo seja ainda melhor e mais acolhedor.

A COMPOSIÇÃO DO SUPREMO TRIBUNAL FEDERAL E A SUA JURISDIÇÃO: REEQUILÍBRIO NECESSÁRIO(*)

Estêvão Mallet(**)

1. Introdução

A escolha dos integrantes do Supremo Tribunal Federal faz-se mediante indicação completamente discricionária do Presidente da República. Os requisitos, objetivos e subjetivos, estabelecidos pelo art. 101, *caput*, da Constituição, são apenas: a) idade superior a trinta e cinco anos e inferior a setenta anos; b) notável saber jurídico e c) reputação ilibada. Acresce-se, por aplicação do art. 12, § 3º, inciso IV, da Constituição, a cidadania nata, não sendo suficiente a adquirida. Satisfeitos esses requisitos, a indicação só depende de aprovação do Senado Federal[(1)], com nomeação em caráter vitalício[(2)]. Em rigor, nem mesmo formação jurídica é necessária, o que não deixa de ser curioso.

A fonte de inspiração do direito brasileiro é, tal como em outros pontos, a Constituição norte-americana[(3)], em que dispõe o presidente de igualmente larga latitude — maior ainda, em verdade — para a escolha dos integrantes da Suprema Corte[(4)], com a singela necessidade de consentimento do Senado para aprovação dos nomes indicados, sem exigência nem sequer de idade mínima[(5)]. A mesma influência manifestou-se em outras Constituições de países latino-americanos, como é o caso, em particular,

---

(*) O presente texto foi escrito para homenagear José Alberto Couto Maciel, renomado e respeitado advogado. O tema escolhido leva em conta sua importante atuação nos Tribunais Superiores da República.

(**) Advogado. Doutor em Direito do Trabalho e Livre-Docente pela Faculdade de Direito da Universidade de São Paulo.

(1) Constituição, art. 101, parágrafo único.

(2) *Idem*, art. 95, I.

(3) Não é casualidade que João Barbalho, ao comentar o dispositivo da Constituição de 1981 correspondente ao art. 101 da atual Constituição, evoque texto de Hamilton, em *Federalist* (Constituição Federal Brazileira — Commentarios. Rio de Janeiro: Typographia da Companhia Litho-Typographia, 1902, p. 193).

(4) Cf. art. II, Secção 2, § 2º, da Constituição dos Estados Unidos da América.

(5) Joseph Story foi indicado e tomou posse como juiz da Suprema Corte quando tinha apenas 32 anos de idade.

da Argentina[6], em que também se atribui ao presidente da Nação a prerrogativa de nomear os integrantes da Corte Suprema, com aprovação pelo Senado, por maioria de dois terços[7]. Adicionam-se, todavia, duas exigências: (i) ser advogado, com pelo menos oito anos de exercício, e (ii) ter as qualidades requeridas para ser senador[8].

2. Notável saber jurídico e reputação ilibada

Pouco significam, na prática, as principais exigências de fundo para o exercício da magistratura no Supremo Tribunal Federal, ou seja, ter o indicado, cumulativamente, notável saber jurídico e reputação ilibada. Ambos os conceitos apresentam enorme abertura, vagueza e imprecisão.

O primeiro deles reaparece como requisito para o preenchimento de muitos outros cargos — o que relativiza a sua magnitude —, como os de integrante do Conselho Nacional de Justiça, na condição de cidadão[9], de magistrado do Superior Tribunal de Justiça[10], do Tribunal Superior do Trabalho[11], do Tribunal Superior Eleitoral[12], dos Tribunais Regionais Eleitorais[13], de membro do Conselho Nacional do Ministério Público, na condição de cidadão[14], e de Advogado-Geral da União[15]. Algumas Constituições estaduais mencionam-no também para o exercício de outras funções[16].

Reputação ilibada é necessária para um rol enorme de funções, como, por exemplo, presidente e diretor do Banco Central[17], presidente e diretor do Banco do Brasil[18], presidente e membro do Conselho Diretor das Agências Reguladoras[19],

(6) É reconhecida, inclusive em precedentes judiciais, essa influência. Na decisão da Corte Suprema argentina proferida no caso *Farmacity S.A. c/ Fisco de la Provincia de Buenos Aires y otro* (julgamento de 30.06.2021) pode-se ler, por exemplo: "*nuestra Constitución receptó principalmente la influencia del derecho constitucional norteamericano...*" (p. 58).

(7) Art. 99, 4.

(8) Art. 111.

(9) Art. 103-B, inciso XIII, da Constituição.

(10) Art. 104, parágrafo único, da Constituição.

(11) Art. 111-A da Constituição.

(12) Art. 119, inciso II, da Constituição.

(13) Art. 120, § 1º, inciso III, da Constituição.

(14) Art. 130-A, inciso VI, da Constituição.

(15) Art. 131, § 1º, da Constituição.

(16) Em geral, a função de Advogado-Geral do Estado (Constituição de Minas Gerais, art. 128, § 1º), de Procurador-Geral do Estado (Constituição de Pernambuco, art. 72, § 1º; Constituição do Espírito Santo, art. 122, § 1º, e Constituição do Amazonas, art. 96, § 1º) ou de Procurador-Geral de Assembleia Legislativa (Constituição do Rio de Janeiro, art. 121, § 2º). A Constituição de Goiás, em dispositivo que veio a ser considerado inconstitucional (STF — Pleno, ADI n. 1.679/GO, Rel. Min. Gilmar Mendes, julg. em 08.10.2003 *in* DJ de 21.11.2003), previa um conceito próximo, a saber, o de "notável saber jurídico tributário", exigido para o exercício da função de Procurador-Chefe da Procuradoria da Fazenda (art. 118, § 3º, inciso II).

(17) Lei Complementar n. 179/2021, art. 3º.

(18) Lei n. 9.986/2000, art. 5º, *caput*.

(19) Lei n. 9.472/1997, art. 23.

diretor da Superintendência Nacional de Previdência Complementar[20], diretor do Departamento Nacional de Infraestrutura de Transportes[21], conselheiro do Tribunal Administrativo de Defesa Econômica[22], diretor da Autoridade Nacional de Segurança Nuclear[23], curador do Fundo de Garantia do Tempo de Serviço[24], presidente e servidor do Plenário do Conselho de Controle de Atividades Financeiras[25] etc. A Lei n. 14.204/2021 e o Decreto n. 10.829/2021 tratam reputação ilibada como critério geral para "a ocupação de cargos em comissão e de funções de confiança na administração pública federal direta, autárquica e fundacional"[26]. A jurisprudência invoca a necessidade da mesma condição para o exercício das funções de agente de segurança prisional[27] e de policial militar[28]. Até para o exercício de certas funções atribuídas a particulares menciona-se o requisito da reputação ilibada, como se dá no caso de agente especializado na alienação de bens em recuperação judicial[29].

De qualquer sorte, para fins jurídicos, a caracterização de ambos os atributos, em uma situação concreta de indicação para o Supremo Tribunal Federal, fica sujeita a juízo puramente discricionário[30]. Não é preciso — e nem mesmo cabe — justificativa fundamentada pelo Presidente da República, com demonstração das razões que o levam a julgar satisfeitos os requisitos constitucionais. Ter-se-á por presente o requisito do art. 101, *caput*, da Constituição, toda vez que o indicado não sofrer, por esse motivo, rejeição pelo Senado Federal.

Demasiada abertura — com figuras que não representam mais do que "*une enveloppe molle et flasque*", para repetir a expressão de que certa feita se serviu Geny[31]

---

(20) Decreto n. 11.241/2022, art. 4º.

(21) Decreto n. 11.225/2022, art. 4º, § 1º.

(22) Decreto n. 11.222/2022, art. 3º.

(23) Lei n. 14.222/2021, art. 4º, *caput*.

(24) Lei n. 8.036/1990, art. 2º, § 10.

(25) Lei n. 13.974/2020, art. 4º, § 1º.

(26) Respectivamente, arts. 9º, inciso I, e 15, inciso I.

(27) "[...] 3. Considerando que a carreira de Agente de Segurança Prisional exige reputação ilibada para o exercício da função, não ofende os princípios constitucionais da moralidade e razoabilidade, a exigência, pelo edital do concurso, de informações sobre a vida pregressa do candidato e a desclassificação do certame daqueles que não estiverem em conformidade com as regras editalícias." (TJ — GO, 5ª Câm. Cív., MS n. 03001860220158090000, Rel. Doraci Lamar Rosa da Silva Andrade, julg. em 03.03.2016 *in* DJ de 11.03.2016).

(28) "Insurgência contra reprovação na fase de investigação social — Descabimento — Ausência de ilegalidade — Eliminação pautada no âmbito da discricionariedade administrativa — Critérios de conduta e reputação ilibada necessários ao exercício do cargo, especificados no edital — Requisitos não atendidos pelo candidato..." (TJ — SP, 11ª Câm. Dir. Púb., ApCív. n. 1052915-20.2018.8.26.0053, Rel. Marcelo L. Theodósio, julg. em 26.03.2019 *in* DJ de 27.03.2019).

(29) Lei n. 11.101/2005, art. 142, inciso IV.

(30) Já se decidiu: "[...] É cediço, na jurisprudência e doutrina pátrias, que o conceito de reputação ilibada é amplo e indeterminado, permitindo uma correlata avaliação discricionária da Administração Pública..." (TRF — 4ª Reg., 4ª T., ApCív. n. 5034256-27.2013.4.04.7000, Rel. Vivian Josete Pantaleão Caminha, julg. em 18.02.2014).

(31) *Science et technique en droit privé positif*. Paris: Sirey, 1921, III, n. 197, p. 59.

— pode criar, em aspecto tão sensível, problemas de monta. O risco de escolhas inadequadas e, mesmo assim, aprovadas, por transitórias injunções político-partidárias, nem é puramente hipotético. Antes ao contrário, Pontes de Miranda relata que, "em certo momento da vida republicana do Brasil, um médico e dois generais de Exército foram nomeados para o Supremo Tribunal Federal"[(32)]. Esse risco é deveras significativo diante (i) da conformação da Constituição brasileira e (ii) da abrangência da jurisdição do Supremo Tribunal Federal.

3. A conformação da Constituição brasileira

Não constitui o Supremo Tribunal Federal mero tribunal judicial de superposição, incumbido apenas de resolver litígios, com preponderante atividade de aplicação de normas preexistentes, como os demais tribunais que compõem o Poder Judiciário — ou como os tribunais de superposição de outros países[(33)] — e como lhe cabia na sua origem. Seu papel, no sistema constitucional brasileiro, cada vez mais ostenta "*political significance*", como diz a doutrina em relação à Corte Constitucional alemã, em afirmação também válida para o direito brasileiro[(34)].

A própria atividade de interpretação e aplicação de normas constitucionais longe está, em sua origem e nos seus pressupostos, de se equiparar à comum atividade de resolução contenciosa de controvérsia. Como notava há tempos Cappelletti, "a atividade de interpretação e de atuação da norma constitucional, pela natureza mesma desta norma, é [...] uma atividade mais próxima, às vezes — pela vastidão de suas repercussões e pela coragem e a responsabilidade das escolhas que ela necessariamente implica — da atividade do legislador e do homem de governo que da dos juízes comuns"[(35)]. Outros autores sublinham a mais ampla margem de escolha — "*a range of possible interpretive choices*"[(36)] — que as controvérsias sobre a interpretação constitucional costumam oferecer.

O quadro é ainda mais evidente no ordenamento jurídico brasileiro, em que se encontra, na Constituição, larguíssimo emprego de princípios[(37)], alguns até então

---

(32) *Comentários à Constituição de 1967*. Rio de Janeiro: Forense, 1987, tomo IV, p. 5.

(33) Como, por exemplo, o Supremo Tribunal de Justiça e o Supremo Tribunal Administrativo de Portugal [Constituição portuguesa, art. 209º, n. 1, alíneas a) e b)] ou, ainda como a Corte de Cassação e o Conselho de Estado em França e na Itália.

(34) David P. Currie. *The Constitution of the Federal Republic of Germany*, Chicago, The University of Chicago Press, 1994, p. 27. De igual modo, perante o sistema jurídico boliviano, José Antonio Rivera Santiváñez, *Los efectos de las sentencias constitucionales en el ordenamiento jurídico interno* em *Estudios Constitucionales*, Chile, *Universidad de Talca*, ano 4, n. 2, 2006, p. 587.

(35) *O controle de constitucionalidade das leis no direito comparado*. Porto Alegre: Sergio Fabris Editor, 1992, p. 89/90. No mesmo sentido, ainda, Luiz Guilherme Marinoni. Sobre a interpretação constitucional. *In: Visões contemporâneas sobre Direito Público*. Florianópolis: Habitus, 2022, p. 263.

(36) David Landau e Rosalind Dixon. *Abusive Judicial Review: Courts Against Democracy*, University of California, Davis, v. 53, p. 1327.

(37) Tomados em sua literalidade, os arts. 4º, 21, inciso XXIII, 34, inciso VII, 37, *caput*, 40, § 22, inciso VII, 46, *caput*, 93, 127, § 1º, 134, § 4º, 170, 178, *caput*, 206, 207, *caput*, 216-A, 221, 223, 227, inciso V,

desconhecidos, outros não definidos ou muito mal definidos(38). O resultado é conferir-se à jurisdição constitucional — incumbida da última palavra sobre o sentido da Constituição e, por conseguinte, dos princípios nela mencionados — uma quase irrestrita possibilidade de controle de todas "(as) opções do legislador democrático", além de estimular "um activismo judicial não constitucionalmente sustentado"(39). Atribui-se a Richelieu — talvez incorretamente — ter dito: "*Qu'on me donne six lignes écrites de la main du plus honnête homme, j'y trouverai de quoi le faire pendre*". Hoje, ele provavelmente chegaria ao mesmo resultado sem precisar das seis linhas, bastando-lhe algumas poucas palavras, transformadas em princípio jurídico. Bem por isso, um autor português chegou a mencionar o sistema jurídico brasileiro como exemplo de recurso excessivo ao princípio da dignidade da pessoa humana, com efeitos perniciosos para o equilíbrio entre os poderes(40).

4. A abrangência da jurisdição do Supremo Tribunal Federal

Ainda mais se acentua a nota política da função de aplicação das normas constitucionais no quadro brasileiro, em que se dotou de enormes poderes o órgão incumbido de exercer o controle abstrato de constitucionalidade. As atribuições do Supremo Tribunal Federal são extremamente amplas e alargadas. Não há como equipará-lo a um órgão meramente jurisdicional ou, até, a um algum tribunal de outro país.

A Corte Suprema dos Estados Unidos já foi qualificada por Alexis de Tocqueville como o tribunal com mais poder e mais importância até então constituído no mundo(41). A permanência de sua relevância, na atualidade, evidencia-se pela constante atenção que lhe dedica a imprensa internacional(42). Mesmo assim, a Corte Suprema não tem os poderes conferidos ao Supremo Tribunal Federal, que pode julgar questões constitucionais abstratas.

---

da Constituição indicam 85 princípios. É claro que alguns, referidos como princípios, claramente não o são. O que consta no inciso V do art. 93, por exemplo, é uma regra, não um princípio. Sem embargo, não há dúvida de que a Constituição foi incrivelmente pródiga na utilização de princípios. Há até, no art. 227, § 3º, inciso V, o princípio da excepcionalidade (?!).

(38) Considerem-se, como exemplos, os princípios do "fomento à produção, difusão e circulação de conhecimento e bens culturais", do art. 216-A, § 1º, inciso III, e o princípio da "preferência a finalidades educativas, artísticas, culturais e informativas" na produção e programação das emissoras de rádio e televisão (art. 221, inciso I).

(39) Jorge Reis Novais. *A dignidade da pessoa humana*. Dignidade e inconstitucionalidade. Coimbra: Almedina, 2016, v. II, p. 74.

(40) Jorge Reis Novais. *A dignidade da pessoa humana*. Dignidade e inconstitucionalidade. cit., v. I, p. 22.

(41) *De la démocratie en Amérique*. Paris: *Imprimerie de Bourgogne*, 1885, p. 229/230. A nota de Tocqueville continua a ser atual. Um autor recentemente publicou artigo com o título "*The imperial Supreme Court*" (Mark A. Lemley, disponível, para consulta pública, em: https://papers.ssrn.com/sol3/papers.cfm?abstract_id=4175554; acesso em: 7 jan. 2023).

(42) Não é gratuito que a revista britânica *The Economist* traga, em quatro recentes edições, de 15 de outubro, 5 novembro, 12 de novembro e 10 de dezembro de 2022, artigos sobre a Suprema Corte dos Estados Unidos. É a demonstração irrefutável de sua proeminência. Da imprensa pode-se dizer o mesmo que os romanos diziam das autoridades: *de minimis non curat praetor*.

Sujeita aos termos do artigo III da Constituição dos Estados Unidos, a Corte Suprema somente decide "*cases*" ou "*controversies*". É-lhe vedado decidir situações teóricas, que não se manifestaram ainda em litígios concretos[(43)]. Não exerce, pois, controle abstrato de constitucionalidade das leis. Não tem jurisdição para examinar "*the constitutionality of an act of Congress as an abstract question*"[(44)], o que limita bastante a sua atuação. É, todavia, algo que o Supremo Tribunal Federal brasileiro pode fazer, sem nenhuma dúvida ou dificuldade, nos termos do art. 102, inciso I, alínea a), da Constituição, no que já se designou, na falta de melhor expressão, de "processo objetivo"[(45)] ou, ainda, "processo sem parte, no qual inexiste litígio"[(46)].

De outro lado, originalmente, o Supremo Tribunal Federal julgava apenas questões concretas, que lhe eram submetidas por meio de recurso ou ações judiciais. Passou a exercer, de modo ainda incipiente, algum controle abstrato, a partir da criação da "representação contra inconstitucionalidade"[(47)], introduzida na Constituição de 1946, com a Emenda Constitucional n. 16 de 1965. Essa competência ampliou-se gradualmente. Alargou-se a legitimação para a propositura da ação direta. Restrita ao Procurador Geral da República, na Constituição de 1967[(48)], passou a compreender o extenso rol do art. 103, na Constituição de 1988, com quase uma dezena de hipóteses de legitimação, algumas delas com vários legitimados concretos, com os partidos políticos com representação no Congresso Nacional ou confederação sindical ou entidade de classe de âmbito nacional. A evolução culminou com a criação, pela Emenda Constitucional n. 3 de 1993, da ação declaratória de constitucionalidade de lei ou ato normativo federal, em pronunciamento, tal como na ação direta de inconstitucionalidade, com "eficácia contra todos e efeito vinculante, relativamente aos demais órgãos do Poder Judiciário e à administração pública direta e indireta, nas esferas federal,

---

(43) Em *Lewis v. Continental Bank Corp.*, a Suprema Corte assinalou: *"Under Article III of the Constitution, federal courts may adjudicate only actual, ongoing cases or controversies...To invoke the jurisdiction of a federal court, a litigant must have suffered, or be threatened with, an actual injury traceable to the defendant and likely to be redressed by a favorable judicial decision...Article III denies federal courts the power "to decide questions that cannot affect the rights of litigants in the case before them,"...and confines them to resolving "real and substantial controvers[ies] admitting of specific relief through a decree of a conclusive character, as distinguished from an opinion advising what the law would be upon a hypothetical state of facts.""* (494 U.S. 472).

(44) A passagem transcrita consta em decisão da Suprema Corte tomada em *Liverpool, N.Y. & Phila. S.S. Co. v. Commissioners*, em que se anota: *"If, on the other hand, we should assume the plaintiff's case to be within the terms of the statute, we should have to deal with it purely as an hypothesis, and pass upon the constitutionality of an act of Congress as an abstract question. That is not the mode in which this Court is accustomed or willing to consider such questions. It has no jurisdiction to pronounce any statute, either of a State or of the United States, void because irreconcilable with the Constitution except as it is called upon to adjudge the legal rights of litigants in actual controversies."* (113 U.S. 33, 39).

(45) STF — Pleno, ADI n. 91/SE, Rel. Min. Sydney Sanches, julg. em 21.09.1995 *in* DJU de 23.03.2001, p. 83.

(46) STF — Pleno, Rcl n. 397 MC-QO/RJ, Rel. Min. Celso de Mello, julg. em 25.11.1992 *in* DJU de 21.05.1993, p. 9.765.

(47) Cf. art. 101, inciso I, alínea k).

(48) Art. 114, inciso I, alínea l).

estadual e municipal"[49]. Compete-lhe, ainda, "aprovar súmula que, a partir de sua publicação na imprensa oficial, terá efeito vinculante em relação aos demais órgãos do Poder Judiciário e à administração pública direta e indireta, nas esferas federal, estadual e municipal, bem como proceder à sua revisão ou cancelamento, na forma estabelecida em lei"[50].

Nos casos mencionados, o pronunciamento tomado pelo Supremo Tribunal Federal, por conta da abrangência, generalidade, força e eficácia de que se reveste, muito mais próximo está da atividade normativa, afastando-se, em grande medida, da típica função jurisdicional de solução de conflitos intersubjetivos. Tanto é assim que na própria jurisprudência do Supremo Tribunal Federal encontra-se — e de modo reiterado — a afirmação de que, ao julgar ação direta de inconstitucionalidade, atua a Corte como verdadeiro "legislador negativo"[51].

A relutância em aceitar o exercício também da função de legislador positivo, sempre negada[52], não corresponde à realidade. Considerada a possibilidade de o

---

(49) Constituição, art. 102, inciso I e § 2º.

(50) *Idem*, art. 103-A, *caput*.

(51) Cf., por exemplo, STF, Pleno, ADI-QO n. 652/MA, Rel. Min. Celso de Mello, julg. em 02.04.92 *in* DJU de 02.04.93, p. 5.615 e, ainda, STF, Pleno, ADI-MC n. 267/DF, Rel. Min. Celso de Mello, julg. em 25.10.90 *in* DJU de 19.05.95, p. 13.990.

(52) "Ação direta de inconstitucionalidade. Medida Liminar. Argüição de inconstitucionalidade da expressão 'um terço' do inciso I e do inciso II do § 2º, do § 3º e do § 4º do art. 47 da Lei n. 9.504, de 30 de setembro de 1997, ou quando não, do art. 47, incisos I, III, V e VI, exceto suas alíneas 'a' e 'b' de seu § 1º, em suas partes marcadas em negrito, bem como dos incisos e parágrafos do art. 19 da Instrução n. 35 [...] Quanto ao primeiro pedido alternativo sobre a inconstitucionalidade dos dispositivos da Lei n. 9.504/97 impugnados, a declaração de inconstitucionalidade, se acolhida como foi requerida, modificará o sistema da Lei pela alteração do seu sentido, o que importa sua impossibilidade jurídica, uma vez que o Poder Judiciário, no controle de constitucionalidade dos atos normativos, só atua como legislador negativo e não como legislador positivo." (STF — Pleno, ADI 1.822/DF, Rel. Min. Moreira Alves, julg. em 26.06.98 *in* DJU de 10.12.99, p. 3); "Ação direta de inconstitucionalidade. Lei Complementar n. 75, de 20.05.93 (art. 270 e seus pars. 1 e 2, bem como as expressões 'não alcançados pelo artigo anterior' constantes do '*caput*' do art. 271). Não só a Corte esta restrita a examinar os dispositivos ou expressões deles cuja inconstitucionalidade for arguida, mas também não pode ela declarar inconstitucionalidade parcial que mude o sentido e o alcance da norma impugnada (quando isso ocorre, a declaração de inconstitucionalidade tem de alcançar todo o dispositivo), porquanto, se assim não fosse, a Corte se transformaria em legislador positivo, uma vez que, com a supressão da expressão atacada, estaria modificando o sentido e o alcance da norma impugnada. E o controle de constitucionalidade dos atos normativos pelo Poder Judiciário só lhe permite agir como legislador negativo." (STF — Pleno, ADI-MC 896/DF, Rel. Min. Moreira Alves, julg. em 03.11.93 *in* DJU de 16.02.96, p. 2.997) e, ainda, "Ação Direta de Inconstitucionalidade. Foro por prerrogativa de função. Exceção à regra do juiz natural. Constituição do Estado do Maranhão. Extensão ao Defensor Público-Geral do Estado. Princípios constitucionais da República e da isonomia. Inconstitucionalidade material... 4. Silente o legislador constituinte derivado reformador, por ocasião da edição da Emenda Constitucional n. 80/2014, quanto à equiparação dos regimes jurídicos de foro privilegiado atribuídos aos membros da Defensoria Pública em relação aos membros da magistratura e do Ministério Público, não deve o Supremo, assumindo o papel de legislador positivo, redesenhar o modelo estabelecido na Constituição de 1988 e atuar à margem da competência que lhe foi atribuída..." (STF — Pleno, ADI n. 6509/MA, Rel. Nunes Marques, julg. em 16.05.2022 *in* DJ de 02.06.2022).

Supremo Tribunal editar súmulas vinculantes e, ainda, firmar interpretação conforme a Constituição[53], por meio da qual impõe o sentido que pode ser emprestado à norma legal, com exclusão de outros possíveis — que são declarados inconstitucionais, ainda que implicitamente, "mas necessariamente", como registrado em um acórdão[54] —, é incontestável a sua função normativa, tanto no sentido negativo como, também, no sentido positivo.

5. Natureza dúplice das ações direta e declaratória

A jurisdição constitucional do Supremo Tribunal Federal, em si já ampla, alargou-se ainda mais com a atribuição de natureza dúplice às ações de controle concentrado de constitucionalidade[55].

Partiu o legislador, ao regular essas ações, da suposição de que a improcedência de pedido de declaração negativa, em direito processual, equivaleria, na sua força e nos seus efeitos, a pronunciamento declaratório positivo, como se a negação (não procede) da negação (pedido de declaração negativa) implicasse afirmação (declaração positiva)[56]. Esse é, reconheça-se, o magistério de parte da doutrina processual, brasileira e estrangeira[57]. Não está correto, todavia.

A improcedência do pedido de declaração negativa prende-se aos elementos definidores da ação (partes, pedido e causa de pedir)[58]. O pedido é julgado consoante a causa de pedir e a decisão tem a sua eficácia limitada por ela. Não se estendem os

---

(53) Cf. Lei n. 9.868, art. 28, parágrafo único.

(54) STF — Pleno, ADI n. 2.418/DF, Rel. Min. Teori Zavascki, julg. em 04.05.2016 *in* DJ de 17.11.2016, p. 28.

(55) Cf., com a afirmação incidental da natureza dúplice da ação declaratória de constitucionalidade, STF — Pleno, ADC n. 4/DF, Rel. Min. Celso de Mello, julg. em 1º.10.2008 *in* DJU de 30.10.2014. Em doutrina, cf. Teori Albino Zavascki. *Eficácia das sentenças na jurisdição constitucional*. São Paulo: Revista dos Tribunais, 2011, p. 46.

(56) A negação da negação, em lógica, implica afirmar-se algo. Quando enuncio que "não vou" (primeira negação) "não sair" (segunda negação), estou a fazer, em verdade, uma única afirmação, a saber, a de que "vou sair".

(57) Chiovenda, por exemplo, anota: "*se l'attore avevva chiesto l'accertamento negativo di un diritto del convenuto, la sentenza di rigitto nega l'inesistenza, vale a dire afferma l'esistenza di una volontà di legge che garantisca un bene al convenuto. In quest'ultimo caso la sentenza di rigetto cotiene accertamento positivo a favore del conventu.*" (*Princippi di diritto processuale civile*. Napoli: Jovene, 1965, § 11, n. 1, p. 265, e também em *Istituzioni di diritto processuale civile*, Napoli, 1936, II, p. 465). Cf. ainda, no mesmo sentido, Andrea Proto Pisani. *La tutela di mero accertamento* em *Appunti sula giustizia civile*. Bari: Cacucci, 1982, n. 14 e segs. e Pontes de Miranda. *Comentários ao Código de Processo Civil*. Rio de Janeiro: Forense, 1949, tomo V, p. 86. Em jurisprudência, com o entendimento de que a improcedência do pedido de declaração negativa implica a afirmação da existência da relação jurídica, TJ — SP, 12ª Câm. Dir. Priv., AI n. 2157820-87.2019.8.26.0000, Rel. Castro Figliolia, julg. em 12.11.2019 *in* DJ de 12.11.2019. Em sentido aparentemente contrário, todavia: TJ — SP, 12ª Câm. Dir. Priv., AI n. 0041447-85.2011.8.26.0000, Rel. José Reynaldo, julg. em 25.05.2011 *in* DJ de 26.05.2011.

(58) CPC, art. 337, §§ 1º, 2º e 4º.

efeitos da propositura da ação e os efeitos da decisão, mesmo declaratória negativa, a causas de pedir que sejam diversas. A improcedência do pedido não implica, portanto, afirmação genérica, com eficácia de coisa julgada, da existência do fato em si, cuja negação se buscou[59]. Permanece, em consequência, a possibilidade de se obter a declaração de inexistência desse fato, tendo em conta outra causa de pedir[60].

De todo modo, no direito posto, o legislador equiparou, nas ações de controle concentrado, a decisão que nega a inconstitucionalidade na ação direta com a decisão que afirma essa mesma constitucionalidade, na ação declaratória, e vice-versa. É o que se vê no art. 23 da Lei n. 9.868/1999, *verbis*: "Efetuado o julgamento, proclamar-se-á a constitucionalidade ou a inconstitucionalidade da disposição ou da norma impugnada se num ou noutro sentido se tiverem manifestado pelo menos seis Ministros, quer se trate de ação direta de inconstitucionalidade ou de ação declaratória de constitucionalidade". Mais uma vez, é um poder que não têm as cortes constitucionais, em geral[61].

Na Suprema Corte dos Estados Unidos, da decisão que rejeita a alegação de inconstitucionalidade não se tira a afirmação de constitucionalidade da norma impugnada[62]. Permanece aberta a possibilidade de voltar-se a debater a questão, como, aliás,

---

(59) "quando se julga improcedente a ação declaratória negativa, não se declara que o direito, relação ou situação jurídica negado pelo autor existe: apenas se nega o seu direito de obter a declaração negativa que pretendeu." (Eduardo Talamini. *Coisa julgada e sua revisão*. São Paulo: RT, 2005, p. 76/77). No mesmo sentido, ainda, Bruno Vasconcelos Carrilho Lopes. *Limites objetivos e eficácia preclusiva da coisa julgada*. São Paulo: s. e. p. (tese), 2010, n. 14, p. 87.

(60) Assim, expressamente, embora não seja comum a discussão do problema, José Manoel de Arruda Alvim. *Manual de direito processual*. São Paulo: RT, 1986, v. II, n. 464, p. 431, *verbis*: "a sentença de improcedência, nesta hipótese, significará que, à luz de uma determinada *causa petendi*, determinado negócio existe, ou seja, não é fundada a declaração de sua inexistência".

(61) Uma exceção, que mais indica o desacerto da solução, é o Tribunal Supremo de Justiça da Venezuela, cujo julgamento de improcedência de ação popular de inconstitucionalidade "*tiene efectos erga omnes y valor de cosa juzgada en el sentido de que la constitucionalidad de esa Ley debe ser admitida por todos los jueces, quienes están obligados a seguir el criterio de la Sala.*" (Allan R. Brewer-Caría. *Los efectos de las sentencias constitucionales en Venezuela* em *Anuario Iberoamericano de Justicia Constitucional*. Madrid, 2008, p. 38). A solução relaciona-se com o aparelhamento da Secção Constitucional do Tribunal Supremo, como instrumento para a consolidação do regime autoritário no país. Para desenvolvimento do ponto, cf. David Landau e Rosalind Dixon. *Abusive Judicial Review: Courts Against Democracy*, cit., p. 1322, 1339/1340, e, especialmente, 1363 e segs.

(62) Na verdade, no modelo norte-americano, nem mesmo a declaração de inconstitucionalidade tem eficácia vinculante. Não há revogação, pela decisão declaratória, da norma inconstitucional. Não atuam a Suprema Corte ou qualquer outro tribunal, portanto, nem sequer como legislador negativo, tal qual o Supremo Tribunal Federal brasileiro. Como já se decidiu, "*(a)n unconstitutional act is not merely blank paper. The solemn act of the legislature is a fact to be reckoned with. Nowhere has power been vested to expunge it or remove it from its proper place among-statutes.*" [*State v. Corker*, 67 N.J.L. 596 at 601, 52 A. 362 (1902)]. A doutrina confirma a proposição, ao advertir que "*an unconstitutional statute is not necessarily void or nonexistent.*" (Earl T. Crawford, *The legislative status of an unconstitutional statute*, 49 *Mich. L. Rev.*, (1951), 645, 649). É a solução dominante nos sistemas de *common law*, como é o caso, em linhas gerais, do Canadá. A Corte Suprema deixou claro que "*in issuing a declaration that a law is inconsistent with the Constitution and thus of no force or effect, a judge is exercising an ordinary judicial power to determine a question of law. Given the nature of the power they*

ocorreu, por exemplo, no campo da legislação segregacionista. A afirmação inicial da legitimidade constitucional das acomodações separadas para brancos e negros, desde que iguais (*separate but equal doctrine*), encontrada em *Plessy v. Ferguson*[63], foi suplantada pela posterior proscrição de separações, em *Brown v. Board of Education*[64].

A Argentina, cujo sistema de controle de constitucionalidade tem forte influência do modelo norte-americano[65], segue exatamente a mesma diretriz. Durante muito tempo, a Corte Suprema da Nação entendeu que a indissolubilidade do matrimônio era matéria afeta à deliberação do legislador, deixando de declarar inconstitucionais, em consequência, disposições que impediam divorciado de contrair novo matrimônio. No caso *Sejean*, porém, reviu sua jurisprudência e declarou-as inconstitucionais[66].

Nos países europeus, inspirados pelo sistema austríaco de controle de constitucionalidade, predomina o entendimento de que a improcedência do pedido de declaração de inconstitucionalidade não tem eficácia ou força de declaração de

---

exercise, judges cannot in a literal sense "strike down legislation" when they review the consistency of the law with the Constitution under s. 52(1) ... In our law, legislatures have the power to remove laws from the statute books, or to modify those statutes, not judges..." (*R. v. Sullivan*, 2022 SCC 19, § 45). É perfeitamente possível, assim, concluir-se, após a afirmação da inconstitucionalidade de uma norma, que não existe nenhum vício, restabelecendo-se a plena eficácia do texto censurado. Embora rara na prática, a situação já se verificou. Há mais tempo, deu-se no chamado *legal tender issue*, com a reversão, em 1871, da conclusão sobre a inconstitucionalidade de certa lei, pronunciada quinze meses antes, no caso *Hepburn v. Griswold* (Robert G. McCloskey. *The American Supreme Court*. Chicago, The University of Chicago Press, 2000, p. 75/76). Mais recentemente, a superação de *Roe v. Wade* (410 U.S. 113) por Dobbs v. Jackson (n. 19-1392, 597 U.S. 2022), restabeleceu leis estaduais restritivas do direito ao aborto. No Michigan, a proibição quase absoluta do aborto, prevista na seção 750.14 da legislação do estado, só não voltou a vigorar por conta de liminar que suspendeu transitoriamente a sua aplicação (cf. *Planned Parenthood of Michigan v. Attorney General of the State of Michigan — In re Jarzynka, Case No. 22-000044-MM*; a decisão está disponível em: https://www.michigan.gov/ag/-/media/Project/Websites/AG/releases/2022/June/Planned-Parenthood-Opinion-and-Order-May-2022.pdf; acesso em: 13 jan. 2023), deferida pouco tempo antes da mudança da jurisprudência da Corte Suprema, apenas diante do risco de sua ocorrência, com os seguintes fundamentos, entre outros: "*... should the United States Supreme Court overrule Roe v Wade, plaintiffs and their patients face a serious danger of irreparable harm if prevented from accessing abortion services for the reasons set forth in Dr. Wallett's affidavit...Maintenance of the status quo preserves public's interest in the stability and predictability of the law.*" (p. 25/26, da decisão de 17.05.2022).

(63) 163 U.S. 537.

(64) 345 U.S. 972.

(65) Di-lo, expressamente, a própria Corte Suprema argentina em várias de suas decisões, como, por exemplo, na pronunciada em 16.12.2021 no caso *Colegio de Abogados de la Ciudad de Buenos Aires y otro c/ EM — ley 26080 — dto 816/99 y otros* (*fallo* 344:3636), em que se lê, no voto do Min. Lorenzetti: *"No hay precedentes en el derecho argentino ni antecedentes en el procedimiento de declaración de inconstitucionalidad de Estados Unidos, sobre cuyo modelo se construyó nuestro sistema en el siglo XIX a partir del caso 'Marbury vs Madison'..."* (p. 48).

(66) Cf. *Sejean, Juan Bautista c/ Ana Maria Saks de Sejean*, decisão de 27.11.1986 (*fallo* 308:2285). Para referências doutrinárias, cf. Julia Sánchez doctrinarias. *Efectos de las sentencias constitucionales en el derecho argentino* em *Revista Mexicana de Derecho Constitucional*, n. 21, *julio-diciembre* 2009, p. 298, nota 7, e p. 311.

constitucionalidade. Em Portugal, por exemplo, o Tribunal Constitucional já decidiu que, "ao contrário da declaração de inconstitucionalidade com força obrigatória geral, a não declaração de inconstitucionalidade (anteriormente pelo Conselho da Revolução ou, actualmente, pelo Tribunal Constitucional) não constitui caso julgado"(67). A razão é simples e consta de outra decisão do mesmo tribunal, um pouco mais antiga: "[...] natureza do controlo da constitucionalidade, [...] consiste em apreciar e declarar (ou não) a inconstitucionalidade, e não em declarar a constitucionalidade"(68). Essa solução, diz Canotilho, é "a única defensável quando se coloca o problema em termos jurídico-constitucionais e jurídico-dogmáticos"(69). A doutrina considera "teoricamente criticável a consagração da 'ação direita de constitucionalidade'"(70).

Na Itália, Montesano chama a atenção para o fato de as sentenças que rejeitam a alegação de inconstitucionalidade não vincularem os juízes em geral, nem mesmo quando o fazem com a afirmação de "*interpretazioni adeguatrici della legge alla Carta fondamentale*"(71), o que, prossegue o mesmo autor, não deixa de suscitar, nesse caso específico, alguns problemas práticos, relacionados com o seu cumprimento(72). Crisafulli vai além e escreve que "*le sentenze di rigetto...non contengono un accertamento positivo della legittimità costituzionale della legge o delle norma che formavano oggetto del giudizio*"(73). Ao mesmo resultado chegou Azzariti, para quem a rejeição da alegação de inconstitucionalidade, pela Corte Constitucional, "*non può rappresentare una dichiarazione di costituzionalità della legge valevole erga omnes*"(74). A *Corte Costituzionale* já aplicou esse magistério. Na sentença n. 64, de 1961, rejeitou a alegação de inconstitucionalidade do art. 559 do Código Penal italiano, que pune apenas o adultério cometido pela mulher, não o adultério cometido pelo marido. Considerou consti-

---

(67) Acórdão n. 15/88, decisão de 14.01.1988. Em doutrina, no mesmo sentido, Jorge Miranda. *Manual de Direito Constitucional*. Coimbra: Coimbra Editora, 1996, tomo II, p. 483, e, mais recentemente, Jorge Miranda e Rui Medeiros. *Constituição portuguesa anotada*. Coimbra: Coimbra Editora, 2007, tomo III, p. 730, bem como Jorge Bacelar Gouveia. *Manual de Direito Constitucional*. Coimbra: Almedina, 2011, v. II, p. 1.389.

(68) Acórdão n. 95/84, decisão de 29.05.1985. No mesmo sentido, em outro precedente do Tribunal Constitucional de Portugal: "... no caso de acórdãos que não se pronunciem pela inconstitucionalidade, o Tribunal não fica impedido de voltar a pronunciar-se sobre a mesma matéria, quer o Acórdão tenha sido produzido em fiscalização preventiva, quer também o tenha sido em fiscalização sucessiva" (Ac. n. 452/95, decisão de 06.07.95).

(69) *Direito constitucional e teoria da Constituição*. 7. ed. Coimbra: Almedina, p. 1022.

(70) Manuel Afonso Vaz e outros. *Direito constitucional*. O sistema constitucional português. Porto: Universidade Católica Editora, 2015, p. 189.

(71) *Sulle sentenze di inconstituzionalità 'interpretative'* em *Studi in onore di Biagio Petrocelli*. Milano: Giuffrè, 1972, v. III, p. 1222.

(72) *Sulle sentenze di inconstituzionalità 'interpretative', cit.*, p. 1222.

(73) *Lezioni di diritto costituzionale*. Padova: CEDAM, 1974, *L'ordinamento costituzionale italiano*, II, 2, n. 32, p. 151.

(74) *Problemi attuali di diritto costituzionale*. Milano: Giuffrè, 1952, p. 172. Calamandrei, que de início viu efeito vinculativo na decisão que rejeita a inconstitucionalidade suscitada, mudou de opinião e passou a considerar o contrário (cf. *Corte Costituzionale e autorità giudiziaria* em *Opere Giuridiche*. Roma: RomaTrE-Press, 2019, v. III, p. 640/641).

tucional a previsão, que apenas estabeleceria tratamento distinto para "*una situazione che il legislatore ha ritenuta diversa*". Menos de dez anos depois, porém, voltou a examinar o problema e afirmou, em 1968, com a Sentença n. 126, a inconstitucionalidade do mesmo dispositivo legal. Alguns autores vão ainda além. Admitem o reexame da inconstitucionalidade suscitada e rejeitada inclusive no âmbito do próprio processo correspondente, desde que suscitada em "*una ulteriore fase dello stesso giudizio*" e com fundamento em "*vizi diversi da quelli già ritenuti insussistenti dalla Corte*"[(75)].

Também na Espanha, a despeito do texto pouco claro do art. 38 da Lei Orgânica do Tribunal Constitucional[(76)], especialmente diante do art. 164 da Constituição, que somente atribui força vinculativa ("*fuerza de ley*") às sentenças de declaração de inconstitucionalidade, a doutrina afasta a vinculação do Tribunal Constitucional às suas decisões de improcedência[(77)]. Em processo examinado em 1981, o Tribunal afastou a força vinculativa da rejeição de pedido de declaração de constitucionalidade. Ressaltou: "*si en el futuro se plantearan casos concretos que permitieran apreciar nuevos matices en orden a justificar la oposición — o la disconformidad — a la Constitución de alguno de los preceptos cuya inconstitucionalidad no se declara ahora, el Juez o Tribunal correspondiente podría promover la cuestión de inconstitucionalidad con relación al precepto que le suscitara la duda, de acuerdo con lo dispuesto en el art. 38.2 de la Ley Orgánica del Tribunal*"[(78)].

Está o Supremo Tribunal Federal, portanto, investido de poderes que não foram atribuídos, nos mais variados sistemas jurídicos, a outras cortes, nem mesmo constitucionais. Com a possibilidade de, a partir de pretensão à declaração de inconstitucionalidade, chegar-se à declaração de constitucionalidade, por obra do já citado art. 23 da Lei n. 9.868, elimina-se o "colete de forças" correspondente ao princípio do pedido — para utilizar a expressão de Rui Medeiros –, transformando-se o Supremo Tribunal Federal, no fundo, "numa superpotência constitucional"[(79)].

6. Causa de pedir aberta nas ações direta de inconstitucionalidade e declaratória de constitucionalidade

Assentou a jurisprudência do Supremo Tribunal Federal a tese de que as ações diretas e declaratórias têm causa de pedir aberta. Quer isso dizer, em outras palavras, que a cognição no processo, o julgamento e, mais importante do que tudo, a eficácia do julgamento não ficam limitados à causa de pedir deduzida pelo autor da ação. Se foi impugnada a norma legal "α", por apontado conflito apenas com a disposição constitucional "Z", o exame da controvérsia compreende o cotejo de todos os dispositivos constitucionais. Estão abrangidos, inclusive, aqueles dispositivos de que não se cogitou,

(75) Temistocle Martines. *Diritto Costituzionale*. Milano: Giuffrè, 1994. p. 594.
(76) Lei Orgânica n. 2/1979.
(77) Pablo Pérez Tremps. *Tribunal Constitucional y Poder Judicial*. Madrid, 1985, p. 261.
(78) Sentença n. 4/1981 (BOE n. 47, de 24.02.1981).
(79) *A decisão de inconstitucionalidade*. Lisboa: Universidade Católica, 1999, p. 867.

em nenhum momento, direta ou indiretamente, na ação. A inconstitucionalidade pode ser afirmada, portanto, em face da disposição efetivamente mencionada na petição inicial ("Z", no exemplo trazido) ou de qualquer outra disposição ("W", "X", "Y" etc.)[(80)].

A afirmada abertura da causa de pedir leva a jurisprudência, por coerência, a dispensar o ajuizamento de outra ação para impugnar, por causa de pedir nova, antes não deduzida, norma legal já pendente de exame de constitucionalidade. O Supremo Tribunal Federal já recusou a possibilidade de tramitação simultânea de mais de uma ação direta para impugnar o mesmo dispositivo legal, ainda que diversos sejam os seus fundamentos[(81)]. Aceita a premissa, o resultado não pode ser outro. Se, mesmo limitada a causa de pedir, ficam compreendidas todas as outras que poderiam ser deduzidas, nova ação envolveria repetição de ação já em curso.

7. Os efeitos do julgamento diante da natureza dúplice e da causa de pedir aberta nas ações direta de inconstitucionalidade e declaratória de constitucionalidade

A conjugação da causa de pedir aberta com a natureza dúplice das ações diretas e declaratórias — conjugação que não é de nenhuma forma necessária, podendo haver duplicidade sem abertura da causa de pedir ou vice-versa[(82)] — cria uma consequência absolutamente extraordinária. Sempre que a decisão final, tomada em qualquer delas, fundar-se na ausência de inconstitucionalidade, o dispositivo examinado fica imunizado de todo questionamento. Presume-se — como afirmado, certa feita, em julgamento — que a validade da norma foi examinada à luz de "quaisquer fundamentos para eventual arguição de inconstitucionalidade"[(83)]. Não apenas não se pode voltar a discutir a questão trazida a debate no processo — inconstitucionalidade da norma legal "α", por conflito com a disposição constitucional "Z", no exemplo dado há

(80) Veja-se, como exemplo, na jurisprudência do Supremo Tribunal Federal: "Constitucional. Emenda Constitucional n. 14/96 e Lei n. 9.424/96 [...] Alegada ofensa ao princípio federativo. Não ferimento à autonomia estadual. '*Causa petendi*' aberta, que permite examinar a questão por fundamento diverso daquele alegado pelo requerente [...] Ação direta de inconstitucionalidade não conhecida." (STF — Pleno, ADI n. 1.749/DF, Rel. Min. Octavio Gallotti, julg. em 25.11.1999 *in* DJU de 15.04.2005). No mesmo sentido, ainda, STF — Pleno, ADI n. 3.796/PR, Rel. Min. Gilmar Mendes, julg. em 08.03.2017 *in* DJ de 01.08.2017 e STF — Pleno, ADI n. 3.086/AC, Rel. Min. Dias Toffoli, julg. em 16.06.2020 *in* DJ de 24.09.2020.

(81) "A causa de pedir aberta das ações do controle concentrado de constitucionalidade torna desnecessário o ajuizamento de nova ação direta para a impugnação de norma cuja constitucionalidade já é discutida em ação direta em trâmite perante o Supremo Tribunal Federal..." (STF — Pleno, AgReg Adin n. 5.749/DF, Rel. Min. Alexandre de Moraes, julg. em 09.02.2018 *in* DJ de 26.02.2018)

(82) As ações possessórias, por exemplo, têm natureza dúplice, mas não se fundam em causa de pedir aberta. Nelas permanece a vinculação do julgamento à causa de pedir deduzida na petição inicial ou, diante de seu caráter dúplice, na defesa. Para um exemplo concreto, cf. o texto de Nelson Nery Junior. Ação possessória — Caráter dúplice e decisão interlocutória de mérito *in Soluções práticas de Direito*. São Paulo: RT, 2014, v. 8, p. 87 e segs.

(83) STF — Pleno, ADI 1.896-MC, Rel. Min. Sydney Sanches, julg. em 18.02.1999 *in* DJU de 28.05.1999.

pouco —, como nem se pode questionar mais a constitucionalidade da norma legal, sob alguma outra perspectiva teórica qualquer. O próprio Supremo Tribunal Federal já o disse, em acórdão com a seguinte ementa:

> Recurso extraordinário. Contribuição Provisória sobre Movimentação ou Transmissão de Valores e de Crédito e de Direito de Natureza Financeira — CPMF (art. 75 introduzido no ADCT pela Emenda Constitucional n. 21/99). Tendo o Pleno desta Corte, ao julgar a ADI 2.031, relatora a eminente Ministra Ellen Gracie, dado pela improcedência da ação quanto ao art. 75, §§ 1º e 2º, introduzido no ADCT pela Emenda Constitucional n. 21/99, isso implica, em virtude da '*causa petendi*' aberta em ação dessa natureza, a integral constitucionalidade desses dispositivos com eficácia '*erga omnes*'." (STF — 1ª T., RE n. 357.576/SP, Rel. Min. Moreira Alves, julg. em 17.12.2002)[84]

Em decisão mais recente, o Tribunal afirmou que uma vez declarada a inconstitucionalidade, "consideram-se repelidos todos e quaisquer fundamentos no sentido da sua inconstitucionalidade"[85]. Quer dizer, nem fundamentos não suscitados ou não examinados podem, em outra altura ou em outro contexto, levar à declaração de inconstitucionalidade da norma, a qual, como consequência, tem sua constitucionalidade ilimitadamente proclamada.

Essa imunização é, ademais, perpétua. Nos termos do art. 26 da Lei n. 9.868/1999, a decisão proferida em ação direta ou ação declaratória é irrecorrível, salvo por embargos de declaração. Nem a desconstituição, em ação rescisória, se admite[86].

---

(84) DJU de 14.03.2003, p. 41. Em El Salvador, o Decreto Legislativo n. 2.996/1960, com a redação dada pelo Decreto Legislativo n. 131/1985, passou a estabelecer, no art. 10: "*La sentencia definitiva no admitirá ningún recurso y será obligatoria, de un modo general, para los órganos del Estado, para sus funcionarios y autoridades y para toda persona natural o juridica. Si en la sentencia se declarare que en la ley, decreto o reglamento no existe la inconstitucionalidad alegada, ningún juez o funcionario podrá negarse a acatarla, amparándose en las facultades que conceden los artículos 185 y 235 de la Constitución*". A doutrina enfatiza, todavia, que o efeito vinculativo da rejeição do pedido de declaração de inconstitucionalidade "*a. se hacen en relación a una norma en concreto y no respecto a un cuerpo normativo, en ese sentido, el pronunciamiento respecto una norma no excluye que se vuelva a plantear pretensión de inconstitucionalidad respecto de otras normas que formen parte de la ley, decreto o reglamento*" e, ainda, "*b. la sentencia desestimatoria no impide que se vuelva a plantear pretensión de inconstitucionalidad respecto de la misma norma, desde luego, iniciando su inconstitucionalidad por otros motivos o invocando vicios de otra naturaleza*" e, finalmente, "*c. a partir de la constante actualización de la constitución, el pronunciamiento de una sentencia desestimatoria no imposibilita el nuevo planteamiento de la pretensión, siempre y cuando haya habido una modificación de las circunstancias que motivaron el pronunciamiento*" (Jacqueline Lissette Andrade Zaldaña e otros. *Efectos de las sentencias definitivas en el proceso de inconstitucionalidad.* San Salvador: Universidade de El Salvador, 2014, p. 84).

(85) A ementa tem a seguinte redação, na parte que interessa: "[...] 2. A causa de pedir, no controle objetivo de normas, é aberta, o que significa dizer que a adequação ou não de determinado texto normativo é realizada em cotejo com todo o ordenamento constitucional vigente ao tempo da edição do dispositivo legal. Assim, caso declarada a constitucionalidade de uma norma, consideram-se repelidos todos e quaisquer fundamentos no sentido da sua inconstitucionalidade, e vice-versa." (STF — Pleno, AgReg. ADIn n. 5.180-DF, Rel. Min. Dias Toffoli, julg. em 27.04.2018).

(86) Antes da Lei n. 9.868/1999, sem que houvesse, portanto, norma legal expressa, o Supremo Tribunal Federal já havia decidido não ser rescindível decisão proferida em ação direta de inconstitucionalidade. Na AR 878, assentou: "Ação rescisória. Cabimento. Declaração de inconstitucionalidade de lei em

Novos sentidos para a disposição constitucional — ampliando ou restringindo seu primitivo significado, não importa — não abrem espaço para que se reveja a decisão sobre a constitucionalidade ou inconstitucionalidade da norma legal. Se a norma legal "α" foi tida como constitucional, diante do sentido na altura adotado para a disposição constitucional "Z", a mudança desse sentido não permite que se volte a debater a sua constitucionalidade. A assim chamada "mutação constitucional" — para cuja inexorável ocorrência a doutrina tem chamado a atenção[(87)] — fica dificultada ou mesmo obstada.

Uma vez mais, resultado tão amplo não encontra nenhuma equivalência em outros sistemas jurídicos. A Suprema Corte dos Estados Unidos nunca chegou a tanto. Antes ao contrário, recusa-se, em um modelo concreto de controle, a considerar resolvida a controvérsia constitucional sob perspectivas não trazidas para o processo e não discutidas no âmbito do contraditório. Em *Barrows v. Jackson*, afirmou-se que "*would indeed be undesirable for this Court to consider every conceivable situation which might possibly arise in the application of complex and comprehensive legislation*"[(88)]. Em outro aresto, reconheceu o papel que a mutação da interpretação constitucional pode exercer no juízo sobre a validade de normas legais. Assinalou, em *Nashville, C. & St. L. Ry. v. Walters*: "*(a) statute valid when enacted may become invalid by change in the conditions to which it is applied*"[(89)].

Não faltam exemplos, nos Estados Unidos, de casos em que o sentido das disposições constitucionais modificou-se significativamente ao longo do tempo. Em *Betts v. Brady*[(90)], por exemplo, considerou-se que a garantia do devido processo legal, prevista na XIV Emenda à Constituição, não compreendia o direito à assistência de advogado em qualquer processo penal, mas, tão somente, em casos com possibilidade de imposição de penas severas, tal como decidido em *Powell et al. v. State of Alabama*[(91)]. Bastaram vinte anos, todavia, para que se estendesse um pouco a garantia. Em *Gideon v. Wainwright*[(92)], ela passou a envolver o direito à assistência de advogado em todo processo penal: "*The right of an indigent defendant in a criminal trial to have the assistance of counsel is a fundamental right essential to a fair trial, and petitioner's trial and conviction without the assistance of counsel violated the Fourteenth Amendment*".

Não chegou, contudo, ao direito à assistência em processos não penais, não se lhe emprestando, ao menos até agora, o sentido que a Corte Europeia de Direitos

---

tese. Não cabe ação rescisória contra decisão de declaração de inconstitucionalidade de lei em tese, falecendo legitimidade ao particular para intentá-la. ação rescisória inadmissível." (STF — Pleno, AR 878, Rel. Min. Soarez Muñoz, julg. em 19.03.1980 *in* DJU de 06.06.1980). Voltou a decidir o mesmo após a Constituição de 1988, na AR 1.365 AgR, Rel. Min. Moreira Alves, julg. em 03.06.1996 *in* DJU de 13.09.1996.

(87) Cf., a propósito, Gilmar Ferreira Mendes e Carlos Blanco de Morais (org.). *Mutações constitucionais*. São Paulo: Saraiva, 2016, *passim*.

(88) 346 U.S. 249, 256.

(89) 294 U.S. 405, 415.

(90) 316 U.S. 455 (1942).

(91) 287 U.S. 45.

(92) 372 U.S. 335 (1963).

Humanos dá à correspondente garantia da Convenção Europeia de Direitos Humanos — direito a um processo equitativo[93] —, a qual abrange a assistência, quer em processos penais, quer também em processos civis[94]. É perfeitamente imaginável que a Suprema Corte dos Estados Unidos, não vinculada à declaração de constitucionalidade que pronuncia, venha a ampliar ainda, em um futuro um pouco mais distante, a garantia da XIV Emenda, para que passe a compreender também a assistência em processos não penais, como propugnado, aliás, pela doutrina há algum tempo[95].

Tem mesmo de ser assim. Nas corretas palavras de um autor, ao negar força vinculativa à decisão que rejeita a alegação de inconstitucionalidade, "*las normas constitucionales pueden — y deben — ser interpretadas de manera dinámica, y más aún aquellas normas que establecen principios y valores, incluidos los derechos humanos, cuyo contenido no puede permanecer estático... la transformación que se vaya dando en la realidad social deberá ser captada por el juez constitucional, su comprensión de los hechos y del derecho no serán los mismos en diversos momentos históricos, porque deberá acompañar a la evolución social que se dé*"[96].

No sistema brasileiro, contudo, se a norma legal "α"[97] — limitativa do direito à assistência de advogado aos processos de natureza penal, excluindo a necessidade de nomeação, para o litigante pobre, de advogado dativo para os processos de outra natureza — tivesse a sua constitucionalidade afirmada, em ação direta em que questionada a sua constitucionalidade frente à garantia do devido processo legal (disposição constitucional "Z"), não seria possível, em rigor, estendê-la, mais tarde, aos processos de natureza não penal. A eficácia da decisão tomada na ação direta — ou, de igual modo, na ação declaratória — obstaria, em tese, essa extensão.

8. Composição das cortes constitucionais

Permitir que as amplas atribuições conferidas ao Supremo Tribunal Federal brasileiro, sumariamente indicadas nos itens anteriores, sejam exercidas por órgão formado segundo escolha discricionária apenas do chefe do Poder Executivo — com

---

(93) *"Art. 6º Droit à un procès équitable 1. Toute personne a droit à ce que sa cause soit entendue équitablement, publiquement et dans un délai raisonnable, par un tribunal indépendant et impartial, établi par la loi, qui décidera, soit des contestations sur ses droits et obligations de caractère civil, soit du bien-fondé de toute accusation en matière pénale dirigée contre elle...".*

(94)*"Il est essentiel à la notion de procès équitable, tant au civil qu'au pénal, qu'un plaideur se voie offrir la possibilité de défendre utilement sa cause devant le tribunal (ibidem) et qu'il bénéficie de l'égalité des armes avec son adversaire" (Steel et Morris c. Royaume-Uni*, Proc. n. 68416/01, decisão de 15.02.2005, § 59).

(95) Assim, por exemplo, Thomas Dappleton Gard Howarth. *The right to legal counsel in administrative agencies in Massachusetts.* Boston, 1949, p. 7, com a proposta de reconhecimento do direito à assistência por advogado *"in all cases where a hearing is provided".*

(96) Hernán Salgado Pesantes, *Los efectos de las sentencias del Tribunal Constitucional del Ecuador* em *Anuario Iberoamericano de Justicia Constitucional.* Madrid, 2008, p. 365.

(97) Para ficar sempre com a mesma representação adotada, a título de exemplo, em passagem anterior do texto.

mera necessidade de aprovação pelo Senado Federal —, com nomeação vitalícia, desequilibra a harmonia que deve existir entre todos os Poderes. O Presidente da República pode ficar tentado a instrumentalizar o Tribunal, que não deixa de ser, segundo a expressão de autores norte-americanos, "*a loaded weapon that, if captured, can be turned into a devastating tool to attack the democratic order*"(98). Se o controle de constitucionalidade surgiu como instrumento de defesa da Constituição e passou a ser meio de efetivação dos direitos fundamentais, não faltam exemplos mais recentes de sua utilização com finalidades autoritárias(99).

A participação do Senado Federal não é suficiente para garantir que não se chegue a esse resultado. Para já, tem sido ela, quase que invariavelmente, homologatória e puramente formal. A história registra a rejeição de somente cinco indicações, todas durante um único momento, o governo de Floriano Peixoto(100), o que aponta para razões mais políticas do que substanciais das decisões. Há mais de cem anos não há uma rejeição. Ademais, não se pode e não se deve supor que o Senado Federal isoladamente conseguirá sempre barrar possíveis investidas contra a independência do Supremo Tribunal Federal, por meio da escolha de seus integrantes. Tudo recomenda, diante da importância dos interesses em jogo, que se reforcem os obstáculos contra o risco de tais atentados.

No direito comparado, em que, como visto, nem se atribuem às cortes constitucionais os poderes do Supremo Tribunal Federal do Brasil, embora se reconheça a função política que desempenham, a sua composição costuma ser mais balanceada. Equilibra-se o peso que tem o Poder Executivo na indicação com a participação mais efetiva de integrantes dos diferentes Poderes do Estado. As nomeações fazem-se, outrossim, a termo e alternadamente, e não de forma vitalícia, para preservar o papel dos diferentes Poderes no órgão incumbido de interpretar e aplicar a Constituição, evitando-se, ainda, o risco de muitas nomeações poderem ser feitas em curto espaço de tempo. Procura-se, com isso, atenuar a possibilidade de instrumentalização das Cortes Constitucionais(101), embora não seja de todo fácil torná-las completamente imunes à ameaça(102).

---

(98) David Landau e Rosalind Dixon. *Abusive Judicial Review: Courts Against Democracy*, cit., p. 1379.

(99) Cf. Tom Ginsburg. *La difusión mundial del control constitucional* em *Veinte años no es nada: la Suprema Corte y la justicia constitucional antes y después de la reforma judicial de 1994* (org. Camilo Emiliano Saacedra Herrera), México, Ciudad de Mexico, 2018, p. 27 a p. 57, especialmente p. 39 e p. 45.

(100) Celso de Mello. *Notas sobre o Supremo Tribunal (Império e República)*. Brasília, 2014. p. 19.

(101) David Landau e Rosalind Dixon indicam, como forma de minimizar o risco de instrumentalização das cortes constitucionais, as seguintes medidas: (i) fragmentação do processo de indicação dos juízes, para evitar que um único agente possa controlá-lo integralmente; (ii) atribuição da competência para indicação de juízes a instituições independentes; (iii) escalonamento dos mandatos na corte, de modo a reduzir a possibilidade de as vagas surgirem em curto espaço de tempo e (iv) inclusão, na própria Constituição, das regras sobre composição da corte, nomeação, remoção e permanência de seus integrantes (*Abusive Judicial Review: Courts Against Democracy*, cit., p. 1376/1377).

(102) Novamente, David Landau e Rosalind Dixon. *Abusive Judicial Review: Courts Against Democracy*, cit., p. 1375. Os exemplos da Polônia e da Hungria, examinados extensivamente no texto, indicam bem todas essas dificuldades.

Na Itália, a Corte Constitucional é composta por quinze juízes, sendo cinco nomeados pelo Presidente da República, cinco pelo Parlamento e cinco pela Magistratura Suprema ordinária e administrativa[(103)]. Cada integrante da Corte exerce mandato pelo prazo de nove anos, vedada a recondução[(104)].

Na Espanha, integram o Tribunal Constitucional doze juízes, cada um com mandato de nove anos, vedada, em regra, recondução imediata[(105)]. Quatro deles são indicados pelo Congresso, quatro pelo Senado, dois pelo Governo e dois pelo Conselho Geral do Poder Judicial[(106)]. Os mandatos são alternados, de modo que as nomeações se fazem a cada três anos[(107)]. Todos devem ter ao menos quinze anos de exercício profissional[(108)].

Na Alemanha, a Corte Constitucional compõe-se de dezesseis membros, eleitos pelo Senado e pela Câmara, com mandato de doze anos, não renovável. Proíbe-se a escolha de membros do Senado, da Câmara, do Governo Federal ou dos correspondentes órgãos dos Estados federais[(109)].

Em França, o Conselho Constitucional é formado por pelo menos nove membros, com mandato não renovável de nove anos, sendo três membros nomeados pelo Presidente da República, três pelo Presidente da Assembleia Nacional e três pelo Presidente do Senado, aos quais se podem juntar, como membros natos e vitalícios, com o mesmo direito de voto, os antigos Presidentes da República[(110)].

Em Portugal, o Tribunal Constitucional é composto por treze juízes, cada um com mandato de nove anos, não renovável[(111)]. A Assembleia da República tem papel preponderante na escolha, sem dúvida, mas com procedimento que assegura mais equilíbrio entre os seus integrantes e os demais Poderes. Cabe-lhe eleger dez juízes, os quais indicam os três restantes. Seis têm de ser obrigatoriamente juízes[(112)]. Os que não são juízes devem ser, ao menos, licenciados em Direito[(113)]. Para que sejam eleitos, os candidatos precisam obter ao menos dois terços dos votos dos deputados presentes à sessão, desde que superior à maioria absoluta dos deputados em efetividade

---

(103) Constituição, art. 135, n. 1, e art. 1 da Lei n. 87/1953.

(104) *Idem*, art. 135, n. 3.

(105) Lei Orgânica n. 2/1979, art. 16, n. 4.

(106) Constituição, art. 159, ns. 1 e 3.

(107) Lei Orgânica 2/1979, art. 16, n. 3. Sobre a importância da renovação alternada da composição do órgão, cf. Francisco Fernandez Segado. *El sistema constitucional español*. Madrid: Dykinson, 1992, p. 1.060.

(108) Lei Orgânica n. 2/1979, art. 18.

(109) Konrad Hesse. *Elementos de direito constitucional da República Federal da Alemanha*. Porto Alegre: Sergio Fabris Editor, 1998, n. 671, p. 488.

(110) Constituição, art. 56. Os antigos Presidentes da República nem sempre participam de fato do Conselho Constitucional. De Gaulle, por exemplo, jamais participou de um julgamento. Já René Coty participou efetivamente de julgamentos (cf. Claude Leclercq. *Droit Constitutionnel et Institutions Politiques*. Paris: Litec, 1999, p. 445).

(111) Constituição, art. 222º, ns. 1 e 3, com a redação dada em 1997, e Lei n. 28/82, art. 12º, n. 1.

(112) Lei n. 28/82, art. 13º, n. 1.

(113) Constituição, art. 222º, ns. 1 e 3, e Lei n. 28/82, art. 12º, n. 2.

de funções[114]. A conjugação de tais elementos[115] procura fazer com que as escolhas (i) não sejam apropriadas pela "maioria parlamentar do Governo" e se (ii) fundem em "soluções compromissórias"[116]. A doutrina reconhece que o critério, embora não ofereça solução ótima, é melhor do que outros, muito menos positivos, citando de maneira crítica, expressamente, a hipótese de "designação pelo Governo"[117].

Países com diferenças socioculturais vincadas procuram assegurar a participação dos diversos grupos na composição das suas cortes constitucionais. É bem paradigmático o caso da Bélgica. Dividida principalmente entre valões e flamengos[118], sua Corte Constitucional forma-se de doze juízes, sendo seis de expressão francesa e seis de expressão holandesa[119]. Cada grupo escolhe um presidente[120], os quais se alternam anualmente no exercício da função[121].

No Canadá, a Corte Suprema compõe-se de nove integrantes[122]. Escolhidos entre juízes das cortes superiores das províncias ou advogados, ao menos três têm de vir dos tribunais ou da Ordem dos Advogados da província francófona do Quebec[123]. O critério impediu, em 2014, a nomeação de um juiz da Corte Federal (Marc Nadon) para uma dessas três vagas. Embora o candidato houvesse sido inscrito na Ordem dos Advogados do Quebec, dela se desligara ao tornar-se juiz federal. A Corte Suprema, ao decidir a questão, enfatizou que a exigência legal visa a "*garantir que non seulement des juristes civilistes expérimentés siègent à la Cour, mais également que les traditions juridiques et les valeurs sociales distinctes du Québec y soient représentées, pour renforcer la confiance des Québécois envers la Cour en tant qu'arbitre ultime de leurs droits*"[124].

9. A composição da Corte Suprema dos Estados Unidos

Os Estados Unidos da América, com a Suprema Corte composta de juízes nomeados pelo Presidente, mediante aprovação pelo Senado, com exercício vitalício das funções, não constituem argumento insuperável contra a proposta de mudança do critério hoje em vigor no Brasil.

---

(114) Lei n. 28/82, art. 16º, n. 4.

(115) A impossibilidade de recondução mesmo, que não estava no texto constitucional original, foi introduzida como forma de reforçar a independência dos juízes, segundo proposto pela doutrina (cf. J. J. Gomes Canotilho e Vital Moreira. *Constituição da República Portuguesa anotada*. Coimbra: Coimbra Editora, 1993, p. 837).

(116) J. J. Gomes Canotilho e Vital Moreira. *Constituição da República Portuguesa anotada*, cit., p. 836.

(117) Marcelo Rebelo de Souza e José de Alexandrino. *Constituição da República Portuguesa comentada*. Lisboa: Lex, 2000, p. 350.

(118) Embora não exclusivamente, como deixa claro o art. 2 da Constituição belga, ao mencionar a comunidade de língua germânica, bem menos numerosa do que as outras duas.

(119) Lei Especial de 06.01.1989 sobre a Corte Constitucional, art. 31, n. 1.

(120) Lei Especial de 06.01.1989 sobre a Corte Constitucional, art. 33.

(121) Lei Especial de 06.01.1989 sobre a Corte Constitucional, art. 54, n. 1.

(122) L.R.C. (1985), ch. S-26, art. 4 (1).

(123) L.R.C. (1985), ch. S-26, art. 6.

(124) 2014 CSC 21, § 49.

De um lado, a participação do Poder Legislativo no procedimento de escolha dos juízes é muito mais intensa do que se tem visto no sistema nacional. Nas últimas décadas, a indicação do Presidente da República nunca foi minimamente posta em dúvida no Brasil. Nos Estados Unidos, o cenário é muito distinto. Vários são os casos de recusa de indicações feitas pelo chefe do Poder Executivo. Nixon, por exemplo, teve as suas duas primeiras indicações para a vaga decorrente da renúncia do juiz Fortas rejeitadas pelo Senado. Obteve êxito apenas com a terceira indicação, do juiz Blackmun. George W. Bush não conseguiu aprovação do nome de Harriet Miers, considerada inexperiente e pouco preparada para a função. Teve de revogar a indicação.

Mesmo presidentes muito mais populares enfrentaram dificuldades. Reagan não conseguiu aprovar a indicação de Bork, em 1987, conquanto se tratasse de renomado professor de Yale. Obama viu a indicação de Merrick Garland não ser sequer apreciada pelo Senado, impedindo a nomeação. Outros casos poderiam ser lembrados, mas não é necessário ir além para perceber a participação mais ativa do Poder Legislativo no procedimento de escolha dos juízes da Suprema Corte.

De outro lado, o critério discricionário de escolha faz com que alguns juízes em funções na Suprema Corte definam a sua aposentadoria segundo a oportunidade política do momento. Levam em conta a tendência do presidente em exercício ou, como escreveu um autor, o "*political timing*"(125). Não é algo em si positivo ou desejável. Há juízes que, por outras razões — como o desejo de deixar um legado mais marcante ou a suposição de uma maior vitalidade, a permitir a continuidade do exercício da jurisdição por muito tempo –, deixam passar o momento oportuno. A vaga pode então abrir-se para presidente com posição política distante do juiz que deixa a Corte. Foi o que aconteceu com os juízes William Brennan, Thurgood Marshall e, mais recentemente, com a juíza Ruth Bader Ginsburg.

De qualquer modo, o modelo norte-americano é também objeto de crítica(126). A despeito da maior participação do Poder Legislativo que nele há, ainda assim permanece o peso excessivo do chefe do Poder Executivo na composição da Corte, peso que repercute, como é natural e inevitável, no conteúdo de certas decisões. O problema ficou claro no caso *Bush v. Gore*(127), em que a decisão favorável ao candidato republicado foi proferida pela Suprema Corte com maioria republicana, reformando decisão favorável ao candidato democrata, proferida por Corte Estadual, composta por maioria democrata. Mais recentemente, a casualidade decorrente da indicação, em um único mandato presidencial, de três juízes (Neil Gorsuch, Brett Kavanaugh e Amy Coney Barrett) — algo relativamente incomum –, levou, com a formação de maioria conservadora, à reversão de *Roe v. Wade*, um dos mais importantes precedentes da história judicial norte-americana.

---

(125) Christine Kexel Chabot. *Do Justices Time Their Retirements Politically? An Empirical Analysis of the Timing and Outcomes of Supreme Court Retirements in the Modern Era*, *Utah Law Review*, 2019, n. 3, p. 575.
(126) Veja-se, por exemplo, Carlos Blanco de Morais. *Justiça constitucional*. Coimbra: Coimbra Editora, 2002, tomo I, n. 253, p. 319
(127) 531 U.S. 98.

10. Conclusão

Atribuir-se apenas ao Presidente da República, com participação meramente homologatória do Senado Federal, a escolha dos integrantes do Supremo Tribunal Federal, órgão com enormes poderes, desempenhando verdadeira atividade político-normativa, desequilibra a harmonia preconizada pelo art. 2º da Constituição. Cria-se, com isso, risco de, havendo investida do Poder Executivo para a instrumentalização do Tribunal, comprometer-se a democracia e o próprio Estado de Direito. Cortes Constitucionais "*under certain conditions may be transformed into wrecking balls turned against the democratic order*"[(128)]. A hipótese não é puramente especulativa. Concretizou-se em não poucos países, de que são exemplo Polônia, Hungria, Venezuela, Bolívia, Equador, Nicarágua, Honduras, para citar apenas alguns[(129)].

A nomeação vitalícia para o Tribunal, ainda que com aposentadoria compulsória aos 75 anos de idade, compromete a evolução da jurisprudência constitucional, cristalizando interpretações que nem sempre devem permanecer. A doutrina italiana lembra que "*il carattere temporaneo della nomina porta a mutamenti di composizione che facilitano l'adeguarsi della Corte ai problemi ed alle esigenze che mutano*"[(130)].

A vitaliciedade faz também com que as novas nomeações ocorram de forma temporalmente desordenada. Alguns Presidentes da República, por força do acaso, podem ficar privados de nomear juízes, enquanto outros, por igual motivo, podem nomear vários, influindo decisivamente no equilíbrio presente e futuro da partição de responsabilidades entre os Poderes. Não se trata, ainda uma vez, de mera especulação. Nos Estados Unidos, com o mesmo critério, embora sem o limite compulsório de idade[(131)], houve presidentes que não indicaram nenhum juiz, como Jimmy Carter. Barack Obama pôde nomear apenas dois juízes para a Corte Suprema (Sonia Sotomayor e Elena Kagan), mesmo exercendo por oito anos a função de Presidente. Já Donald Trump, que teve apenas um único mandato de quatro anos, nomeou três juízes, ou seja, nomeou proporcionalmente o triplo de juízes do que o seu antecessor.

No Brasil, o mesmo risco levou à aprovação da Emenda Constitucional n. 88/2015. Apresentada em junho de 2003, foi aprovada, no Senado Federal, em segundo

---

(128) David Landau e Rosalind Dixon. *Abusive Judicial Review: Courts Against Democracy*, cit., p. 1375.

(129) Cf., extensamente, David Landau e Rosalind Dixon. *Abusive Judicial Review: Courts Against Democracy*, cit., *passim*. Para o caso da Polônia em particular, cf. Wojciech Sadurski. *How Democracy Dies (in Poland): A Case Study of Anti-Constitutional Populist Backsliding* em, *Sydney Law School Research Paper* n. 18/01, disponível em: https://ssrn.com/abstract=3103491 ou: http://dx.doi.org/10.2139/ssrn.3103491; acesso em: 15 jan. 2023.

(130) Giuseppe La Greca. *Corte Costituzionale* em *Digesto delle Discipline Pubblicistiche*. Torino: UTET, 1995, IV, p. 213.

(131) A ausência de limite de idade é mais facilmente compreendida quando se lembra que a Constituição dos Estados Unidos foi redigida no final do século XVIII, quando a expectativa média de vida era bastante inferior à atual, não tendo grande importância prática, portanto, uma nomeação vitalícia, sem nenhum termo final de exercício da função. Segundo alguns dados estatísticos, essa expectativa somente ultrapassou sessenta anos na década de 1930 (dDisponível em: https://www.statista.com/statistics/1040079/life-expectancy-united-states-all-time/. Acesso em: 16 jan. 2023).

turno, em agosto de 2005. Na Câmara dos Deputados, permaneceu sem movimentação relevante até 2015, a despeito das dezenas de pedidos de inclusão em pauta[(132)]. Com a deterioração das relações entre o Poder Executivo e o Presidente da Câmara dos Deputados, contudo, o Projeto entrou rapidamente em discussão, no início de março de 2015, e foi aprovado, em primeiro turno, com o voto contrário ou obstrução de todos os deputados do partido da Presidente da República, com exceção de um único, que se absteve. Deputados dos partidos de oposição ao Governo (DEM e PSDB, por exemplo) votaram quase que sem exceção pela aprovação do projeto[(133)]. A votação em segundo turno ocorreu em maio do mesmo ano, com a repetição do cenário do primeiro turno. Tanto a votação na Câmara dos Deputados quanto o ritmo de tramitação da Emenda mostram a sua natureza casuística. A alteração fez com que dois integrantes do Supremo Tribunal Federal deixassem de ter de se aposentar compulsoriamente no curso do mandato presidencial em que ocorreu a deliberação final na Câmara dos Deputados.

No fundo, é preciso evitar casuísmos e reforçar, de maneira mais firme, a autonomia do Supremo Tribunal Federal frente à possibilidade de investidas por parte dos outros Poderes, especialmente o Executivo. Há que ampliar a participação de todos os três Poderes na escolha dos seus integrantes, fixando-lhes, ainda, mandato[(134)], em períodos alternados, para garantir a renovação periódica e regular da sua composição, que não deve ficar sujeita às injunções do acaso ou à decisão preponderantemente política.

São Paulo, 18 de janeiro de 2023.

---

(132) A tramitação da Proposta de Emenda Constitucional na Câmara dos Deputados encontra-se indicada em: https://www.camara.leg.br/proposicoesWeb/fichadetramitacao?idProposicao=298878. Acesso em: 16 jan. 2023.

(133) No DEM não houve nenhum voto contrário. No PSDB houve apenas dois votos contrário, entre os quarenta e quatro deputados.

(134) Como preconizado, por alguma doutrina (Elival da Silva Ramos. *Perspectivas de evolução do controle de constitucionalidade no Brasil*. São Paulo, tese, s. e. p., 2005, n. 54, p. 433/434).

NOVAS IDEIAS PARA A SOLUÇÃO DE CONFLITOS. ATIVISMO JUDICIAL, PROCESSO E DEMOCRACIA(*)

Luiz Carlos Amorim Robortella(**)

1. A moderna interpretação judicial

Segundo a doutrina clássica, a sentença judicial declara a vontade da lei e a ela o juiz se subordina pelo princípio da separação de poderes.

É claro que toda interpretação é dinâmica. O juiz não se limita a revelar a norma. Muitas vezes atualiza e adapta a norma na produção do direito.

Também interpreta a lei em seus aspectos jurídico, sistemático, econômico, político e social.

Não aplica os comandos de forma inflexível e acrítica. A exegese contemporânea admite uma "recognição" da lei.

Portanto, é admissível o ativismo judicial que atualiza e adapta o direito positivo às exigências sociais e axiológicas, em contraposição ao "passivismo", que leva à estratificação (RAMOS, 2010).

2. Ativismo judicial subversivo

No ativismo subversivo a lei é uma possibilidade ou projeto de construção da sociedade, só adquirindo concretude com a vontade do juiz, que não estaria necessariamente condicionada pelas normas legais (Garrido Gómez, 2013).

Para essa corrente extremada, o verdadeiro ordenamento está na sentença que decide o caso concreto.

É como se o juiz fosse, ao fim e ao cabo, o legislador.

Entretanto, não se pode, mesmo com ótimas intenções, recriar ou ressignificar o sistema jurídico por meio da ampliação, redução ou desconsideração da lei.

(*) Este texto é uma homenagem ao querido amigo e confrade José Alberto Couto Maciel, que honra a advocacia e as letras jurídicas brasileiras.

(**) Presidente da Academia Brasileira de Direito do Trabalho.

Tal ideologia evidentemente exacerba os conflitos, gera insegurança e compromete a funcionalidade dos sistemas de solução.

Atribui ao juiz o papel heroico de um cruzado na proteção de direitos fundamentais, com liberdade para interpretações intervencionistas e transformadoras diante do que é chamado de "omissões intoleráveis ou abusivas do Governo ou do Legislativo" (MIRANDA, 2013).

Propõe uma interpretação jusnaturalista, de inspiração kantiana, um moralismo jurídico tão expansivo que afasta a noção de ordenamento estatal.

Em poucas palavras, promove completa e definitiva fusão entre direito e moral.

Isto se chama voluntarismo judicial.

O juiz, obedecendo apenas ao seu código pessoal axiológico, ideológico e normativo, toma a decisão e depois prepara a fundamentação para cumprir o devido processo legal.

A argumentação jurídica aparece como pretexto ou maquiagem para criar supostos fundamentos objetivos (Damián Moreno, 2013).

Cappeletti (2008) dizia que os três principais fatores do ativismo são:

A — modelo social intervencionista;

B — excesso de leis;

C — busca de efetividade dos direitos humanos.

No entanto, os reconhecidos defeitos do positivismo e dos critérios de interpretação não podem justificar tamanho pragmatismo jurídico, que supervaloriza vagos e abertos conceitos constitucionais (RAMOS, 2010).

Isto significa deslegitimar a lei e instalar uma crise no estado de direito, na separação de poderes e na democracia.

Afinal, o juiz se subordina à lei até quanto às técnicas de interpretação.

O ato de julgar envolve processos lógicos formais e materiais que defluem do ordenamento jurídico.

Rui Barbosa condenava a rebeldia dos incrédulos da legalidade (*apud* SALOMÃO, Verbete 807).

A lógica do razoável aponta os problemas do positivismo jurídico, mas repudia os excessos da interpretação jusnaturalista. Tem visão crítica sobre o monopólio estatal da produção do direito e considera a jurisprudência por vezes muito dogmática, eis que é forma de saber jurídico baseada no princípio da autoridade (LAFER, 1988).

Enfim, há que impedir o arbítrio judicial. Não se admite que a interpretação leve à criação — salvo em caso de lacuna — ou à revogação da norma.

A aplicação do direito não pode depender do bom ou mau humor do magistrado ou de suas atuais convicções ideológicas.

A lei provém da vontade popular e é instrumento de governo da sociedade.

Critérios legais de interpretação garantem liberdade ao juiz para efetivar princípios constitucionais, podendo até declarar a inconstitucionalidade da lei. Entretanto, não pode ser um cético diante do comando legal (Damián Moreno, 2013).

O próprio Dworkin, sempre citado pelos defensores do pragmatismo e moralismo jurídico, rejeitava o exagero no ativismo judicial:

> "O ativismo é uma forma virulenta de pragmatismo jurídico. Um juiz ativista ignoraria o texto da Constituição, a história de sua promulgação, as decisões anteriores da Suprema Corte que buscaram interpretá-la e as duradouras tradições de nossa cultura política" (*apud* RAMOS, 2010).

Sobre os limites da interpretação dizia Reale:

> "[...] a verdade está no meio-termo, na conciliação dos extremos, devendo o juiz ser considerado livre, não perante a lei e os fatos, mas dentro da lei [...] segundo a advertência de Radbruch [...] "não é pura e simplesmente um pensar de novo aquilo que já foi pensado, mas, pelo contrário, um saber pensar até o fim aquilo que já começou a ser pensado por outro" (RAMOS, 2013).

Enfim, toda interpretação judicial, ato humano sujeito a variáveis ideológicas, axiológicas e psicológicas, deve se fazer dentro dos limites legais (PRADO, 2013).

3. Súmulas de jurisprudência

As súmulas do TST cumprem importante função uniformizadora. Favorecem a coerência e previsibilidade das decisões judiciais, facilitam a tarefa dos juízes e o funcionamento do aparelho judiciário ao limitar os recursos.

Temos efetivamente em nosso sistema a chamada força normativa da jurisprudência, mas de modo distinto da *common law*.

O modelo da *common law* é aberto e vai do fato à norma.

O modelo romano-germânico é fechado, dividido por matérias e vai da norma ao fato (PREBIANCA, 2013).

Durante décadas, as súmulas do TST foram afetadas pelo ativismo judicial, gerando multiplicação de conflitos.

Embora sejam apenas persuasivas, na prática são vinculantes.

Os juízes as aplicam com mais convicção do que aplicam a lei, até porque se acomodam ao pensamento predominante, facilitando a tarefa de julgar.

As súmulas têm origem em conflitos reiteradamente julgados, ou seja, de relações jurídicas patológicas.

Já a relação não-conflitiva é fisiológica: nasce, cresce e morre sem desembocar no Judiciário.

A solução de conflitos repetida pelos juízes se transforma em súmula.

Mas a súmula faz nascer novos conflitos porque afeta relações jurídicas até então sem potencial conflitivo, ou seja, o patológico serve de modelo para o fisiológico.

Um outro ponto merece destaque: nas relações de trabalho, as leis tutelares pressupõem uma abstrata e falsa homogeneidade do mercado que, na verdade, é cada vez mais heterogêneo.

O tratamento coletivista típico da lei se revela disfuncional e anacrônico quando incide sobre uma realidade multiforme e variada.

Esse coletivismo é agravado e reproduzido pelas súmulas abstratas e genéricas, que acentuam o tratamento homogêneo de situações heterogêneas.

Nem mesmo a igualdade clássica entre trabalho manual, técnico ou intelectual é justificável nos dias de hoje.

Já se admite um direito do trabalho intelectual ou de alta qualificação, com tipos especiais de contrato e proteção diferenciada (DRAI, 2005).

A jurisprudência do TST tem uma tradição enraizada: interpretar as leis de forma ampliativa mediante verbetes genéricos, tornando mais onerosa a contratação.

Essa interpretação, nos últimos anos, tem oscilado e se modificado por causa de decisões do Supremo Tribunal Federal.

Essas mudanças de orientação jurisprudencial podem criar ou extinguir obrigações até então assentadas, criando desequilíbrios no futuro e desarranjos no passado.

As oscilações da jurisprudência, por vezes em sentido diametralmente oposto, fazem lembrar a famosa ironia de que, no Brasil, até o passado é imprevisível...

No entanto, ainda convivemos com o trabalho análogo à escravidão, trabalho infantil, exploração das mulheres, trabalho informal etc.

Acredito que novas posturas do capitalismo mundial, com o padrão ESG, a constante evolução dos direitos humanos na sociedade e os tratados internacionais incorporados ao nosso direito contribuam para maior proteção ao trabalho.

Trata-se de um processo sociológico que leva a mudanças comportamentais.

Continuar com o velho protecionismo não resolve a questão. O excesso de proteção até pode redundar em prejuízo do trabalhador.

Por exemplo, a proliferação de estabilidades no emprego aumenta a contratação atípica, precária, deixando intocável o sistema.

Surge uma grande quantidade de novos contratos periféricos; é uma flexibilidade pelas pontas, com a tutela do emprego permanente à custa de maior precarização dos demais.

A lei e a jurisprudência deveriam ser mais seletivas quanto às matérias que disciplinam. Há que abrir espaço para a proteção aos direitos humanos, abstendo-se o Estado de excessos na regulação de aspectos econômicos da relação de trabalho.

É difícil conciliar a visão moderna do direito do trabalho com súmulas que punem o empregador ao oferecer maior conforto aos empregados, para compensar as deficiências dos serviços públicos, que agregam mais e mais direitos etc.

Pode-se imaginar a perplexidade do desempregado, do autônomo, do informal ou do trabalhador precário, todos com escassa proteção legal, diante de súmulas que ampliam os benefícios do emprego permanente.

4. Novas regras reduzem conflitos

O novo art. 702 da CLT criou um procedimento para edição ou alteração de súmulas e orientações jurisprudenciais.

Devem resultar de efetiva discussão e reiteração de julgados, com participação do Ministério Público do Trabalho, da Ordem dos Advogados do Brasil, da Advocacia-Geral da União, das confederações sindicais e entidades de classe de âmbito nacional.

Por outro lado, o novo art. 8º, § 2º, da CLT veda a criação de súmulas que ampliem ou restrinjam direitos e obrigações previstos em lei.

Para maior segurança jurídica, o novo artigo 11-A da CLT dispõe que "ocorre a prescrição intercorrente no processo do trabalho no prazo de dois anos". Com isto, torna-se insubsistente a Súmula n. 114 do TST.

5. Solução de conflitos

No Brasil, temos um sistema virtual, ou seja, aquele descrito na lei, e um sistema real, vivido por partes, juízes, promotores e advogados

A Justiça do Trabalho se ressente de um código de processo do trabalho, pleiteado há muitos anos. Está em andamento um projeto de CPT da Academia Brasileira de Direito do Trabalho, sob liderança do notável Manoel Antonio Teixeira Filho.

O grau de descumprimento é enorme; a proteção é despolitizada, concentrada no indivíduo em detrimento dos grupos ou da coletividade, mesmo com as ações públicas e coletivas.

A sociedade não confia em formas privadas de solução de conflitos em virtude do nosso atraso político, educacional e civilizatório, mas há alternativas mais rápidas, simples e eficazes.

O saudoso professor Frank Sander, da Universidade de Harvard, considerado pai dessas alternativas, defendia o "*multi-door court-house*", ou tribunal de múltiplas portas, com diferentes formas de solução, pública ou particular, jurisdicional e não-jurisdicional.

É uma evolução conceitual na busca de um sistema de justiça mais produtivo com maior participação das partes na solução.

A mediação, por exemplo, propicia diálogo verdadeiro com ajuda de mediadores, com agilidade e informalidade, além do custo baixo.

A mediação mobiliza as partes para a solução. Separa as pessoas da causa do conflito. Reconstrói o diálogo perdido, que fica mais humanizado nessa justiça pelo consenso.

O pensamento processual moderno se preocupa com o acesso de todos à solução dos conflitos.

O custo e o formalismo do Judiciário afastam as pessoas de baixa renda e informação. Por isso sempre ressurge a ideia dos Juizados Especiais na Justiça do Trabalho, para atender a uma litigiosidade reprimida. Conflitos de baixo valor econômico e violações menores não costumam chegar aos tribunais.

Esses Juizados são um microssistema judiciário que permite maior acesso à Justiça, valorizando mais o resultado que a forma.

Enfim, uma estrutura paralela para causas de pequeno porte que existe em vários países como EUA, Reino Unido, Itália, Alemanha, México etc.

A moderna ciência processual preconiza liberdade do juiz na condução do processo, sem exageros formalistas.

No entanto, nossos últimos códigos de processo civil são minuciosos e formalistas, tal como certos modelos europeus.

Ainda vivemos sob o império da legalidade formal, com exceção dos Juizados de Pequenas Causas, onde há um contato mais natural do juiz com as partes e os meios de prova, sem grande formalismo.

Como diz o mestre Dinamarco, não podemos enclausurar o juiz em cubículos formais do procedimento (*Instrumentalidade*. Malheiros, 2009, p. 152/154).

6. Conclusões

1. O modelo de relações de trabalho tem importante papel no nível de emprego, na prosperidade das empresas e na qualidade de vida dos trabalhadores.

2. Os tribunais devem contribuir para que o direito do trabalho assuma seus valores econômicos e sociais, atuando como síntese dos interesses comuns ao capital e ao trabalho.

3. O TST está submetido a novos procedimentos de criação, redação e aplicação das súmulas. Isso vai imprimir maior funcionalidade ao nosso sistema jurídico por inibir o tratamento homogêneo de uma realidade heterogênea por meio da excessiva criação jurisprudencial do direito.

4. A regulação do mercado de trabalho está menos vulnerável ao ativismo judicial que impregnou historicamente a jurisprudência do TST por causa das decisões recentes do STF.

5. Precisamos criar um procedimento participativo, racional e flexível para enfraquecer o confronto e reduzir o conflito, além de estimular lealdades entre magistratura, Ministério Público, advocacia e partes, como queria Luhman (DINAMARCO, *op. cit.*, p. 154).

6. Temos que viabilizar maior sinergia entre as fórmulas processuais, a ciência política e os fundamentos do estado democrático de direito, hoje tão ameaçado no Brasil e no mundo.

7. Concordo com Luhman ao dizer que a função principal dos sistemas sociais é permitir que a complexidade do mundo seja bem compreendida pelas pessoas.

Referências

ALMEIDA, Renato Rua. Das cláusulas normativas das convenções coletivas de trabalho: conceito, eficácia e incorporação nos contratos individuais de trabalho. *LTr Legislação do Trabalho*, São Paulo, n. 60-12/1604, 1996.

BRONSTEIN, Arturo S.; CÓRDOVA, Éfren. A negociação coletiva. *In*: *As relações coletivas de trabalho na América Latina*: um estudo de seus autores, suas diversas manifestações e seus conflitos, com especial referência ao setor privado. Tradução de Maria Luiza Jacobson. São Paulo: LTr; OIT: IBRART, 1985.

CAPPELETTI, Mauro. *Processos, ideologias e sociedades*. Porto Alegre: Sérgio Antonio Fabris, 2008, v. 1.

CORREDOR LANAS, Cristina; PENA ECHEVERRÍA, Javier (coord.). *Derechos com razón*: filosofia y derechos humanos. Valladolid: Fundación Aranzadi Lex Nova, 2013.

COUTINHO, Grijalbo Fernandes. *Fragmentos do ativismo da magistratura*. São Paulo: LTr, 2006.

DAMIÁN MORENO, Juan. El juez ante la ley. *In*: ROVIRA, Antonio (coord.). *Gobernanza Democrática*. Madrid: Marcial Pons, 2013.

DELGADO, Mauricio Godinho. *Introdução ao direito do trabalho*: introdução ao direito de trabalho e relação de emprego. São Paulo: LTr, 1995.

DRAI, Laurent. *Le droit du travail intellectuel*. Paris: LGDJ, 2004.

GARRIDO GÓMEZ, Isabel. *La democracia em la esfera jurídica*. Pamplona: Civitas, 2013; Thomson Reuters, 2013.

GIUGNI, Gino. *Direito sindical*. São Paulo: LTr, 1991. p. 146-147.

GOLDIN, Adrian. Autonomía colectiva, autonomia individual e irrenunciabilidad de derechos. *Cuadernos de Investigación del Instituto de Investigaciones Jurídicas y Sociales de la Facultad de Derecho de la Universidad de Buenos Aires*, Buenos Aires, n. 22, p. 14, 1991.

LAFER, Celso. *A reconstrução dos direitos humanos*: um diálogo com o pensamento de Hannah Arendt. São Paulo: Companhia das Letras, 1988.

MIRANDA, Alessandro Santos de. *Ativismo judicial na promoção dos direitos sociais*: a dimensão política da jurisdição constitucional na realização dos direitos sociais: o Supremo Tribunal Federal como formador de novos parâmetros de civilidade social e propagador do ativismo judicial. São Paulo: LTr, 2013.

PÉREZ DEL CASTILLO, Santiago. Hierarquia das fontes no direito do trabalho. *In*: *Estudos sobre as fontes do direito do trabalho*: grupo das quartas-feiras. São Paulo: LTr, 1998.

PLÁ RODRIGUEZ, Américo. La revision del convenio para disminuir los benefícios. *In*: OJEDA AVILÉS, Antonio; ERMIDA URIARTE, Óscar (coord.). *La negociación colectiva en América Latina*. Madrid: Trotta, 1993.

PRADO, Lídia Reis de Almeida. *O juiz e a emoção*: aspectos da lógica da decisão judicial. São Paulo: LTr, 2013.

PREBIANCA, Leticia. *Súmulas e orientações jurisprudenciais do Tribunal Superior do Trabalho*: procedimentos para elaboração e controle de validade em face de sua tendência vinculante. Monografia de mestrado em Direito. Universidade de São Paulo, 2013.

RAMOS, Elival da Silva. *Ativismo judicial*: parâmetros dogmáticos. 1. ed. São Paulo: Saraiva, 2010.

ROBORTELLA, Luiz Carlos Amorim. O novo conceito de proteção no direito do trabalho. In: ZAINAGHI, Domingos Sávio *et alii* (coord.). *Temas de direito do trabalho e seguridade social*. São Paulo: LTr, 2013.

ROMITA, Arion Sayão. Efeitos da cessação de vigência da convenção coletiva de trabalho. *Trabalho & Doutrina: processo jurisprudência*, São Paulo, n. 23, 1999.

SALOMÃO, Jorge. *Dicionário de conceitos e pensamentos de Rui Barbosa*. São Paulo: EDART, 1967, verbete 807.

SCHAUER, Frederick. *Pensar como um abogado*: uma nueva introducción al razonamiento jurídico. Madrid: Marcial Pons, 2013.

TEODORO, Maria Cecília Máximo. *O juiz ativo e os direitos trabalhistas*. São Paulo: LTr, 2011.

O TRABALHO PROIBIDO DE FRETE E ENTREGA DE MERCADORIAS EM MOTOTÁXI, MOTONETAS E BICICLETAS PRATICADO POR ADOLESCENTES E JOVENS

Lorena de Mello Rezende Colnago(*)
Jorge Cavalcanti Boucinhas Filho(**)

Introdução

É com imensa honra que homenageamos o Dr. José Alberto Couto Maciel. Escritor, pintor, músico, atleta, jurista, grande amigo de todos e defensor do Direito do Trabalho. Dr. Maciel sempre fez parte da história e da construção do Direito do Trabalho brasileiro. Além de escrever para a comunidade jurídica, escreveu para os trabalhadores. Esteve na vanguarda das obras jurídicas em braille com seu *best-seller* "Direito do trabalho ao alcance de todos", entre tantos outros grandes feitos da área jurídica.

Inspirados em suas obras, escolhemos um tema voltado aos trabalhadores e trabalhadoras, em tenra idade de trabalho. Pessoas ainda em desenvolvimento, protegidas pela Constituição Federal e pela lei infraconstitucional com o Estatuto da Criança e do Adolescente, mas também pelas legislações internacionais. Ainda em 1919, a Organização Internacional do Trabalho fomentou proteções para as pessoas em desenvolvimento. Em 1948, a Declaração Universal dos Direitos Humanos destacou na agenda política mundial o combate ao trabalho infantojuvenil.

(*) Doutora em Direito do Trabalho pela USP (2022). Mestre em Direito Processual pela UFES (2008). Membro da Academia Brasileira de Direito do Trabalho. Foi Vice-Presidente em Relações de Trabalho da União Iberoamericana de Juristas (2018). Foi Diretora de Eventos do IPEATRA — Instituto de Pesquisas Avançadas da Magistratura e Ministério Público do Trabalho. Gestora da Comissão Regional do Trabalho Infantil, Seguro e do Combate ao Trabalho Escravo pelo TRT da 2ª Região (2019-2022). Conselheira da Escola Judicial da 2ª Região e Coordenadora Pedagógica (2022-2024). Gestora Nacional do Trabalho Seguro pelo Sudeste no Tribunal Superior do Trabalho (2023-2024). Juíza do Trabalho no TRT da 2ª Região. Coordenadora científica da Revista LTr desde 2020. Professora.

(**) Professor de Direito do Trabalho na Fundação Getúlio Vargas — FGV e da Faculdade Mackenzie. Membro da Academia Brasileira de Direito do Trabalho. Pós-Doutor em Direito do Trabalho (Nantes-França). Doutorado e Mestrado na USP. Advogado. Foi Diretor da Escola da Advocacia Paulista de (2020-2022). Coordenador científico da Revista LTr desde 2020.

Em 1959, foi publicada a Declaração dos Direitos da Criança pela Assembleia Geral das Nações Unidas. E o direito ao trabalho protegido do adolescente e jovem ganhou um contorno de proteção ainda maior com a proibição de realização em ocupações prejudiciais à saúde, educação, ou que interfiram no seu desenvolvimento mental ou moral.

Em 1973, com a Convenção n. 138, a Organização Internacional do Trabalho (OIT) recomendou aos países-membros, e o Brasil é um de seus fundadores, a formulação de políticas para assegurar a efetiva abolição do trabalho infantil e a adoção da idade mínima, bem como a escolaridade obrigatória.

Em 1989, a Organização das Nações Unidas (ONU) por meio da Convenção sobre os Direitos da Criança e do Adolescente consagrou a doutrina de proteção integral e de prioridade absoluta aos direitos das crianças e adolescentes. Os governos nacionais precisaram adequar-se às cláusulas inseridas pela Organização Mundial do Comércio (OMC) sobre idade mínima para o trabalho, restrições e sanções econômicas pela utilização do trabalho infantil na fabricação de produtos exportáveis, além de outras, que reverberaram em mecanismo de pressão da comunidade internacional para uma atuação mais efetiva e concreta no combate ao trabalho das pessoas em desenvolvimento (OIT, 2006).

Tratava-se não só de sensibilizar os setores responsáveis para questões relacionadas à infância, mas de exigir atitudes de impacto, apontando para a urgência de medidas contra a exploração da criança como força de trabalho. Esse compromisso é ratificado no documento "Os objetivos do Desenvolvimento do Milênio", fixados em 2000 por 191 países-membros das Nações Unidas, que inclui, na agenda de trabalho decente, a eliminação progressiva do trabalho infantil e a educação de qualidade como elementos de fundamental importância para qualquer estratégia de desenvolvimento. Essas medidas são confirmadas mais tarde, nas recomendações da Cúpula Mundial da ONU (2005), ao indicar a redução da pobreza e a educação para todos como estratégias de combate ao trabalho infantil.

O presente artigo focará sobre o trabalho das pessoas em desenvolvimento em mototáxi, motonetas e bicicletas. A pesquisa será realizada pelo método dedutivo com análise bibliográfica, legislativa e do noticiário nacional com enfoque não apenas no trabalho regulamentado internamente pela Consolidação das Leis do Trabalho, a CLT, mas também com enfoque no chamado trabalho autônomo, com ou sem intermediação de meios telemáticos e de plataformas digitais. Em síntese, será analisado o trabalho dos adolescentes e jovens nas atividades de entrega de mercadorias e fretes.

O trabalho foi dividido em três partes. A primeira analisará a legislação internacional e nacional quanto à regulamentação do trabalho das pessoas em desenvolvimento (crianças, adolescentes e jovens). No segundo momento, as políticas nacionais desenvolvidas para combater, proteger e efetivar a regulamentação legislativa internacional e nacional quanto ao tema. Por fim, entraremos efetivamente na realidade atual do trabalho dos e das adolescentes e jovens nas atividades de entrega de mercadorias e frete, as proteções (in)existentes e a realidade nacional. O trabalho não pretende esgotar o tema, mas traçar parâmetros de reflexão sobre a mão de obra ativa e em desenvolvimento da sociedade brasileira.

1. Regulamentação jurídica do trabalho do adolescente e jovem

Há proibição do trabalho infantil desde o plano internacional: Convenção Internacional pelos Direitos da Criança; Convenção OIT n. 138 e n. 182, além das mais de 61 normas internacionais, originárias da OIT, que de alguma forma se relacionam com o trabalho infantojuvenil[1].

O Brasil segue a normatização internacional. Tanto a Constituição Federal, como o Estatuto da Criança e do adolescente (Lei n. 8.069/90) e a Consolidação das Leis Trabalhistas — CLT proíbem o trabalho de crianças e adolescentes nos locais e serviços considerados perigosos ou insalubres, bem como qualquer trabalho antes dos 16 anos, salvo como menor aprendiz. O Estatuto da Criança e do Adolescente (art. 60 da Lei n. 8.069/1990) também normatizou a proibição do trabalho de criança e de adolescente menores de 16 anos (salvo na condição de aprendiz, com registro em carteira de trabalho e previdência social (CTPS), a partir dos 14 anos) no setor formal (registro na CTPS), mas também refere-se ao setor informal da economia ou do mercado de trabalho. Proíbe completamente o trabalho realizado em atividades ilícitas.

A Pesquisa nacional por amostra de domicílios — PNAD — IBGE — 015 informou que há 2,7 milhões de crianças e adolescentes em situação de trabalho infantil no país, sendo que 59% das crianças e adolescentes em situação de trabalho infantil são meninos e 41% são meninas. A maioria da população ocupada entre 5 e 17 anos está nas regiões Nordeste (852 mil) e Sudeste (854 mil), seguidas das regiões Sul (432 mil), Norte (311 mil) e Centro-Oeste (223 mil). Todas as regiões apresentam maior incidência de trabalho infantil em atividades que não são agrícolas, exceto a região Norte. A maior concentração de trabalho infantil está na faixa etária de 14 a 17 anos (83,7%). O trabalho infantil entre crianças de cinco a nove anos aumentou 12,3% entre 2014 e 2015, passando de 70 mil para 79 mil.[2]

O Decreto n. 6.481/2008 foi editado para internalizar a lista das piores formas de trabalho infantojuvenil, proibindo-o dentro de sua tabela antes dos 18 anos de idade. A legislação especial que trata do trabalho em mototáxi, o trabalho e não o emprego, Lei n. 12.009/2009, em seu artigo 2º proíbe o trabalho de pessoas com idade inferior a 21 anos nessa profissão. Nada dispõe sobre exceções quanto à aprendizagem. Esse

---

(1) OLIVEIRA, Oris de. *O trabalho da criança e do adolescente*. São Paulo: LTr, 1994. p. 43-61.

(2) BRASIL. *Pesquisa por amostra de domicílios 2015*. IBGE — Instituto Brasileiro de Geografia e Estatística. Disponível em: https://biblioteca.ibge.gov.br/visualizacao/livros/liv98887.pdf. Acesso em: 13 nov. 2023.

trabalho pode ser equiparado ao proibido como integrante das piores formas de trabalho adolescente e juvenil porque encontra-se, ou é realizado, em logradouros públicos.

Porém, a realidade não acompanha a norma jurídica. Inúmeros adolescentes, desde 2019 até a presente data, encontram-se inseridos na economia informal no trabalho de entregas por meio de bicicletas mecânicas e elétricas, além das motocicletas, entregando materiais diversos para a população e sem qualquer proteção.

2. A importância das políticas nacionais de combate ao trabalho do adolescente e jovem

A Organização das Nações Unidas — ONU aprovou em 1959 a Declaração Universal dos Direitos da Criança. Essa convenção estabelece proteção especial ao desenvolvimento físico, mental, moral e espiritual da criança (art. 2º), proibindo-se de empregar criança antes da idade mínima conveniente (art. 9º).[(3)]

A Organização Internacional do Trabalho reconheceu que o desenvolvimento social e econômico é essencial para a efetiva abolição do trabalho infantil ainda no Preâmbulo da Convenção n. 182 da OIT : "o trabalho infantil é em grande parte devido à pobreza, e que a solução a longo prazo reside no crescimento econômico para culminar no progresso social, em particular no alívio da pobreza e na educação universal"[(4)]. Foi criado o Programa Internacional para a Erradicação do Trabalho Infantil (IPEC) pela OIT, para dialogar com os países-membros. Sua função é estabelecer políticas públicas destinadas a alcançar o resultado do trabalho protegido.

A Recomendação n. 146, que acompanha a Convenção n. 138 da OIT, previu os planos e as políticas nacionais de alívio à pobreza e à promoção de empregos decentes para os adultos. O objetivo é permitir que os pais não precisem recorrer a trabalho de seus filhos; o fomento à educação gratuita e obrigatória; a facilitação da formação profissional; a extensão dos sistemas de segurança social e de registo de nascimentos, bem como as instalações adequadas para a proteção das crianças e adolescentes em funcionamento, assim como as leis que estabelecem idades mínimas para a admissão ao emprego ou ao trabalho.[(5)]

A Convenção n. 138 da OIT, de 1973, promulgada no Brasil pelo Decreto n. 4.134, de 15 de fevereiro de 2002, estabeleceu que, a respeito da idade mínima de admissão

---

(3) GARCIA, Gustavo Filipe Barbosa. *Curso de direito do trabalho*. 11. ed., rev., atual. e ampl. Rio de Janeiro: Forense, 2017. p. 624.

(4) ORGANIZAÇÃO INTERNACIONAL DE TRABALHO. *Convenção da OIT n. 138 em resumo*. Genebra: Organização Internacional do Trabalho: junho de 2018. Disponível em: https://www.bienestaryproteccioninfantil.es/fuentes1.asp?sec=21&subs=340&cod=3625&page=&v=2. Acesso em: 13 nov. 2023.

(5) COLNAGO, Lorena de Mello Rezende; BOUCINHAS FILHO, Jorge Cavalcanti. A Convenção n. 138 da OIT e a proibição de trabalho em mototáxi. *Revista LTr*, São Paulo, a. 87, t. I, n. 6, p. 691-698, jun. 2023.

no emprego, ela não deve ser inferior à data final da escolaridade obrigatória, não podendo, em qualquer caso, ser inferior a 15 anos, admitindo-se o patamar mínimo de 14 anos, como primeira etapa, para os países insuficientemente desenvolvidos.[6] E foi complementada pela Recomendação n. 146, do mesmo ano.

Em 1996, o governo brasileiro criou o "Programa de Erradicação do Trabalho Infantil", conhecido pela sigla PETI no campo do Ministério de Previdência e Assistência Social (MPAS). Inicialmente, foi lançado no estado de Mato Grosso do Sul, mas entre 1996 e 1998 foi ampliado para os estados de Pernambuco, Sergipe, Rondônia e Bahia, com a ajuda da OIT e em 1999 para todos os demais estados.[7]

Em 2005, o SUAS (Sistema Único de Assistência Social) foi instituído, um órgão que organiza a oferta de serviços sociais, pagamentos com revisões regulares e automáticas, fundo a fundo, por andar de proteção e com ações programáticas como o SENTINELA — programa criado para apoiar crianças e adolescentes vítimas de abuso e de exploração sexual — e foi redimensionado e incorporado nos serviços contínuos, sendo prestados nos CREAS — Centro de Referência Especializado de Assistência Social.[8]

A Convenção n. 182, promulgada no Brasil pelo Decreto n. 3.597/2000, bem como a Recomendação n. 190, publicada em 1999, proíbem as piores formas de trabalho infantil, dentre elas: todas as práticas de escravidão ou práticas análogas à escravidão (venda e tráfico de crianças; servidão por dívidas; condição de servo, trabalho forçado ou obrigatório; recrutamento forçado ou obrigatório de crianças para os conflitos armados e para prostituição; produção de pornografia ou atuações pornográficas; atividades ilícitas, em particular a produção e o tráfico de entorpecentes); o trabalho suscetível de prejudicar a saúde, a segurança ou a moral das crianças[9], bem como em logradouros públicos.

O Brasil publicou o Decreto n. 6.481, de 12 de junho de 2008 (DOU de 13.06.2008), e regulamentou as piores formas de trabalho infantil, seguindo os arts. 3º, "d", e 4º, da Convenção n. 182 da OIT. Aprovou a "Lista das Piores Formas de Trabalho Infantil" (Lista TIP) em seu anexo. Proibiu o trabalho da pessoa com menos de dezoito anos nas atividades descritas na Lista TIP, salvo nas hipóteses de ser permitido pelo Ministério do Trabalho e Empego com a proteção de sua saúde, segurança e moralidade (art. 2º, I) e na hipótese de parecer técnico que ateste a não exposição a riscos que possam comprometer a saúde, a segurança e a moral dos adolescentes (art. 2º, II). Os trabalhos

(6) GARCIA, Gustavo Filipe Barbosa. *Curso de direito do trabalho*. 11. ed., rev., atual. e ampl. Rio de Janeiro: Forense, 2017. p. 624.

(7) Informações obtidas no site: www.assistenciasocial.al.gov.br/acervo/acervo-programa-de-erradicacao-do-trabalho-infantil-peti/acerto-peti-2019/Apresentacao%20Encontro%20Tecnico_%2028.03.pdf, 17 de setembro de 2019.

(8) Informações obtidas no site: www.assistenciasocial.al.gov.br/acervo/acervo-programa-de-erradicacao-do-trabalho-infantil-peti/acerto-peti-2019/Apresentacao%20Encontro%20Tecnico_%2028.03.pdf, 17 de setembro de 2019.

(9) GARCIA, *op. cit.*, 2017, p. 624.

técnicos ou administrativos serão permitidos, desde que fora das áreas de risco à saúde, à segurança e à moral, ao adolescente entre dezesseis e dezoito anos e ao maior de quatorze e menor de dezesseis, esses últimos na condição de aprendiz (art. 3º).

Há previsão de atualização da Lista TIP com periodicidade e a partir de uma consulta às organizações de empregadores e de trabalhadores interessadas (art. 5º do Decreto n. 6.481/2008). Compete ao Ministério do Trabalho organizar esses processos de exame e consulta.

Estima-se que desde 2000 este número já tenha caído por mais de um terço, em grande parte devido a uma combinação inteligente de políticas governamentais, incluindo a ratificação da Convenção n. 138[(10)], mas voltou a crescer no Brasil desde a pandemia da Covid-19. O Ministério do Trabalho e Emprego divulgou números do combate ao trabalho de crianças e adolescentes em 2023, em alusão ao 12 de junho, quando se celebra o Dia Mundial contra o Trabalho Infantil. Ao todo a Inspeção do Trabalho do MTE realizou 361 operações, afastando 702 crianças e adolescentes de situação de trabalho infantil em todo país. Somente nos operativos realizados no dia 12 de junho, foram afastados 345 crianças e adolescentes de trabalho proibido a menores de 18 anos.[(11)]Nas ações do dia 12 de junho de 2023, Minas Gerais e Mato Grosso do Sul foram os estados onde foram constatados os maiores números, respectivamente 54 e 124 crianças e adolescentes em situação de trabalho infantil, porém, a prática ilegal foi também constada em Goiás (12), Alagoas (19), Ceará (19), Roraima (23), Rio de Janeiro (28), Pernambuco (32), Espírito Santo (39). As crianças e os adolescentes encontrados pela Inspeção do Trabalho tinham idade entre 8 e 17 anos. Alguns deles foram encontrados em atividades elencadas na Lista das Piores Formas de Trabalho Infantil (Decreto n. 6.481/2008), como trabalho na construção civil, venda de bebidas alcoólicas, coleta de lixo, oficinas mecânicas, lava jatos e comércio ambulante em logradouros públicos, atividades que acarretam graves riscos ocupacionais e repercussões à saúde das crianças e dos adolescentes.[(12)]

Em entrevista à Agência Gov, o ministro do Trabalho e Emprego, Luiz Marinho, declarou que o Brasil registrou 1.705 casos de trabalho infantil somente em 2023. O perfil das vítimas encontradas era de meninos e meninas entre 13 e 17 anos em situação de vulnerabilidade social. "Entre as 1.705 crianças e adolescentes resgatadas, 13% tinham 13 anos de idade, 21% de 14 a 15 anos e 66% entre 16 e 17 anos. Na análise por gênero, 79% eram meninos."[(13)]

---

(10) ORGANIZAÇÃO INTERNACIONAL DE TRABALHO. *Convenção da OIT n. 138 em resumo*. Genebra: Organização Internacional do Trabalho: junho de 2018. Disponível em: https://www.bienestaryproteccioninfantil.es/fuentes1.asp?sec=21&subs=340&cod=3625&page=&v=2

(11) BRASIL. Ministério do Trabalho e Emprego. Notícias. Disponível em: https://www.gov.br/trabalho-e-emprego/pt-br/noticias-e-conteudo/2023/junho/mte-resgatou-702-criancas-e-adolescentes-em-situacao-de-trabalho-infantil-em-2023. Acesso em: 28 nov. 2023.

(12) *Ibid.*

(13) AGÊNCIAGOV. Brasil registrou 1.705 casos de trabalho infantil somente em 2023. *Direitos humanos.* Pub. 12.10.2023, 9h12. Disponível em: https://agenciagov.ebc.com.br/noticias/202310/brasil-registrou-1-705-casos-de-trabalho-infantil-em-2023. Acesso em: 13 nov. 2023.

O México e o Brasil são frequentemente citados como exemplos de países onde os governos introduziram "programas de transferência condicional de dinheiro" eficazes para combater as causas profundas do trabalho infantil. Em ambos os casos, os programas consistem basicamente em fornecer estipêndios a famílias desfavorecidas[14], para que as crianças possam continuar a estar na escola e livres do trabalho infantil. Estes programas são importantes porque, "em muitos casos, a família não encontra outra maneira de sobreviver do que o uso do trabalho infantil".[15]

Na luta contra o trabalho infantil, diversas ações intersetoriais se somam pela garantia de direitos de crianças e adolescentes. Uma das mais importantes é o Programa de Erradicação do Trabalho Infantil (PETI), que faz parte da Política Nacional de Assistência Social e passa por um redesenho para atender melhor às necessidades das crianças e adolescentes.

Em observância à Convenção n. 138 da OIT, ao Estatuto da Criança e do Adolescente e à lista TIP, foi editada a legislação que regulamenta a profissão de mototáxi (Lei n. 12.009/2009) com um artigo muito especial em seu início (art. 2º, inciso I), permitindo a profissão apenas para aqueles que completaram 21 (vinte e um) anos em razão das agressões à saúde que a profissão pode causar ao adolescente e jovem adulto, ainda em desenvolvimento.

A Convenção da OIT n. 182 (promulgada no Brasil por meio do Decreto n. 3.597, de 12.09.2000)[16] majorou a idade em que a pessoa é considerada criança para 18 anos (art. 2º). O Estatuto da Criança e do Adolescente manteve a redação do art. 2º, classificando como adolescente a pessoa entre 12 (doze) anos incompletos até 18 (dezoito) anos de idade, podendo ser majorado para 21 (vinte e um) anos em situações excepcionais.

Em 2011, o PETI (Programa de Erradicação do Trabalho Infantil) foi incorporado à Lei Orgânica de Assistência Social (LOAS), ratificando seu caráter intersetorial, membro do programa nacional de assistência social, consolidado com ações de transferência de renda para famílias, trabalho social com famílias, oferta de serviços de parceiros infantis e adolescentes.[17]

Em 2013, houve uma reordenação do serviço de vínculo de vida básico e fortalecimento da proteção social, incluindo o cuidado de crianças e adolescentes em

---

(14) ORGANIZAÇÃO INTERNACIONAL DE TRABALHO. *Convenção da OIT n. 138 em resumo*. Genebra: organização internacional do trabalho: junho de 2018. Disponível em https://www.bienestaryproteccioninfantil.es/fuentes1.asp?sec=21&subs=340&cod=3625&page=&v=2. Acesso em: 13 nov. 2023.

(15) MINHARRO, Erotilde Ribeiro dos Santos. *A criança e o adolescente no direito do trabalho*. São Paulo: LTr, 2003. p. 98.

(16) ORGANIZAÇÃO INTERNACIONAL DE TRABALHO. *C182 — Convenção sobre proibição das piores formas de trabalho infantil e ação imediata para sua eliminação*. Disponível em: https://www.ilo.org/brasilia/convencoes/WCMS_236696/lang--pt/index.htm. Acesso em: 31 maio 2023.

(17) Informações obtidas no site: www.assistenciasocial.al.gov.br/acervo/acervo-programa-de-erradicacao-do-trabalho-infantil-peti/acerto-peti-2019/Apresentacao%20Encontro%20Tecnico_%2028.03.pdf, 17 de setembro de 2019.

situações de trabalho infantil, juntamente com outros grupos em situações vulneráveis para evitar a segmentação, os estigmas e a troca de experiências.[18]

O redesenho do PETI em 2014 teve como objetivo acelerar a luta contra o trabalho infantil com base no desenvolvimento de ações estratégicas, no fortalecimento dos serviços de assistência social, na gestão e na agenda intersetorial.[19]

Em 2016, com a edição da Lei n. 13.257, considerada como o marco legal para a tutela da proteção à primeira infância, pois estabeleceu os princípios e as diretrizes para a formulação e a implementação de políticas públicas para a primeira infância em atenção à especificidade e à relevância dos primeiros anos de vida no desenvolvimento infantil e no desenvolvimento do ser humano de zero a seis anos (art. 2º).

Em 2019, o Conselho Nacional de Justiça instituiu o Pacto Nacional da Primeira Infância com o objetivo de execução do projeto "Justiça começa na infância: fortalecendo a atuação do sistema de justiça na promoção de direitos para o desenvolvimento humano integral". No ano seguinte, o mesmo conselho editou a Res. n. 325/2020 para fixar a estratégia nacional do Poder Judiciário no período de 2021-2026 para a garantia dos direitos fundamentais, entre eles, o da proteção das crianças e adolescentes; e em 2022, a Res. n. 470/2022, que instituiu efetivamente a Política Nacional para a primeira infância.[20] Todo esse arcabouço normativo foi elaborado para subsidiar o Sistema de Justiça e a sociedade, considerando a responsabilidade de todos quanto à proteção prioritária da infância.

3. O trabalho do adolescente e do jovem adulto nas atividades de entrega por meio de motocicletas

Independentemente da modalidade de trabalho a que as pessoas entre 18 e 21 anos são contratadas — "empreendedor individual", empregado ou prestador de serviços —, esse trabalho é expressamente proibido às pessoas abaixo de 21 anos (art. 2º, inciso I, da Lei n. 12.009/2009). O enfoque para o mototáxi foi a idade de 18 anos porque na legislação pátria a licença para direção de motocicletas ocorre nesta idade, conforme o Código de Trânsito Nacional (Lei n. 9.503/1997[21], art. 140):

---

(18) Informações obtidas no site: www.assistenciasocial.al.gov.br/acervo/acervo-programa-de-erradicacao-do-trabalho-infantil-peti/acerto-peti-2019/Apresentacao%20Encontro%20Tecnico_%2028.03.pdf, 17 de setembro de 2019.

(19) Informações obtidas no site: www.assistenciasocial.al.gov.br/acervo/acervo-programa-de-erradicacao-do-trabalho-infantil-peti/acerto-peti-2019/Apresentacao%20Encontro%20Tecnico_%2028.03.pdf, 17 de setembro de 2019.

(20) BRASIL. Conselho Nacional de Justiça. *Pacto Nacional Pela Primeira Infância.* Disponível em: https://www.cnj.jus.br/programas-e-acoes/pacto-nacional-pela-primeira-infancia/. Acesso em: 31 maio 2023.

(21) COLNAGO, Lorena de Mello Rezende; BOUCINHAS FILHO, Jorge Cavalcanti. A Convenção n. 138 da OIT e a proibição de trabalho em mototáxi. *Revista LTr*, São Paulo, a. 87, t. I, n. 6, p. 691-698, jun. 2023, p. 696.

A habilitação para conduzir veículo automotor e elétrico será apurada por meio de exames que deverão ser realizados junto ao órgão ou entidade executivos do Estado ou do Distrito Federal, do domicílio ou residência do candidato, ou na sede estadual, ou distrital do próprio órgão, devendo o condutor preencher os seguintes requisitos:

I — ser penalmente imputável;

II — saber ler e escrever;

III — possuir Carteira de Identidade ou equivalente.

Para ser penalmente imputável a pessoa deve ter 18 (dezoito) anos, conforme o art. 27 do Código Penal. E a partir dessa interpretação é que advém que a pessoa que ainda não tem 18 anos não pode dirigir ou pilotar motocicletas. Observa-se que a codificação de trânsito fala ainda em veículo automotor ou elétrico. Atualmente, há bicicletas elétricas que podem ser enquadradas no art. 140 do Código Penal. E as bicicletas mecânicas, tão utilizadas antes mesmo da invenção do veículo automotor? Embora elas estejam excluídas da exigência de habilitação, para o caso de pessoas menores de 18 anos, a interpretação deve ser realizada no mesmo sentido da proteção absoluta e prioritária.(22)

O art. 1º da Lei n. 12.009/2009 não distinguiu o tipo de relação jurídica material para realizar as regras de proteção à saúde dos trabalhadores em motocicletas e afins, porque seu enfoque não é a relação de emprego, mas a pessoa que se ativa, em qualquer relação jurídica, utilizando como meio de transporte as motos:

Esta Lei regulamenta o exercício das atividades dos profissionais em transportes de passageiros, "mototaxista", em entrega de mercadorias e em serviço comunitário de rua, e "motoboy", com o uso de motocicleta, dispõe sobre regras de segurança dos serviços de transporte remunerado de mercadorias em motocicletas e motonetas — motofrete –, estabelece regras gerais para a regulação deste serviço e dá outras providências.

Qualquer atividade de entrega de mercadorias deve ser excluída da possibilidade de trabalho para pessoas em desenvolvimento até 21 anos, não é demasiado frisar (art. 2º da Lei n. 12.009/2009). A atividade de entrega de mercadorias é por si uma atividade que atrapalha, afeta sua saúde, o pleno desenvolvimento biológico, mas também sujeita a pessoa em desenvolvimento, protegida por lei, às intempéries do tempo, às vicissitudes da violência urbana. Os acidentes com motocicletas cresceram muito na pandemia, especialmente em meados de 2020-2022(23).

A legislação pátria não previu as entregas em bicicletas. Ao tempo de promulgação da legislação não era comum ter à disposição e por valores mais acessíveis à população as bicicletas de aluguel. Ao analisar a lista TIP do Decreto n. 6.481/2008 em cotejo com a legislação de mototáxi de 2009, verifica-se que as bicicletas, mecânicas

---

(22) COLNAGO, Lorena de Mello Rezende; BOUCINHAS FILHO, Jorge Cavalcanti. A Convenção n. 138 da OIT e a proibição de trabalho em mototáxi. *Revista LTr*, São Paulo, a. 87, t. I, n. 6, p. 691-698, jun. 2023, p. 696

(23) ABÍLIO, Ludmila Costhek; SANTIAGO, Silvia Maria. *Dossiê das violações dos direitos humanos no trabalho uberizado*: o caso dos motofretistas na cidade de Campinas. Campinas, Diretoria executiva de Direitos Humanos, Unicamp, 2024.

ou elétricas, enquadram-se na proteção da pessoa em desenvolvimento porque fornecem a elas o mesmo risco ou risco muito similar que o trabalho em logradouro, no meio do trânsito e em dispositivo de locomoção que não possui proteção adequada à vida. As bicicletas são ainda piores na medida em que não há na legislação sequer a obrigatoriedade de se pedalar com capacete, como há na legislação de trânsito para as motocicletas e motonetas. Vale destacar algumas notícias de jornais veiculadas:

> O pé engatado no **para-choque do ônibus** permite à **bicicleta** seguir de carona à velocidade de 40 quilômetros por hora na Avenida Nossa Senhora do Carmo, no sentido Nova Lima. A atitude é perigosa entre os carros, e contrasta com o cuidado na proteção individual que o **ciclista** flagrado pela reportagem do **Estado de Minas** mostrou ao usar máscara contra a **Covid-19**, embora sem o capacete. No entanto, a mochila térmica nas costas do rapaz indica que ele pertence a um grupo que, desde o início do afastamento social para conter a contaminação pelo vírus, se expôs para levar comida a quem estava em casa se resguardando do novo coronavírus (Sars-Cov-2).
>
> (...)
>
> Os ciclistas foram os que mais sofreram nos acidentes ocorridos nas vias das cidades mineiras, de acordo com dados do Ministério da Saúde, entre março e junho, no comparativo com 2019, enquanto houve redução das consequências envolvendo vítimas que conduziam outros veículos. Foram seis vezes mais mortes de usuários de bicicleta em hospitais do Sistema Único de Saúde (SUS). Esses casos subiram de dois para 12 óbitos, ao passo que as internações aumentaram 3%, passando de 510 para 524.[(24)]

Havia estudos sendo realizados sobre os acidentes com bicicletas ainda no ano de 2015 a 2017, publicado em 2019, indicando uma política pública que incentivava o transporte urbano não motorizado, a construção de ciclofaixas com uma política pública específica para a cidade de São Paulo, Lei Municipal n. 14.266/2007. Observou-se um aumento de 50% na frota de bicicletas da cidade de 2016 para 2017 e um aumento dos acidentes na conectividade das ciclofaixas ou na ausência delas.[(25)]

---

(24) PARREIRAS, Matheus. *Estado de Minas Gerais*. Ciclistas se tornam as maiores vítimas no trânsito durante a pandemia: Acidentes envolvendo condutores sobre duas rodas crescem em Minas Gerais e resultam em mais mortes entre março e junho, enquanto cai estatística geral de internações e óbitos. Tráfego perigoso. 1º.09.2020, 06:00 — atualizado 1º.09.2020, 07:29. Disponível em: https://www.em.com.br/app/noticia/gerais/2020/09/01/interna_gerais,1181219/ciclistas-se-tornam-as-maiores-vitimas-no-transito-durante-a-pandemia.shtml. Acesso em: 13 dez. 2023.

(25) AIRES, Ruth Otomária da Silva. Segurança viária na cidade de São Paulo: um estudo sobre os acidentes com ciclistas. *In*: PICANÇO, Monise Fernandes; CALLIL, Victor (org.). FERREIRA, Carlos Torres (coord.). *Desafio* [livro eletrônico]: estudos de mobilidade por bicicleta 2. São Paulo: CEBRAP, 2019. p. 196 e ss.

Mais de 33 mil acidentes de trabalho em vias públicas foram registrados em 2022, "cerca de 10,5% (3.494 acidentes) envolveram motociclistas e ciclistas de entregas rápidas". A Pesquisa Nacional por Amostra de Domicílio (PNAD Contínua) constatou que o número de trabalhadores em atividades de transporte, armazenamento e correio aumentou 18%, passando de 3,8 milhões em 2010 para 4,5 milhões em 2020. A faixa etária entre 18 e 29 anos é a mais recorrente nesses acidentes de trabalho em vias públicas que envolveram entregadores em motos ou bicicletas. Pessoas entre 18 e 29 anos são o maior número de trabalhadores no setor de entregas e transporte. São Paulo registrou o maior número desses acidentes em 2022, com um total de 861 acidentes, seguido por Paraná, com 425 acidentes, e Santa Catarina, com 224 acidentes.(26)

O trabalho em longas jornadas com esforço físico nas bicicletas ou com esforço físico reduzido pelas motocicletas e bicicletas elétricas impede o desenvolvimento dos jovens, que poderiam estar estudando para se capacitar para um trabalho menos perigoso e incapacitante. Esse trabalho é proibido por lei, não é demasiado recordar e equipara-se ao mototáxi ou entregas por meio de motonetas, pois é equivalente; por ser realizado em bicicletas mecânicas é ainda mais incapacitante em razão do alto esforço físico que fadiga o corpo em desenvolvimento. Algumas reportagens(27) ainda dizem que as pessoas estavam usando máscaras e apenas elas durante o período da pandemia, porque as entregas eram realizadas de chinelo de dedo, sem capacetes ou qualquer outra proteção contra os tombos e quedas. É um trabalho precário, até mesmo se considerada a remuneração ofertada. Não há nesse trabalho qualquer aprendizagem para o adolescente ou o jovem adulto, dentro de um aspecto da legislação de aprendizagem (Lei n. 10.097/2000).

No Brasil, o regime de aprendizagem é especial e regulado na Consolidação das Leis do Trabalho, arts. 402, 403, 428, 429, 430, 431, 432 e 433. A aprendizagem é um dos tipos de trabalho educativo com requisitos pedagógicos relacionados ao desenvolvimento pessoal e social do aluno aprendiz que devem prevalecer sobre o aspecto produtivo. A aprendizagem envolve um contrato de trabalho especial e pressupõe a criação de um programa de formação técnico-profissional metódico específico, compatível com o desenvolvimento físico, moral e psicológico do adolescente, acompanhado por um profissional já habilitado. A formação técnico-profissional

---

(26) DAU, Gabriel. 10,5% dos acidentes de trabalho em vias públicas envolveram motoristas de entregas rápidas. No Dia Nacional de Prevenção de Acidentes do Trabalho, Ministério da Saúde promoveu um webinário para qualificar as ações de vigilância em saúde do trabalhador. *Rede Jornal Contábil.* Pub. 31 jul. 2023, 10:15. Disponível em: https://www.jornalcontabil.com.br/105-dos-acidentes-de-trabalho-em-vias-publicas-envolveram-motoristas-de-entregas-rapidas/. Acesso em: 12 dez. 2023.

(27) GAVRAS, Douglas; BILÓ, Gabriel. Menores de 16 anos trabalham como entregadores em aplicativos. OUTRO LADO: Empresas afirmam que não admitem prática e que tomam medidas para combatê-la. *Folha de São Paulo.* Caderno Economia. Disponível em: https://www1.folha.uol.com.br/mercado/2023/06/menores-de-idade-trabalham-como-entregadores-em-aplicativos.shtml. Acesso em: 12 dez. 2023.

caracteriza-se por atividades teóricas e práticas, organizadas metodicamente em tarefas de complexidade progressiva desenvolvidas no ambiente de trabalho.[28]

Assim, qualquer trabalho em motocicletas ou bicicletas em entregas de mercadoria é proibido e precisa ser fiscalizado pelos órgãos e todo sistema de proteção às crianças e adolescentes, especialmente pelo Ministério do Trabalho e Emprego, pelos Conselhos Tutelares e pelos agentes de trânsito. Os adolescentes e jovens, que serão o futuro do país e da mão de obra ativa, precisam ser visualizados pelo Sistema de Justiça, que pode atuar de modo coordenado e cooperado. A atividade de transporte de mercadorias e frete em bicicletas, motonetas e motocicletas pode e deve ser enquadrada entre as piores formas de trabalho, porque atrapalham o desenvolvimento físico, psíquico, emocional do ser humano com bastante prejuízo a um crescimento pleno.

Considerações finais

Desde a criação da Organização Internacional do Trabalho em 1919, o mundo vem empreendendo esforços no sentido de erradicar o trabalho de crianças e adolescentes, seja criando convenções e resoluções internacionais, com a criação de legislações específicas nacionais e da implementação de programas sociais. Não obstante essas medidas e o anúncio da redução quantitativa de crianças e adolescentes em situação de trabalho, por parte de organismos oficiais, o problema persiste e ainda está longe de ser solucionado.

Os avanços da luta pela erradicação do trabalho infantil são inegáveis, principalmente no que se refere aos direitos da criança e do adolescente. Há possibilidade de modificar a realidade atual. A responsabilidade é de todos — família, sociedade e Estado (art. 227 da Constituição Federal).

O Brasil, como membro signatário e fundador da OIT, tem procurado concretizar todas as políticas de combate ao trabalho infantojuvenil, observando sempre a prioridade absoluta dessa política pública, reforçada pelo art. 227 da Constituição Federal e o Estatuto da Criança e do Adolescente (Lei n. 8.069/90). Porém, é preciso que o olhar do Sistema de Justiça, Estado, sociedade e família voltem-se para o trabalho realizado em logradouros públicos, especialmente pelos adolescentes em bicicletas, motocicletas e motonetas, por ser um trabalho legalmente proibido, independentemente da modalidade da relação jurídica existente — vínculo de emprego ou qualquer outra relação, incluindo a autônoma, conforme a legislação pátria (Lei n. 12.009/2009). Essa atividade de entrega de mercadorias e frete para pessoas abaixo de 21 anos pode ser enquadrada na Lista TIP das piores formas de trabalho infantojuvenil.

---

(28) GOULART, Marcelo Pedroso. A convenção sobre idade mínima e o direito brasileiro. CORRÊA, Lelio Bentes; VIDOTTI, Tárcio José. *Trabalho infantil e direitos humanos*: homenagem a Oris de Oliveira. São Paulo: LTr, 2005. p. 100.

REFERÊNCIAS

AGÊNCIAGOV. Brasil registrou 1.705 casos de trabalho infantil somente em 2023. *Direitos humanos*. Pub. 12.10.2023, 9h12. Disponível em: https://agenciagov.ebc.com.br/noticias/202310/brasil-registrou-1-705-casos-de-trabalho-infantil-em-2023. Acesso em: 13 nov. 2023.

ARRUDA, Katia Magalhães. A Convenção n. 182 da OIT e o desafio de eliminar as piores formas de trabalho infantil. *In*: ALVARENGA, Rúbia Zanotellli de; COLNAGO, Lorena de Mello Rezende (coord.). *Direito Internacional do Trabalho e Convenções Internacionais da OIT comentadas*. São Paulo: LTr, 2014.

BARRETO, Alessandro Gonçalves; FONSECA, Ricardo Magno Teixeira. *Abuso e exploração sexual infantojuvenil na internet*: seu filho pode estar sendo caçado durante a pandemia. Publicado em 11 de abril de 2020. Disponível em: https://juspol.com.br/abuso-e-exploracao-sexual-infantojuvenil-na-internet-seu-filho-pode-estar-sendo-cacado-durante-a-pandemia/. Acesso em: 30 maio 2023.

BRASIL. Conselho Nacional de Justiça. *Pacto Nacional Pela Primeira Infância*. Disponível em: https://www.cnj.jus.br/programas-e-acoes/pacto-nacional-pela-primeira-infancia/. Acesso em: 31 maio 2023.

BRASIL. *Pesquisa por amostra de domicílios 2015*. IBGE — Instituto Brasileiro de Geografia e Estatística. Disponível em: https://biblioteca.ibge.gov.br/visualizacao/livros/liv98887.pdf. Acesso em: 13 nov. 2023.

BRASIL. Estatuto da Criança e do Adolescente. *Lei n. 8.069/90*. Conselho Estadual de Defesa da Criança e do Adolescente. Brasília, DF, 16 jul. 1990. Disponível em: http://www.planalto.gov.br/ccivil_03/leis/l8069.htm. Acesso em: 13 nov. 2023.

BRASIL. Ministério do Trabalho e Emprego. Notícias. Disponível em: https://www.gov.br/trabalho-e-emprego/pt-br/noticias-e-conteudo/2023/junho/mte-resgatou-702-criancas-e-adolescentes-em-situacao-de-trabalho-infantil-em-2023. Acesso em: 28 nov. 2023.

BRASIL. Tribunal Superior do Trabalho. *Decisão mantendo a competência da Justiça do Trabalho para políticas públicas de trabalho infantil*. Disponível em: http://www.tst.jus.br/noticias/-/asset_publisher/89Dk/content/jt-e-competente-para-julgar-acao-do-mpt-sobre-politicas-municipais-contra-trabalho-infantil. Acesso em: mar. 2020.

CAVALCANTE, Sandra Regina. *Trabalho infantil artístico*: do deslumbramento à Ilegalidade. São Paulo: LTr, 2011.

COLNAGO, Lorena de Mello Rezende; BOUCINHAS FILHO, Jorge Cavalcanti. A Convenção n. 138 da OIT e a proibição de trabalho em mototáxi. *Revista LTr*, São Paulo, a. 87, t. I, n. 6, p. 691-698, jun. 2023.

CONSTITUIÇÃO DA REPÚBLICA FEDERATIVA DO BRASIL. São Paulo: Editora Saraiva, 2019.

DAU, Gabriel. 10,5% dos acidentes de trabalho em vias públicas envolveram motoristas de entregas rápidas. No Dia Nacional de Prevenção de Acidentes do Trabalho, Ministério da Saúde promoveu um webinário para qualificar as ações de vigilância em saúde do trabalhador. *Rede Jornal Contábil*. Pub. 31 jul. 2023, 10:15. Disponível em: https://www.jornalcontabil.com.br/105-dos-acidentes-de-trabalho-em-vias-publicas-envolveram-motoristas-de-entregas-rapidas/. Acesso em: 12 dez. 2023.

DELGADO, Mauricio Godinho. *Curso de direito do trabalho.* 16. ed. rev. e ampl. São Paulo: LTr, 2017.

ESCRITÓRIO INTERNACIONAL DO TRABALHO. *Estimativas globais sobre o trabalho infantil:* resultados e tendências 2012-2016. Escritório internacional do trabalho: Genebra, 2017. Disponível em: https://www.ilo.org/wcmsp5/groups/public/@dgreports/@dcomm/Documents/publication/wcms_651815.pdf. Acesso em: 13 nov. 2023.

GARCIA, Gustavo Filipe Barbosa. *Curso de direito do trabalho.* 11. ed., rev., atual. e ampl. Rio de Janeiro: Forense, 2017.

GAVRAS, Douglas. BILÓ, Gabriel. Menores de 16 anos trabalham como entregadores em aplicativos. OUTRO LADO: Empresas afirmam que não admitem prática e que tomam medidas para combatê-la *Folha de São Paulo.* Caderno Economia. Disponível em: https://www1.folha.uol.com.br/mercado/2023/06/menores-de-idade-trabalham-como-entregadores-em-aplicativos.shtml. Acesso em: 12 dez. 2023.

GOULART, Marcelo Pedroso. A convenção sobre idade mínima e o direito brasileiro. *In*: CORRÊA, Lelio Bentes; VIDOTTI, Tárcio José. *Trabalho infantil e direitos humanos*: homenagem a Oris de Oliveira. São Paulo: LTr, 2005.

HJDEAN, Juas raso. A Organização Internacional do Trabalho. DELGUE, Juan Raso (diretor); CASTELLO, Alejandro (coordenador). *Direito do trabalho*, volume I. conceitos fundamentais. Assunto. Contrato de trabalho e seu dinamismo. Montevideo: Fundação da cultura da Universidade, 2015.

ILO. Global Estimates of Child Labour: Results and trends, 2012-2016. Disponível em: https://www.ilo.org/global/publications/books/WCMS_575499/lang--pt/index.htm. Acesso em: 30 maio 2023.

IPEA. Instituto de Pesquisa Econômica Aplicada. *PNAD 2015.* Síntese de indicadores. Disponível em: https://biblioteca.ibge.gov.br/visualizacao/livros/liv98887.pdf. Acesso em: 13 nov. 2023.

MARTINS, J. S. *O massacre dos inocentes*: criança sem infância no Brasil. São Paulo: Hucitec, 1997.

MINHARRO, Erotilde Ribeiro dos Santos. *A criança e o adolescente no direito do trabalho.* São Paulo: LTr, 2003.

OLIVEIRA, Oris de. *O trabalho da criança e do adolescente.* São Paulo: LTr, 1994.

ORGANIZAÇÃO INTERNACIONAL DE TRABALHO. *Convenção da OIT n. 138 em resumo.* Genebra: Organização Internacional do Trabalho: junho de 2018. Disponível em: https://www.bienestaryproteccioninfantil.es/fuentes1.asp?sec=21&subs=340&cod=3625&page=&v=2. Acesso em: 13 nov. 2023.

PARREIRAS, Matheus. *Estado de Minas Gerais.* Ciclistas se tornam as maiores vítimas no trânsito durante a pandemia: Acidentes envolvendo condutores sobre duas rodas crescem em Minas Gerais e resultam em mais mortes entre março e junho, enquanto cai estatística geral de internações e óbitos. Tráfego perigoso. 1º.09.2020, 06:00 — atualizado 1º.09.2020, 07:29. Disponível em: https://www.em.com.br/app/noticia/gerais/2020/09/01/interna_gerais,1181219/ciclistas-se-tornam-as-maiores-vitimas-no-transito-durante-a-pandemia.shtml. Acesso em: 13 dez. 2023.

DIREITO DO TRABALHO E PROCESSUAL DO TRABALHO, ALGUNS ASPECTOS DE DESTAQUE MATERIAL E PROCESSUAL

André Jobim de Azevedo(*)

1. Introdução

É com enorme alegria que recebo o convite para participar da obra em homenagem ao amigo e colega Jose Alberto Couto Maciel. Desde antes de mim, amigo de meu pai e parceiro em algumas jornadas entre nossos escritórios, que me permitiram tê-lo hoje no rol de ilustres grandes homens com quem convivo, ainda que à distância, desde o Rio Grande do Sul.

Não se trata de tarefa simples a pretendida homenagem, que fica muito mais sediada no lado esquerdo do peito, do que nas parcas linhas que se seguem.

Isto porque Couto Maciel é uma figura ímpar, um ser humano destacado e por várias razões. Suas qualidades são inúmeras e sempre nos inspiram. Seja sua condição de artista plástico, com dezenas de obras e mostras artísticas, que povoam seu escritório e casa, e das quais tive o privilégio de ser por ele plasmado em um óleo sobre tela, que embeleza minha sala de trabalho.

Profissional de escol, advogado exemplarmente aguerrido e qualificado dignifica a profissão e a todos inspira. Titular da cadeira 61 da Academia Brasileira do Trabalho, ancora sabedoria e técnica no sodalício. Autor de dezenas de obras, em vasta produção

---

(*) Advogado sócio de Faraco de Azevedo Advogados. Formado pela UFRGS. Professor Universitário da PUCRS (Processo Civil e Direito do Trabalho), 1990/2023. Especialista e Mestre pela mesma Instituição. Titular da Cadeira 89 da Academia Brasileira de Direito do Trabalho (ABDT). Árbitro. Presidente da Câmara de Arbitragem da Federasul. Membro do Conselho Superior da Comissão de Arbitragem da OAB/RS. Presidente fundador da Academia Sul-Rio-Grandense de Direito do Trabalho (ASRDT) e Titular da Cadeira 02. Professor Convidado do curso de pós-graduação da PUCPR desde 2006. Professor Convidado UNISC (Universidade de Santa Cruz do Sul), 2009. Presidente da Sociedade de Advogados Trabalhistas de Empresas no Rio Grande do Sul, 1995/1997. Vice-Presidente da Federasul, 2000/2017. Diretor Jurídico da Bienal de Artes Visuais do Mercosul, 2000/2017 e Diretor Institucional, 2013. Fundador, Coordenador e Conselheiro Ad hoc do Comitê de Ética e Pesquisa em Seres Humanos do Sistema Mãe de Deus de Saúde, 2001/2017. Membro indicado para prova de sentença do 1º Concurso Nacional para Magistratura Federal do Trabalho, 2017.

científica, tem obra que atinge o surpreendente número de 1 milhão de exemplares vendidos. Sua destacada atuação no cenário dos Tribunais de instância extraordinária, tem dos pares advogados, dos membros da ABDT e dos integrantes dos três poderes, notadamente do Judiciário, um conceito inatingível por simples mortais, por tudo que fez, faz e é! Este nosso querido homenageado.

A ideia dessa simples abordagem do cenário trabalhista a partir da reforma não está à sua altura, mas tem a dimensão do respeito e admiração que tenho por ele.

Ainda hoje, passados 5 anos da vigência da Lei n. 13.467, o tema não encontra águas calmas, e a insegurança, a incerteza mesmo, porque não dizer de sua aplicação, é fato.

Seguem variados e distintos os entendimentos sobre as novas normativas, que foram postas em prática, e que ainda conta com interpretação judicial não conclusiva, à qual se pretende alcançar elementos e argumentos capazes de melhor aplicá-las. Mesmo com algumas delas já tendo sido objeto de apreciação e avaliação pelo Supremo Tribunal Federal, destaque-se ainda que sob novo comando do Poder Executivo, com ameaça de revogação.

A proposição articulada ora renovada — sem, contudo, esgotar o tema — busca realizar abordagem relativa ao novel mundo do trabalho, do direito do trabalho e processual do trabalho, seu espaço constitucional e sua efetiva incidência em foros de realidade contemporânea.

Por óbvio a base do direito laboral é já bastante antiga, podendo-se afirmar que a disciplina nasce e afirma-se a partir da Revolução Industrial, cujo momento da história se centra depois dos anos de 1700. É que, com a substancial alteração na forma de produzir e trabalhar com o advento do maquinismo, mudam significativamente as relações de trabalho. Em tempos de afirmação do liberalismo, com a predominância das regras de direito civil, que prestigiava a autonomia plena da vontade, com a consequente liberdade contratual, impondo aos particulares agir em seu interesse e por esse zelar, o novel fato social trabalho (subordinado, livre e assalariado) a tanto não se afeiçoava. A despeito da enorme importância humanística da concepção que dava força e autonomia ao indivíduo no sentido de construção de sua própria vida, em termos de relações do trabalho, não foi esse o resultado. É que o pressuposto da aplicação do direito civil e da liberdade contratual é justamente a capacidade das partes em decidir seus desideratos em condições de igualdade, sendo por suas decisões responsáveis. O Estado não deveria intervir na relação entre os particulares. Contudo, a condição de absoluta desigualdade entre os trabalhadores e os donos das máquinas, empregadores, futuros industriais, evidenciou a incapacidade de boa regência da novel situação de trabalho pelo Direito então prevalente.

Por conta disso, surge a intervenção do Estado, no Direito do Trabalho, com a necessária regência especializada própria de uma relação de direto material distinta daquela civil e que ensejou produção legislativa intensa, no sentido de limitar a liberdade contratual, impondo restrições ao livre manejo e desenvolvimento dessas relações.

2. A reforma trabalhista e o novo mundo do trabalho. Reforma do processo

Admirável mundo novo nos cerca nesta segunda década do século XXI. É surpreendente o que por vezes não percebemos, mas é a atual realidade. A evolução dos meios de transporte e de comunicação parecem ter-nos levado a este estado de coisas. Vivemos a era da tecnologia e da velocidade. Para tudo. Comunicamo-nos com inimaginável velocidade e somos capazes de atingir a qualquer localidade do globo em questão de horas. Assistimos fatos, onde quer que eles aconteçam, segundos ou minutos após sua efetivação, em vivas reproduções filmadas e sonorizadas, muitas vezes ao vivo. O mundo parece pequeno. As redes sociais estão aí para comprovar.

Essa condição que nos cerca nos faz partícipes desse cenário contemporâneo, não como meros expectadores ou testemunhas, mas verdadeiros atores e protagonistas.

Ao mesmo tempo, perderam-se as referências antes vigentes relativas às grandes nações, aos grandes líderes, às instituições, às tradições, às profissões, aos partidos políticos e às agremiações. O centro do mundo passa a ser o indivíduo, como autorreferência, convivendo com as enormes diversidade e pluralidade evidentes. As noções de destaque social efêmeras e calcadas nas mais diversas situações e diluição ou fragilidade de lideranças capazes de bem estimular visões mais próprias da corrente atribulada vida contemporânea.

A vida realmente está diferente e o mundo em constante mutação. Decorrem daí significativas alterações no mundo econômico e nele o mundo do trabalho.

As relações de trabalho que compõem estas observações por certo também são bastante distintas daquelas que historicamente manejamos. Por igual, os sujeitos sociais e sujeitos econômicos desse processo produtivo igualmente distinguem-se.

Atribuo à essa novel condição produtiva e mercadológica as alterações patentes na sociedade e, necessariamente, em seus sujeitos econômicos e não econômicos, onde causa e efeito se confundem.

As relações econômicas até a bem pouco tempo atrás eram restritas, limitadas e envolviam números muitíssimo menores de sujeitos. O mundo cresceu e ao mesmo tempo tornou-se menor. O mundo do trabalho tem direto reflexo da nova realidade.

Recentemente, o mundo produtivo buscava atender às necessidades vizinhas de bens, produtos e serviços e a preocupação dos negócios estabelecia-se a partir de noção tímida, acanhada, de competição com conhecidos concorrentes, da rua, da cidade, do estado, do país, este último apenas para os grandes agentes da produção que conseguiam avançar para atuações nacionalmente ocorrentes.

A percepção, contudo, de que as distâncias encurtaram e que os horizontes produtivos elasteceram tornou-se um fato. Deixa-se apenas de focar a atuação produtiva e comercial em seu redor geográfico para perceber um entorno ilimitadamente existente e capaz de ameaçar a qualquer um e a todos, por conta de disputas que vão para muito além dos limites históricos e geográficos referidos.

Ao mesmo tempo, a perspectiva de livre circulação do trabalhador pelo mundo recrudesce, limitando-se a situação internamente aos grandes mercados comuns, mas que convive com inúmeras atividades que passaram a desnecessitar a presença física dos trabalhadores no antes local de trabalho, com pouco ou nenhum prejuízo de sua ausência, e até com vantagens significativas. Os meios telemáticos de contribuição insuperável para isto estão envolvidos com a vida acentuadamente urbana. Convivência essa centralizada nas cidades, que não mais comportam tanto atropelo, resultando em enormes dificuldades de mobilidade urbana.

A facilidade de comunicação e transporte de bens, mercadorias e pessoas ensejou mudanças significativas na vida econômica do planeta e na atuação empresarial. Descobriu-se no oriente global, região do planeta de abundante mão de obra e condições de produção infinitamente melhores e mais econômicas do que aquelas existentes nos próprios locais originários de produção e consumo desta. Para lá foram transferidas unidades empresariais completas que se justificavam por essa vantagem econômica que a distância, antes intransponível, ora se supera pelo moderno transporte global. É imperiosa a alteração e transferência do resultado do trabalho, de sua produção, aos destinos de uso e consumo em volumes gigantescos e cuja escala barateia novas linhas de distribuição.

Pontuando esta situação, toma-se seu principal exemplo a China, mas não o único, que encharca o mundo com todo tipo de produtos lá produzidos que são entregues mundo afora com preços FOB ("*free on board*"), em condições capazes de arrasar qualquer produção local. Condições absolutamente impróprias de competição e que demandam medidas difíceis de contenção desta situação.

Várias são as razões para estes resultados. Inicialmente, refira-se que um país que tem mais de 1.3 bilhões de habitantes tem indiscutivelmente uma massa de trabalhadores disponíveis e capazes de compor mão de obra abundante com consequente redução no custo do trabalho. Junte-se a isso a obediência e a disciplina impostas pela força dos regimes políticos e pouco também por questões culturais históricas. Características estas presentes nesta região do globo e não apenas no país exemplificado.

A globalização da economia como norte competitivo impondo à produção cada vez maior especialização e qualificação, com pena de quebra do negócio, cinde-se ao processo produtivo como forma dessa melhoria de atuação necessária. Entrega-se a terceiro partes não essenciais ou finalísticas do trabalho, àqueles que tenham estas atuações parciais como cerne da sua atividade, e, portanto, com condições de melhor fabricar, prestar serviços, compondo um todo de melhor resultado final. É a participação coletiva e seriada de várias empresas, cada uma com seu mister para atender às exigências de consumo cada vez mais intensas.

Globalização essa novamente sacudida com profundidade, quando recém completo um ano do início do maior e mais perigoso conflito bélico que sedia a Europa, mas gera efeitos e alerta em todo o globo. Trazendo insegurança qualificada, naquele que se apresentava como afável mundo comercial globalizado.

A inafastável necessidade de aprimoramento da gestão e administração empresarial é questão de sobrevivência, não só da pessoa jurídica, mas especialmente para aqueles que de seu trabalho dependem. A própria empresa precisa readequar-se às novas exigências de seus clientes, da sociedade, do mercado, sem os quais não tem qualquer possibilidade futura ou mesmo presente. A guerra na Europa nos traz novos e importantes ingredientes neste curioso "mundo novo".

Interessante trecho que bem avalia esta realidade pelo estudo crítico de Feliciano:

> Com efeito, a globalização econômica e a revolução tecnológica — ambos fenômenos contemporâneos à pós-modernidade, senão a ela inerente — sinalizam para a *desterritorialização das relações de trabalho* (POCHAMANN, 2006:65), obtendo-se trabalho mais ou menos subordinado nas distâncias mais abissais e nos mais diversos e inusitados pontos do planeta. O exemplo de Thomas Friedman é emblemático: a *Infosys Technologies Limited*, pérola da indústria de TI indiana, pode convocar reuniões virtuais com os principais elos de toda a cadeia global de fornecimento de qualquer de seus projetos, estabelecendo diálogos em tempo real com seus *designers* estadunidenses, fabricantes asiáticos e programadores indianos; na verdade, a empresa "gira" 24 horas por dia nos 365 dias ao ano, considerando-se a atividade de seus colaboradores em vários pontos do mundo: nas costas oeste e leste dos Estados Unidos, no distrito de Greenwich (Londres), na própria Índia, em Cingapura, em Hong Kong, no Japão e até na Austrália (FRIEDMANN, T. L., 2005, 14-15).[1]

É assim uma realidade desafiadora, mais desafiadora ainda por conta da guerra em curso entre Rússia e Ucrânia, com reflexos no trabalho do mundo inteiro. As observações que se faz manejam por igual assento constitucional que não só evidencia a necessidade de proteção do ser humano em sua condição individual e de dignidade, e entre estes o trabalhador, mas também o adequado exercício da atividade produtiva e econômica com liberdade capaz de manter possível e viável aqueles que concedem o trabalho. Aqui, acolá ou virtualmente de qualquer lugar do mundo.

É neste cenário que foi promulgada a Lei n. 13.467, de 13 de julho de 2017, publicada no DOU de 14 de julho de 2017, cuja introdução prevê que ela entra em vigor 120 dias após a data de sua publicação, e, portanto, entrou em vigor no dia 11.11.2017, superado este período de "*vacatio legis*".

---

(1) FELICIANO, Guilherme Guimarães. *Curso crítico de direito do trabalho*: teoria geral do direito do trabalho. São Paulo: Saraiva, 2013. p. 74.

A extensão e a amplitude das alterações mudaram o cenário trabalhista e processual trabalhista significativamente. Um passo importante em favor da responsabilidade de todos os que atuam e interferem no processo judicial e nas relações de trabalho. Empregados, empregadores, advogados, sindicatos, testemunhas, juízes, têm agora novas imposições que exigem destas posturas e modos de agir mais responsáveis ainda, no sentido da seriedade de sua participação, muitas já relativizadas pelo STF. Muito há a avaliar e abordar nas alterações havidas e praticadas ainda hoje, pelo que fazemos, como no presente texto, de parte dela é adequado. Trato de questões gerais das alterações e, no capítulo seguinte, sobre questões processuais relacionadas à inicial, defesa do réu e comparecimento das partes

3. Alguns aspectos gerais

A alteração legislativa foi significativamente extensa e complexa abordando questões de direito material do trabalho, processual do trabalho e administrativo do trabalho, sendo que nada se observará acerca deste último, em nosso sentir, de menor relevância.

Inafastável destacar o contexto em que tal se apresentou, no sentido de que se pode, sim, afirmar que se tratou de verdadeira reação ao excessivo protecionismo praticado pelos Tribunais, notadamente pelo Tribunal Superior do Trabalho, deixando menor espaço adequado para partição de poderes do Estado e agindo como verdadeiro legislador. Na área do direito do trabalho, percebe-se a criativa situação de uma nova "espécie" de sistema jurídico no mundo, híbrido, quem sabe, entre o sistema da *Common Law* e o da *Civil Law* (Romano-Germânico). Teoricamente, deveríamos no país ser conduzidos pela força normativa da lei e não pela casuística, jurisprudência ou direito costumeiro. Esta, contudo, não pode ser uma conclusão segura ou serena, uma vez que nossa CLT tem 922 artigos e no TST, entre Súmulas, Enunciados, Precedentes, são mais de 1400 "normativas"!

Talvez o maior e mais evidente exemplo disto que se apresentou seja o Enunciado n. 277, que trata da ultratividade, quando se opõe à regra legal expressa no sentido da vigência das normas coletivas o ser por prazo determinado! Outro exemplo impressionante é o da Súmula n. 244 do mesmo TST, que conferia estabilidade à gestante, mesmo na típica hipótese de contrato por prazo determinado e após o vencimento do prazo neste previsto e contratado.

São apenas duas ululantes situações em que se extrapola a condição judiciária para criar direitos afrontosamente "*contra legem*", e que distorcem e geram insegurança jurídica insuportável nas relações de trabalho.

Pois é neste ambiente que as históricas tentativas de atualização normativa, sempre denegadas por motivos diversos e que as regências vigentes identificavam-se dissociadas da realidade contemporânea, que se apresentou a mudança.

Quando se apresenta o espaço político que enseja reformar, ela vem sim com força e extensão. Como ora retorna sob a batuta de novo Governo de viés político diverso.

São alterações no direito coletivo e individual, quer material, quer processual. Todas, em princípio, protegendo o que chamamos de "núcleo duro" trabalhista da Constituição Federal, notadamente o art. 7º. Resguardadas que foram as garantias constitucionais, o âmbito infraconstitucional domina as alterações e impõe significativas mudanças.

A dita prevalência do negociado sobre o legislado, o reforço da autonomia da vontade individual do trabalhador, questões importantes e delicadas que merecem ainda estudo profundo e adequadas interpretação e aplicação, mas que, desde já, põem em revisão o tradicional Princípio da aplicação da norma mais favorável, mas já ratificada no Supremo, com ressalvas. A regência das convenções coletivas de trabalho e os acordos coletivos de trabalho, a possibilidade de anulação pelo Judiciário de cláusulas destes, a ultratividade e até a própria extinção da contribuição sindical. Nesta, particularmente alterando décadas de sistemática de custeio da importante atividade sindical e que já conta com articulação política para que outra alternativa de suporte institucional seja criada, quem sabe até por medida provisória de autoria do presidente da República.

A "regulamentação" do trabalho autônomo e a assertiva de que sua condição é legítima e deve ser reconhecida, sem que, contudo, tenha deixado de existir o Princípio da primazia da realidade. Inserção civilista na CLT. Tal qual se afirmou no art. 442, parágrafo único da CLT, no que respeita às cooperativas e ao estagiário na lei própria, que não formam vínculo de emprego. Uma norma pouco eficiente, quiçá principiológica (?), vem ainda embaçada pela referência à possibilidade de exclusividade na realização do trabalho.

A ampliação e regulamentação da terceirização, cujo temor é de precarização, se supera em muito pela vantajosa e segura regência posta. São novos direitos aos terceirizados, subsidiariedade no cumprimento das obrigações, inviabilização da temida "pejotização", a criação de quarentena para alterações, garantia de mesmas condições aos terceirizados quanto à alimentação oferecida em refeitório da contratante, seus serviços de transporte, atendimento médico ou ambulatorial, treinamento, tudo em evidente melhor regramento. Neste sentido também a questão da contratação sucessiva, a responsabilização solidária, a exigência da comprovação mensal de cumprimento das obrigações. A regência da Súmula n. 331 do TST pouco contribuiu no sentido e foi afastada pelo STF. Aliás, importante registrar que mal estamos interpretando a aplicação cruzada subsidiária do Código de Processo Civil 2015, que ora conta com a novel norma de seu art. 8º tratando da aplicação do mesmo ao processo do trabalho, e já temos outras relevantes questões a avaliar...

As alterações das jornadas de trabalho, o antigo regime 12x36, integralmente praticado nos hospitais, por exemplo, a questão dos intervalos reduzidos, questão do maior interesse do empregado, de modo a escapar dos horários de "*rush*" e retornar mais cedo para casa. O intervalo antes das horas extras. Os bancos de horas anuais, semestrais e mensais. As horas extras habituais, os acordos de compensação.

A já tardia adequada normatização do "teletrabalho" ou "trabalho à distância", o trabalho intermitente, que traz à proteção trabalhista os antes totalmente desprotegidos "*freelancers*", trabalhadores eventuais sem vínculo de emprego. A nova regência do trabalho a tempo parcial, com evidente avanço de direitos, por exemplo, nos períodos de concessão das férias.

A supressão das abusivas "horas *in itinere*" antes indevidamente generalizadas e a regulamentação do tempo à disposição.

Os temas relativos aos salários, prêmios bônus, gratificações, das concessões espontâneas, do salário utilidade, a equiparação salarial. As férias em nova partição que não gera qualquer prejuízo em tempos tão velozes. A questão dos uniformes, logomarcas, sua higienização e tempo de vestimenta, melhor regrados.

A dispensa da obrigatoriedade de homologação das rescisões, que, de fato, para nada servia — com tantas ressalvas e ausência de efetiva quitação dos direitos — senão como forma de apresentação de profissional que pudesse eventualmente representar judicialmente o despedido.

A importante possibilidade de distrato entre as partes e a realização de acordo extrajudicial, além do manejo da jurisdição voluntária. A possibilidade de utilização do importante método adequado de solução de conflitos que é a arbitragem para alguns trabalhadores (os que percebam salários superiores ao dobro do teto do benefício previdenciário), a sucessão, os grupos econômicos. A correção dos enormes abusos praticados contra sócios retirantes, definindo claramente sua responsabilidade. A antes não regulamentada regra constitucional da representação dos empregados naquelas empresas com mais de 200 empregados, e que não se confunda com a atividade sindical, a quitação anual das obrigações.

Realce-se a grave ocorrência da pandemia (Covid-19), que até bem pouco tempo também "embaralhou" todos os aspectos das relações de trabalho.

No âmbito do processo, a imposição de novas e importantes responsabilidades, ensejando maior seriedade ao litígio ao impor significativas mudanças nos requisitos da petição inicial, como dito, flexibilizada pelo STF. A regulação da sucumbência, da assistência judiciária gratuita (também moduladas pelo STF), momento da produção da defesa, as desistências, a contagem de prazos conforme já a fez o NCPC. A representação da empresa na audiência que pode indicar quem queira, pois, afinal, por atos deste responderá. A presença das partes e as consequências de suas ausências, a revelia. Na audiência, a questão da alteração do ônus de prova. A litigância de má-fé e a penalização à testemunha mentirosa.

Em especial a simplificação da exceção de incompetência, afastando a ocorrência de malicioso ajuizamento longe da sede do local de trabalho, impondo custos enormes e indevidos ao empregador que lá deveria defender-se, mas que acabava por forçar a realização de composição. A tormentosa questão do dano extrapatrimonial, sua fixação e dimensionamento teto, que ainda segue indefinida.

No que respeita aos recursos, o depósito recursal, o poder do relator no recurso, a transcendência do recurso de revista, tornaram-se mais técnicos e de mais difícil trâmite.

A mudança relevante no procedimento de criação e alteração dos Tribunais para a formulação de súmulas, afastando a criação de direitos e obrigações não previstas em lei, estas de competência do poder legislativo. A impossibilidade geral de execução de ofício pelo julgador, garantida, contudo, nas hipóteses em que o autor não é representado por advogado. A atribuição firme de consequência ao executado com cadastramento em órgãos como Serasa e SPC, além do já vigente Cadastro Nacional de Devedores Trabalhistas, sendo que a execução passa a ser possível de garantia por meio de seguro. A prescrição intercorrente na execução.

Esta tentativa, por certo ineficiente e incompleta, de arrolamento da integralidade das mudanças é feita para que se tenha com clareza e certeza a nova dimensão das relações do trabalho e processo do trabalho.

4. A petição inicial, a defesa e o comparecimento das partes em audiência

As alterações do Título X, Capítulo II, Seção IV -A, Da Responsabilidade por Dano Processual, nos sarts. 793-A, B e C, são a comprovação do recém-afirmado acerca da mudança de parâmetro dos litígios que ora se impõe. A firme penalização do litigante de má-fé aos titulares do litígio e interveniente é fundamental. Confesso que, em mais de 40 anos de advocacia, me ressinto de haver enfrentado inúmeras, quiçá centenas de situações que como tal se configuram e que foram relativizadas sem a devida punição correspondente.

A regência dos sarts. 793-A, B e C espelha a norma processual civil dos arts. 79, 80 e 81, no sentido de, com adaptação terminológica (reclamante e reclamado), trazer para o diploma que regra o processo do trabalho regra processual civil, já compreendida a mesma como plenamente aplicada ao âmbito trabalhista, mas que de maneira expressa se afirma. Resta aguardar firmeza na aplicação das mesmas, por quem de direito.

No que toca à fixação do valor nas causas de valor irrisório ou inestimável, contudo, diferentemente do CPC, o limite tem como parâmetro duas vezes o limite máximo dos benefícios do Regime Geral de Previdência Social, e não em 10 salários mínimos como no processo civil, abrandada, portanto, a regra importada.

A extensão expressa dessas punições à testemunha que intencionalmente alterar a verdade dos fatos ou omitir fatos essenciais ao julgamento da causa vem em boa hora. Absolutamente comum na tramitação dos feitos a ocorrência de testemunhos diametralmente opostos, o que, por óbvio, evidencia que há falta de verdade nas declarações, pelo menos por uma das partes. Responderão civil e, quem sabe, criminalmente por falso testemunho. Tudo ensejador de celeridade, por execução nos mesmos autos (parágrafo único, do art. 793-D).

O alterado art. 800 da CLT, acerca da exceção de incompetência em razão do lugar (territorial — "*racione loci*"), traz importantíssima e simplificadora alteração nesta arguição. Em muitas vezes, irresponsavelmente distribuída a ação em foro impróprio, obrigava o deslocamento do reclamado, com as despesas correspondentes, ao foro da audiência inaugural, sem que a este devesse corresponder o processamento da ação. Funcionava como medida de indevida pressão para indução a uma conciliação.

A apresentação prévia à realização da audiência inaugural — ato de cartório, secretaria da vara — e a adequação do procedimento pelos parágrafos que o disciplinam vêm em favor da simplificação e correção do direito de ajuizar. A suspensão do processo e a garantia de nova oportunidade para a apresentação de defesa de mérito são da maior importância e asseguram a aplicação da mesma.

O art. 840 traz alteração no mesmo sentido de responsabilização, antes invocado. A alteração é da correção dos destinatários, não mais "presidente de junta", nem explicitando o juiz de direito, mas agora ao juízo, ampliando ainda de reclamante e reclamado para partes.

A significativa alteração, contudo, foi a de adjetivar e delimitar que o pedido agora deve ser "certo, determinado e com indicação de seu valor". Obrigação inafastável que poderá determinar a extinção sem julgamento de mérito (§ 3º), se descumprida. Buscou fazer mais séria e pontual a formulação da peça vestibular, imprimindo maior seriedade e segurança à peça vestibular, mas já afastada pelo STF. Deve ser apresentada em valor líquido.

Impõe ainda avaliar a alteração no que respeita ao procedimento sumaríssimo, mantido no art. 852, suas alíneas (de A a I) e parágrafos. A exigência no tocante ao procedimento sumaríssimo tem como consequência a extinção sem julgamento de mérito e arquivamento do feito, com condenação ao pagamento de custas. No procedimento ordinário comum (sumário), extingue-se o/os pedido(s), também sem julgamento de mérito, prosseguindo o feito relativamente aos demais pedidos. Crê-se que há aqui o espaço para determinação de correção da inicial em despacho de caráter saneador, oportunizando correção e assegurando o devido acesso ao Poder Judiciário, constitucionalmente assegurado. As determinações ora estabelecidas são sim de natureza cogente.

A introdução do § 3º ao art. 841 consolidado é norma de adequação e equilíbrio entre as partes, explicitando a limitação da desistência da ação, quando cientes e conhecidos os argumentos da defesa. Tal se apresenta como óbvia adequação.

Outra importantíssima mudança é a regra do artigoart. 843, que introduz o § 3º, em assimilação à demanda civil. Contrariando entendimento jurisprudencial — a meu ver, absolutamente equivocado ,—, bem afasta a obrigatoriedade de que o preposto seja empregado do réu. Além disso, equipara a liberdade de representação ao previsto pelo parágrafo anterior, em favor do reclamante.

Nesse sentido também a alteração do artigoart. 844 da CLT, redisciplinando o comparecimento das partes a juízo. Segue protegendo o motivo relevante, antes no parágrafo único da regra. Agrava no seu novel § 2º, no entanto, a ausência do reclamante que doravante poderá ser onerado com sua injustificada ausência. Diz-se assim porque, cautelosamente, enseja a justificação legal à ausência que é capaz sim de afastar qualquer penalidade. O não cumprimento da mesma, expressamente prevista pelo § 3º, inviabiliza nova propositura, tratada como condição da ação.

Já o novo § 4º, e seus incisos, maneja a decretação do estado de revelia de forma a aludir quando não produz os efeitos da aplicação da penalidade de confissão ficta, invertendo a lógica do antes *caput* do artigoart. 844. Os incisos I a IV explicitam as hipóteses em que há defesa por outro reclamado (I); aproveitando ao ausente a impossibilidade dessa situação quando o litígio versar sobre direitos indisponíveis (II); vício insuperável da petição inicial (III); e incorreção de alegação inverossímil ou contrária à prova dos autos (IV).

A alteração quanto à apresentação da defesa é matéria que historicamente invoquei, no sentido de que a clara evidência de interesse em se defender pela presença do advogado munido de defesa e seus documentos haveria de afastar a decretação da revelia. Agora é regra, como disposto no § 5º, e parágrafos antecedentes.

O art. 847 explicita a possibilidade de apresentação da defesa escrita até a audiência, o que agora sim altera a, esta sim, regra legal, antes atropelada pela Resolução n. 136 do CSJT, art. 29. Antes da alteração da CLT ora em comento, a contestação sempre foi ato de audiência, pelo que nela poderia e deveria ser produzido o ato de defesa, independentemente do processo eletrônico. Sem contar com a possibilidade de defesa oral ser produzida no ato da audiência, conforme arts. 844 e 847, de duvidosa remanescência.

A alteração faz com que a defesa possa ser apresentada a qualquer momento antes da audiência, podendo ainda ser mantida sob sigilo, até seu desbloqueio pelo julgador em audiência, caso presentes as partes e desenvolvimento regular do feito. O que por igual não é uniforme ainda hoje.

5. Conclusão

No presente artigo estão comentários gerais da reforma — excetuados os de direito administrativo do trabalho — acrescentados ou modificados da CLT.

É factível afirmar, portanto, que a parte processual da chamada Reforma Trabalhista, instituída pela Lei n. 13.467/2017, altera diversos dispositivos da CLT sem se despreocupar com a efetividade do direito fundamental de acesso à Justiça do Trabalho e os princípios fundamentais da cidadania, da dignidade da pessoa humana, do valor social do trabalho e do valor social da livre-iniciativa, o que nos autoriza concluir, nesses breves comentários, que a nova lei aponta no sentido da desconstitucionalização do direito processual do trabalho.

Nesse sentido, alertamos aos que manejam e aplicam o processo, juízes e tribunais trabalhistas, para que estejam atentos para a adequada interpretação e aplicação dos novos dispositivos da CLT e não lhes pode faltar coragem e determinação para adotarem as técnicas da hermenêutica constitucional concretizadora dos direitos e garantias fundamentais, especialmente dos cidadãos trabalhadores, hoje nem tão vulneráveis e hipossuficientes econômicos como no passado, mas ainda destinatários de proteção, os quais têm na Justiça do Trabalho a última trincheira para reivindicarem ou resgatarem os seus direitos lesados ou ameaçados de lesão. É necessário que nos tomemos de espírito inovador de modo a corrigir incorreções e desvirtuamentos que se apresentaram ao longo das últimas décadas.

6. Referências

AZEVEDO, André Jobim de. Direito do trabalho, Constituição e efetividade. *In*: *Direito constitucional do trabalho*: vinte anos depois. Constituição Federal de 1988. Coord. Marco Antonio Villatore. Curitiba: Editora Juruá, 2008.

________. Principio de la indistanciabilidad del control jurisdiccional, otros y Constituición Federal. *Revista de Derecho Procesal* (Madrid), v. 22, p. 389-398, 2006.

AZEVEDO, André Jobim de. Notas ao processo de reforma trabalhista. *Revista Magister de Direito Trabalhista e Previdenciário*, Porto Alegre, v. 3, 2004.

BARROS, Cássio Mesquita. *A Constituição Federal de 1988*: interpretação. Rio Janeiro: Forense Universitária: Fundação Don Cabral: Academia Internacional de Direito e Economia, 1988.

BOMFIM, Vólia. *Direito do trabalho*. 13. ed. São Paulo: Método, 2017.

CABANELLAS, Angel Gomez-Iglesias. *La Influencia de Derecho Laboral*. Buenos Aires: Bibliográfica Ameba, 1968.

CUNHA, Maria Inês Moura. *Direito do trabalho*. São Paulo: Saraiva, 1995.

CUEVA, Mario de la. *Derecho Mexicano Del Trabajo*. Cidade do México: Porrúa, 1960.

GARCIA, Gustavo Filipe Barbosa. *Curso de direito processual do trabalho*. 6. ed. Rio de Janeiro: Forense, 2017.

GOMES, Júlio Manuel Vieira Gomes. *Direito do trabalho*. Coimbra: 2007.

GOMES, Orlando Gottschalk Elson. *Curso de direito do trabalho*. 14. ed. Rio de Janeiro: Editora Forense, 1997.

LEITE, Carlos Henrique Bezerra. *Primeiras linhas de direito do trabalho*. Curitiba: Juruá, 1996.

KROTOSCHIN, Ernesto. *Instituciones de Derecho Del Trabajo*. Buenos Aires: Depalma.

MARTINEZ, Pedro Romano. *Direito do trabalho*. 4. ed. Lisboa: Almedina, 2007.

MARTINS, Sérgio Pinto. *Comentários à CLT*. 6. ed. São Paulo: Atlas, 2003.

________. *Direito do trabalho.* 33. ed. São Paulo: Saraiva, 2017.

NASCIMENTO, Amauri Mascaro. *Curso de direito do trabalho*. 13. ed. São Paulo: Saraiva, 1997.

OLEA, Manuel Alonso. *Introdução ao direito do trabalho*. Curitiba: Genesis, 1997.

RODRIGUEZ, Américo Plá. *Princípios de direito do trabalho*. Trad. de Wagner Giglio. São Paulo: Editora Universidade de São Paulo, 1978.

RUSSOMANO, Mozart Victor. *Curso de direito do trabalho*. 5. ed. Curitiba: Juruá, 1995.

STURMER, Gilberto. *Direito constitucional do trabalho no Brasil*. São Paulo: Atlas, 2014.

SÜSSEKIND, Arnaldo. *Direito constitucional do trabalho*. Rio de Janeiro: Renovar, 1999.

TRABALHO DOS IMIGRANTES(*)

Yone Frediani(**)

1. Introdução

Somente a partir da 2ª Guerra Mundial é que o fluxo migratório entre países passou a ser atentamente considerado no cenário internacional. A criação da ONU em 1945 e a Declaração Universal dos Direitos Humanos em 1948 elegeram um conjunto de valores universais que passou a orientar as legislações dos Estados e suas políticas públicas e que mais tarde foram inseridas em tratados e convenções internacionais, envolvendo também o imigrante.

Diante das constantes alterações motivadas pela fixação de empresas em locais que ofereçam condições econômicas favoráveis para a produção e/ou prestação de serviços, é que a migração de trabalhadores passou a ser considerada um fenômeno dinâmico que se acentuou sensivelmente a partir da globalização, gerando seus reflexos nas áreas do Direito do Trabalho e Previdenciário.

Se por um lado pode ser considerado natural um governo proteger seu mercado de trabalho mediante a regulamentação da imigração, a imposição de exigências de visto, de permissão de trabalho e a proibição do trabalho de estrangeiros clandestinos,

---

(*) Estudo publicado na obra *Relaciones Laborales em tempos de incertidumbre*. Grupo Quisqueya. Coordenador Oscar Hernandez Álvarez. Escuela Judicial de la Judicatura. Santo Domingo, 2021. ISBN: 978-9945-425-65-9.

(**) Advogada militante, OAB/SP 37.334. Sócia fundadora de Frediani e Borba Sociedade de Advogados. Desembargadora aposentada do Tribunal Regional do Trabalho da 2ª Região. Doutora em Direito do Trabalho PUC/SP. Mestre em Direito das Relações do Estado PUC/SP. Mestre em Diretos Fundamentais/UNIFIEO. Especialista em Direito do Trabalho e Direito Sindical italiano e em Direito Comunitário do Trabalho pela Universidade de Modena e Reggio Emilia, Itália. Professora de Direito e Processo do Trabalho nos cursos de graduação (desde 2004) e pós-graduação da FAAP/Ribeirão Preto (2009-2014) — Fundação Armando Álvares Penteado. Membro del Collegio dei Docenti del Corso di dottorato in "Diritto comparato, privato, processuale civile e dell'impresa" presso L'Università degli Studi di Milano — UNIMI. Membro da Academia Brasileira de Direito do Trabalho cadeira n. 54. Membro do Conselho Superior de Relações do Trabalho da Federação das Indústrias de São Paulo — FIESP. Membro da Asociación Iberoamericana de Derecho del Trabajo y de la Seguridad Social. Professora visitante da Universidade de Modena e Reggio Emilia, Itália (2012-2014) e da Universidad Tecnologica del Peru. Autora de inúmeros artigos e livros nas áreas do Direito Individual, Coletivo e Processual do Trabalho. http://lattes.cnpq.br/7174303848823798

a mobilidade internacional de trabalhadores constitui, por outro lado, uma importante fonte de receita para Estados pobres que impulsionam sua economia com a remessa de parte do ganho de seus cidadãos no estrangeiro para os respectivos familiares que permaneceram no país de origem.

Também é preciso ter em mente, no que diz respeito ao aspecto econômico, que parcela expressiva dos trabalhadores imigrantes que chega aos países desenvolvidos dedicam-se a atividades como agricultura, construção e hotelaria, as quais são consideradas pelos nacionais desses países atividades precárias, penosas e mal pagas. Sob esse prisma, os trabalhadores migrantes não concorrem com os nacionais dos países de destino porque, na verdade, preenchem espaços não ocupados por nacionais e que sem a presença do migrante restariam desocupados.

Aspectos ligados à discriminação contra o migrante estão, normalmente, relacionadas a preconceitos raciais e religiosos, sendo importante lembrar que além destes aspectos, encontram-se os mesmos em situação de vulnerabilidade pelo simples fato de estarem em país alheio, enfrentando dificuldades de comunicação e acolhida, posto que nem todos têm conhecimento mínimo do idioma do país de destino.

Por tais motivos é que migrantes de qualquer nacionalidade e sem escolaridade mínima constituem alvo fácil na exploração de mão de obra, sendo, muitas vezes, submetidos a condições de trabalho absolutamente degradantes e indignas, denominadas como as modernas formas de escravidão.

A experiência da União Europeia é exemplo da igualdade de tratamento entre trabalhadores nacionais de quaisquer dos países integrantes do bloco porque não existem obstáculos na circulação interna de trabalhadores, podendo haver a fixação de residência e execução de trabalho no país de sua escolha com todos os direitos trabalhistas e previdenciários garantidos como se estivessem no país de origem.

No âmbito no Mercosul inexistem, até o momento, as garantias de livre circulação plena de trabalhadores à semelhança do que ocorre na União Europeia e que vem sendo construída há mais de 50 anos.

O Mercosul, criado em 1991 pelo Tratado de Assunção, teve como integrantes Argentina, Brasil, Paraguai e Uruguai, com objetivo de estabelecer integração, inicialmente econômica, configurada atualmente em união aduaneira, na qual há livre comércio intrazonas e política comercial comum entre os países-membros. Recentemente, ingressaram no Mercosul a Bolívia e a Venezuela, encontrando-se a última suspensa desde 12/2016; seus idiomas oficiais são o espanhol e o português.

No âmbito do Mercosul, os interessados na mobilidade entre os diversos países do bloco poderão encontrar informações gerais reunidas na Cartilha da Cidadania que fornece elementos para que as pessoas possam residir, viajar, estudar, comercializar e trabalhar, bastando, para tanto, consultar: www.mercosur.int.

A estrutura institucional básica do Mercosul encontra-se formada pela seguinte forma:

a) Conselho do Mercado Comum (CMC), órgão supremo cuja função é a condução política do processo de integração, integrado pelos Ministros de Relações Exteriores e da Economia dos Estados-partes;

b) Grupo Mercado Comum (GMC), órgão decisório executivo, responsável pela fixação de programas de trabalho e negociação de acordos com terceiros em nome do Mercosul, por delegação expressa do CMC;

c) Comissão de Comércio do Mercosul (CCM), órgão decisório técnico, responsável por apoiar o GMC no que respeita à política comercial do bloco.

O Mercosul, possui, ainda, órgãos consultivos, a saber:

a) Comissão Parlamentar Conjunta (CPC), órgão de representação parlamentar, integrada por até 64 parlamentares, sendo 16 de cada Estado parte. A CPC tem caráter consultivo, deliberativo e de formulação de declarações, disposições e recomendações. O Parlamento do Mercosul foi constituído no dia 6 de dezembro de 2006, em substituição à Comissão Parlamentar Conjunta;

b) Foro Consultivo Econômico Social (FCES), órgão consultivo que representa os setores da economia e da sociedade e se manifesta por recomendações ao GMC.

c) Comissão de Representantes Permanentes do Mercosul (CRPM), órgão permanente do CMC, integrado por representantes de cada Estado parte e presidida por uma personalidade política destacada de um dos países parte. Sua função principal é apresentar iniciativas ao CMC sobre temas relativos ao processo de integração, negociações externas e conformação do Mercado Comum.

Dando apoio técnico a essa estrutura institucional, o Mercosul conta com a Secretaria do Mercosul (SM), de caráter permanente, sediada em Montevidéu, Uruguai.

Apresentadas em linhas gerais e sintéticas a estrutura do Mercosul, destacam-se como elementos de integração social a Declaração Sociolaboral do Mercosul (1988), estabelecendo a igualdade de direitos e condições de trabalho reconhecidos aos nacionais e o Protocolo de Cooperação e Assistência Jurisdicional (1996), objetivando a facilitação de atos processuais entre seus signatários e a facilitação ao acesso à prestação jurisdicional, além de inúmeros outros protocolos firmados sobre os mais diversos temas.

Regra geral, as restrições impostas à imigração generalizada são válidas sob a perspectiva da preservação do mercado de trabalho; portanto, são importantes sob o aspecto de responsabilidade do governo para com o povo. Porém, uma vez que o imigrante cruza a fronteira e aqui se estabelece, ainda que sem realizar os procedimentos legais, essa irregularidade administrativa não pode operar efeitos que neguem aos imigrantes os direitos fundamentais, sob pena de ferir os princípios da igualdade e da não discriminação. A perspectiva da regularização deve valer mais do que a deportação, mormente em se sabendo que, pelo menos no âmbito do Mercosul expandido, a liberdade de circulação e estabelecimento é direito adquirido (acordo de residência DEC. 6975/2009)[(1)].

2. A Organização Internacional do Trabalho e a migração de trabalhadores

A atual mobilidade de capitais e de investimentos tem acarretado movimentos migratórios de trabalhadores em busca de melhores condições de vida e trabalho, motivo pelo qual deixam seu país de origem, elegendo outro de destino com esse objetivo. Embora não exista uma teoria geral sobre migrações ou regras gerais aplicáveis no plano global, a OIT vem recomendando parâmetros que constituam garantia de que sejam concedidas ao trabalhador imigrante condições de vida digna.

A primeira norma internacional a tratar do tema envolvendo preocupação com o migrante foi a Convenção n. 19 da OIT de 1925, dedicada especificamente à igualdade de tratamento dos trabalhadores estrangeiros e nacionais em matéria de indenização por acidentes no trabalho. Estabeleceu, também, regras gerais quanto ao atendimento aos acidentes ocorridos no território do país signatário ou em território sob sua dependência envolvendo migrantes que devem obter o mesmo tratamento assegurado aos nacionais, na medida em que nenhuma condição de residência poderá ser imposta para que essa igualdade de tratamento seja assegurada.

Importante revelar que a implementação dos objetivos acima apontados não foi fácil, posto que os serviços de saúde do país de destino nem sempre se encontram preparados para enfrentamento da imigração irregular e, habitualmente, na grande maioria das situações fáticas, o migrante irregular tende a não ser atendido.

Relevantes, ainda, as disposições contidas na Convenção n. 97 da OIT de 1949 que, além de regulamentar condições de recrutamento de trabalhadores migrantes, definiu o trabalhador migrante, em seu art. 11, pela seguinte forma:

> Art. 11- 1. Para os efeitos da presente Convenção, a expressão 'trabalhador migrante' designa toda pessoa que emigra de um país para outro com o fim de ocupar um emprego que não será exercido por sua própria conta, e compreende qualquer pessoa normalmente admitida como trabalhador migrante.

Referida Convenção aplica-se aos trabalhadores estrangeiros, vedando qualquer discriminação em matéria de nacionalidade, raça, religião ou sexo, incluindo, ainda, disposições relativas à manutenção de serviço público gratuito que auxilie os migrantes

---

(1) LOPES, Christiane Maria Sbalqueiro. Menos nacionalismo e mais direitos humanos: o papel do MPT diante do trabalho do estrangeiro em situação irregular. *Revista MPT*, março 2011, p. 202.

na busca de emprego, com o objetivo de garantir condições mínimas de exercício de trabalho, saúde, habitação, liberdade de circulação e proteção social de acordo com as políticas nacionais.

A Convenção n. 143 da OIT[2] de 1975 especifica as bases do tratamento jurídico dos trabalhadores imigrantes no plano internacional, destacando-se que os Estados subscritores da mesma se comprometem a combater as imigrações clandestinas e o emprego ilegal de migrantes nessa condição, colaborando com os demais Estados-membros nesse sentido, estimulando-os à formulação e aplicação de uma política de igualdade de oportunidades e de tratamento aos imigrantes e seus familiares que residem legalmente sobre seus territórios.

Ressalte-se que o trabalhador estrangeiro, residente legal em um país, não deve ter sua situação alterada em virtude da perda de seu emprego, porque a norma internacional determina, ainda, que ao migrante sejam assegurados os direitos decorrentes de empregos anteriores, quanto à remuneração e seguridade social.

Além dos aspectos acima apontados, a Convenção n. 143 da OIT recomenda, ainda, a aplicação de punições para os traficantes de mão de obra e para os empregadores que admitirem migrantes em condições ilegais, prevendo, também, a colaboração internacional para que as sanções previstas sejam efetivas.

2.1. Trabalhador migrante

Tratar do tema trabalho dos imigrantes não constitui tarefa fácil, na medida em que, a mobilização de trabalhadores de seu país de origem ao país de destino de sua escolha revela-se um processo complexo que não se encontra limitado ao tempo ou ao espaço e, nem sempre, alcança seu objetivo com a chegada do trabalhador migrante ao país de destino.

Diante dessa complexidade de situações, torna-se necessário o estabelecimento de algumas distinções importantes previstas pela Lei n. 13.445/2017, a saber: considera-se imigrante a pessoa nacional de outro país ou apátrida que trabalha, reside e se estabelece temporária ou definitivamente no Brasil.

Já a figura do trabalhador emigrante surge quando um brasileiro decide se estabelecer temporária ou definitivamente no exterior.

2.2. Trabalhador fronteiriço

Trabalhador fronteiriço é aquele que reside nos limites da região de fronteira e trabalha no país vizinho, retornando diária ou semanalmente à sua residência, conceito, este, repetido pela Convenção da ONU para proteção de trabalhadores migratórios

---

(2) Não ratificada pelo Brasil.

e seus familiares, ao definir o fronteiriço como o trabalhador que reside no país vizinho no qual presta serviços e para onde retorna diariamente[3].

Com o objetivo de facilitar a livre circulação do trabalhador fronteiriço, estabeleceu-se a possibilidade de concessão ao residente fronteiriço de autorização para a realização de atos da vida civil, mediante requerimento do interessado.

O residente fronteiriço detentor de referida autorização gozará das garantias e dos direitos assegurados pelo regime geral de migração de que trata a Lei n. 13.445/17, esclarecendo-se que o espaço geográfico de abrangência e de validade da autorização será especificado no documento do residente fronteiriço.

Importante ressaltar a existência de inúmeros acordos bilaterais e/ou multilaterais celebrados entre o Brasil e os países vizinhos, que contemplam situações especiais das populações fronteiriças, citando-se como exemplos:

a) Acordo Brasil-Uruguai (http://www2.mre.gov.br/dai/b_urug_255_5003.htm), celebrado em 2002 e promulgado pelo Decreto n. 5.105 de 2004, objetivando a permissão de residência, estudo e trabalho aos fronteiriços uruguaios e brasileiros em nove municípios de cada um desses países. Em 2010, pelo Decreto n. 7.239, houve a celebração de acordo complementar visando a prestação de serviços de saúde aos fronteiriços residentes nas localidades vinculadas;

b) Acordo Brasil-Argentina de 2005, destinado aos nacionais de ambos os países, por meio do qual permite-se a residência, estudo e trabalho nas localidades fronteiriças vinculadas;

c) Acordo Brasil-Bolívia firmado em 2004 e promulgado pelo Decreto n. 6.737/2009, permitindo residência, estudo e trabalho em 4 municípios fronteiriços vinculados.

3. Aspectos gerais da Lei n. 13.445/2017

A Lei n. 13.445/2017, substituindo o Estatuto do Estrangeiro, dispõe sobre os direitos e os deveres do migrante e do visitante, regulando sua entrada e estadia no país, estabelecendo princípios e diretrizes para as políticas públicas destinadas ao emigrante, constituindo um novo paradigma para o Brasil em relação à legislação anterior.

Dentre suas principais características encontram-se a proteção de direitos humanos dos migrantes, em face da proteção constitucional da dignidade humana, na forma do art. 1º, IV da Lei Maior[4].

---

(3) Disponível em: http://www2.ohchr.org/english/law/cmw.htm.

(4) Art. 1º A República Federativa do Brasil, formada pela união indissolúvel dos Estados e Municípios e do Distrito Federal, constitui-se em Estado Democrático de Direito e tem como fundamentos: I — a soberania; II — a cidadania; III — a dignidade da pessoa humana; IV — os valores sociais do trabalho e da livre iniciativa; V — o pluralismo político.

Aos brasileiros, bem como aos migrantes, são garantidas a inviolabilidade do direito à vida, liberdade, igualdade, segurança e propriedade, assegurando-lhes também os direitos e liberdades civis, sociais, culturais e econômicos, segundo a regra contida no art. 5º, *caput* da CF/88[(5)].

A regularização migratória, como regra, admite o ingresso regular do estrangeiro, bem como sua eventual regularização, assegurando, se for caso, a isenção de taxas para emissão de documentos para migrantes sem condições financeiras de suportar tais despesas.

O art. 1º da Lei n. 13.445/17, ao dispor sobre os direitos e os deveres do migrante e do visitante, estabeleceu os conceitos que se seguem considerando:

a) imigrante: pessoa nacional de outro país ou apátrida que trabalha ou reside e se estabelece temporária ou definitivamente no Brasil;

b) emigrante: brasileiro que se estabelece temporária ou definitivamente no exterior;

c) residente fronteiriço: pessoa nacional de país limítrofe ou apátrida que conserva a sua residência habitual em município fronteiriço de país vizinho;

d) visitante: pessoa nacional de outro país ou apátrida que vem ao Brasil para estadas de curta duração, sem pretensão de se estabelecer temporária ou definitivamente no território nacional;

e) apátrida: pessoa que não seja considerada como nacional por nenhum Estado, segundo a sua legislação, nos termos da Convenção sobre o Estatuto dos Apátridas, de 1954, promulgada pelo Decreto n. 4.246, de 22 de maio de 2002, ou assim reconhecida pelo Estado brasileiro.

Relativamente aos tipos de visto, estabeleceu o ordenamento brasileiro cinco categorias para ingresso ou permanência no país, a saber: visita; temporário; diplomático; oficial e de cortesia.

Importante ressaltar que o visto temporário tem sido concedido nas hipóteses de acolhida humanitária a apátridas ou migrantes de qualquer país em situação de grave ou iminente instabilidade institucional, de conflito armado, de calamidade de grande proporção, de desastre ambiental, de grave violação de direitos humanos ou de direito internacional humanitário, ou em outras hipóteses, na forma de regulamento.

Dentre as diversas políticas públicas destinadas ao migrante, garante-se o acesso igualitário e livre a serviços, programas e benefícios sociais, bens públicos, educação, assistência jurídica integral pública, trabalho, moradia, serviço bancário e seguridade social.

---

(5) Art. 5º Todos são iguais perante a lei, sem distinção de qualquer natureza, garantindo-se aos brasileiros e aos estrangeiros residentes no País a inviolabilidade do direito à vida, à liberdade, à igualdade, à segurança e à propriedade, nos termos seguintes:

De igual forma, garante-se, também, aos migrantes os direitos de reunião para fins pacíficos e de associação, inclusive sindical, para fins lícitos, vedando-se, ainda, a extradição por crime político ou de opinião, proibindo, também, que refugiados ou asilados sejam extraditados.

3.1. Reflexos da Lei n. 13.445/2017 no mercado de trabalho

Uma vez examinados, ainda que sinteticamente, os aspectos gerais mais importantes da lei, passa-se à verificação de seus reflexos no mercado de trabalho a partir de sua recente vigência.

Importante ressaltar que a Lei n. 13.445/17 ampliou as hipóteses em que a prestação de serviços passou a ser admitida sem constituir violação à legislação, citando-se como exemplos: pesquisa, ensino ou extensão acadêmica, férias-trabalho, atividade religiosa, serviço voluntário, atividades com relevância econômica, social, científica, tecnológica ou cultural, atividades artísticas ou desportivas, mediante celebração de contrato por prazo determinado e desde que o imigrante seja portador de pedido formulado por empresa brasileira, a qual permanecerá responsável pelo trabalhador durante sua permanência no país.

Possível ainda a prestação de serviços sem vínculo de emprego no auxílio técnico ao governo brasileiro, na execução de serviços em acordo de cooperação internacional, em serviços de assistência técnica ou transferência de tecnologia, na representação do Brasil em instituição financeira ou assemelhada sediada no exterior, na representação de pessoa jurídica de direito privado sem fins lucrativos, como administrador, gerente, diretor ou executivo com poderes de gestão, para representar sociedade civil ou comercial, grupo ou conglomerado econômico, em treinamento profissional junto à subsidiária, filial ou matriz brasileira, no trabalho marítimo com prazo de permanência superior a 90 dias a bordo de embarcação ou plataforma de bandeira estrangeira, em estágio ou intercâmbio profissional, no exercício de cargo, função ou atribuição que exija, em razão da legislação brasileira, a residência por prazo indeterminado, em atividade de correspondente de jornal, revista, rádio, televisão ou agência noticiosa estrangeira ou em auditoria ou consultoria com prazo de permanência superior a 90 dias.

3.2. Cooperação internacional Brasil-Haiti

O acesso aos direitos sociais é, possivelmente, o caminho mais difícil a ser percorrido pelo imigrante ao chegar em terras estrangeiras. O que se verifica na atualidade ao nos depararmos com as crises migratórias em diversas partes do mundo é o desrespeito aos mais básicos direitos do ser humano, que vão desde o direito à vida, ao acesso à documentação ou ao trabalho decente, circunstâncias que expõem o imigrante a situações de risco e vulnerabilidade.

No início do século XXI, a América do Sul e, particularmente, o Brasil, passou a receber um novo fluxo de imigrantes vindos do Haiti, sendo relevante não só o número de haitianos em território brasileiro, como as diversas ações sociais empreendidas com o objetivo de integração destes no país por meio de obtenção da documentação necessária para permanência regular e de obtenção de emprego, assistência social e outros serviços, na medida em que o migrante clandestino ou irregular pela precariedade de sua situação, tem sido constantemente explorado, sujeitando-se a condições degradantes de trabalho.

Após o terremoto ocorrido no Haiti em janeiro de 2010, o Conselho Nacional de Imigração promulgou a Resolução Normativa n. 97, de 12 de janeiro de 2012, determinando a concessão de visto permanente aos imigrantes do Haiti, por razões humanitárias, pelo prazo de cinco anos. As informações necessárias à obtenção do visto permanente para haitianos estão disponíveis no site da Embaixada do Brasil em Porto Príncipe: portoprincipe.itamaraty.gov.br/pt-br.

Os imigrantes haitianos que pretendam permanecer no Brasil após os cinco anos autorizados pela Resolução acima apontada deverão, antes do término do mesmo prazo (cinco anos inicialmente concedido), comprovar sua situação laboral e requerer a convalidação de sua permanência no Brasil, circunstância que ensejará a expedição de nova Cédula de Identidade de Estrangeiro.

Mesmo antes de ingressar no Brasil, o visto poderá ser solicitado ao Visa Center, administrado pela Organização Internacional para as Migrações (OIM), em Porto Príncipe que, após a análise da documentação, a Embaixada Brasileira no Haiti, também em Porto Príncipe, poderá conceder o visto.

Se, porventura, o haitiano já chegou ao Brasil e encontra-se sem visto, deverá procurar orientações para obtê-lo junto à Policia Federal.

Inúmeras são as vantagens de obtenção do visto de permanência no Brasil para o imigrante que passa a gozar dos mesmos direitos garantidos aos brasileiros, ressalvados os direitos políticos, na medida em que a Constituição brasileira garante-os somente aos brasileiros natos, naturalizados e aos portugueses, sob o amparo do Estatuto da Igualdade.

O documento de identidade dos imigrantes no Brasil denomina-se Carteira de Identidade de Estrangeiro (CIE), também conhecido como Registro Nacional do Estrangeiro (RNE), expedido após o cadastramento do estrangeiro em uma das unidades do Departamento de Polícia Federal. Referida identificação do estrangeiro deverá ser renovada três meses antes do seu vencimento, junto a uma das unidades da Polícia Federal.

A Constituição Federal de 1988 estabelece que todos são iguais perante a lei, sem distinção de qualquer natureza. Portanto, brasileiros e estrangeiros residentes no país têm assegurada a inviolabilidade do direito à vida, liberdade, segurança e à propriedade, bem como direitos relativos à saúde, educação, trabalho, previdência social, dentre outros.

Algumas restrições são impostas constitucionalmente aos estrangeiros, citando-se como exemplos: a) proibição de alistamento e voto; b) acessibilidade restrita (mas não vedada) a cargos públicos; c) vedação ao acesso a alguns cargos públicos ligados à representação e à segurança do país; d) propriedade de empresa jornalística e de radiodifusão sonora e de sons e imagens.

Salvo as previsões constitucionais acima apontadas, proíbe-se a distinção entre brasileiros natos e naturalizados, facultando-se aos estrangeiros, que optaram pela naturalização como brasileiros, a participação em eleições na condição de eleitores ou candidatos. Uma vez naturalizado, o imigrante que passou à condição de brasileiro poderá ter acesso a cargos públicos e à propriedade de empresas de jornalismo, rádio e imagens, permitidas aos brasileiros natos ou naturalizados.

A assistência social é o ramo da seguridade social que busca atender aos necessitados que, por alguma razão — social, familiar ou médica –, estejam em situação de vulnerabilidade, sejam brasileiros ou estrangeiros e que merecem olhar mais atento por parte do Estado e da sociedade, com o objetivo de prover os direitos sociais mínimos.

A prestação da assistência social é gratuita a quem dela necessitar, envolvendo famílias, gestantes e lactantes, crianças, adolescentes, idosos e portadores de deficiência. Dentre os programas de assistência social, destaca-se o denominado Programa Bolsa Família, concedido pelo Governo Federal e destinado às famílias em situação de pobreza e extrema pobreza, que associa a transferência do benefício financeiro ao acesso aos direitos sociais básicos — saúde, alimentação, educação e assistência social.

Para acesso ao Bolsa Família, o interessado deverá efetuar seu cadastro junto ao Cadastro Único para Programas Sociais (CadÚnico), instrumento de coleta de dados e informações com o objetivo de identificar todas as famílias de baixa renda existentes no país, para incluí-las nos programas sociais do Governo Federal como o Bolsa Família, Projovem Adolescente/Agente Jovem, Programa de Erradicação do Trabalho Infantil (Peti), Tarifa Social de Energia Elétrica, etc.

Além do Bolsa Família, existem os denominados benefícios eventuais, de caráter suplementar e provisório prestados aos cidadãos em situação de vulnerabilidade e que podem ter acesso ao Benefício de Prestação Continuada (BPC), que atende idosos com mais de 65 anos e pessoas portadoras de deficiência que não possuam meios de prover sua renda e que não recebam ajuda familiar. A tais cidadãos, o Estado garante a percepção de renda mensal de um salário mínimo (R$ 1.045,00 a partir de fevereiro/20), mediante avaliação prévia para recebimento do benefício.

No que respeita à educação, a União, Estados, Distrito Federal e os Municípios organizam seus sistemas de ensino em regime de colaboração, de acordo com o Plano Nacional de Educação, com duração decenal, tendo como principais objetivos: I — Erradicação do analfabetismo; II — Universalização do atendimento escolar; III — Melhoria da qualidade do ensino; IV — Formação para o trabalho; V — Promoção humanística, científica e tecnológica do país; VI — Estabelecimento de meta de aplicação de recursos públicos em educação como proporção do produto interno bruto.

Toda criança ou adolescente filho de imigrantes tem direito à educação básica, bastando, para tanto, procurar uma escola próxima à sua residência, visto que nas escolas do município ou do estado as crianças e adolescentes, imigrantes regulares ou irregulares, têm direito a se matricular e acompanhar as aulas em qualquer escola da rede pública e a obter o respectivo certificado de conclusão do curso e histórico escolar.

O acesso à saúde no Brasil concretiza-se por meio do Sistema Único de Saúde (SUS), garantindo o acesso integral, universal e gratuito para toda a população, inclusive imigrantes, posto que todo cidadão tem acesso ao referido sistema, independentemente de sua nacionalidade ou situação migratória em que se encontre no país, devendo, para tanto, procurar a Unidade Básica de Saúde (UBS) mais próxima de sua residência e obter o seu cartão SUS para facilitar o atendimento sempre que necessário.

Dentre as inúmeras ações do SUS na promoção da saúde da população residente no país, encontram-se a orientação e prevenção de doenças, planejamento familiar, distribuição gratuita de medicamentos, preservativos, vacinas e assistência à saúde em geral.

A Assistência Farmacêutica, mediante a distribuição graciosa de medicamentos, tem por objetivo facilitar o acesso dos cidadãos aos medicamentos de que necessita para sua recuperação, auxiliar e orientar o cidadão no uso do medicamento prescrito e que podem ser retirados nos postos de saúde mediante prescrição médica.

3.3. Mercado de trabalho e haitianos

Com já mencionado anteriormente, muitos haitianos ingressaram no Brasil após o terremoto que em 2010 devastou o Haiti, motivados não só pela esperança de construir uma vida melhor, como em razão das instabilidades política e econômica que o país apresentava.

De acordo com informações do Ministério da Justiça, cerca de 54 mil haitianos vivem atualmente no Brasil nos diversos Estados, como é o caso do Acre, Amazonas, Mato Grosso, Minas Gerais, Paraná, Santa Catarina e São Paulo, estimando-se que mais de 20 mil deles trabalham legalmente.

O contato de tais imigrantes com o mercado de trabalho usualmente é feito por intermédio de ONG's de acolhimento, onde costumam ficar alojados, participam de palestras ministradas por voluntários a respeito dos aspectos culturais do país, além de frequentarem cursos para aprender o idioma português e, com tais conhecimentos, obter auxílio em sua colocação profissional na construção civil, serviços gerais, hotéis e restaurantes, posto que o grande fluxo de imigrantes haitianos apresenta baixa escolaridade.

O trabalho de imigrantes haitianos tem sido muito aproveitado na rede hoteleira com grande diversidade de atividades, tais como recepção, cozinha, restaurante, manutenção, serviços gerais e mensageiros, constituindo, na atualidade, o maior grupo no mercado formal de trabalho brasileiro.

4. Nacionalização do trabalho

A nacionalização do trabalho é a proteção conferida pelo sistema do direito positivo trabalhista brasileiro ao prestador de trabalho nacional, seja nato ou naturalizado[6].

A Consolidação das Leis do Trabalho, CLT, nos arts. 352 a 358, trata da proporcionalidade de 2/3 de empregados brasileiros em relação aos trabalhadores estrangeiros que as empresas podem manter em seu quadro de pessoal, estabelecendo essa obrigação em relação à totalidade do quadro de empregados e à correspondente folha de salários.

A proporcionalidade acima apontada poderá ser inferior dependendo das circunstâncias especiais de cada atividade por ato do Poder Executivo, esclarecendo-se que não se encontram compreendidos os empregados que executem funções técnicas especializadas, prevalecendo, no entanto, para as empresas que explorem atividades industriais e comerciais e, por exclusão, não se aplicando às sociedades civis, profissionais liberais e atividades rurais, por não se enquadrarem como indústrias ou comércio.

Estrangeiros residentes no país há mais de 10 anos que tenham cônjuge ou filho brasileiro e os portugueses são equiparados aos brasileiros, ressaltando-se que, pelo disposto no parágrafo único do art. 358, a dispensa de estrangeiro deve preceder a de empregado brasileiro que exerça função análoga, representando, pois, violência discriminatória ao tratamento dispensado ao estrangeiro[7].

A fixação dessa proporcionalidade nada mais representa do que a obrigação de haver, no mínimo, três trabalhadores brasileiros para cada empregado estrangeiro contratado por uma empresa brasileira, inexistindo dúvidas de que a nacionalidade do trabalhador não deve constituir motivo a autorizar a desigualdade na obtenção de emprego ou função, em virtude da norma inserta no art. 5º, *caput*, da Lei Maior[8] ao tratar dos Direitos e Garantias Fundamentais.

Importante ressaltar que a Lei n. 13.445/2017, substituindo o antigo Estatuto do Estrangeiro (Lei n. 6.815/80), determina expressamente a igualdade de direitos laborais entre o estrangeiro com visto permanente e o trabalhador brasileiro.

Estudiosos do Direito do Trabalho reputam os dispositivos da CLT apontados, contrários à Constituição Federal de 1988 e aos diversos pactos internacionais que vedam a discriminação entre brasileiros e estrangeiros, citando-se diante de sua importância a Declaração Sociolaboral do Mercosul, Pacto Internacional de Direitos Econômicos, Sociais e Culturais das Nações Unidas (PIDESC), as Convenções da OIT e o Pacto de San José da Costa Rica.

---

(6) SILVA NETO, Manoel Jorge. Nacionalização do trabalho. *Dicionário Brasileiro de Direito do Trabalho*. Academia Nacional de Direito do Trabalho. p. 293.

(7) NAHAS, Thereza; PEREIRA, Leone; MIZIARA, Raphael. *CLT comparada urgente*. p. 237.

(8) Art. 5º Todos são iguais perante a lei, sem distinção de qualquer natureza, garantindo-se aos brasileiros e aos estrangeiros residentes no País a inviolabilidade do direito à vida, à liberdade, à igualdade, à segurança e à propriedade, nos termos seguintes:

A reforçar o entendimento acima apontado, o Projeto de Lei n. 2.456/2019, em trâmite na Câmara dos Deputados, objetiva a alteração dos arts. 352/58 da CLT, esclarecendo-se que tais dispositivos são oriundos da época Vargas em que a direção do governo federal fundava-se no protecionismo econômico.

Atualmente, diante da globalização e dos investimentos cada vez mais dinâmicos, sempre à procura de melhores oportunidades, procura-se, com o Projeto de Lei apontado, afastar essa obrigatoriedade de reservar-se quota majoritária para empregados brasileiros, estimulando-se a competividade mediante a livre escolha no tratamento diferenciado ao empresário que formular políticas de reserva para trabalhadores nacionais.

5. Imigrantes bolivianos, venezuelanos e cubanos no mercado de trabalho brasileiro

Além dos haitianos, outros imigrantes dos países vizinhos ao Brasil integram o contingente de trabalhadores residentes no território nacional em condições legais ou clandestinas, conforme se verificará a seguir.

5.1. Imigrantes bolivianos

As condições socioeconômicas da Bolívia e a instabilidade política e econômica constituem as razões principais que provocaram a chegada de bolivianos ao Brasil que, embora possuindo hábitos e culturas muito diferentes em relação aos brasileiros, constituem grupo considerável de imigrantes em busca de melhores condições de vida e trabalho.

Os bolivianos, na sua grande maioria, são aliciados por traficantes de pessoas, não raras vezes, também bolivianos, que prometem vida excelente e bons salários. Porém, considerando sua condição de clandestinos e o total desconhecimento da legislação pátria, sujeitam-se a receber baixos salários, vivendo em condições degradantes e usualmente trabalhando em oficinas de costura, como ambulantes ou na construção civil como ajudantes.

Estima-se que residam na atualidade cerca de 350 mil bolivianos no país, dos quais apenas 100 mil encontram-se em situação legal, os quais, regra geral, tem acesso à saúde e educação, à cidadania para obtenção de documento de identidade — Registro Nacional de Estrangeiro — RNE, válido por 2 anos.

De acordo com o ordenamento legal brasileiro, os bolivianos têm direitos previstos pelo Acordo de Residência do Mercosul. Porém, muitos deles, por desconhecimento quanto à existência do Acordo apontado, permanecem no país em situação irregular, trabalhando na informalidade e um grande número deles sendo objeto de exploração em atividades remuneradas com baixos salários na denominada economia informal.

Frequentemente são vítimas de assaltos porque nem todos tem acesso aos serviços bancários e, como em qualquer parte do mundo, os imigrantes em situação irregular são explorados por empresários sem escrúpulos que pagam baixos salários, impondo-lhes jornadas extenuantes e condições degradantes de moradia.

Em muitas oportunidades, fiscais do antigo Ministério do Trabalho, atualmente vinculados ao Ministério da Economia, encontraram e resgataram inúmeros trabalhadores bolivianos prestando serviços no setor têxtil em condições análogas à escravidão.

5.2. Imigrantes venezuelanos

No que respeita aos venezuelanos, a crise política e econômica do governo de Nicolás Maduro constituiu a base da imensa migração venezuelana ao Brasil, estimando-se que, desde 2015, cerca de dois milhões de venezuelanos abandonaram a Venezuela, de acordo com pesquisa elaborada pela ONU, para fixarem residência nos países vizinhos, dentre os quais, como países de destino encontram-se Colômbia, Equador, Peru e Brasil.

Nesse momento em que a crise econômica encontra-se ainda mais agravada pela pandemia ocasionada pela Covid-19, a informalidade e a uberização do trabalho ganham proporções de maior gravidade na rotina de milhares de venezuelanos, para o quais a vida é ganha diariamente, marcada pelo improviso, para os que montam suas barracas de comida, roupas ou artigos eletrônicos pelas ruas de maior movimento nas grandes cidades brasileiras.

Também não pode ser deixada de lado a difícil sobrevivência daqueles que optaram por fazer entregas por aplicativos, cumprindo jornadas extenuantes, em meio ao perigo constante de acidentes de trânsito e ao contágio pelo coronavírus e que procuram com tal atividade obter algum rendimento pecuniário.

Considerado no ranking internacional como o segundo país com maior número de casos positivos e de mortos em decorrência do Covid-19, o Brasil encontra-se em meio a uma profunda crise sanitária, social e econômica, não obstante os esforços empreendidos para minimizar os efeitos da paralisação temporária das atividades produtivas que começam sua retomada progressivamente.

Em razão do isolamento social que se impôs como forma de preservação da saúde dos cidadãos e para evitar o contágio pela Covid-19, muitos trabalhadores, especialmente os informais que não reúnem condições de permanecer em suas residências, arriscam suas vidas diariamente na busca da renda necessária à sua sobrevivência, podendo ser considerado o lado mais nocivo e perverso da informalidade.

5.3. Imigrantes cubanos

Relativamente aos cubanos, o Projeto Mais Médicos para o Brasil, instituído pela MP n. 621/13 e convertido na Lei n. 12.871/13, teve por objetivo melhorar o Sistema

Único de Saúde — SUS, com ampliação do atendimento médico nas regiões carentes do país, consistindo em modalidade de especialização ou etapa de formação profissional de médico, mediante pagamento de uma bolsa-auxílio no valor de R$ 10.000,00 (dez mil reais) mensais, sem concurso público, por meio de contratação temporária por até 3 anos, prorrogável por igual período.

Intermediados pela Organização Mundial da Saúde — OMS, 75% da força de trabalho em referido projeto foi representada por médicos cubanos que, diversamente do que ocorreu com os brasileiros que aderiram ao mesmo programa e que receberam a totalidade dos rendimentos no valor de R$ 10.000,00, os cubanos, ao contrário, recebiam mensalmente o equivalente a R$ 2.350,00 porque o restante do numerário ficava retido em Cuba.

Em virtude da situação acima apontada, inúmeras foram as ações empreendidas pelo Ministério Público do Trabalho, em face da precarização da atividade, contratação com a administração pública sem concurso ao arrepio da norma constitucional e, notadamente, por força da diferenciação remuneratória entre brasileiros e cubanos que fizeram parte do projeto.

Verifica-se, pois, seja na condição de migrante regular ou em situação de clandestinidade, os trabalhadores devem percorrer longo e difícil caminho em busca da sonhada tranquilidade de vida e solidez financeira no país de destino.

Em meio à pandemia e procurando propiciar algum auxílio aos desempregados, informais, microempreendedores individuas, imigrantes portadores de documento de identidade e CPF, dentre outros tantos considerados desprotegidos, o governo brasileiro, por meio da Lei n. 13.982/20, estabeleceu parâmetros para concessão de auxílio emergencial, inicialmente previsto para um período de 3 meses no valor de R$ 600,00 podendo chegar a R$ 1.200,00 no caso de família monoparental, prorrogada a vigência de seu pagamento até o momento em que o presente estudo foi elaborado, porém, na atualidade, com redução de 50% de seu valor até 31.12.2020.

6. Notas conclusivas quanto ao ordenamento brasileiro

A título de notas conclusivas, uma breve retrospectiva das formas pelas quais o Brasil encarou o tema da imigração em diferentes momentos históricos revela-se pertinente para que se possa entender melhor em que consiste ou deve consistir uma política nacional de imigração.

No final do século XIX e início do século XX, o Brasil tinha sua economia predominantemente voltada à produção agrícola, revelando-se, por este motivo, um país aberto à imigração. Ademais, com amplo território ocioso era necessário incentivar quem se dispusesse a morar e a trabalhar no campo.

Foi neste período que os fluxos migratórios tiveram início e se estenderam até o fim da Segunda Guerra Mundial, quando ingressaram no país cerca de um milhão de imigrantes, estimando-se ao menos 800 mil italianos e 200 mil japoneses.

Constata-se, pois, que nesse período a política nacional de imigração tinha caráter pouco restritivo ao ingresso de quaisquer estrangeiros no país que tivessem como objetivo o implemento de mão de obra estrangeira para promover o crescimento da economia agrícola e povoamento do vasto território, esclarecendo-se que essa visão geral estendeu-se, basicamente, até a segunda metade do século XX.

Portanto, a política governamental estimulava a entrada de trabalhadores migrantes, inexistido normas que vedassem ou dificultassem o ingresso e permanência de estrangeiros no país.

Nos anos 70, verifica-se o início de movimento para criação de uma nova legislação sobre imigração, notadamente nos países em desenvolvimento que buscavam, além da proteção da indústria e produção nacionais, a transferência e assimilação de novas tecnologias.

Em 19.08.1980, entrou em vigor a Lei n. 6.815, conhecida como Estatuto do Estrangeiro, por meio do qual o Brasil passou a tutelar juridicamente a imigração com alterações radicais, ou seja, passou da condição de um país que permitia a entrada de qualquer imigrante, para um modelo de imigração fechada ao mercado de trabalho para estrangeiros.

Em 1988, promulgada a nova Constituição Federal, inspirada no moderno constitucionalismo, adotou em seu art. 1º, como princípios fundamentais, a dignidade da pessoa humana e os valores sociais do trabalho e da livre-iniciativa, dentre outros de igual relevância, estabelecendo, ainda, o princípio da igualdade sem distinção de qualquer natureza, aos brasileiros e aos estrangeiros residentes no país, segundo o comando inserto no art. 5º.

Como se verificou no item 3, supra, a Lei n. 13.445/17 reconhece o migrante, independentemente de sua nacionalidade, como sujeito de direitos, promovendo o combate à xenofobia e a não-discriminação como princípios da política migratória brasileira, introduzindo modernizações no sistema de recepção e registro dos migrantes, auxiliando no combate da segregação social de que são vítimas muitos migrantes.

Integrados na sociedade, os trabalhadores migrantes reúnem amplas condições para contribuir com o crescimento do país, especialmente no que pertine ao desenvolvimento econômico, ao responder pelo pagamento de impostos diretos e indiretos por meio do consumo, como qualquer brasileiro, integrando o financiamento dos serviços públicos como saúde e educação, dos quais participa como beneficiário.

Não obstante tais considerações, o princípio de proteção à mão de obra nacional continua tendo aplicabilidade, conforme se verificou no item 4, acima, quando examinados os aspectos legais da nacionalização do trabalho.

Portanto, o Brasil, para assegurar a efetividade dos compromissos contidos no preâmbulo de sua Lei Maior, quais sejam, "o exercício dos direitos sociais e individuais, a liberdade, a segurança, o bem-estar, o desenvolvimento, a igualdade e a justiça como valores supremos de uma sociedade fraterna, pluralista e sem preconceitos, fundada na harmonia social e comprometida, na ordem interna e internacional, com a solução pacífica das controvérsias"[9], deve envidar esforços para garantir aos imigrantes de qualquer natureza padrões mínimos de segurança, educação e saúde, sinônimos de vida digna, postulado de conotação universal.

7. O ordenamento venezuelano e o trabalho de imigrantes

7.1. Informações preliminares

A crise atual de imigração e de refugiados venezuelanos constitui, sem dúvida, uma situação sem precedentes na região, visto que em 2018 cerca de quase 4 milhões de venezuelanos, correspondendo a mais de 10% de sua população, tiveram diferentes destinos de imigração na América Latina e Caribe. A grande maioria de migrantes e refugiados venezuelanos dirigiram-se para a Colômbia (1.2 milhões), Peru (700 mil), Chile (265.8 mil), Equador (250 mil), Argentina (130 mil) e Brasil (100 mil), dentre outros países da região.

Estima-se que a crise econômica, política e social que a Venezuela enfrenta provocará o aumento do número total de migrantes e refugiados, podendo chegar em torno de 5.75 milhões até o final de 2019 e entre 7.5 a 8.2 milhões ao final de 2020.

Muitos migrantes e refugiados encontram-se em condições de saúde precárias, pois são portadores de desnutrição e de enfermidades anteriormente erradicadas, como é o caso da tuberculose, difteria e malária, além das precárias condições econômicas. A situação daqueles que seguem caminhando por infindáveis quilômetros pelo continente com o objetivo de chegar a outro país reflete o desespero e a vulnerabilidade econômica que os impede de utilizar meios de transporte convencionais, pois o custo destes está fora do alcance de muitos venezuelanos.

É importante ressaltar que a profunda recessão econômica na Venezuela agregada à hiperinflação constitui parte de uma crise que provoca falta de alimentos, medicamentos, material cirúrgico, salas de emergência do sistema público de saúde e atendimento de forma intermitente, além da falta de insumos básicos, agravados pela grande instabilidade no fornecimento dos serviços de eletricidade e água.

Esta situação iniciou-se em 2014, com a queda internacional dos preços do petróleo que provocou um déficit para a Venezuela em relação à entrada de divisas,

---

(9) Nós, representantes do povo brasileiro, reunidos em Assembleia Nacional Constituinte para instituir um Estado Democrático, destinado a assegurar o exercício dos direitos sociais e individuais, a liberdade, a segurança, o bem-estar, o desenvolvimento, a igualdade e a justiça como valores supremos de uma sociedade fraterna, pluralista e sem preconceitos, fundada na harmonia social e comprometida, na ordem interna e internacional, com a solução pacífica das controvérsias, promulgamos, sob a proteção de Deus, a seguinte CONSTITUIÇÃO DA REPÚBLICA FEDERATIVA DO BRASIL.

agravada pela ausência de outras fontes externas e da expansão monetária. Atualmente, 87% das famílias venezuelanas se encontram abaixo da linha nacional de pobreza, com índice superior a 60% em relação à pobreza extrema.

7.2. Aspectos gerais da legislação

Na Venezuela, a proteção dos trabalhadores imigrantes em situação irregular encontra seu fundamento nos direitos e garantias constitucionais, nos tratados internacionais sobre direitos humanos e nos direitos trabalhistas internacionalmente reconhecidos, em virtude da debilidade jurídica em que se encontram os mesmos.

Nesse sentido, foram subscritas pela Venezuela normas supranacionais, consagradas em seu direito interno os princípios gerais que acolhem as aspirações da comunidade internacional no que respeita à proteção do trabalhador migrante independentemente da condição jurídica em que se encontre, na medida em que sua finalidade reside na garantia dos direitos fundamentais destas pessoas baseados nos princípios de equidade e justiça.

Como é de conhecimento de todos, a imigração de trabalhadores constitui um dilema político para os diversos países que, ao contrário da prática de impedir a entrada ilegal de imigrantes, toleram sua presença, especialmente nas áreas em que as atividades têm menor remuneração e costumam ser pouco procuradas pelos nativos, sendo importante ressaltar que os trabalhadores migrantes nestas condições, tal como ocorre na maioria dos Estados, não têm qualquer proteção da previdência social nas suas necessidades de saúde e, normalmente, executam suas atividades em condições de trabalho desvantajosas.

A proteção dos direitos do trabalhador migrante constitui papel preponderante para a Organização das Nações Unidas — ONU, Organização dos Estados Americanos — OEA, bem como para os Estados que se envolveram na luta pela humanização das condições do migrante. Nesse sentido, a Declaração Universal dos Direitos Humanos, as Convenções da OIT ns. 19, sobre a igualdade de tratamento dos trabalhadores; 97, relativa aos trabalhadores migrantes; 143, sobre as disposições complementares da Convenção n. 97; 111, referente à discriminação em matéria de desemprego e desocupação; 118, sobre a igualdade de tratamento; a Convenção das Nações Unidas de 1990 sobre Trabalhadores Migrantes, instrumento normativo que compõe a Carta Internacional das Migrações e a Convenção Americana sobre Direitos Humanos. No ordenamento jurídico interno da Venezuela, a normativa está contida na Constituição da República Bolivariana da Venezuela, no Código Civil, na Lei Orgânica do Trabalho, no Regulamento da Lei Orgânica do Trabalho, na Lei de Direito Internacional Privado e na Lei de Estrangeiros e Migração.

Verifica-se que, de acordo com a Declaração Universal dos Direitos Humanos, o princípio da igualdade surge como premissa fundamental, estabelecendo que as pessoas são iguais perante a lei sem distinção e encontram-se protegidas contra qualquer discriminação.

Nesse mesmo sentido, ressalta-se a existência de direitos especiais destinados à proteção do trabalhador, como o trabalho, sua livre escolha em condições satisfatórias, a proteção contra o desemprego, participação em sindicatos, igualdade salarial diante de igual trabalho, capazes de propiciar ao trabalhador e sua família uma vida digna.

A Venezuela não aderiu à Convenção Internacional sobre a Proteção dos Direitos dos Trabalhadores Migrantes e suas Famílias, adotada pela Assembleia Geral das Nações Unidas em 1990, que corresponde a uma versão mais adequada das Convenções ns. 97 e 143, ratificadas pelo país.

De igual forma, a Convenção Americana sobre Direitos Humanos também assevera que todas as pessoas são iguais e, em virtude dessa igualdade, têm direito à mesma proteção jurídica, sem qualquer discriminação.

Ademais, a Constituição da República Bolivariana da Venezuela estipula que o Estado se constitui em um sistema democrático e social de direito e de justiça, fundado nos valores superiores de seu ordenamento jurídico relacionados à vida, liberdade, justiça, igualdade, solidariedade, democracia, ética, e à responsabilidade social, em geral, com prevalência dos direitos humanos.

O Código Civil venezuelano garantiu aos estrangeiros os mesmos direitos civis dos venezuelanos, salvo as exceções legais; no mesmo sentido, a Lei Orgânica do Trabalho (LOT) disciplina o tratamento legal ao trabalhador estrangeiro, estabelecendo que o Estado venezuelano tem o dever jurídico de amparar todo tipo de situação que ameace ou vulnere seus direitos independentemente de sua condição.

A Lei de Estrangeiro e de Migração de 2004 objetiva regular as questões relativas à admissão, ingresso, permanência, registro, controle e informação, saída e reingresso dos estrangeiros no território, bem como seus direitos e obrigações, citando-se como exemplo a pessoa que em virtude de contrato de trabalho ingresse na Venezuela obtendo autorização laboral. Nessas condições, obriga-se o empregador a exigir a apresentação dos documentos de identificação e a notificar por escrito o Registro Nacional de Estrangeiros quanto aos termos e condições da relação laboral e sua duração, nos 30 dias subsequentes ao ato.

O não cumprimento da determinação legal sujeitará o empregador ao pagamento de sanções pecuniárias e punirá com pena de prisão aquele que empregue estrangeiros com estadia irregular no país com a finalidade de exploração de mão de obra, inclusive a simulação contratual que favoreça a imigração de pessoa a outro país.

Simultaneamente às sanções impostas ao empregador, ficam sujeitos à deportação, os estrangeiros que ingressaram no território para executar atividades submetidas à autorização laboral e não observem tal requisito, bem como os que executem trabalhos diversos daqueles para os quais foram contratados e em local diferente ao da autorização concedida. Todavia, os trabalhadores sujeitos à deportação terão direito a receber salários, prestações sociais e todos os benefícios estabelecidos pela legislação que regulam as relações de trabalho, contratações coletivas e demais leis sociais aplicáveis à relação laboral.

7.3. Acesso à justiça no ordenamento venezuelano e o direito aplicável

Constituem elementos da internacionalização da relação laboral: a nacionalidade do trabalhador, a nacionalidade do empregador, o local da sede da empresa, o lugar da prestação de serviços e o foro de celebração do contrato. Na hipótese de trabalhador imigrante em situação irregular, a modalidade essencial do conflito se apresenta de duas formas:

a) quando o trabalhador é estrangeiro e tenha sido contratado por empregador nacional, para prestação de serviços no território nacional;

b) quando o trabalhador é estrangeiro e tenha sido contratado por empregador estrangeiro, para trabalhar no território nacional.

Ainda que em situação irregular, o trabalhador imigrante terá seus direitos laborais preservados pelo princípio do *ius cogens* internacional.

Portanto, esteja o trabalhador em situação irregular ou não, seja qual for o ordenamento jurídico, deve ser tratado com respeito como parte de uma sociedade que reclama a observância dos direitos inerentes ao homem, circunstância que exige revisões legais contínuas para adaptação das condições que envolvam o trabalho dessas pessoas em melhores condições.

8. O ordenamento chileno e o trabalho de imigrantes

8.1. Noções preliminares

A partir do final do século 19, quando imigrantes árabes como libaneses e sírios começaram a migrar para países da América do Sul, dentre eles, Brasil, Argentina, Peru e Bolívia, os palestinos tomaram um caminho diferente: o Chile, verificando-se que muitos deles pertencentes à classe média na Palestina e, como tantos outros imigrantes no período, trabalharam como vendedores ambulantes de porta em porta.

O sucesso do trabalho realizado permitiu que se tornassem comerciantes fixos e industriais do setor têxtil, contribuindo para a modernização que o país buscava; destaca-se como meio consistente de sua integração no país a fundação do Clube Esportivo Palestino que, além das atividades esportivas, oferecia aulas de árabe para os descendentes de palestinos, sendo responsáveis, ainda, pela fundação de grandes escolas em Santiago e no interior do Chile.

Ressalta-se, também, a presença dos libaneses na gastronomia, bem como a existência de inúmeros restaurantes especializados em comidas típicas, tais como o *maklube*, feito com berinjela, cebolas, tomates e frango.

As relações Brasil-Chile refletem a intensidade e o dinamismo do intercâmbio comercial e empresarial existente, inclusive com aprimoramento na coordenação política, por meio do bom entendimento e adoção de posições comuns tanto no âmbito regional quanto no multilateral.

O comércio entre Brasil e Chile já está praticamente todo liberalizado; em 2018, o Brasil foi o principal parceiro comercial chileno na América Latina e entre os principais produtos exportados ao Chile encontram-se óleo bruto de petróleo, carnes, automóveis e tratores. Por sua vez, o Brasil importa do Chile derivados de cobre, salmão e vinhos.

Na conformidade das informações contidas no Panorama Laboral da OIT (OIT, 2010), a região cresceu em termos econômicos, o que significa, entre outras coisas, um aumento dos empregos. Todavia, o mesmo informe também destaca que o aumento dos empregos provocou o crescimento do trabalho informal, traduzindo que o crescimento acarretou a precarização do emprego, situação que se agrava em relação às mulheres, pois a grande maioria delas trabalha em condições precárias.

Assim, se de um lado houve crescimento, o tipo de emprego ou atividade que se pode obter constitui fator importante na decisão de imigrar, pois, entre os motivos que contribuem para a configuração das dinâmicas migratórias se encontram a estabilidade política e o crescimento produzido no Chile a partir da redemocratização do país.

Outro aspecto que merece ser lembrado diz respeito às crises econômicas, políticas e sociais, a informalidade no mercado de trabalho, bem assim o aumento dos níveis de pobreza e informalidade nos países de origem contribuem para o aumento das imigrações.

Ressalta-se também o endurecimento das políticas migratórias nas economias de maior desenvolvimento, a proximidade territorial e o menor custo de viagem e transporte que acabam influindo, considerando que o Chile, no contexto de imigração regional amplamente divulgado pelas redes sociais nestes últimos anos, pode ser considerado como um país que permite e/ou facilita a chegada de familiares, amigos e conhecidos dos imigrantes já radicados no território.

Importante ressaltar que a década de 90 caracterizou-se por um crescimento substancial nunca antes experimentado pelo país, atingindo o PIB um aumento médio de 7%.

Porém, no final da década houve uma desaceleração importante provocada pelos efeitos da crise asiática, embora o crescimento do PIB ainda tivesse sido superior à medida da região latino-americana.

No período de 1994 a 1999, o crescimento do PIB no Chile foi de 5,5%, enquanto que seu perfil migratório na América Latina foi de 2,8%. Este cenário explica facilmente os fatores relativos à chegada de imigrantes em busca de melhores condições e oportunidades de trabalho, constatando-se que, no período de 1992-2002, a imigração peruana e equatoriana cresceu mais de 300% em relação aos períodos anteriores.

Com efeito, as melhores condições econômicas no Chile constituíram um fator de atração em meio às crises econômicas e dificuldades para superação das condições de pobreza em países vizinhos ou próximos que dispararam os processos de imigração, sendo importante considerar também que o crescimento econômico provoca uma demanda maior por mão de obra em determinados setores como a prestação de serviços, construção civil e comércio.

Exatamente esta demanda por mão de obra é fator decisivo e atrativo para as pessoas que se encontram desempregadas em seus países de origem.

O desenvolvimento dos países também pressupõe uma demanda por trabalhadores qualificados em certos setores da economia como é o caso dos profissionais da saúde no sistema público. Porém, áreas como a mineração (prata e cobre) e desenvolvimento científico também necessitam de profissionais qualificados, circunstância que motiva a imigração de técnicos, valendo dizer, países com situação econômica estável e em crescimento motivam a imigração de trabalhadores qualificados e sem qualificação, citando-se como exemplo a agricultura, área em que a falta de mão de obra é constante.

Importante lembrar que, não só a migração urbana ou rural é destaque, mas também, as atividades executadas por trabalhadores fronteiriços em atividades comerciais que mantêm os cidadãos entre ambas as cidades e produzem dinâmicas distintas de mobilidade, como a hipótese de prestação de serviços de segunda a sexta-feira em uma cidade, regressando à cidade de origem nos finais de semana.

Destaca-se que o movimento nas fronteiras não fica circunscrito somente ao comércio, mas ao acesso aos serviços públicos e sociais, como consultas médicas.

8.2. Legislação migratória

A Constituição chilena fundamenta-se no princípio da universalidade dos direitos, consagrando disposições específicas, como as garantias constitucionais que incluem o direito à igualdade perante a lei e proibição de discriminação, devido processo, liberdade de circulação, liberdade de trabalho que, dentre outras, são plenamente aplicáveis aos imigrantes.

De igual forma, também lhes são aplicáveis as disposições sobre nacionalidade e cidadania que correspondem, por exemplo, ao direito de voto para os estrangeiros com mais de 5 anos de residência que tenham cumprido os requisitos legais.

As questões migratórias se encontram reguladas por um conjunto de normas relativas a estrangeiros e imigração, destacando-se que os instrumentos de maior força que regulam estes assuntos são a Lei de Estrangeiros (Lei n. 1.094/75), promulgada pelo general Pinochet em 1975; o Regulamento de Estrangeiros (Decreto Supremo n. 597/84); o decreto que delega às autoridades de Governo do Interior atribuições relativas a estrangeiros (Decreto Supremo n. 818/83); a Resolução n. 296/95 do Ministério do Interior que estabelece o valor para concessão de vistos de residentes a estrangeiros e o decreto que fixa o texto refundido de Normas sobre Nacionalização de Estrangeiros (Decreto Supremo n. 5.142/60 do Ministério do Interior).

No período de 1993 a 2000, foram introduzidas modificações na Lei de Estrangeiros com a finalidade de resolver algumas das principais restrições que dificultavam sua aplicação, considerando especialmente que o contexto migratório se alterou a partir de 1975. Citam-se como principais modificações: Lei n. 19.273/93 que derrogou as disposições de saída e entrada de residentes estrangeiros no território nacional; Lei n. 19.476/96 que alterou a Lei de Estrangeiros em relação ao asilo e refúgio, reconhecendo o princípio da não devolução daqueles que se encontram no país requerendo tal condição, descriminalizando o ingresso irregular no território nacional de estrangeiros solicitantes de refúgio ou asilo; Lei n. 19.581/98 que cria a categoria de ingresso para o habitante de zona fronteiriça, pela qual os que se encontrem nesta situação poderão obter um cartão local fronteiriço que facilita o ingresso e a saída entre os países subscritores; Decreto n. 2.910/2000 que permite aos requerentes de residência temporária e sujeitos a um contrato obter autorização para trabalho enquanto tramitar a permissão de residência.

8.3. Sistema universal

No marco internacional existe uma série de instrumentos destinados a proteger os direitos humanos, laborais, sociais e políticos dos imigrantes e o eixo central da matéria sobre proteção é a Convenção Internacional sobre a proteção dos direitos de todos os trabalhadores migrantes e seus familiares (CMW), que objetiva proteger a todos os imigrantes, independentemente de sua condição de legalidade ou irregularidade.

Outros instrumentos internacionais que complementam os objetivos da Convenção apontada são o Pacto internacional de Direitos Civis e Políticos e o Pacto sobre Direitos Econômicos, Sociais e Culturais, a Convenção Internacional contra todas as formas de discriminação contra a mulher, a Convenção contra a tortura e outros tratamentos ou penas cruéis, desumanas, ou degradantes, a Convenção Internacional sobre a eliminação de todas as formas de discriminação racial, a Convenção sobre o Estatuto de Refugiados, a Convenção das Nações Unidas contra a delinquência organizada transnacional e os Protocolos contra o tráfico ilícito de migrantes por terra, mar e ar e para prevenir, reprimir e sancionar o tráfico de pessoas, especialmente mulheres e crianças, a Convenção dos Direitos da Criança, a Convenção Americana sobre Direitos Humanos (Pacto de São José de Costa Rica).

Além das Convenções apontadas, a Organização Internacional do Trabalho (OIT) é responsável por outras convenções adicionais que buscam regulamentar a proteção dos direitos dos trabalhadores por meio da Convenção n. 97, que consagra o princípio de igualdade de tratamento entre o trabalhador nacional e o estrangeiro em situação regular; da n. 143, que trata das imigrações em condições abusivas e a promoção da igualdade de oportunidades e de tratamento dos trabalhadores migrantes.

Por meio da Declaração dos Princípios e Direitos Fundamentais no Trabalho, a OIT estimula os Estados a cumprirem os princípios de proteção dos direitos dos trabalhadores migrantes. De igual forma, a Organização dos Estados Americanos — OEA apresentou o Programa Interamericano para promoção e proteção dos direitos humanos das pessoas migrantes.

O Chile subscreveu uma série de acordos bi e multilaterais relativos à seguridade social, proteção de trabalhadores, controle fronteiriço e cooperação penal internacional com o Brasil, Colômbia, Equador, Venezuela, Estados Unidos e Canadá, e também com países europeus como Áustria, Finlândia, França, Portugal, Noruega e Espanha.

Em dezembro de 2009, foi implementado Acordo sobre residência para os nacionais dos Estados parte do Mercosul, permitindo-se a emissão de vistos temporários a paraguaios, uruguaios, brasileiros, argentinos e bolivianos.

8.4. Estrutura institucional

A Lei de Estrangeiros estabeleceu que o Ministério do Interior, por meio do Departamento de Estrangeiros e Migração, é o órgão encarregado de cumprir a legislação referente ao ingresso, saída, residência definitiva ou temporária, expulsão e regulamentação aos cidadãos estrangeiros que permanecem no território chileno, de acordo com os princípios orientadores da Política Nacional Migratória do Governo.

Assim sendo, compete ao referido Ministério propor a política nacional migratória, supervisionar o cumprimento das leis, expedir instruções para sua aplicação, prevenir a imigração clandestina, organizar e manter o registro nacional de estrangeiros.

O Chile avançou na modernização da gestão migratória com a ratificação de acordos internacionais sobre proteção dos direitos dos imigrantes e normativas específicas que solucionam problemas de acesso aos serviços sociais como saúde e educação.

Os princípios da política adotada encontram-se em consonância com os padrões internacionais de proteção de direitos, quais sejam: residência e liberdade de circulação; liberdade de pensamento e consciência; acesso à residência em condições igualitárias e devidamente informadas; acesso à justiça; integração e proteção social dos imigrantes, garantidos seus direitos à educação, saúde e trabalho; respeito aos direitos laborais dos trabalhadores migrantes independentemente de sua condição de estrangeiros.

8.5. Organizações de imigrantes e a sociedade civil. Participação de imigrantes no âmbito político

As organizações sociais assumiram um posto chave no processo de inserção e integração dos migrantes na sociedade, destinando uma parte importante de seus recursos econômicos, humanos e profissionais nesta área. Referidas organizações têm origem diversa e possuem enfoques distintos.

Geralmente, estão ligadas à igreja e às entidades que atuam na área de gênero, direitos humanos e universidades e promovem serviços especializados como orientação jurídica, apoio e orientação ao processo de regularização de documentos, atendimento à saúde mental, bolsas de emprego, serviços de acolhida, propiciando espaços de encontros e recreação com grupos folclóricos e musicais.

Objetivando solucionar as irregularidades migratórias, foram introduzidos processos de regularização que concederam aos imigrantes irregulares visto por um ano, facultando que as pessoas que estiverem em condições de celebrar contrato de trabalho e comprovar o pagamento de impostos possam obter residência definitiva.

Destaca-se, ainda, a preocupação com as mulheres grávidas e com os menores de 18 anos, possibilitando a regularização dos mesmos independentemente do estado de migração de seus pais. Mulheres que tenham filho chileno poderão solicitar visto temporário, o mesmo ocorrendo com os menores em situação irregular.

8.6. Impactos no desenvolvimento socioeconômico do país

À semelhança do que ocorre em outros países, a imigração de trabalhadores produz transformações significativas nos locais de origem, especialmente quanto à diversidade social e cultural que enriquece a sociedade, não podendo ser esquecidos seus reflexos na área econômica com a multiplicação de negócios na gastronomia a gerar novos empregos e reativação de locais antes desativados, citando-se os bairros Independência, Recoleta e a Estação Central.

Outro aspecto que merece registro refere-se ao setor de saúde, inclusive no serviço público, em face do déficit de profissionais nativos, celebrando-se acordos bilaterais não só relativos à convalidação de títulos, mas para o exercício de determinadas profissões, como advogados, engenheiros e médicos.

Inúmeros são os temas que merecem atenção quanto aos aspectos da imigração de trabalhadores e direitos que lhes são assegurados, especialmente a necessidade de garantir-se o direito de residência sem vinculação a um contrato de trabalho.

9. O ordenamento argentino

9.1. Introdução

A partir de 1850, a Argentina transformou-se em um polo de atração de imigração europeia fundamentalmente laboral, em busca de melhores condições de inserção no mercado laboral, salários mais altos e possibilidades de ascensão social. Geralmente, a inserção laboral dos imigrantes é complementar e adicional aos nativos, visto que se incorporam em espaços do mundo do trabalho que não se encontram preenchidos pelos mesmos em virtude de salários baixos ou das condições de trabalho longe de serem ideais.

A imigração europeia formada majoritariamente por homens jovens se radicou nas zonas urbanas, embora também tenham sido responsáveis pela colonização de terras inexploradas. Os movimentos migratórios, regra geral, se desenvolveram dentro do contexto de crescimento da economia argentina com expansão agropecuária e acompanhado pelo importante implemento da rede ferroviária, circunstância que, ao gerar um processo de desenvolvimento econômico, também propiciou a participação permanente de trabalhadores migrantes.

Grande parte da população migrante é de origem latino-americana, proveniente de países limítrofes com a Argentina, destacando-se paraguaios, bolivianos, chilenos, uruguaios, peruanos, venezuelanos, equatorianos e brasileiros.

9.2. Imigração laboral e marco normativo

Os trabalhadores migrantes oriundos dos países latino-americanos participam do mercado de trabalho argentino há muitos anos em busca de melhores oportunidades laborais e de vida, e, apesar das instabilidades da economia do país, houve um grande afluxo de mão de obra também no setor informal.

Algumas áreas como a construção civil, o trabalho doméstico, o comércio e a indústria de confecções e calçados absorveram cerca de 63% da população migrante. Tradicionalmente, os homens trabalham na construção civil e as mulheres nos serviços domésticos como resultado mais acessível para os que têm pouca experiência laboral e necessitam de um trabalho para sobreviver.

Este tipo de inserção laboral revela a demanda efetiva de mão de obra com baixa remuneração e condições inadequadas de trabalho e que normalmente não atraem os trabalhadores nativos.

A imigração irregular constitui um fenômeno social de natureza invisível que não permite se conhecer com exatidão o volume dos migrantes em situação irregular, marcada pela precariedade e pela violação dos direitos humanos dos imigrantes, situação que motivou o desenvolvimento de um processo de regularização migratória para nativos do Mercosul denominado "Programa Pátria Grande", com acolhimento de migrantes que ingressaram no território argentino antes de abril de 2003 e, posteriormente, até maio de 2008.

Referido programa foi marcado pela simplificação do trâmite de regularização dos pedidos de residência, concedendo-se um certificado de residência precária e sem custos, com o qual poderia o imigrante trabalhar e estudar legalmente, podendo entrar ou sair do país sem quaisquer limitações. Em uma segunda etapa, o estrangeiro inscrito deveria seguir com sua residência temporária por dois anos, devendo apresentar os documentos exigidos pela normativa vigente para poder alcançar, então, a residência definitiva.

Com base nos movimentos migratórios tanto de argentinos que migraram para Espanha, Estados Unidos e outros países, como de estrangeiros que retornam ou se dirigiram a outros destinos, é necessário encontrar uma relação estreita entre a dinâmica dos mercados de trabalho, o crescimento econômico, a estrutura demográfica, além de outros fatores que fazem parte dos movimentos estruturais.

As razões do incremento desses processos migratórios são complexas e têm relação com fatores diversos, tais como políticos, econômicos e culturais que interferem nos diversos pontos do Atlântico.

As crises econômicas e políticas que afetaram a Argentina, Colômbia, Equador, Peru e Venezuela demonstraram que a busca generalizada pela vida no exterior era uma alternativa; nesse contexto e com o endurecimento da política migratória dos Estados Unidos após os atentados de 2001, a Europa, particularmente a Espanha, se converteu em um dos destinos de novos fluxos migratórios.

Em relação aos processos de migração internacional na Argentina, estes se desenvolveram em um marco normativo moderno, coerente com os preceitos constitucionais e com as normas internacionais de direitos das pessoas, citando-se como exemplo a Convenção Internacional sobre a proteção dos direitos de todos os trabalhadores migrantes e seus familiares.

A política migratória na Argentina procura atender tanto a situação dos migrantes no país como dos argentinos no exterior, promovendo, no primeiro caso, o respeito dos direitos humanos e sua integração na sociedade argentina e, no segundo, a participação política, vinculação e possível repatriação ao país de nascimento.

A Constituição Nacional da República Argentina outorga direitos civis e sociais a todos seus habitantes argentinos e estrangeiros; define a condição civil do estrangeiro assegurando o gozo dos direitos de propriedade, exercício de trabalho ou atividade no comércio e indústria, locomoção, petição, publicidade, associação, culto e educação, de acordo com a legislação interna.

Por sua vez, os acordos multilaterais celebrados com países da região estabelecem regulamentações legais sobre migração. Especificamente com referência ao Acordo de residência para os nacionais dos países integrantes do Mercosul, Bolívia e Chile, foram fixados os seguintes objetivos: a) fortalecimento do processo de integração, solucionando-se a situação de irregularidade migratória dos nacionais dos países-membros; b) combate ao tráfico de pessoas para impedir a degradação da dignidade humana; c) estabelecimento de normas comuns para a tramitação da autorização de residência dos nacionais dos Estados partes.

Ressalte-se que o acesso à residência dos nacionais de um país signatário no território de quaisquer outros será concedida com base no critério da nacionalidade, pela qual os interessados devem apresentar na sede consular respectiva, ou perante os serviços de imigração se já estiverem no território, os documentos de identidade do país de origem ou outra identificação pertinente.

Nesse sentido, a lei de imigração incorpora o espírito dos tratados internacionais de direitos humanos ratificados pela Argentina, estabelecendo os lineamentos fundamentais da política migratória da Argentina.

Em termos gerais, enuncia uma série de princípios que imprimem uma nova direção às diversas ações que se desenvolvem no campo migratório, regulando a política propriamente dita, os direitos e obrigações dos estrangeiros que residem no país.

Portanto, a Constituição Nacional, os tratados internacionais de direitos humanos, os acordos bilaterais e regionais celebrados no marco do Mercosul, juntamente com a lei de imigração buscam: a) fixar linhas políticas fundamentais e assentar as bases estratégicas sobre imigração; b) cumprir os compromissos internacionais da Argentina quanto aos direitos humanos, integração e mobilidade dos migrantes; c) contribuir para alcançar as políticas demográficas estabelecidas pelo Governo Nacional com referência à taxa de crescimento e distribuição geográfica da população do país; d) contribuir para o enriquecimento e fortalecimento do tecido cultural e social do país; e) garantir o exercício do direito de reunificação familiar, com pais, cônjuges, filhos solteiros menores ou maiores com capacidades diferentes, recepcionando direitos existentes a nível internacional; f) promover a integração na sociedade argentina de forma permanente; g) assegurar a qualquer pessoa a possibilidade de ser admitida no país de maneira permanente ou temporária e o gozo dos direitos legalmente estabelecidos; h) promover e difundir as obrigações, direitos e garantias dos migrantes segundo o estabelecido pela Constituição Nacional, nos compromissos internacionais e legais, mantendo sua tradição humanitária e aberta em relação aos migrantes e suas famílias; i) promover a inserção e integração laboral dos migrantes residentes legalmente para o melhor aproveitamento de suas capacidades pessoais e laborais com a finalidade de contribuir para o desenvolvimento econômico do país; j) facilitar a entrada de visitantes com a finalidade de impulsionar o comércio, turismo, atividades culturais, científicas, tecnológicas e as relações internacionais; l) promover a ordem internacional e a justiça, denegando o ingresso e/ou permanência no território argentino a pessoas envolvidas em atos reprimidos pela legislação interna; m) promover o intercâmbio de informação no âmbito internacional, assistência técnica e capacitação dos recursos humanos para prevenir e combater a delinquência organizada.

Coerentemente com a previsão constitucional, foi consagrada a igualdade de direitos para acesso aos serviços sociais entre nacionais e estrangeiros; de igual forma, o direito de defesa se encontra fortalecido com a garantia da assistência judiciária gratuita e intérprete, no caso de não haver compreensão do idioma oficial.

O processo de integração regional outorga aos cidadãos dos países-membros da região um tratamento diferenciado, pois estabelece que os estrangeiros serão admitidos a ingressar e permanecer no país nas categorias de residentes permanentes, temporários ou transitórios, concedendo residência temporária aos cidadãos nativos no âmbito do Mercosul, Chile e Bolívia e aplicando-se a norma mais favorável para o migrante como objetivo final da livre circulação de pessoas no bloco regional.

Assim sendo, a regulamentação, sinteticamente, incorpora o direito humano de migrar, o acesso à justiça, a proibição de expulsão sem o devido controle judicial e a redução das detenções dos migrantes que se encontram no país.

9.3. Estrutura institucional e as políticas de imigração e emigração

As políticas de imigração e emigração estão afetas ao Ministério do Interior e Transporte, responsável pela formulação de referidas políticas, cuja execução e implementação das ações necessárias ao cumprimento de seus objetivos envolvem saúde, educação, habitação, emprego, etc.

Relativamente à migração internacional, a Lei n. 22.520 estabelece as competências ministeriais e os distintos níveis de intervenção, inclusive com relação às áreas de fronteiras. Embora a formulação da política migratória seja responsabilidade do Ministério do Interior e Transporte, tomam parte, também, o Ministério das Relações Exteriores e o Ministério do Trabalho dentro de suas competências específicas, competindo ao primeiro Ministério definir a política exterior e a fixação das normas referentes à imigração, bem como os aspectos relativos aos direitos civis dos estrangeiros, sua integração na comunidade nacional e, ao segundo, avaliar as necessidades de mão de obra do país.

Ao Ministério da Defesa competem as atribuições das condições geopolíticas e de segurança do território, elaboração das políticas para o desenvolvimento de criação de condições favoráveis para o assentamento da população.

A Direção Nacional de Imigrações constitui um órgão descentralizado, dependente do Ministério do Interior e Transporte, tendo como atribuições a aplicação da política migratória, sendo responsável pela aplicação da legislação com o objetivo de promover a regularização da situação migratória dos estrangeiros no território, além de controlar o ingresso e a saída de pessoas, bem como a permanência de estrangeiros.

Nesse sentido, a Direção Nacional de População tem como objetivos a elaboração e avaliação das políticas de população e imigrações, bem como a formulação de programas para sua implementação, já que a diversidade das ações e o caráter multisetorial das mesmas são desenvolvidos como complementação e em colaboração com diversos organismos do Estado, Organizações não governamentais e Organismos Internacionais, citando-se dentre as atividades de maior importância a investigação e sistematização de informações sobre a população e desenvolvimento de normativas.

Ao Ministério das Relações Exteriores compete a proteção e assistência dos cidadãos, os interesses dos argentinos no exterior, a execução da política de migração no plano internacional no que respeita à nacionalidade, direitos e obrigações dos estrangeiros, sua assimilação e integração na comunidade nacional que, por meio de sua Secretaria, priorizam a integração da Argentina ao mundo, a promoção dos valores associados à paz internacional, a forma democrática de governo, o respeito aos direitos humanos, sistema de comércio equilibrado, melhor distribuição dos benefícios da globalização e democratização do sistema de decisões nos organismos internacionais.

Por sua vez, compete ao Ministério da Justiça, Seguridade e Direitos Humanos assistir o Presidente da República e o Chefe de Gabinete dos Ministros, nas relações com o Poder Judiciário, Ministério e Defensoria Públicas e Conselho da Magistratura na atualização da legislação, assessoramento jurídico na coordenação das atividades do Estado com respeito aos movimentos da população, sem prejuízo de suas competências específicas.

9.4. A política migratória, as organizações dos imigrantes e a sociedade civil

A política migratória na Argentina se encontra regulamentada basicamente pela Lei das Imigrações, pela qual se explicita a exigência do Estado de dispor dos instrumentos necessários para garantir a integração dos migrantes na sociedade argentina, objetivando adotar e implementar medidas para regularização da situação migratória dos estrangeiros, facilitando o acesso dos imigrantes aos estabelecimentos públicos ou privados de ensino em todos os níveis, sem consideração da possível condição irregular da migração, o mesmo ocorrendo com relação à saúde ou assistência sanitária, que não poderão ser negadas a nenhum estrangeiro, qualquer que seja sua situação migratória.

A participação da sociedade civil tem sido fundamental com referência às ações que contribuem para a proteção dos direitos humanos dos migrantes. A variedade e multiplicidade de organizações não governamentais, centros de estudos, associações de migrantes e pastorais migratórias são inúmeras e heterogêneas, sendo possível construir uma tipologia que permita identificá-las em face de suas modalidades, objetivos e papéis sociais por meio das quais cumprem suas finalidades.

9.5. A imigração irregular e a inserção laboral dos migrantes na Argentina

É preciso destacar que os processos de regularização migratória constituem ferramentas indispensáveis para oferecer aos imigrantes sem documentação a possibilidade, de acordo com a legislação, de sua acolhida e garantia de seus direitos com o fim de residência legal; o objetivo do programa consiste na regularização da situação migratória, a inserção e integração dos estrangeiros residentes de forma irregular no país, com a possibilidade de que estes obtenham a regularização de sua situação migratória. Referida medida encontra-se implementada para os cidadãos do Mercosul, fundada no critério da acreditação da nacionalidade de um dos países integrantes do bloco.

A inserção laboral dos imigrantes latino-americanos e asiáticos na Argentina contribuiu notavelmente para o desenvolvimento da economia, em virtude da necessidade do uso intensivo da mão de obra (construção civil, produção têxtil, cerâmicas), assim como serviços dos quais necessita a classe média urbana como o trabalho doméstico e o comércio em pequenos mercados de comestíveis, verificando-se a predominância de paraguaios na construção civil e de mulheres peruanas e paraguaias no serviço doméstico, enquanto os bolivianos dedicam-se à cultura de hortaliças, fabricação de cerâmicas e venda de roupas em feiras populares.

O grande mérito da legislação argentina refere-se ao convencimento político de ser necessária a integração plena das pessoas dentro do território mediante sólida coesão social, exigindo políticas públicas de acompanhamento do processo de integração plena, com obrigação do Estado em garantir direitos aos imigrantes independentemente de sua condição migratória.

Portanto, dispensa-se tratamento igual aos imigrantes e suas famílias nas mesmas condições asseguradas aos argentinos, mediante o acesso igualitário aos serviços sociais, especialmente com relação ao sistema de saúde, educação, acesso à justiça e proteção laboral, bem como o respeito ao direito de reunificação familiar dos imigrantes com seus pais, cônjuges, filhos solteiros menores ou maiores com capacidades diferentes, propiciando uma política migratória aberta e inclusiva.

10. Conclusões

Do quanto examinado a propósito das legislações brasileira, venezuelana, chilena e argentina, verificou-se que todos os ordenamentos citados pautaram suas condutas observando os principais tratados internacionais a respeito da proteção dos migrantes e suas famílias e as Convenções da OIT.

Além dos aspectos relativos à legislação internacional, verificou-se que os países pesquisados asseguram aos imigrantes o mesmo tratamento concedido aos nativos, pouco importando a situação do migrante no país de destino, se regular ou irregular.

Importante lembrar que maior ou menor integração do trabalhador migrante no país para o qual se transferiu constitui questão de grande relevância, em face da discriminação que normalmente sofrem os trabalhadores estrangeiros que chegam ao país de destino, usualmente em condições de vulnerabilidade pelo simples fato de encontrarem-se distantes de seu país de origem, de seus familiares e, na maioria das vezes, pelas dificuldades encontradas com novos costumes e hábitos de vida, além do idioma que nem sempre dominam perfeitamente.

Portanto, a ausência de comunicação direta, clara e eficiente traz consequências na sua adaptação, obtenção de documentos pessoais, relacionamento social, busca de emprego, etc.

Diante desse cenário de vulnerabilidade em que se encontram os trabalhadores migrantes, necessário redobrar os cuidados para coibir a exploração da mão de obra que sofrem, posto que, na dificuldade de encontrar emprego, sujeitam-se a trabalhar em condições totalmente degradantes e indignas para poderem sobreviver.

Outro aspecto que merece ser considerado e revela ainda mais a importância do tema é o fato de, em todo o mundo, e, especialmente, desde janeiro deste exercício com a declaração de pandemia em face da Covid-19, os trabalhadores migrantes encontram-se mais fragilizados, notadamente os que se encontram no país clandestinamente e por este fato são denominados "invisíveis", para os quais não existem benefícios de assistência social, familiar e do necessário acolhimento, exceto pela excelente ação social promovida pelas inúmeras ONG's que se ocupam dos menos favorecidos.

Ressalte-se que a atividade desenvolvida pelas ONG's revelou-se constante e de vital importância nos ordenamentos pesquisados e que contribuem para proteção dos direitos fundamentais dos migrantes, especialmente na implementação de atividades concretas para regularização da situação migratória dos estrangeiros, facilitando o acesso dos imigrantes aos serviços de assistência social, saúde e educação, que não devem ser negadas a nenhum estrangeiro, qualquer que seja sua situação migratória.

Por fim, não se pode olvidar que no mundo globalizado as relações de trabalho tradicionais perderam espaço para a descentralização da mão de obra e precarização na prestação de serviços, fatores que aumentam a desigualdade social, colocando o trabalhador migrante sob maior vulnerabilidade, lembrando-se que o trabalho subordinado ou autônomo constitui forma de inclusão social que permite ao trabalhador migrante participar ativamente da sociedade civil que o acolheu.

Referências

ACADEMIA NACIONAL de DIREITO do TRABALHO. Dicionário Brasileiro de Direito do Trabalho. São Paulo: LTr, junho 2013.

BARROSO, Luís Roberto. *Curso de direito constitucional contemporâneo*: os conceitos fundamentais e a construção de um novo modelo. 4. ed. São Paulo: Saraiva, 2013.

BOUCINHAS FILHO, Jorge Cavalcanti. *A Organização Internacional do Trabalho e a migração internacional de trabalhadores*. Convenções Internacionais sobre migração de trabalhadores. São Paulo: LTr, 2019.

CONFERENCIA INTERNACIONAL DEL TRABAJO, 105ª REUNIÓN, 2016. Estudio General sobre los instrumentos de los trabajadores migrantes. Tercer punto del orden del día: Informaciones y memorias sobre la aplicación de convenios y recomendaciones. Informe de la Comisión de Expertos en Aplicación de Convenios y Recomendaciones (artículos 19, 22 y 35 de la Constitución). Informe III (Parte 1B). Oficina Internacional del Trabajo, Ginebra.

CORREA, Henrique; SALVADOR, Vivian Ferraz de Arruda. *A precarização do trabalho dos profissionais da área da saúde*. Projeto mais médicos para o Brasil, residência médica e atuação dos órgãos de proteção ao trabalhador. *Revista do Ministério Público do Trabalho*, ano XXI, março 2011. São Paulo: LTr, 2011.

DIREITOS SOCIAIS dos IMIGRANTES HAITI-BRASIL. Fumarc, 2016. PUC Minas. Belo Horizonte: 2016.

EÇA, Vitor Salino de Moura. *O direito fundamental do trabalho e a migração de trabalhadores*. Direitos Fundamentais nas relações de trabalho. São Paulo: LTr, 2015.

INFORME PRELIMINAR SOBRE LA CRISIS DEE MIGRANTES Y REFUGIADOS VENEZOLANOS EM LA REGIÓN. Grupo de Trabajo de la OEA — Washington, 2019.

LOPES, Christiane Maria Sbalqueiro. Menos nacionalismo e mais direitos humanos: o papel do MPT diante do trabalho do estrangeiro em situação irregular. *Revista do Ministério Público do Trabalho*, ano XXI, março 2011. São Paulo: LTr, 2011.

NAHAS, Thereza; PEREIRA, Leone; MIZIARA, Raphael. *CLT comparada urgente*. São Paulo: Thomson Reuters. Revista dos Tribunais, 2017.

NAHAS, Thereza Christina. *Reflexões sobre o capital globalizado nas relações de trabalho* — especial referência à União Europeia e Mercosul. São Paulo: LTr, 2016.

PERFIL MIGRATÓRIO DE ARGENTINA. OIM — ORGANIZACIÓN INTERNACIONAL PARA LAS MIGRACIONES. Roberto Benecia, 2012.

PERFIL MIGRATÓRIO DE CHILE. OIM — ORGANIZACIÓN INTERNACIONAL PARA LAS MIGRACIONES. Carolina Stefoni, 2011.

PERFIL MIGRATÓRIO DE COLOMBIA. OIM — ORGANIZACIÓN INTERNACIONAL PARA LAS MIGRACIONES. Clemencia Ramírez, Marcela Zuluaga, Clara Perilla, 2010.

REDIN, Giuliana. *Direito de imigrar*: direitos humanos e espaço público na sociedade contemporânea. 2010. 197 f. Tese (Doutorado) — Curso de Direito, Programa de Pós-graduação Stricto Sensu em Direito, Pontifícia Universidade Católica do Paraná, Curitiba, 2010.

REVISTA do MINISTÉRIO PÚBLICO do TRABALHO, ano XXI, mar. 2011. São Paulo: LTr, 2011.

REVISTA do MINISTÉRIO PÚBLICO do TRABALHO, ano XXI, n. 42, set. 2011. São Paulo: LTr, 2011.

REVISTA do MINISTÉRIO PÚBLICO do TRABALHO, ano XXI, n. 47, mar. 2014. São Paulo: LTr, 2015.

SAAD, Eduardo Gabriel. *Consolidação das Leis do Trabalho*: comentada. 48. ed. atual., rev. e ampl. por José Eduardo Duarte Saad, Ana Maria Saad Castello Branco. São Paulo: LTr, 2015.

SANTOS, Enoque Ribeiro dos; Farina, Bernardo Cunha. A igualdade jurídica do trabalhador fronteiriço. *Revista do MPT* — Brasília, ano XXI, mar. 2011, LTr, 2011.

SILVA, Homero Batista Mateus da. *CLT comentada*. São Paulo: Thomson Reuters. Revista dos Tribunais, 2016.

YOSELYN, BERMÚDEZ ABREU; ORIELLE, HERNÁNDEZ JIMENEZ. La protección del trabajador inmigrante en situación irregular dentro el ordenamiento jurídico venezolano. Gaceta Laboral v. 15 n. 3 Maracaibo dic. 2009.

Sites consultados:

nacoesunidas.org>oit-discute-direitos-dos-trabalhadores-migrantes

http://www.oit.org.br

http://www.ilo.org

brazil.iom.int

http://www2.ohchr.org/english?law/cmw.htm

http://www2.mre.gov.br/dai/b_urug_255_5003.htm

www.justca.gov.br>collective-nift-content (Relatório Anual do Observatório das Migrações Internacionais)

www.mercosur.int

www.mercosul.gov.br

https://portaldeimigracao.mj.gov.br?pt.datamigra

www.migrante.org.br › publicacoes › artigos-e-textos

www.iom.int › files › pbn › docs

www.migracioncolombia.gov.co › .

www.itamaraty.gov.br

www.portalconsular.itamaraty.gov.br

portoprincipe.itamaraty.gov.br/pt-br

A DISCRIMINAÇÃO ALGORÍTMICA DE GÊNERO: A REPRODUÇÃO DO REAL NO VIRTUAL(*)

Maria Cecília Máximo Teodoro(**)
Gabriela Neves Delgado(***)

1. Introdução: a discriminação é real, inclusive no virtual

O debate sobre a desigualdade de gênero tornou-se uma das principais pautas do dia na contemporaneidade. Em pleno ano de 2023 ainda se discute a discriminação de gênero no trabalho. Ao mesmo tempo em que se discorre sobre inteligência artificial e tecnologia do chat GPT[1] e seus efeitos na necessidade do trabalho humano, ainda se constata a realidade de que grande parte das mulheres são discriminadas nas relações de trabalho. Ou seja, a atualidade do tema reside exatamente no fato de que a diversidade e a igualdade não são práticas cotidianas (AHMED, p. 156).

(*) O presente artigo faz parte das conclusões do estágio pós-doutoral da autora Maria Cecília Máximo Teodoro, na Faculdade de Direito da UnB, sob orientação e supervisão da autora Gabriela Neves Delgado.

(**) Pós-Doutoranda pela UnB. Pós-Doutora em Direito do Trabalho pela Universidade de Castilla-La Mancha com bolsa de pesquisa da CAPES. Doutora em Direito do Trabalho e da Seguridade Social pela USP — Universidade de São Paulo. Mestre em Direito do Trabalho e Graduada pela Pontifícia Universidade Católica de Minas Gerais. Professora do Doutorado, do Mestrado e da Graduação da PUC/MG; Líder do Grupo de Pesquisa RED — Retrabalhando o Direito. Pesquisadora. Autora de livros e artigos jurídicos. Speaker TEDx. Sócia e Advogada no escritório MÁX.OLI Máximo Teodoro & Oliveira Sociedade de Advogados.

(***) Professora Associada de Direito do Trabalho dos Programas de Graduação e Pós-Graduação da Faculdade de Direito da Universidade de Brasília (UnB). Pesquisadora coordenadora do Grupo de Pesquisa Trabalho, Constituição e Cidadania (UnB/CNPq). Pós-Doutorado em Desigualdades Globais e Justiça Social: diálogos sul e norte, pela Faculdade Latino-Americana de Ciências Sociais e seu Colégio Latino-Americano de Estudos Mundiais (FLACSO). Pós-Doutorado em Sociologia do Trabalho, pelo Instituto de Filosofia e Ciências Humanas da Universidade Estadual de Campinas (IFCH/UNICAMP). Doutora em Filosofia do Direito pela Universidade Federal de Minas Gerais (UFMG). Mestre em Direito do Trabalho pela Pontifícia Universidade Católica de Minas Gerais (PUC Minas). Autora de livros e artigos jurídicos em sua área de especialização. Advogada.

(1) O chat GPT é um modelo treinado para interagir com os usuários sob a forma de conversa. Segundo explicação retirada do próprio site, o ChatGPT responde a perguntas de acompanhamento, admite seus erros, contesta premissas incorretas e rejeita solicitações inadequadas. Disponível em: openai.com/blog/chatgpt/.

Em notícia datada de 10 de outubro de 2018, consta que a Amazon estava abandonando o projeto de usar a inteligência artificial para automatizar a seleção de currículos dos candidatos às vagas de emprego, ao descobrir que a ferramenta detinha um comportamento discriminatório em relação às mulheres (AUTRAN, 2018).

Na mesma linha, o site The Intercept publicou, em 24 de novembro de 2022, a matéria com o seguinte título: "Reprovados por robôs: como plataformas de inteligência artificial podem discriminar mulheres, idosos e faculdades populares em processos seletivos" (NEVES, 2022).

Safiya Noble, na obra *Algorithms of Oppression*, conclui anos de pesquisa examinando de que forma as ferramentas da inteligência artificial reproduzem o racismo e o sexismo da sociedade real, sendo que o mundo virtual retrata e reforça a opressão e os preconceitos, agora por meio dos algoritmos (NOBLE, 2018, p. 6). Não obstante o fato notório de que mulheres recebem sistematicamente menos do que homens, um manifesto "antidiversidade" de autoria de James Damore se tornou viral em agosto de 2017, veiculando notícias falsas, como, por exemplo: "mulheres são psicologicamente inferiores e incapazes" e "mulheres são incapazes de serem boas em engenharia de software com os homens". No decorrer do processo de impressão do livro, lideranças e trabalhadores da Google tentaram repreender o referido manifesto do engenheiro, notadamente porque ele trabalhava no setor de buscas da empresa.

Com esse exemplo, Noble deseja mostrar que a antidiversidade está presente no ser humano. E pessoas que estão desenvolvendo algoritmos de busca e arquiteturas da inteligência artificial podem estar abertamente imbuídas em promover atitudes sexistas e racistas no trabalho e fora dele, no mundo real e no virtual, enquanto a inteligência artificial quer fazer acreditar que as suas ferramentas de tomada de decisão são imparciais e neutras (NOBLE, 2017, p. 2).

Os algoritmos se apresentam sob um véu de imparcialidade, mas Cathy O´Neil (2020, p. 8) pondera que a extração e a categorização de dados por fórmulas matemáticas — os algoritmos — são "baseadas em escolhas feitas por seres humanos falíveis". O´Neil (2020) ressalta que as únicas pessoas que tinham acesso aos mecanismos matemáticos eram os matemáticos e os cientistas da computação, cujo modelo de ciência tende a ser eurocentrado, masculino, branco, heterossexual e puro. Dessa forma, Cathy O´Neil explica que as construções matemáticas espelhadas via algoritmos, batizadas de "armas de destruição matemáticas", tendiam a reproduzir os preconceitos e as discriminações presentes na sociedade real, com tendência a prejudicar pessoas mais pobres e vulneráveis (2020, p. 8). Tal situação desencadeia o conhecido "efeito Mateus, porque ao que tem muito, se dará ainda mais; mas ao que tem pouco, até mesmo o que tem lhe será tirado" (SUPIOT, 2013).

Embora o mundo esteja mais aberto à diversidade, as discussões políticas e privadas, teóricas e práticas, reais ou virtuais sobre o direito de minorias e grupos excluídos historicamente não levam a uma prática automática de igualdade. Os debates são necessários e urgentes, mas o avanço sobre a diversidade no mundo do trabalho, notadamente quanto às questões de gênero, não traduz necessariamente uma práxis diversa ou igual. "Essa não tradução é uma lacuna entre um compromisso simbólico e uma realidade vivida" (AHMED, p. 152).

Enquanto compromisso apenas simbólico, a diversidade corre o risco de ser usada como instrumento de "relações públicas" das empresas (AHMED, p. 170). Programas formais, embora pouco eficazes na prática cotidiana de uma empresa, acabam sendo usados como indicadores do seu bom desempenho, criando uma boa imagem junto ao mercado consumidor. No entanto, o fato de a diversidade — as políticas de gênero que lhe são inerentes — ser ainda considerada um desafio, é a prova de que não há diversidade real (AHMED, p. 172).

Nesse sentido, criar programas de *compliance*, canais de denúncia, treinamentos corporativos, cartilhas e documentos não pode significar apenas uma gestão da imagem, sob pena de gerar um bloqueio da ação, que Ahmed chama de "sentimento de marshmallow, o sentimento de que estamos fazendo o suficiente, ou mesmo que não há mais nada a ser feito" (AHEMD, p. 171). O marshmallow é suave, branco, pegajoso e grudento e expressa o que pode acontecer quando as coisas se tornam muito confortáveis. Ser premiada por ter uma boa gestão da imagem pode levar a empresa a apenas se preocupar em corrigir a imagem errada e não a gerar diversidade em suas práticas cotidianas.

Ou seja, corre-se o risco de a diversidade ser utilizada como recurso de colonização das narrativas e como forma de preservação do constituído. Assim, ora o debate é no sentido de como se livrar da diferença, ora sobre como fazer uso estratégico dela, mas raramente "como viver com a alteridade, diária e permanentemente" (BAUMAN, 1998, p. 44), ou para gerar igualdade e retratações históricas, considerando a alteridade como uma construção existencial, ética e política, fazendo com que a diversidade cumpra seu papel de "reverter a marginalização" (AHMED, p. 165).

A "ética da tolerância" então ganha certa utilidade, pois o "eu" ao tolerar o "outro" se refere muito mais à instância do "ego" do que à instância social ou ao "*alter ego*" como um "escuro e sinistro fundo contra o qual o eu purificado possa brilhar" (BAUMAN, 1998, p. 119). No entanto, diversidade é modificar espaços, reais ou virtuais, para torná-los acessíveis. Isso revela como os espaços constituídos são moldados pelos corpos que os habitam, pois "o que já é aceito não é visto como imposição e muitas vezes as modificações necessárias nos espaços para que outros corpos os acessem são tratadas como imposições àqueles que estiveram aqui primeiro" (AHMED, p. 186).

Nesse contexto é que se compreende o sentido de preconceito. Preconceito é a formação de um conceito prévio no aparelho psíquico da pessoa, que o forma de maneira ignara porque o objeto (pessoa, comida, lugar) lhe causa estranheza, por ser diferente, por não conhecê-lo, reconhecê-lo, ou porque traz à tona alguma de suas próprias sombras. O preconceito ainda está baseado em julgamentos morais sobre indivíduos, por meio dos quais se operam associações entre traços pessoais e características morais (MOREIRA, 2020, p. 358).

A discriminação acontece quando o preconceito é colocado em movimento, ou seja, quando ele sai da esfera psíquica e vira ato, por meio de palavras, ações, gestos. As dimensões da discriminação perpassam diversos âmbitos, seja de forma institucional, estrutural ou intergeracional (MOREIRA, 2020, p. 456-480).

Ocorre que, na contemporaneidade, a "ética da tolerância" leva à ideia generalizada de que ser preconceituoso é inadequado, em muito porque realmente vivenciou-se um avanço ético, pelo qual muitas pessoas, genuinamente, deixaram de ser preconceituosas, por se integrarem a um processo contínuo de inclusão e de debate dessas diferenças; mas também porque, em grande medida, as pessoas não colocam seus preconceitos em movimento, deixando-os latentes, silenciados, passando-se por tolerantes. Estas percepções são apresentadas como preconceitos velados ou mesmo como um ofuscamento do preconceito com receio do juízo social que está relacionado a este comportamento.

Seria a "ética da tolerância" a antiética ou o *alter ego* da arrogância, pela qual quem tolera gays, lésbicas, travestis, pretos, indígenas, mulheres, gordos, se considera melhor que eles, mas tolera?

> Ou seja, o fenômeno da distinção, que hoje se desdobra em múltiplas correlações — dentre as quais estão: o pobre como *alter ego* do rico, o desempregado como *alter ego* do empregado, o fracassado como *alter ego* do bem-sucedido, — tem origem remota, nos primórdios da humanidade, quando, a única distinção a se fazer era a de cunho sexual e, por uma simples questão de lei dos mais fortes, a mulher tornou-se o *alter ego* do homem[2].

Essa "ética da tolerância" carrega em si a existência de um patamar de subjetividade padronizado que dever ser alcançado pelo outro. Observa-se que é uma política de acesso limitada de sujeitos para que ocorra uma inclusão precária de suas existências em postos predeterminados. A discussão sobre diferenças e desigualdades ganha fôlego e complexidade na medida em que o mundo se insere na era digital, viabilizada pela inteligência artificial, que parece desaguar em um novo modelo de capitalismo cuja espinha dorsal é a reprodução da vida real no ambiente virtual.

Ou seja, desde a descoberta do fogo, da roda e a introdução da máquina a vapor no processo produtivo até os dias atuais — cujas atividades são feitas em grande parte

---

(2) TEODORO, Maria Cecília Máximo; RIBEIRO, Ailana Santos. Um olhar histórico sobre os movimentos sociais pela emancipação feminina: conquistas e cicatrizes de uma luta inacabada. *In*: FARIA, Fernanda Nigri; VIANA, Márcio Túlio (Coords.). *Movimentos sociais* versus *retrocessos trabalhistas*: poder e resistência no mundo do trabalho. São Paulo: LTr, 2018, p. 34.

pela internet ou pelas plataformas digitais, regidas por algoritmos inteligentes e com auxílio de robôs dotados de *machine learning* (ELIAS, 2017) —, a tecnologia foi o fio condutor da passagem dos modelos de produção taylorista, fordista, toyotista até a consolidação desse novo modelo produtivo altamente tecnológico, que vem sendo conhecido como modelo plataformizado, para muitos reconhecidos como a "Era Uber".

Neste contexto, levanta-se a hipótese de que os algoritmos podem controlar e avaliar o trabalho humano, de acordo com parâmetros definidos pelo mercado, promovendo escalonamentos, rotulações, preferências e preterições. Trata-se, assim, de verificar se o tratamento de dados pelos algoritmos pode levar a medidas discriminatórias e excludentes em processos de seleção e avaliação e quais seriam seus impactos na diferenciação social no trabalho, baseada no gênero (MURADAS e PEREIRA, 2018).

A pesquisa acerca das discriminações realizadas no ambiente virtual pode ser reflexo do real, mesmo porque o virtual não é um mero conjunto de imagens, "mas uma relação social entre pessoas midiatizada por imagens" (DEBORD, 2003, p. 14), compreendido, na sua totalidade, como um espetáculo da vida e simultaneamente o resultado e o projeto do modo de produção (DEBORD, 2003, p. 15).

E o real da vida produtiva está no fato de que há uma precarização do trabalho da mulher, seja preterindo-a na contratação, seja conferindo tratamento desigual no contrato de trabalho, além da tentativa de naturalizar sua inserção numa espécie de *subclasse* (BAUMAN, 2008) no mundo do trabalho. Desse modo, o capitalismo demostra o seu poder de controle como um "projeto político que intensifica a exploração das mulheres e faz ressurgir formas de trabalho forçado que pensávamos ter se extinguido com o declínio dos impérios coloniais" (FEDERICI, 2019, p. 156).

Ou seja, a desvalorização social do trabalho da mulher, amplificada e naturalizada pelos espaços virtuais, parece possibilitar a contenção das demandas da luta feminina como um todo, sendo que o "desenvolvimento capitalista para se perpetuar, precisa criar dentro do proletariado divisões que bloqueiam a construção de uma sociedade livre de exploração" (FEDERICI, 2019, p. 161).

Neste âmbito, este artigo pretende realizar revisão bibliográfica acerca da discriminação de mulheres por algoritmos inteligentes. Pretende-se, assim, tornar visíveis eventuais práticas discriminatórias, a fim de oferecer caminhos para enfrentar tais práticas no mundo real e no "mundo" virtual (TEODORO, 2020).

2. Os desafios do sexismo são remotos e imediatos, antigos e atuais

A história de lutas pela emancipação feminina busca, em suas diferentes vertentes, a igualdade substancial entre homens e mulheres e o respeito às mulheres, em franco movimento contra a misoginia (DUARTE, 2019; COELHO, 2002).

Importante ressaltar, no entanto, que há um forte descompasso temporal entre a conquista de direitos por mulheres brancas e negras. Nesse sentido, Djamila Ribeiro

(2018) diz que "enquanto mulheres brancas lutavam pelo direito ao voto e ao trabalho, as mulheres negras ainda lutavam para ser reconhecidas como pessoas". Assim, "mulheres brancas são discriminadas por serem mulheres, mas privilegiadas por serem brancas", razão pela qual é importante nomear as opressões e reconhecer que "a prevalência branca nos espaços de poder" (RIBEIRO, 2019, p. 16) torna diferentes os obstáculos e opressões sofridos por mulheres negras.

De fato, Debord (2003, p. 109) afirma que o controle das temporalidades é fruto de estruturas de poder e dominação de classe, em que a classe dominante detém o monopólio da narrativa e da organização do tempo social, de forma que "o raciocínio sobre a história é inseparavelmente raciocínio sobre o poder".

Homens e mulheres têm tratamento desigual na inserção, permanência e ascensão no mercado de trabalho (HIRATA, KERGOAT, 2007, p. 599). Em muito porque o Direito, especialmente o Direito do Trabalho, parece se basear na divisão sexual do trabalho, que consiste em reservar aos homens o trabalho produtivo e às mulheres o trabalho reprodutivo, sendo este considerado improdutivo, não gerador de lucro e, portanto, não remunerado (CALIL, 2007).

A divisão sexual do trabalho é a forma de divisão do trabalho que decorre das relações sociais entre os sexos e é fator primordial para a sobrevivência da relação entre homens e mulheres (HIRATA, KERGOAT, 2007, p. 575). Esta gera relevante fissura entre os espaços público e privado, colocando de um lado a esfera da produção — um espaço público, simbolizado pela fábrica e considerado campo masculino —, e do outro lado a esfera da reprodução — espaço privado, representado pela casa, território feminino (CURVO, 2015). De tal forma que as mulheres, na construção da história moderna, sofreram e sofrem permanentemente com as desigualdades no trabalho, seja pelo acúmulo do trabalho doméstico e de cuidado — não reconhecido ou não valorizado em termos jurídicos, econômicos e sociais -, seja pela discriminação de gênero no trabalho produtivo.

Segundo Hirata e Kergoat (2007, p. 596), a discriminação de gênero nas relações laborais decorre de uma histórica divisão sexual do trabalho, que demonstra que as desigualdades de gênero no tocante ao trabalho são sistemáticas, explícitas ou não. Dessa forma, a discriminação adota formas sutis e não explícitas, porém não menos violentas. Djamila Ribeiro (2019, p. 25) fala sobre o ambiente de trabalho disfuncional, de forma que "não basta ter uma pessoa negra para considerar que determinado espaço de poder foi *dedetizado contra o racismo*, pois a herança escravista faz com que o mundo do trabalho seja particularmente racista". Tais desigualdades são estruturadas sobre processos pelos quais a sociedade utiliza-se de uma diferenciação para hierarquizar as atividades laborais, valorizando mais o trabalho masculino do que o feminino, e, consequentemente, hierarquizando os sexos para criar um sistema de gênero no trabalho (HIRATA, KERGOAT, 2007, p. 597).

Kimberlé Crenshaw (2002), jurista negra estadunidense, analisa em seu estudo a discriminação do gênero feminino ocultada sob a pretensa universalidade dos direitos humanos, uma vez que o homem-branco-europeu está no centro desses direitos. Apesar da garantia formal, a proteção aos direitos humanos das mulheres ainda é periférica em razão da centralidade da figura masculina:

> Consequentemente, apesar da garantia formal, a proteção dos direitos humanos das mulheres ficou comprometida à medida que suas experiências poderiam ser definidas como diferentes das dos homens. Assim, quando mulheres eram detidas, torturadas ou lhes eram negados outros direitos civis e políticos, de forma semelhante como acontecia com os homens, tais abusos eram obviamente percebidos como violações dos direitos humanos. Porém, quando mulheres, sob custódia, eram estupradas, espancadas no âmbito doméstico ou quando alguma tradição lhes negava acesso à tomada de decisões, suas diferenças em relação aos homens tornavam tais abusos periféricos em se tratando de garantias básicas dos direitos humanos. (CRENSHAW, 2002, p. 72).

Em virtude dessa divisão sexual binária, estabelecida e fortalecida no decorrer do desenvolvimento da humanidade, entre homens e mulheres vigoram distinções que transcendem as esferas meramente conceituais e fisiológicas, alcançando, de modo tão significativo quanto temerário, as dimensões social, política (desde as perspectivas de representatividade e de proporcionalidade) e econômica (HIRATA, KERGOAT, 2007, p. 575).

A sociedade tradicionalmente patriarcal se baseia na opressão do homem sobre a mulher, o que, como via de consequência, acaba se tornando a opressão de toda sociedade sobre a mulher, na medida em que os círculos viciosos são compostos de homens, crianças, família e também de mulheres. Nota-se uma patente precariedade que acompanhou essas mulheres desde o início da industrialização capitalista moderna (FEDERICI, 2019). Marx, em sua obra *O capital*, Vol. 1 (1987, p. 235), ilustra esta realidade:

> (...) a maquinaria, ao tornar inútil a força do músculo, permite empregar trabalhadores sem força muscular ou sem um desenvolvimento físico completo, que possuem, no entanto, uma grande flexibilidade em seus membros. O trabalho da mulher e da criança foi, portanto, o primeiro grito da aplicação capitalista da maquinaria. Desse modo aquele instrumento gigantesco criado para eliminar trabalho e operários se convertia imediatamente em meio de multiplicação do número de assalariados, colocando todos os indivíduos da família operária, sem distinção de idade ou sexo, sob a dependência imediata do capital.

A própria análise histórica do Direito do Trabalho, fundado pela luta social dos trabalhadores na germinação das revoluções industriais, estampa o aviltamento e a espoliação do trabalho feminino, alvo das mais violentas formas de opressão, não só laboral, mas também sexual, que, juntamente com as crianças, eram consideradas meia-forças dóceis.

No contexto da Revolução Industrial, um grande contingente de mulheres (notadamente mulheres brancas) ingressou no mercado de trabalho na Inglaterra, sendo considerado um período de implantação do grupo familiar no mecanismo de produção que transformou a mulher em operária (TOLEDO, 2008, p. 38). Neste contexto, em virtude da industrialização, houve um vultoso fluxo de trabalhadores para o entorno das fábricas, dada sua grande oferta de postos de trabalho (TOLEDO, 2008, p. 39).

A explosão da indústria trouxe muitas mudanças para as mulheres, que saíram de suas casas para ocuparem postos de trabalho extenuantes, mal remunerados e com sobrejornadas habituais. Mesmo sendo retirada do seio familiar para alimentar as necessidades da indústria, não foi criada uma alternativa para os trabalhos domésticos que se acumulavam às responsabilidades dessas trabalhadoras, que agora laboravam em turnos extensos e em duplicidade (TOLEDO, 2008, p. 37-39).

As mulheres inseridas, ainda que precariamente, no mundo social por meio do trabalho, começaram a se reconhecer como seres sociais, nesse contexto da Revolução Industrial. "Assim, ao mesmo tempo em que o chão de fábrica intensificava a superexploração da mão de obra feminina, propiciava às trabalhadoras se reconhecerem enquanto pares e se articularem em defesa dos abusos sofridos" (TEODORO, 2022, p. 1099).

O ingresso das mulheres na esfera pública não necessariamente significou libertá-las das submissões. Pelo contrário, a integração precária ao mercado de trabalho acabava por submetê-las a uma dupla opressão, pois na esfera privada elas estavam sujeitas a uma lógica cultural e econômica de dependência dos homens, fruto de uma ordem social machista, ao mesmo tempo em que eram submetidas a uma subjugação de sua classe, com discriminações e preterições, principal ponto de intersecção de mulheres com o proletariado em sua luta (SÜSSMUTCH, 1988. p.15-28).

A título de ilustração, Chimamanda Adiche ressalta que, quando se fala em casamento, com frequência adota-se uma linguagem de posse e não de parceria (2015, p. 33). E diz que isso tem origens remotas na criação, lançando perguntas: "E se criássemos nossas crianças ressaltando seus talentos, e não seu gênero? E se focássemos em seus interesses, sem considerar gênero?" (2015, p. 38).

Realizando um salto na história, transcorrendo séculos de lutas sociais, especialmente as feministas, e mais de um século de oficialização do Dia Internacional da Mulher, embora inegáveis os avanços legais e sociais, a realidade da discriminação ainda permanece dentro do mesmo padrão histórico de poder na contemporaneidade, fazendo conviver carros autônomos, robôs cirurgiões, racismo e sexismo, lado a lado.

Ser mulher permanece sendo um grande desafio quando se vive em uma sociedade em que a sua condição humana é, a todo momento, desafiada por hábitos, políticas, pensamentos e tratamentos que — diretamente ou por impacto adverso — privilegiam a figura masculina, em insistente perpetuação a uma (antiquada) cultura patriarcal, machista e misógina secular. Esta lógica, como será demonstrada nesta pesquisa, não parece ser diferente nos espaços virtuais, pois são estruturais, ultrapassando as dimensões do tempo, espaço e geografia das relações de trabalho.

As interações sociais agora mediadas pelos algoritmos parecem cimentar e dar maior tenacidade a uma permanência, ainda que sob uma nova roupagem, mas de um velho modelo de produção que não respeita a diversidade, e que se desenvolve principalmente no espaço virtual ou organizado e intermediado pelas vias digitais.

A mediação e a submissão contemporâneas já têm nomenclatura, conceituada como subordinação algorítmica. Nesse sentido, Gabriela Delgado e Bruna Carvalho pontuam:

> No entanto, na realidade, esses trabalhadores recebem da plataforma digital o direito de trabalhar em troca de uma remuneração sobre a qual não podem opinar, a serviço de clientes que não podem escolher, em condições de trabalho que não podem gerenciar. A cooperação perde o sentido solidário de empenho comum e ganha contornos de exploração, mediante o exercício do poder diretivo dos algoritmos, que se espelha na subordinação algorítmica desses trabalhadores. (DELGADO; CARVALHO, 2020)

Os algoritmos são treinados para aprender, avaliar e moldar o trabalho humano, de acordo com parâmetros definidos pelo mercado, classificando os trabalhadores em "castas boas ou ruins" (MOREIRA, 2019). Dotados de informações e uma vez realizadas as rotulações algorítmicas, que por vezes são disponibilizadas indiscriminadamente no *big data*, as empresas decidem sobre a pessoa que vai ser contratada, promovida, dispensada, segundo a opinião de algoritmos ditos inteligentes (REIS e GRAMINHO, 2019), mas de confiança duvidosa, pois aprendem também a discriminar e preterir.

De fato, os algoritmos são uma série de instruções no sentido de transformar dados (*inputs*) em resultados (*outputs*) (ALDWIN, 2016), enquanto o *machine learning* pode ser traduzido como o aprendizado da máquina, mecanismo pelo qual instruções são passadas para que o sistema seja capaz de identificar padrões, inclusive criar tratamentos discriminatórios e imputar conexões, formulando resultados e ensinando a máquina a tirar conclusões sozinha (ANGWIN, 2016).

As discriminações, entre elas a de gênero, em processos automatizados podem acontecer de diversas formas, tais como: i) distinção de gênero na coleta de dados pessoais; ii) dissonância de representatividade dos dados; iii) utilização de dados históricos; iv) declinação de dados sensíveis; v) utilização de dados pessoais de forma anônima; vi) uso de *data mining* (mineração de dados) (SILVA, 2016; MITCHEL, 1999; TURING, 2019; RUSSEL, 2013) e algoritmos tratados para desenhar, modelar e criar correlações e ilações estatísticas (LINDOSO, 2019); vii) *machine bias* (assunção dos preconceitos do banco de dados do criador do modelo) (ANGWIN, 2018; PEREZ, 2019); viii) Latanya Sweeney e Google Ads (SWEENEY, 2018).

O processo de migração dos bancos de dados para o centro da comunicação de marketing já é determinante para afetar o desenvolvimento da publicidade e da mídia, impactando na própria sociedade. Nesse sentido, os profissionais de mídia e marketing reconhecem que seus negócios já se baseiam em bancos de dados que exprimem os relacionamentos com os clientes com os quais as empresas se importam e que se importam com as empresas (TUROW, 2006).

3. A discriminação algorítmica de gênero: a reprodução do real no virtual

A discriminação algorítmica de gênero aparece assim como uma reprodução do real no virtual, e gira em torno do feixe de estudos sobre os vieses da inteligência artificial e os riscos de automatização de práticas desiguais e antidiversas pelo aprendizado das máquinas via algoritmos, trazendo "consequências maléficas para a circulação dos signos e das informações sobre determinados sujeitos sociais" (CARRERA, 2020).

Como retratado, já há comprovações de situações em que decisões tomadas com base nos algoritmos foram excludentes e discriminatórias. A inteligência artificial em sua mediação com o mundo real, viabilizada pelo algoritmo, "ensina" as máquinas como devem trabalhar, mas acabam "ensinando" também a discriminar. Isso mostra que o fato de uma máquina, aparente e teoricamente neutra, não conseguir agir com diversidade e igualdade parece ser um sintoma de certa relutância da prática real, de diferenciação e discriminação baseada em gênero, sendo perpetuada e acentuada no tempo.

Quando o trabalho feminino é mal classificado ou totalmente desclassificado por estes sistemas de inteligência artificial, estes espelham preconceitos de seus criadores ou simplesmente refletem o preconceito histórico da sociedade *off-line* (MOREIRA, 2019).

Quando tais discriminações conseguem ser constadas, algumas vezes são justificadas como resultado de falha técnica da máquina e, assim, a discriminação do trabalho feminino vai sendo perpetrada, aceita e invisibilizada, numa dinâmica de continuidade da colonização de corpos femininos subalternos (PEREIRA, 2020).

Portanto, o que se verifica é que os algoritmos não são neutros, vez que refletem os preconceitos humanos, podendo reproduzir vieses inconscientes que discriminam mulheres, acobertados por um discurso de neutralidade, que na verdade objetiva a diferenciação e submissão da mulher, sua responsabilização principal pelo trabalho reprodutivo e sua inserção em trabalhos cada vez mais precários (PEREIRA, 2020).

Desta forma, faz-se necessário tornar visível que a discriminação algorítmica promove a precarização intencional do trabalho feminino, perpetuando discriminações históricas e minando a resistência da classe trabalhadora como um todo.

Se, por um lado, as mulheres caminham para a igualdade formal em termos legais, por outro, falta-lhes, ainda, voz ativa e espaço para atuarem enquanto agentes reconhecidos — sobretudo no mercado de trabalho e no cenário político, de forma que os debates teóricos e os projetos políticos acabam se transformando em "substitutos da ação" (AHEMD, p.171).

Ou seja, as diversas formas de discriminação sofridas por mulheres vêm sendo reproduzidas pelo uso da inteligência artificial, mediante o controle e avaliação do seu perfil e trabalho por algoritmos inteligentes, circunstância que tende a acirrar sua inserção, permanência e ascensão no mercado de trabalho.

O problema escalona quando se percebe que "modelos matemáticos mal concebidos agora microgerenciam a economia, de publicidade a penitenciárias" (O´NEIL, 2020, p. 21). Esta tendência, de acordo com O´Neil (2020, p. 15), faz com que: "Os privilegiados sejam processados mais pelas pessoas; já as massas, pelas máquinas".

Em sendo os algoritmos construídos para determinada finalidade, eles seguem um modelo, o que, de acordo com O´Neil (2020, p. 30/31), "nada mais é do que a representação abstrata de algum processo, ou seja, o modelo pega o que sabemos e usa isso para prever respostas em situações variadas e acabam guiando nossas decisões".

No mundo virtual, algoritmos desenvolvidos pela inteligência artificial, em última análise, reconstroem, sob uma estrutura hierárquica, os modelos da experiência humana que, em geral, são identificados de acordo com a experiência masculina. Rago (2019, p. 4) afirma que "pensa-se a partir de um conceito universal de homem branco, heterossexual, civilizado do primeiro mundo", sendo que todas as outras pessoas que não se encaixem neste padrão são consideradas hierarquicamente inferiores.

A construção do padrão de aprendizagem dos modelos algorítmicos tem como parâmetro o padrão masculino, branco e heterossexual, portanto, não são neutros ou imparciais, mas forjados por relações assimétricas de poder e capazes de reproduzir e perpetuar a subalternidade histórica de mulheres.

Desmascarar os algoritmos é anunciar as possibilidades de sua dissonância de um projeto de igualdade e diversidade. É também posicionar-se contra a reprodução de uma ordem sexista que permanece não enxergando as mulheres e suas potencialidades.

4. Considerações finais

Apesar de todos os avanços tecnológicos delineados na nova era, as relações de trabalho permanecem em grande medida ancoradas em bases arcaicas e obsoletas, o que pode ser comprovado, por exemplo, pela divisão sexual do trabalho transportada da vida real para o ambiente digital.

Nesse sentido, embora predominem discursos de neutralidade dos algoritmos, constata-se uma forte e crescente tendência de reprodução de práticas desiguais e antidiversas em relação às mulheres no cenário virtual, numa dinâmica reconhecida por "discriminação algorítmica de gênero".

Para reverter este quadro é preciso avançar no campo das discussões sobre gênero, inclusão e diversidade, nos espaços políticos e privados, reais e virtuais. Ainda assim, é necessário vigilância para que estas pautas não sejam utilizadas como recursos de colonização das narrativas ou como forma de preservação do constituído. Em última instância, é imprescindível concretizar práticas de diversidade nas relações de trabalho da era digital, para que as mulheres de fato se integrem, em condições de pertencimento e proteção jurídica, às relações de trabalho virtuais.

Referências

ADICHE, Chimamanda Ngozi. *Sejamos todos feministas.* São Paulo: Companhia das Letras, 2015.

AHMED, Sara. *Viver uma vida feminista.* Traduzido por Jamille Pinheiro Dias, Sheyla Miranda, Mariana Ruggieri. São Paulo: Ubu Editora, 2022. 448pp.

ANGWIN, J. *et al.* Machine Bias: *There's software used across the country to predict future criminals. And it's biased against blacks.* ProPublica, [s. l.], 23 maio 2016. Disponível em: https://www.propublica.org/article/machine-bias-risk-assessments-in-criminal-sentencing. Acesso em: 13 mar. 2021.

________. *et al. When machines learn by experimenting on us.* ProPublica, [s. l.], 12 out. 2016. Disponível em: https://www.propublica.org/article/breaking-the-black-box-when-machines-learn-by-experimenting-on-us. Acesso em: 12 mar. 2021.

ALDWIN, E. *Machine Learning: the new AI.* Cambridge: The MIT Press, 2016.

AUTRAN, Felipe. IA da Amazon usada em análise de currículos discriminava mulheres. *Tec mundo.* Publicado em: 10 out. 2018. Disponível em: https://www.tecmundo.com.br/amp/software/135062-ia-amazon-usada-analise-curriculos-discriminava-mulheres.htm. Acesso em: 30 jan. 2023.

BAUMAN, Zygmunt. *O mal-estar na pós-modernidade.* Tradução de Mauro Gama e Cláudia Martinelli Gama. Rio de Janeiro: Zahar, 1998.

CALIL, Léa Elisa Silingowschi. *Direito do trabalho da mulher*: a questão da igualdade jurídica ante a desigualdade fática. São Paulo: LTr, 2007.

CARRERA, Fernanda. A raça e o gênero da estética dos afetos: algoritmização do racismo e do sexismo em bancos contemporâneos de imagens digitais. *Matrizes.* São Paulo, v. 14, n. 2, maio/ago., 2020, p. 217-240.

COELHO, Mariana. *A evolução de feminismo*: subsídios para a sua história. 2. ed. Curitiba: Imprensa Oficial do Paraná, 2002.

CRENSHAW, Kimberlé. Documento para o encontro de especialistas em aspectos da discriminação racial relativos ao gênero. *Revista Estudos Feministas,* v. 10, n. 1, 2002.

CURVO, Isabelle Carvalho. O Trabalho da mulher entre a produção e a reprodução. *In*: *Direito material e processual do trabalho.* Maria Cecília Máximo Teodoro (coordenadora). São Paulo: LTr, 2015, p. 89.

DEBORD, Guy. *A sociedade do espetáculo.* Rio de Janeiro: Contraponto, 2003.

DELGADO, Gabriela Neves; CARVALHO, Bruna V. de. Breque dos apps: direito de resistência na era digital. *In: Le Monde Diplomatique Brasil*, 27 jul. 2020. Disponível em: https://diplomatique.org.br/breque-dos-apps-direito-de-resistencia-na-era-digital/. Acesso em: 6 abr. 2021.

DUARTE, Constância Lima. Feminismo: uma história a ser contada. *In:* HOLLANDA, Heloisa Buarque. *Pensamento feminista brasileiro:* formação e contexto. Rio de Janeiro: Bazar do Tempo, 2019. p. 9-20

ELIAS, Paulo Sá. *Algoritmos, Inteligência artificial e o direito.* 2017. Disponível em: http://www.direitodainformatica.com.br/?p=1969. Acesso em: 16 mar. 2021.

EKBIA, Hamid. *Heteromação do trabalho.* 2019. Disponível em: https://digilabour.com.br/2019/07/04/hamid-ekbia-heteromacao-do-trabalho/. Acesso em: 18 mar. 2021.

FEDERICI, Silvia. *Calibã e a bruxa*: mulheres, corpo e acumulação primitiva. São Paulo: Editora Elefante, 2017.

FUMAGALLI, Andrea; LUCARELLI, Stefano. *A model of cognitive capitalism: a preliminary analysis.* In: European Journal of Economic and Social Systems, December 2007. Disponível em: http://mpra.ub.uni-muenchen.de/28012/. Acesso em: 16 mar. 2021.

GAULEJAC, Vincent. *Gestão como doença social*: ideologia, poder gerencialista e fragmentação social. Tradução Ivo Storniolo. 3. ed. Aparecida: Ideias & Letras, 2007. p. 124.

HAN, Byung-Chul. *No enxame*: perspectivas do digital. Tradução de Lucas Machado. Petrópolis, RJ: Vozes, 2018.

HIRATA, Helena; KERGOAT, Danièle. Novas configurações da divisão sexual do trabalho. *Cadernos de Pesquisa — Fundação Carlos Cha*gas, São Paulo, v. 37, n. 132, p. 595-609, set./dez. 2007.

KALAMAR, Anthony. *Sharewashing is the new greenwashing.* OpEdNews Op Eds. Maio de 2013. Disponível em: https://www.opednews.com/articles/Sharewashing-is-the-New-Gr-by--Anthony-Kalamar-130513-834.html. Acesso em: 16 mar. 2021.

LINDOSO, Maria Cristine Branco. *Discriminação de gênero em processos decisórios automatizados.* Dissertação apresentada à Banca Examinadora da Faculdade de Direito da Universidade de Brasília como requisito parcial para a obtenção do título de Mestre em Direito, elaborada sob a orientação da Prof.ª Dra. Ana Frazão. Brasília, 2019.

MITCHELL, TM. *Machine learning and data mining.* Commun ACM, 1999. p. 30-6.

MOREIRA, Adilson José. *Tratado de direito antidiscriminatório.* São Paulo: Contracorrente, 2020.

MOREIRA, Teresa Coelho. *Principais repercussões da utilização de sistemas de inteligência artificial por agentes empresariais no âmbito do direito do trabalho.* Inteligência artificial e Direito: ética, regulação e responsabilidade. Organizado por Ana Frazão e Caitlin Mulholland. Editora: Revista dos Tribunais, 2019.

MURADAS, Daniela; PEREIRA, Flávia Souza Máximo. Decolonialidade do saber e direito do trabalho brasileiro: sujeições interseccionais contemporâneas. *Rev. Direito Práx.*, Rio de Janeiro, v. 9, n. 4, 2018, p. 2117-2142.

NOBLE, Safiya Umoje. *Algorithms of opression: how search engines reinforce racism*. Publicado em: 12 dez. 2017. Disponível em: https://safiyaunoble.com/wp-content/uploads/2020/09/Algorithms_Oppression_Introduction_Intro.pdf. Acesso em: 30 jan. 2023.

NEVES, Ianaira. Reprovados por robôs: como plataformas de inteligência artificial podem discriminar mulheres, idosos e faculdades populares em processos seletivos. *The Intercept*. Publicado em: 24 nov. 2022. Disponível em: https://theintercept.com/2022/11/24/como-plataformas-de-inteligencia-artificial-podem-discriminar-mulheres-idosos-e-faculdades-populares-em-processos-seletivos/. Acesso em: 30 jan. 2023.

O'NEIL, Cathy. *Algoritmos de destruição em massa*: como o *big data* aumenta a desigualdade e ameaça a desigualdade. Editora Rua do Sabão, 2020.

PEREIRA, Flávia Souza Máximo. *Subordinação, sujeição e subalternidade no trabalho e colonialidade na* data driven economy. Palestra proferida no Congresso Internacional AMAT LABORTECH 2020 — Segundo dia — De 01:05:00 a 01:25:50. Promovido pela Associação Mineira de Advogados Trabalhistas — AMAT, em 17 mar. 2021.

PEREZ, Caroline Criado. *Invisible women*: Data bias in a word designed for men. Edição em inglês para Kindle, 2019.

RAGO, Margareth. Epistemologia feminista, gênero e história. Artigo do livro *Pensamento feminista brasileiro*: formação e conexo. Angela Aruda *et al*.; organização Heloisa Buarque de Holanda. Rio de Janeiro: Bazar do Tempo, 2019.

REIS, Beatriz de Fellipe; GRAMINHO, Vivian Maria Caxambu. *A inteligência artificial no recrutamento de trabalhadores*: O caso amazona analisado sob a ótica dos direitos fundamentais. XVI Seminário Internacional: demandas sociais e políticas públicas na sociedade contemporânea. 2019. ISSN: 2358-3010.

RIBEIRO, Djamila. *Pequeno manual antirracista*. São Paulo: Companhia das Letras, 2019.

________. *Quem tem medo do feminismo negro?* São Paulo: Companhia das Letras, 2018.

RUSSEL S.; NORVIG P. *Inteligência artificial*. Rio de Janeiro: Elsevier; 2013.

SUPIOT, Alain. Lei e trabalho: um mercado mundial de regras? Tradução de Rinaldo José Varussa. *Revista Tempos Históricos*. v. 17, 1º semestre, 2013, p. 157-169.

TOLEDO, Cecília. *Mulheres*: o gênero nos une, a classe nos divide. São Paulo: Sundermann, 2008

TURING, AM. *Computing machinery and intelligence*. Mind 49 [Internet]. 1950, p. 433-60. Disponível em: https://www.csee.umbc.edu/courses/471/papers/turing.pdf. Acesso em: 18 mar. 2021.

SILVA L.; PERES S.; BOSCARIOLI, C. *Introdução à mineração de dados com aplicações em R*. Rio de Janeiro: Elsevier, 2016.

SILVA, Selena; KENNEY, Martin. *Algorithms, plataforms and ethnic bias: how computing plataforms and algorithms can potentially either reinforce or identify and address ethnic bases*. An Integrative Essay. Clark Atlanta University: Phylon, v. 55, 2018, p. 55.

SOLIZ, Neusa. *A mulher no século XXI*. Rio de Janeiro: Espaço e Tempo, 1988.

SÜSSMUTCH, R. A nova maternidade e os projetos de vida da mulher. *In*: SOLIZ, N. (Org.) *A mulher no séc. XXI*. Rio de Janeiro: Instituto Goethe, 1988.

SWEENEY, L. *Discrimination in Online Ad Delivery*. p. 1-36, 28 jan. 2018. p. 3-4. Disponível em: https://dataprivacylab.org/projects/onlineads/index.html. Acesso em: 16 mar. 2021.

VIANA, Márcio Túlio; TEODORO, Maria Cecília Máximo; ANDRADE, Karin Bhering. From the factory to social networks: parallel and paradox between life at work and the private life. *Revista Jurídica Unicuritiba*. Curitiba. V. 04, n. 57, p. 165-190, out./dez. 2019.

TEODORO, Maria Cecília Máximo. Quem é a mulher para o direito do trabalho? Responsabilidades de cuidados disfarçadas de direitos. *In*: *Revista LTr*. v. 86, n. 09, setembro 2022, p. 1099-1106.

________. *A distopia da proteção do mercado de trabalho da mulher e a reprodução do desequilíbrio entre os gêneros*. Feminismo, trabalho e literatura: reflexões sobre o papel da mulher na sociedade contemporânea [recurso eletrônico]. MIRAGLIA, Lívia Mendes Moreira; TEODORO, Maria Cecília Máximo; SOARES, Maria Clara Persilva (Orgs.). Porto Alegre, RS: Editora Fi, 2020. 381 p. ISBN — 978-65-81512-48-4. Disponível em: http://www.editorafi.org.

________; SILVA, Thais Claudia D'Afonseca da; ANTONIETA, Maria. Disrupção, economia compartilhada e o fenômeno Uber. *Revista da Faculdade Mineira de Direito — PUC Minas*. v. 20, n. 39, 2017.

TUROW, Joseph. Niche Envy: *Marketing Discrimination in the Digital Age*. The MIT Press Cambridge, Massachusetts London, 2006.

ZIZEK, Slavoj. *Pandemia*: Covid-19 e a reinvenção do comunismo. Tradução Artur Renzo. São Paulo: Boitempo, 2020.

O CONTRATO DE TRABALHO A TEMPO PARCIAL: LINHAS CRÍTICAS SOBRE O CASO BRASILEIRO[*]

Guilherme Guimarães Feliciano[**]

Introdução

Discorrendo sobre a jornada de trabalho, antes mesmo de se disseminarem as leis trabalhistas que limitavam a jornada, Karl Marx ponderava que, no modo capitalista de produção, o capitalista compra a força de trabalho pelo seu valor diário, de modo que o respectivo valor de uso passa a lhe pertencer, durante toda a jornada de trabalho; adquiria, assim, o direito de exigir do trabalhador um dia de trabalho. O dia de trabalho, por natureza, haveria de ser "menor" que um dia natural, por razões óbvias. Mas — indaga Marx — *menor quanto*?[1] E responde:

> O capitalista tem seu próprio ponto de vista sobre essa extrema, a fronteira necessária da jornada de trabalho. [...] O capital é trabalho morto que como um vampiro se reanima sugando o trabalho vivo e quanto mais o suga mais forte se torna. O tempo em que o trabalhador trabalha é o tempo durante o qual o capitalista consome a força de trabalho que comprou. [...] O capitalista apoia-se na lei de troca de mercadorias. Como qualquer outro comprador, procura extrair o maior proveito possível do valor de uso de sua mercadoria.[2]

(*) O presente estudo é apresentado para compor obra de homenagem ao Exm. Prof. José Alberto Couto Maciel, da Academia Brasileira de Direito do Trabalho. Sobre o tema de fundo, que é a progressiva *flexibilização do Direito do Trabalho*, recomenda-se, do homenageado, a leitura do seguinte texto (que, ainda em 1998, antecipava aspectos que se consumariam quase vinte anos depois, em 2017, com a Lei da Reforma Trabalhista): MACIEL, José Alberto Couto. A crise da Justiça do Trabalho e a flexibilização. *Revista LTr*, São Paulo, a. 62, t. I, n. 2, p. 176-178, fev. 1998.

(**) Professor Associado II do Departamento de Direito do Trabalho e da Seguridade Social da Faculdade de Direito da Universidade de São Paulo. Juiz Titular da 1ª Vara do Trabalho de Taubaté (TRT 15). Livre-docente em Direito do Trabalho pela USP. Doutor em Direito Penal pela USP e em Direito Processual Civil pela Faculdade de Direito da Universidade de Lisboa. Coordenador do Núcleo de Pesquisa e Extensão "O trabalho além do Direito do Trabalho" (USP). Presidente da Associação Nacional dos Magistrados da Justiça do Trabalho (Anamatra), gestão 2017-2019. Titular da Cadeira n. 53 da Academia Brasileira de Direito do Trabalho. E-mail: guilhermefeliciano@trt15.jus.br

(1) MARX, Karl. *O capital*: crítica da economia política. Trad. de Reginaldo Sant'Anna. 22. ed. Rio de Janeiro: Civilização Brasileira, 2004, Livro I, Cap. VIII, *passim*.

(2) *Id., Ibid.*

Nessa ordem de ideias, se se entende, como Delgado, que jornada é o "[...] lapso temporal diário em que o empregado se coloca à disposição do empregador em virtude do respectivo contrato", configurando "a medida principal do tempo diário de disponibilidade do obreiro em face de seu empregador como resultado do cumprimento do contrato de trabalho que os vincula", pelo qual "mensura-se [...], objetivamente, a extensão de transferência de força de trabalho em favor do empregador do contexto de uma relação empregatícia" — sendo, pois, a "medida da principal vantagem empresarial (apropriação dos serviços pactuados)"(3) —, está claro que, a par dos evidentes impactos sobre a própria saúde do trabalhador (o que perfaz a indelével conexão entre os incisos XIII, XVI e XXII do art. 7º da CRFB)(4), quaisquer alterações legais no regime jurídico da jornada, fora dos baldrames do art. 7º da Constituição e do art. 58 da Consolidação das Leis do Trabalho, tendem a impactar na própria *comutatividade natural* do contrato individual do trabalho. E, não raro, impacta *negativamente* (i.e., em detrimento do trabalhador e do seu direito à desconexão, direta ou indireta-

---

(3) DELGADO, Maurício Godinho. *Curso de direito do trabalho.* 16. ed. São Paulo: LTr, 2017, p. 977.

(4) E determina, por outro lado, a irretorquível inconstitucionalidade do parágrafo único do art. 611-B da CLT. V., a respeito, FELICIANO, Guilherme Guimarães. Ainda sobre a Reforma Trabalhista: para melhor situar a caverna e os seus habitantes. *Jota.* Coluna Juízo de Valor, 8 maio 2017. Disponível em: https://www.jota.info/opiniao-e-analise/colunas/juizo-de-valor/para-melhor-situar-a-caverna-e-seus-habitantes-08052017?msclkid=547c9492bb0411ecb01793491143 80d1. Acesso em: 9 abr. 2022. *In verbis:* "[...] Todos nós sabemos, e é algo que está nas próprias origens do Direito do Trabalho, que os temas da *jornada de trabalho* e dos *intervalos laborais* entroncam-se diretamente com a questão da saúde e da segurança do trabalhador. Não por acaso, o *Peel Act* (2.6.1802), considerado pelos historiadores a primeira lei propriamente "trabalhista" do nosso tempo, tratava basicamente de *limitar* o trabalho diário dos aprendizes a *doze horas diurnas,* excluindo as pausas para refeições (que não podiam ser "indenizadas" por acordo individual, como agora admitirá o artigo 59-A do projeto); chamou-se *Peel Act* em homenagem a *sir* Robert Peel, então primeiro-ministro da Grã-Bretanha, mas sua real denominação histórica era *"**Health** and Morals of Apprentices Act"* (= "Lei de **Saúde** e Moral dos Aprendizes"), e sua propositura deveu-se ao surto de uma "febre maligna" que vitimou diversos aprendizes no ano de 1784, especialmente na cidade de Radcliffe. [...] Indiscutível, portanto, a correlação entre duração de jornada e saúde do trabalhador (especialmente os mais jovens), desde os primórdios do Direito do Trabalho. Como, ademais, hoje reconhece placidamente, fora de qualquer dúvida razoável, a própria *Organização Internacional do Trabalho,* de que o Brasil é Estado-membro desde 1919. Vejam-se, p. ex., os arts. **4º e 5º da Convenção n. 155, promulgada no Brasil pelo Decreto n. 1.254/1994** [...]. Não é assim, porém, na "moderna" visão do PL n. 6.787/2016 [que viria a se transformar na Lei n. 13.467/2017 — Lei da Reforma Trabalhista]. Pelo seu texto para o art. 611-B, parágrafo único, da CLT, estará dito que "[r]egras sobre duração do trabalho e intervalos não são consideradas como normas de saúde, higiene e segurança do trabalho para os fins do disposto neste artigo" (i.e., para fins de *vedação* da prevalência do negociado sobre o legislado). E, já por isso, na linha mestra do negociado sobre o legislado, o futuro art. 611-A da CLT permitirá, entre outras coisas, que, sem a necessidade de qualquer aval técnico do Ministério do Trabalho, de auditores-fiscais do trabalho e/ou de médicos e engenheiros do trabalho, os sindicatos profissionais "negociem", com sindicatos patronais ou com empresas, a *piora* das condições de trabalho em temas como intervalo intrajornada, "respeitado o limite mínimo de trinta minutos para jornadas superiores a seis horas" (inciso III), ou como enquadramento do grau de insalubridade, ou ainda como prorrogação de jornada em ambientes insalubres, "sem licença prévia das autoridades competentes do Ministério do Trabalho" (inciso XIII)... [...] Sinceramente, nada mais absurdo. Diria, talvez, nada mais "cavernoso". Retrocede-se em mais de duzentos anos".

mente), fazendo com que o capitalista obtenha ainda maiores ganhos, sem retribuir, proporcional ou justamente, o trabalho vivo incorporado ao trabalho morto. O que nos devolve a Marx, emulando a voz do obreiro: "O que ganhas em trabalho, perco em substância. A utilização de minha força de trabalho e sua espoliação são coisas inteiramente diversas".[5]

Não foi diferente com o chamado "contrato de trabalho a tempo parcial", originalmente introduzido pela Medida Provisória n. 2.164-41/2001 e depois coonestado — e recrudescido — pela Lei n. 13.467/2017. Alterou-se a comutatividade natural do contrato individual de trabalho, tradicionalmente pensado para jornadas de *oito horas* (na velha lógica da tripartição das horas do dia: oito horas para a vida laboral, oito horas para a vida pessoal, oito horas para o repouso). E, com o advento da proclamada "Reforma Trabalhista" de 2017, aprofundou-se a perda salarial relativa do trabalhador. A diferença — aparente — é que antes, nos oitocentos, o capitalista promovia a reprodução ampliada do capital, entre outros caminhos, promovendo a extensão da jornada de seus trabalhadores: *aumentava-lhes* a jornada laboral efetiva (i.e., distendia o dia de trabalho), nos limites possíveis do dia natural da vida. Agora, no século XXI, à vista dos adicionais de horas extras (CRFB, art. 7º, XV), engendram-se mecanismos jurídicos para que ele também logre aumentar seus ganhos por meio da *redução* da jornada laboral efetiva, nos estritos limites da sua própria necessidade (e, logo, sem perdas de produtividade), reduzindo os patamares remuneratórios mínimos até então legalmente exigíveis (e, logo, com ganhos de lucratividade).

Eis a funesta equação.

Vejamos, porém, com maior vagar.

1. O contrato de trabalho a tempo parcial na ordem jurídica brasileira: conceito, inspiração e crítica

Conceitualmente, o empregado a tempo parcial é o trabalhador assalariado que, por ajuste ou adesão, submete-se a uma atividade laboral com "uma duração inferior à dos trabalhadores a tempo completo em situação compatível".[6] O contrato de trabalho a tempo parcial é, portanto, um instituto essencialmente ligado à ideia do "*pacta sunt servanda*", i.e., à autonomia privada individual. Nesse sentido, consubstancia uma exceção relativa à ideia de que à jornada máxima juridicamente inexcedível — ressalvadas as exceções atreladas à necessidade[7] — deveria corresponder, qual

---

(5) MARX, Karl. *O capital*, *passim*.

(6) V. Convenção 175 da Organização Internacional do Trabalho (art. 1º). V. ainda VILLATORE, Marco Antônio César. Trabalho a tempo parcial no direito comparado. *Revista Genesis*. Curitiba: Editora Genesis, t. 13, n. 76, p. 536-537, abr. 1999; LEITE, Carlos Henrique Bezerra. *Curso de direito do trabalho*. 9. ed. São Paulo: Saraiva, 2018, p. 563 e ss.

(7) Por isso, justamente, as horas excedentes das oito diárias e/ou das quarenta e quatro semanais são constitucionalmente ditas horas de "serviço extraordinário" (CRFB, art. 7º, XVI). Nada obstante,

"*mimimum minimorum*", uma remuneração mínima juridicamente irredutível. Nessa linha de exceção, aliás, a figura do *trabalho intermitente*, consagrada nos arts. 443, § 3º, e 453-A da CLT pela Lei n. 13.467/2017, viria a ser a sua máxima expressão.(8)

Como trabalhadores a tempo parcial não se consideram, entretanto, aqueles cujas jornadas ordinárias já sejam obrigatoriamente reduzidas, por força da Constituição ou das leis, independentemente de acordos individuais, porque, nesses casos, as jornadas reduzidas não são casuísticas, mas se devem, antes, aos predicamentos específicos do trabalho (como nos trabalhos especialmente degradantes, agressivos ou exaustivos(9), a exemplo dos turnos ininterruptos de revezamento(10), dos bombeiros civis(11) e das atividades de teleatendimento ou *telemarketing*(12)), às características especiais do indivíduo (caso do menor aprendiz(13)) ou às notas essenciais da profissão (amiúde em função de conquistas de classe historicamente consolidadas, como no caso dos bancários,(14) dos jornalistas(15), dos músicos profissionais(16) ou dos advogados(17)).

Tampouco são trabalhadores a tempo parcial aqueles cujas jornadas ordinárias já sejam reduzidas, por força da negociação coletiva, também independentemente de acordos individuais, porque, nessas hipóteses, as jornadas reduzidas tampouco são casuísticas, mas se devem, antes, aos efeitos positivos, gerais e abstratos do exercício competente da autonomia privada coletiva.

---

a realidade laboral configurou um processo vertiginoso de "ordinarização" das horas extras. Cf., por todos, FELICIANO, Guilherme Guimarães; DIAS, Carlos Eduardo Oliveira; SILVA, José Antonio Ribeiro O.; TOLEDO FILHO, Manoel Carlos. *Comentários à Lei da Reforma Trabalhista*: dogmática, visão crítica e interpretação constitucional. 2. ed. São Paulo: LTr, 2018, *passim* (comentários ao art. 59-B).

(8) Uma vez que, à vista do art. 452-A, *caput* e §§ 1º, 2º e 5º, da CLT, o empregado intermitente recebe tão somente pelas horas efetivamente trabalhadas, respeitado o salário mínimo hora; por outro lado, só trabalha efetivamente quando convocado pelo empregador, de acordo com sua estrita necessidade. Consequentemente, à falta de convocação, esse "empregado" poderá passar meses vinculado a determinado empregador, sem receber um tostão sequer. Tal modelo vulnera, em nossa opinião, a regra constitucional do art. 7º, IV e VII, da CRFB. Nesse sentido, aliás, v. DELGADO, Maurício Godinho; DELGADO, Gabriela Neves. *A reforma trabalhista no Brasil*: com os comentários à Lei n. 13.467/2017. São Paulo: LTr, 2017. p. 154 e ss. Cf., ademais, o Enunciado n. 73 da 2ª Jornada Nacional de Direito Material e Processual do Trabalho, da Associação Nacional dos Magistrados da Justiça do Trabalho (Anamatra), realizada quando este Autor a presidiu (2018): "CONTRATO DE TRABALHO INTERMITENTE: INCONSTITUCIONALIDADE. É inconstitucional o regime de trabalho intermitente previsto no art. 443, § 3º, e art. 452-A da CLT, por violação do art. 7º, I e VII da Constituição da República e por afrontar o direito fundamental do trabalhador aos limites de duração do trabalho, ao décimo terceiro salário e às férias remuneradas". É como pensamos.

(9) DELGADO, Maurício Godinho. *Curso de direito do trabalho*. p. 1037 e ss.

(10) CRFB, art. 7º, XIV.

(11) Lei n. 11.901/2009, art. 5º.

(12) Ministério do Trabalho, Norma Regulamentadora n. 17, item 6.3 (jornada de seis horas, nela incluídas as pausas, sem prejuízo da remuneração).

(13) CLT, art. 432, *caput* (jornada de seis horas, vedadas a prorrogação e a compensação de jornada).

(14) CLT, art. 224, *caput* (jornada de seis horas).

(15) CLT, art. 303 (jornada de cinco horas).

(16) CLT, art. 232 (jornada de seis horas).

(17) Lei n. 8.906/1994, art. 20 (jornada de quatro horas, salvo acordo ou convenção coletiva ou em caso de dedicação exclusiva).

Não se consideram trabalhadores a tempo parcial, enfim, os trabalhadores a tempo completo que se encontrem em situação de "desemprego parcial", isto é, que se vejam afetados por uma redução coletiva e provisória da duração normal de sua jornada, por motivos econômicos — inclusive de ordem pandêmica (como foi, no Brasil, o caso da Medida Provisória n. 936/2020 e de seu "programa emergencial de preservação de emprego e renda"),[18] tecnológicos ou estruturais. É o que dita, a propósito, o art. 1º, "d", da Convenção OIT n. 175, de 24.6.1994, sobre trabalho a tempo parcial, a que se somam os dispositivos da Recomendação OIT n. 182, sobre o mesmo tema.

O contrato de trabalho a tempo parcial não se confunde, outrossim, com o contrato de trabalho temporário, regido pela Lei n. 6.019/1974, que pressupõe uma triangulação contratual (empresa tomadora/empresa prestadora/trabalhador terceirizado) para fins de terceirização de atividades-fim, sob regramentos bem específicos, mas que não foge à regra geral das oito horas diárias e quarenta e quatro horas semanais (CRFB, art. 7º, XIII). Tampouco se confunde com o contrato de trabalho por tempo determinado instituído pela Lei n. 9.601/1998, que tisnou direitos sociais fundamentais (como o FGTS e as verbas rescisórias) e inclusive instituiu o banco de horas, mas tampouco interferiu com o marco constitucional da jornada de trabalho.

Diga-se, enfim, que a figura do trabalho a tempo parcial, introduzida formalmente no ordenamento legal brasileiro em 2011 (*infra*), aparenta ter se inspirado especialmente nas experiências normativas europeia e internacional.

No plano estrangeiro, merece referência a Resolução do Conselho Europeu de 18 de dezembro de 1979, cujo art. 4º já reconhecia o trabalho a tempo parcial — tomando-o mesmo como indissociável da atual realidade do mercado de trabalho — e estatuía como condições para a sua regularidade **(a)** a voluntariedade e a acessibilidade do trabalho a tempo parcial aos homens e às mulheres, indistintamente; **(b)** a impossibilidade de que fosse imposto a tantos quantos quisessem trabalhar a tempo integral; e **(c)** a necessidade de que os trabalhadores a tempo parcial fruíssem os mesmos direitos e obrigações sociais dos trabalhadores a tempo integral, sem prejuízo das características específicas de cada modalidade. Dez anos depois, veio a lume a Diretiva 93/104/CE do Conselho, de 23 de novembro de 1993, que estabeleceu regras concernentes a diversos aspectos da organização do horário de trabalho, incluindo a

---

(18) A autorizar, no auge da pandemia do novo coronavírus, a redução de salários — com a correlata *redução proporcional de jornada* — em três faixas distintas (25%, 50% e 70%), sob contrapartida do chamado "benefício emergencial de preservação do emprego e da renda", de natureza assistencial, no respectivo percentual de 25%, 50% e 70% do valor que seria devido a título de seguro-desemprego. Para quem recebia mais de R$ 12.102,12 (equivalente, à época, a duas vezes o valor máximo dos benefícios do Regime Geral de Previdência Social), tendo curso superior, e para os que não percebessem mais que R$ 3.135,00 (três salários mínimos nacionais à época), essa redução poderia ser negociada diretamente, inclusive sem a intervenção do sindicato. Cf., por todos, FELICIANO, Guilherme Guimarães; TRINDADE, Rodrigo. O governo, a pandemia e o trabalho: crônica de uma judicialização anunciada. *Disciplinas da USP*: ambiente virtual de apoio à graduação e pós-graduação. Disponível em: https://edisciplinas.usp.br/pluginfile.php/5285350/mod_resource/content/1/MPs%20e%20coronavi%CC%81rus%20-%20FSP.pdf. Acesso em: 11 abr. 2022.

redução consensual de jornada com proporcional redução de salário. E, em paralelo, a seção 7º, 1, da Carta Comunitária dos Direitos Sociais Fundamentais do Trabalhador (sobre "[m]elhoria das condições de vida e de trabalho"), adotada pelo Conselho Europeu em 9 de dezembro de 1989, dispôs que "a realização do mercado interno deve portar a um melhoramento das condições de vida e de trabalho dos trabalhadores na comunidade europeia", sendo certo que, em relação aos obreiros, impor-se-ia progredir "principalmente no que se refere à duração e à organização do horário de trabalho e as formas de trabalho a tempo determinado, o trabalho a tempo parcial, o trabalho temporal e o trabalho estacional".(19)

No plano internacional, por outro lado, o texto deita claras raízes na predita Convenção n. 175, da Organização Internacional do Trabalho, que terminou por chancelar, no plano internacional, a figura do trabalho a tempo parcial, com algumas poucas ressalvas e salvaguardas.

Entre as ressalvas, cite-se a possibilidade de que as organizações representativas de empregados e empregadores, notadamente as sindicais, possam excluir categorias particulares de trabalhadores e/ou de estabelecimentos da possibilidade legal de se ajustar a contratação a tempo parcial, uma vez que o regime de trabalho a tempo parcial possa engendrar, nesses nichos, "problemas particulares de importância considerável" (art. 3º, 1). No Brasil, essa exclusão setorial negociada não tem sido utilizada.

Entre as salvaguardas, por outro lado, cite-se a do art. 4º, pela qual:

> [d]evem tomar-se medidas a fim de que os trabalhadores a tempo parcial recebam a mesma proteção que a concedida aos trabalhadores a tempo completo que se encontrem numa situação comparável no que respeita: a) Ao direito de organização, ao direito de negociação coletiva e ao de agir na qualidade de representantes dos trabalhadores; b) À segurança e à saúde no trabalho; c) À discriminação no emprego e na profissão.

Além disso (art. 5º),

> [d]evem tomar-se medidas adequadas à legislação e à prática nacionais para que os trabalhadores a tempo parcial não recebam, apenas pelo facto de trabalharem a tempo parcial, um salário de base que, calculado proporcionalmente com base na hora, no rendimento ou à peça, seja inferior ao salário de base, calculado segundo o mesmo método, dos trabalhadores a tempo completo que se encontrem numa situação comparável.

E se asseguram aos trabalhadores a tempo parcial, ademais, "condições equivalentes às dos trabalhadores a tempo completo que se encontrem numa situação comparável nos seguintes domínios: a) Proteção da maternidade; b) Cessação da relação de trabalho; c) Férias anuais pagas e dias feriados pagos; d) Licença por doença", sendo certo que "as prestações pecuniárias poderão ser determinadas proporcionalmente à duração do trabalho ou aos ganhos" (art. 7º).

A seu modo, a legislação brasileira parece atender todas essas salvaguardas. Resta saber se, à luz da Constituição da República Federativa do Brasil, isto basta.

---

(19) V. a respeito, por todos, VILLATORE, Marco Antônio César. *Trabalho...*, *passim*.

2. O contrato de trabalho a tempo parcial sob a Medida Provisória n. 2.164-41/2001

Conquanto a prática laboral já revelasse hipóteses diversas de contratação a tempo parcial e similares, com ou sem o beneplácito sindical pela via da negociação coletiva, o fato é que, até 2001, a legislação brasileira era silente a respeito. A jurisprudência nacional, por conseguinte, era reticente.

Em 24 de agosto de 2001, todavia, o então Presidente da República, Fernando Henrique Cardoso, fez publicar a Medida Provisória n. 2.164-41, que "[a]ltera a Consolidação das Leis do Trabalho — CLT, para dispor sobre o trabalho a tempo parcial, a suspensão do contrato de trabalho e o programa de qualificação profissional, modifica as Leis ns. 4.923, de 23 de dezembro de 1965, 5.889, de 8 de junho de 1973, 6.321, de 14 de abril de 1976, 6.494, de 7 de dezembro de 1977, 7.998, de 11 de janeiro de 1990, 8.036, de 11 de maio de 1990, e 9.601, de 21 de janeiro de 1998, e dá outras providências". A intenção normativa, irresistível à época — o Brasil vivia, a partir do governo anterior (Collor de Mello), o seu primeiro arroubo neoliberal após o fim da ditadura civil-militar iniciada em 1964 —, era precisamente a de flexibilizar a jornada de trabalho *na perspectiva do interesse das empresas,* reduzindo-lhes os custos e tornando-as mais competitivas, interna e externamente.[20]

A MP n. 2.164-41/2001 introduziu na Consolidação das Leis do Trabalho o artigo 58-A, em sua versão originária, pela qual se considerava trabalho em regime de tempo parcial aquele cuja duração não excedesse a *vinte e cinco horas semanais.* Ditava-se ainda, na direção da Convenção OIT n. 175 (art. 5º), que o salário a ser pago aos empregados sob o regime de tempo parcial seria proporcional à sua jornada, em relação aos empregados que cumprissem, nas mesmas funções, tempo integral. Desse modo, passava a ser formalmente legal o pagamento, a um empregado hipotético, de uma remuneração *inferior* ao salário mínimo legal mensal ou ao piso normativo da respectiva categoria profissional, desde que o contrato individual de trabalho tivesse como base uma quantidade horária inferior às quarenta e quatro horas semanais do art. 7º, XIII, da CRFB.

A medida provisória ainda estabeleceu os parâmetros de exercício da autonomia privada individual para fins de validação do trabalho a tempo parcial. Para os empregados que em agosto de 2001 estivessem contratados por tempo integral, a adoção do regime de tempo parcial só poderia ser feita mediante opção manifestada perante a empresa, na forma prevista em instrumento decorrente de negociação coletiva. Não se admitia, portanto, a mera adesão subjetiva ao novo regime, sem a intervenção ou a devida forma sindical. Era, sem dúvida, uma boa cautela, já que se tratava — insista-se — de uma clara iniciativa de flexibilização da jornada destinada a atender predominantemente

---

(20) V., *e. g.*, SALLUM Jr., Brasilio. O Brasil sob Cardoso: neoliberalismo e desenvolvimentismo. Dossiê FHC: 1º Governo. *Tempo social: revista de sociologia*. Departamento de Sociologia da Faculdade de Filosofia, Letras e Ciências Humanas da Universidade de São Paulo, v. 11, n. 2, out. 1999, *passim*. Disponível em: https://doi.org/10.1590/S0103-20701999000200003. Acesso em: 5 fev. 2022.

os interesses das empresas (ainda que a retórica executiva de justificação considerasse outros elementos, como, p. ex., as necessidades especiais de mulheres que, devido às tarefas do "lar", não poderiam se ativar por quarenta e quatro horas semanais)[21].

Previa-se, ademais, no § 4º do art. 59 da CLT, que *os empregados sob o regime de tempo parcial não poderiam prestar horas extraordinárias*, sob pena de desnaturação do regime de tempo parcial. Era igualmente uma importante cautela, já que, na perspectiva patronal e obreira, a redução consensual da jornada ordinária — com consequente e proporcional redução salarial — justificava-se precisamente porque, de regra, o empregador não necessitava de mais horas e/ou o trabalhador não podia prestá-las. Admitir o advento de horas extraordinárias seria, portanto, uma contradição legislativa insuperável, do ponto de vista ético, jurídico e até mesmo em perspectiva puramente cartesiana. E, por isso mesmo, a jurisprudência nacional vinha sistematicamente descaracterizando os contratos de trabalho celebrados sob o regime de tempo parcial — o que significa conferir ao trabalhador o direito à integralidade do salário, qual empregado a tempo completo — sempre que se verificasse concretamente a prestação habitual de sobrejornada.[22] Como diremos a seguir, porém, o legislador póstero, no ano de 2017 (Lei n. 13.467/2017), não teve o mesmo discernimento.

O novo regime de tempo parcial não se bastou, ademais, na afetação do direito à remuneração. Passou a impactar também o direito às férias (CRFB, art. 7º, XVII). Nos termos do novel art. 130-A da CLT, na modalidade do regime de tempo parcial, após cada período de doze meses de vigência do contrato de trabalho (= período aquisitivo), o empregado teria o seu direito a férias dimensionado conforme a duração semanal de trabalho ajustada individualmente, calculando-se os dias de férias nas seguintes proporções (a partir de *dezoito dias* de descanso — as férias "cheias" no tempo parcial —, e não de trinta):

(a) dezoito dias, para a duração do trabalho semanal superior a vinte e duas horas, até vinte e cinco horas;

---

(21) Corroborando e recrudescendo, como é evidente, o estereótipo sexista da "mulher dona de casa", única responsável pelos trabalhos domésticos de cuidado — típico trabalho não remunerado —, eximindo-se o homem de quaisquer obrigações a respeito. Dados recentes revelam que, a rigor, 75% dos trabalhos de cuidado não remunerados em todo o mundo são realizados exclusivamente por mulheres, somando 12 bilhões de horas de trabalho todos os dias. Cf. INSTITUTO TRICONTINENTAL DE PESQUISA SOCIAL. *CoronaChoque e Patriarcado*. 5 nov. 2020, *passim*. Disponível em: https://thetricontinental.org/pt-pt/estudos-4-coronachoque-e-patriarcado/. Acesso em: 10 abr. 2022.

(22) V., *e. g.*, TRT 6ª Reg., RO 0001480-55.2012.5.06.0016, rel. Des. Maria das Graças de Arruda França (para o acórdão), j. 25.3.2019, 3ª Turma, publ. 29.3.2019. *In verbis*: "CONTRATO EM TEMPO PARCIAL. DESCONFIGURAÇÃO. Incontroverso que a jornada 12x12 foi acordada entre os litigantes, como se vê da cláusula 3ª, do contrato de trabalho (fl. 09 do volume apartado). Contudo, a relação de emprego foi celebrada sob regime de tempo parcial, conforme dispõe a cláusula quarta, estabelecendo o limite legal de 25 horas semanais (art. 58-A, da CLT). E o conjunto probatório evidenciou que o demandante laborava em jornada acima da fixada no *contrato* de trabalho, pois além das três ocasiões pontuadas pela d. magistrada sentenciante, a prova testemunhal confirmou a regularidade das convocações para cumprimento de jornadas extras. Correta, portanto, a nulidade contratual decretada pelo MM. Juízo *a quo*. Recurso empresarial ao qual se nega provimento, no aspecto".

(b) dezesseis dias, para a duração do trabalho semanal superior a vinte horas, até vinte e duas horas;

(c) quatorze dias, para a duração do trabalho semanal superior a quinze horas, até vinte horas;

(d) doze dias, para a duração do trabalho semanal superior a dez horas, até quinze horas;

(e) dez dias, para a duração do trabalho semanal superior a cinco horas, até dez horas; e

(f) oito dias, para a duração do trabalho semanal igual ou inferior a cinco horas.

Dispunha-se, outrossim, que o empregado contratado sob o regime de tempo parcial que tivesse mais de sete faltas injustificadas ao longo do período aquisitivo teria o seu período de férias reduzido à metade. O tratamento anti-isonômico estabelecido suscitava, a rigor, fundadas dúvidas quanto à própria constitucionalidade do predito art. 130-A (hoje revogado), mercê dos princípios constitucionais da igualdade (CRFB, art. 5º, *caput*) e da não discriminação (CRFB, arts. 3º, IV, e 5º, XLI), inclusive no trabalho (CRFB, art. 7º, XXX, XXXI e XXXII).

Nada obstante, com o advento da Emenda Constitucional n. 32/2001 — cujo art. 2º dispôs que "[a]*s medidas provisórias editadas em data anterior à da publicação desta emenda* [12.9.2001] *continuam em vigor até que medida provisória ulterior as revogue explicitamente ou até deliberação definitiva do Congresso Nacional*" —, os efeitos normativos da MP n. 2.164-41/2001 foram perenizados, nos seus inteiros termos. Até o advento da Lei n. 13.467/2017.

Vejamos.

3. O contrato de trabalho a tempo parcial sob a Lei n. 13.467/2017 (Reforma Trabalhista)

Sustentamos alhures, a partir do escólio de Alisson Mascaro, que a Reforma Trabalhista de 2017, introduzida pela Lei n. 13.467, de 13.7.2017, teve por objetivo central promover uma antitética *modernização conservadora*, com "[...] [r]epúdio ao intervencionismo estatal, mesmo se voltado à garantia de mínimos existenciais. Geração de superávits primários como regra de ouro da economia. Proteção social cada vez mais afeiçoada à assistência e à caridade".(23) Assim foi. E isso evidentemente se refletiu no tratamento legal que a Reforma pretendeu dedicar ao tema da jornada de trabalho, como se refletiu, ademais — visivelmente —, na nova regulação que o diploma estatuiu para o contrato de trabalho a tempo parcial.

(23) FELICIANO, Guilherme Guimarães; DELGADO, Maurício Godinho. A reforma trabalhista de 2017: o passo mais ousado da "modernização conservadora". Prefácio. *In*: FELICIANO, Guilherme Guimarães; TREVISO, Marco Aurélio Marsiglia; FONTES, Saulo Tarcísio de Carvalho (orgs.). *Reforma trabalhista*: visão, compreensão e crítica. São Paulo: LTr, 2017, *passim*.

Expliquemos com maior vagar.

Sob o pálio da Lei n. 13.467/2017, o trabalho em regime de tempo parcial passou a ser válido em *duas distintas hipóteses*. A uma, para trabalhos cuja duração semanal não exceda a **30 (trinta) horas semanais**, sem a possibilidade — *nesse caso* — da realização de horas extraordinárias semanais. A duas, para trabalhos cuja duração não exceda a **26 (vinte e seis) horas semanais**, com a possibilidade de acréscimo de **até seis horas suplementares semanais**. Quebrou-se, pois, o tênue fio de coerência que, bem ou mal, ainda cerzia o modelo de trabalho a tempo parcial instituído pela MP 2.164-41/2001 (*supra*, seção 1.2). A partir de 11.11.2017 (data da entrada em vigor da Lei n. 13.467/2017), passou-se a admitir, no Brasil, *horas extraordinárias por parte de trabalhadores a tempo parcial*, na contramão de todo o discurso utilitário que referendara, na origem, esse novo regime de trabalho (a saber, a desnecessidade circunstancial de um número semanal superior de horas, pelo lado da empresa, e a impossibilidade/inconveniência de dedicação durante todas as horas semanais de uma jornada completa, pelo lado do trabalhador). Diga-se bem claramente: se cabem horas extraordinárias — inclusive *habituais* — sem a desnaturação do regime de trabalho a tempo parcial[(24)], é porque, a rigor, a funcionalidade do novo modelo jamais se dirigiu realmente à configuração de jornadas mais confortáveis e adequadas para empregados e empregadores; sua funcionalidade dizia, antes, com o aumento da lucratividade da empresa (pela redução comparativa dos custos variáveis) e com a aleatoriedade da jornada no interesse do empregador.

Tais horas extraordinárias devidas ao trabalhador a tempo parcial — para os contratos cuja duração semanal não exceda a 26 horas — passam a ser pagas com o acréscimo de 50% (cinquenta por cento) sobre o salário-hora normal, como de praxe (CFRB, art. 7º, XVI), salvo se forem prestadas em dias feriados ou de repousos semanais (caso em que o acréscimo deverá ser de 100%, "*ex vi*" da Súmula n. 146 do Tribunal Superior do Trabalho). De todo modo, podem também ser *compensadas* na semana imediatamente subsequente, conforme art. 58-A, § 5º, da CLT.

Como antes, a adoção do regime de tempo parcial seguiu exigindo a *opção individual* dos empregados que até então se ativavam em regime de jornada completa, a ser manifestada perante a empresa, na forma prevista em instrumento normativo decorrente de negociação coletiva. Para as contratações havidas a partir de 11.11.2017, porém, o contrato de trabalho a tempo parcial pôde ser imediatamente ajustado, com uma ou outra hipótese de jornada reduzida (CLT, art. 58-A), em relação a todos os novos empregados, independentemente de quaisquer formas ou controles sindicais.

Observe-se que, sendo de oito horas a jornada constitucional completa, com a respectiva duração semanal fixada em quarenta e quatro horas — de modo a totalizar, pela regra forense pacificamente aceita, a média de *220 horas mensais* (= 5 x 44h), donde o *divisor 220* para o cálculo das horas extras em geral —, tornou-se forçoso deduzir

(24) Hipótese, registre-se, que não tem respaldo explícito sequer na Convenção OIT n. 175, por si mesma flexibilizadora.

que, no trabalho a tempo parcial, **(a)** se a duração for de até 30 horas semanais, o total mensal será de 150 horas (= 5 x 30h; e, logo, *será de 150* o divisor para o cálculo das horas extras); e **(b)** se a duração for de até 26 horas semanais, o total mensal será de 130 horas (= 5 x 26h; e, logo, *será de 130* o divisor para o cálculo das eventuais horas extras).

De resto, são aplicáveis aos empregados contratados em regime de trabalho a tempo parcial todas as demais normas da Consolidação das Leis do Trabalho, naquilo em que não conflitem com as normas-regras específicas ínsitas ao art. 58-A da CLT. Consequentemente, os empregados sob regime de tempo parcial fazem jus, *e.g.*, ao aviso prévio trabalhado ou indenizado, aos descansos semanais remunerados, ao recebimento de adicionais de remuneração (*e.g.*, adicional noturno, adicional de periculosidade, adicional de insalubridade etc.) e à indenização de 40% sobre o FGTS (Lei n. 8.036/1990, art. 18, § 1º), entre outros direitos trabalhistas típicos; e, bem assim, aos direitos previdenciários e assistenciais básicos (como, *e.g.*, o auxílio-doença, o auxílio -acidente, o auxílio-reclusão e o salário-maternidade).

Relativamente às férias, por outro lado, a Lei n. 13.467/2017 trouxe uma surpreendente "*novatio in mellius*". A partir de 11.11.2017 (i.e., para os períodos aquisitivos que *não se encerraram até 10.11.2017*), o direito de férias dos trabalhadores a tempo parcial passa a se sujeitar às mesmas regras que regem as férias dos trabalhadores a tempo completo (i.e., com duração semanal de 44 horas). Aplica-se, pois, a qualquer empregado, independentemente do modelo de jornada (a tempo completo ou a tempo parcial), o regramento do art. 130 da CLT (v. art. 58-A, § 7º), o que significa que as férias serão fruídas/indenizadas com base em períodos que vão de 12 a 30 dias, a depender do número de faltas injustificadas do empregado no período aquisitivo (sem qualquer influência do regime de jornada): após doze meses de trabalho, terão direito a 30 dias corridos de férias, se não tiverem mais que 5 faltas injustificadas; terão direito a 24 dias corridos de férias, se tiverem entre 6 e 14 faltas injustificadas; terão direito a 18 dias corridos de férias, se tiverem entre 15 e 23 faltas injustificadas; e terão direito a 12 dias corridos, se tiverem entre 24 e 32 faltas injustificadas. Acima disso, perde-se o direito às férias para o período aquisitivo respectivo. De outra parte, os empregados a tempo parcial podem converter um terço das férias a que tiver direito em abono pecuniário, nos termos do art. 58-A, § 6º, da CLT.

Corrigiu-se, com dezesseis anos de atraso, um desconcertante tratamento discriminatório que, a bem da verdade, jamais fora cabalmente reconhecido pelos tribunais superiores.

Considerações finais

A fixação da jornada — ou, "*in casu*", da duração semanal do trabalho — de acordo com os interesses da empresa representou, ao longo dos séculos, uma excepcional estratégia para que o patronato pudesse aumentar suas margens de produtividade e de lucratividade, sem proporcionar o correspondente acréscimo de ganho na retribuição econômica do trabalhador. Enquanto tal estratégia lidava apenas com a capacidade física de aumentar a produção em uma mesma unidade de tempo (p. ex., ao longo de um dia natural), estávamos circunscritos à hipótese marxiana da *mais-valia absoluta*, incrementada com a intensificação do ritmo do trabalho e da vigilância sobre o processo produtivo, entre outras técnicas. Havia limites impostos pela própria natureza das coisas, dos tempos e das dimensões. Quando, porém, a estratégia passou a incorporar alternativas tecnológicas e/ou jurídico-discursivas para aquele mesmo aumento (como, p. ex., a introdução de novos institutos jurídicos de perfil flexibilizador), começamos a margear a própria ideia de *mais-valia relativa*, na medida em que — na dicção de Marx — revolucionavam-se silenciosamente os processos técnicos de trabalho e as suas combinações sociais.

O instituto do contrato de trabalho a tempo parcial seguramente consubstancia uma dessas estratégias jurídico-discursivas, uma vez que, no limite, apenas cria ensejos para a pauperização dos trabalhadores e a precarização dos postos de trabalho. Pode-se perceber esse pendor, no caso brasileiro pós-reforma, com uma simples comparação: no limite do novel art. 58-A, *caput*, da CLT, o trabalhador a tempo parcial pode se ativar por 26 horas semanais "ordinárias" e mais seis horas extraordinárias, totalizando *32 horas semanais*; já um *bancário*, com sua jornada ordinária (CLT, art. 224, *caput*), faria nesse mesmo mês apenas *30 horas semanais* (seis horas/dia para cinco dias úteis trabalhados), recebendo, porém, a *integralidade* do seu salário (à diferença do trabalhador a tempo parcial, que se sujeitaria à "proporcionalidade" do art. 58-A, § 1º, da CLT e do próprio art. 5º da Convenção OIT n. 175), podendo receber menos do que o piso normativo de sua categoria (ou ainda menos do que o salário mínimo nacional mensal, ao arrepio do art. 7º, IV, da CRFB, se esse fosse o seu salário).

Diante desse quadro fático, propositalmente simplificado, caberia indagar: o que impediria um banco de substituir paulatinamente o seu corpo de empregados a tempo completo — bancários típicos — por empregados *a tempo parcial*, bancários ou mesmo terceirizados (notadamente após o decidido nas ADIs 5.685 e 5.695), contratando-os a partir do advento da Lei n. 13.467/2017 (i.e., sem sequer a necessidade de opção sob controle ou forma sindical)? Neste momento, entrevê-se uma única — e incerta — resposta: *a intervenção corretiva da Justiça do Trabalho*. E, ainda assim, construindo a decisão a partir de normas-princípios, várias delas suscitadas acima, por absoluta falta de norma-regra proibitiva claramente enunciada.

Daí porque, volvendo uma última vez a Marx, é curial dar-lhe a derradeira razão: entre direitos iguais e opostos, próprios da lógica liberal — e da igualdade legal-formal dos modernos —, decidirá a força (e, em especial, a força *econômica*). E, nesse encalço, sob os ares "modernos" da flexibilização e da desregulamentação, *menos será mais*: menos jornada, mais riqueza acumulada.

Daí porque a história da regulamentação da jornada de trabalho já não pode ser, doravante, apenas a luta pela limitação da jornada de trabalho. Deve ser, quiçá mais ingentemente, a luta pela manutenção do valor da *mínima contraprestação econômica do trabalho*, em parâmetros absolutos, inclusive para as relações jurídico-laborais de zona gris (pense-se, *e.g.*, na condição dos trabalhadores intermitentes, já reportada alhures, como ainda na dos trabalhadores "*on demand*", por aplicativos digitais, ou mesmo na dos trabalhadores virtuais em "*crowdworking*"). Em todo caso, um caminho hermenêutico retilíneo, sem margem a subterfúgios jurídicos que atendam apenas ao interesse da produção.

Que se construam, doravante, novos caminhos como esse.

Referências

DELGADO, Maurício Godinho. *Curso de direito do trabalho.* 16. ed. São Paulo: LTr, 2017.

________; DELGADO, Gabriela Neves. *A reforma trabalhista no Brasil*: com os comentários à Lei n. 13.467/2017. São Paulo: LTr, 2017.

FELICIANO, Guilherme Guimarães. Ainda sobre a Reforma Trabalhista: para melhor situar a caverna e os seus habitantes. *Jota.* Coluna Juízo de Valor, 8 mai. 2017. Disponível em: https://www.jota.info/opiniao-e-analise/colunas/juizo-de-valor/para-melhor-situar-a-caverna-e-seus-habitantes-08052017?msclkid=547c9492bb0411ecb0179349114380d1. Acesso em: 9 abr. 2022.

________; DELGADO, Maurício Godinho. A reforma trabalhista de 2017: o passo mais ousado da "modernização conservadora". Prefácio. *In*: FELICIANO, Guilherme Guimarães; TREVISO, Marco Aurélio Marsiglia; FONTES, Saulo Tarcísio de Carvalho (orgs.). *Reforma trabalhista*: visão, compreensão e crítica. São Paulo: LTr, 2017.

________; DIAS, Carlos Eduardo Oliveira; SILVA, José Antonio Ribeiro O.; TOLEDO FILHO, Manoel Carlos. *Comentários à Lei da Reforma Trabalhista*: dogmática, visão crítica e interpretação constitucional. 2. ed. São Paulo: LTr, 2018.

________; TRINDADE, Rodrigo. O governo, a pandemia e o trabalho: crônica de uma judicialização anunciada. *Disciplinas da USP*: ambiente virtual de apoio à graduação e pós-graduação. Disponível em: https://edisciplinas.usp.br/pluginfile.php/5285350/mod_resource/content/1/MPs%20e%20coronavi%CC%81rus%20-%20FSP.pdf. Acesso em: 11 abr. 2022.

INSTITUTO TRICONTINENTAL DE PESQUISA SOCIAL. *CoronaChoque e Patriarcado.* 5 nov. 2020. Disponível em: https://thetricontinental.org/pt-pt/estudos-4-coronachoque-e-patriarcado/. Acesso em: 10 abr. 2022.

LEITE, Carlos Henrique Bezerra. *Curso de direito do trabalho.* 9. ed. São Paulo: Saraiva, 2018.

MARX, Karl. *O capital*: crítica da economia política. Trad. de Reginaldo Sant'Anna. 22. ed. Rio de Janeiro: Civilização Brasileira, 2004, Livro I, Cap. VIII.

SALLUM JR., Brasilio. O Brasil sob Cardoso: neoliberalismo e desenvolvimentismo. Dossiê FHC: 1º Governo. *Tempo social*: revista de sociologia. *Departamento de Sociologia da Faculdade de Filosofia, Letras e Ciências Humanas da Universidade de São Paulo*, v. 11, n. 2, out. 1999, *passim*. Disponível em: https://doi.org/10.1590/S0103-20701999000200003. Acesso em: 5 fev. 2022.

VILLATORE, Marco Antônio César. Trabalho a tempo parcial no direito comparado. *Revista Genesis.* Curitiba: Editora Genesis, t. 13, n. 76, p. 536-537, abr. 1999.

NOVOS ARQUÉTIPOS SINDICAIS(*)

Antonio Carlos Aguiar(**)

Se a narrativa faz com que vejamos eventos passados como se fossem mais previsíveis, mais esperados e menos aleatórios do que realmente foram, então deveríamos ser capazes de fazer com que isso funcionasse a nosso favor como uma terapia contra algumas das feridas causadas pela aleatoriedade.

Nassim Nicholas Taleb(***)

Pensar e conceituar o sindicato, tal como ao longo da história vem sendo feito, repetido, ensinado, aprendido e vivido, tem a ver com lógica advinda de um mundo analógico, onde questões de defesa laboral centravam-se neste contexto social linear.

Por óbvio, de todo errado não está. Tampouco em completo desuso, uma vez que o mundo do trabalho ainda é — em grande parte — analógico, demandando, por isso mesmo, soluções ainda pautadas nesta forma de compreensão das coisas.

Mas essa constatação de nada serve para não enxergar o que nos está diante dos olhos.

Colocar uma venda analógica-linear para não querer ver um mundo digital e multidisciplinar é ter um "lado". Um "lado" obscuro, disforme e desconforme com a realidade, unicamente sustentado por uma crença, que desagua na certeza da ignorância.

Sabedoria não tem lado.

> "Quando você está acaloradamente discutindo não defende seu lado por achar que ele é o certo. **Ao contrário, acha que é o certo por estar desse lado** (...). Há pouco mais de uma década dois pesquisadores de Harvard bolaram um experimento engenhoso para testar se isso era verdade. Eles apresentavam duas fotos para que os voluntários escolhessem qual era mais atraente. Uma vez feita a escolha, os cientistas a entregavam nas mãos

(*) Artigo publicado de modo inédito na Revista LTr de maio de 2023.

(**) Advogado. Mestre e Doutor em Direito do Trabalho pela PUC São Paulo. Presidente da Academia Paulista de Direito do Trabalho. Titular da cadeira 45 da Academia Brasileira de Direito do Trabalho. Autor do livro Negociação Coletiva de Trabalho pela editora Saraiva.

(***) TALEB, Nassim Nicholas. *A lógica do cisne negro.* O impacto do altamente improvável. Gerenciando o desconhecido. Tradução Marcelo Schild. 18. ed. Rio de Janeiro: Best Business, 2019, p. 111.

do sujeito para que ele olhasse novamente e explicasse o porquê de sua decisão. Sem saber, contudo, eles recebiam a outra foto, que não haviam escolhido. Quantos notaram a troca? Menos de 20%. A maioria absoluta não notava a mudança e passava a argumentar porque aquela pessoa era mais atraente na sua opinião. (...) Agora mais inacreditável ainda foi o resultado de uma pesquisa feita esse ano (2018) por cientistas suecos, testando posturas políticas. Os voluntários respondiam a questões sobre sistema de saúde, educação e meio ambiente, dizendo se concordavam ou não com as afirmações de inclinação liberal ou conservadora. Da mesma forma, a resposta era manipulada, e pedia-se para que explicassem as razões de suas escolhas. Metade dos voluntários notou o truque. Mas a metade que não notou e acabou realmente mudando a sua opinião."(1)

Não à toa e com repercussões das mais trágicas, de uma hora para outra, uma avalanche de notícias falsas (chamadas de *fake news*) viraliza nas redes sociais rápida e exponencialmente.

Portanto, para se movimentar, atuar e contribuir de modo ativo e eficiente num mundo digital do século XXI, é exigido daqueles que conduzem meios de representação coletivos, atuação própria para esse novo.

Não se trata, portanto, de defesa de um lado, mas enxergar e vivenciar uma realidade: apinhada de mudanças.

E dentro desse vendaval de mudanças encontra-se o sindicato.

Um sindicato ainda com traços, características e "funções" atreladas ao arquétipo da linha de produção. Que vê e trata os trabalhadores como pessoas perfiladas, lado a lado, em frente a uma esteira. "A matéria-prima chega ao primeiro trabalhador, que executa sua tarefa e a passa em frente. O seu colega pega a matéria-prima (levemente transformada) e acrescenta mais modificações. E assim segue, passando de mão em mão, sofrendo cada vez mais interferências. Até que, na última etapa, o que era matéria-prima vira um produto finalizado, pronto para a prateleira. Sejam pessoas ou máquinas, seja o número de interações que a matéria-prima receba, seja o estado inicial, a lógica não muda muito"(2).

E é com essa lógica que os sindicatos ainda hoje, em pleno século XXI, "funcionam"...

Uma lógica presa a um pensamento industrial linear próprio da linha de montagem: etapa por etapa do processo, com interações apenas entre o grupo que está operando com o que o antecede e com o outro que na esteira o sucede. Jamais com nenhum outro; com um diferente; com a diversidade, própria dos novos tempos.

---

(1) BARROS, Daniel Martins. De que lado você está? *Jornal O Estado de S. Paulo*, domingo, 2 de dezembro de 2018.
(2) MATTOS, Tiago. *Vai lá e faz*. Caxias do Sul: Belas Letras, 2017, p. 44.

> Cada tarefa é feita por uma pessoa ou por um grupo de pessoas. Elas são separadas em sessões ou departamentos e ficam responsáveis por uma parte específica do processo. Não há fluxo em grupos, a não ser entre aqueles que têm conexão direta por força da linha de montagem. (...) O fluxo é artificial e não orgânico.[(3)]

Perfaz-se esse entendimento logístico por toda uma cadeia de previsibilidade que compõe esse espaço funcional-operacional, e que, ao final, sustenta e sedimenta a atuação sindical.

Tudo linear, repetitivo, segmentado e previsível.

Contudo, impregnado de vieses, que acabam por gerar erros específicos e identificáveis, justamente para os mecanismos que os retroalimentam.

Um racional que não deriva única e exclusivamente da vontade do sindicato, mas, é fruto de um ambiente de tempos longínquos, onde sequer imaginava-se que um dia existiria a internet para substituir todo o arquétipo do jogo de cartas que em seus naipes delimitava o que era especificamente uma função, um cargo, uma profissão e um local de trabalho (obrigatoriamente físico).

Atualmente, não só as funções, profissões e cargos, mas, os próprios locais de trabalho são outros. Que o digam os nômades digitais[(4)].

Tudo mudou. E não para de mudar. Está-se diante de um arquétipo social-mutante.

"Basta olhar ao redor para ver um mundo muito diferente. Um mundo não linear, conectado, multidisciplinar e exponencialmente imprevisível. Não linear porque os assuntos se misturam e se recombinam. Recebemos uma mensagem pelo WhatsApp, respondemos pelo Facebook, recebemos a tréplica por e-mail. Um artigo na *timeline* nos leva para um vídeo que nos leva para um livro que nos devolve novamente para o artigo — agora, em um outro ponto. Se o capítulo dois está chato, pulamos. Começamos uma coisa e terminamos em outra, sem necessariamente seguir uma ordem. Criamos nosso próprio *storytelling*. O mundo é um buffet infinito. Num passado distante era no controle remoto. Num passado recente, o ALT+TAB do computador. E, hoje em dia, no *touchscreen* do tablet. O remix e o *copy+past* são fenômenos estabelecidos na cultura de hoje. E o que era para ser formatado e linear abriu espaço para a auto-curadoria e a customização — de um jeito que nenhum de nós poderia prever"[(5)]: nem os sindicatos!

As eleições para prefeitos e vereadores, em 2020, na cidade de São Paulo evidenciam isso. Para a câmara municipal, "dois transexuais foram eleitos entre os dez vereadores mais votados. Erika Hilton (PSOL) ficou em 6º lugar e Thammy Miranda

---

(3) MATTOS, Tiago. *Vai lá e faz*. Caxias do Sul: Belas Letras, 2017, p. 45.

(4) Nomadismo digital não significa estar o tempo todo viajando, mas ter a liberdade de fazer isso, trabalhando, quando e onde quiser.

(5) Ob. cit., p. 51.

(PL) em 9º. 'Mulher preta e trans eleita a vereadora mais votada da cidade! Feminista, antirracista, LGBT', comemorou Erika"[6]. Além disso, o PSOL lançou uma "candidatura coletiva à vereança", pela bancada feminista (50.900)[7].

No quesito família, também um retrato bem alterado socialmente se apresenta. Ela não é mais formada apenas por um pai, uma mãe e filho(s). Sua composição tornou-se multiforme: "mães e pais solteiros, divorciados que unem suas famílias, casal de homossexuais que têm filhos de um relacionamento heterossexual anterior, crianças que são criadas pelos avós, pessoas que só têm seu animal de estimação como família, praticantes do poliamor, heterossexuais que adotam, homossexuais que adotam, casais sem filhos, amigos que moram juntos, três gerações que dividem o mesmo teto, casais divorciados que vivem na mesma casa: as possibilidades são diversas". O Censo de 2010 do IBGE mostra que a família brasileira se multiplicou, trazendo 19 laços de parentesco, contra 11 presentes no censo de 2000. O conceito tradicional de família, composta por um casal heterossexual com filhos, esteve presente em 49,9% dos lares visitados, enquanto em 50,1% das vezes, a família ganhou uma nova forma. As famílias homoafetivas já somam 60 mil, sendo 53,8% delas formada por mulheres. Mulheres que vivem sozinhas são 3,4 milhões, enquanto 10,1 milhões de famílias são formadas por mães ou pais solteiros.[8]

Mais da metade da família brasileira não faz parte do tradicional "núcleo duro" analógico. E olhem: são dados que têm mais de dez anos...

Não só a família, mas os membros dela e da sociedade como um todo também se multiplicam em diversidade, em especial, quando o tema é gênero. Não há dúvidas. Estamos dentro de uma sociedade complexa, de diferentes, e agora não mais invisíveis, partícipes ativos.

> Sabemos que sempre foi pouco dividir a humanidade simplesmente em homens e mulheres. Não há, afinal, nenhuma época histórica em que as identidades de gênero não tivessem sido múltiplas. Em Nova York, porém, a Comissão dos Direitos Humanos decidiu por oficializar essa multiplicidade, rumo a um futuro em que todo mundo possa se sentir devidamente identificado. A lista completa reconhecida pela Comissão de Nova York segue abaixo, e foi traduzida dentro do possível. Vale uma visita ao Google para maiores dúvidas sobre cada termo: 1. *Bi-gendered* (Bi-gênero); 2. *Cross-dresser*; 3. *Drag-king*; 4. *Drag-queen*; 5. *Femme queen*; 6. *Female-to-male* (Fêmea-para-macho); 7. FTM; 8. *Gender bender* (Gênero fronteiriço); 9. *Genderqueer*; 10. *Male-to-female* (Macho-para-fêmea); 11. MTF;

---

(6) Disponível em: https://g1.globo.com/sp/sao-paulo/eleicoes/2020/noticia/2020/11/16/dois-transexuais-estao-entre-os-dez-vereadores-mais-votados-de-sao-paulo.ghtml. Acesso em: 16 nov. 2020, às 14h26.

(7) Disponível em: https://bancadafeministapsol.com.br/. Acesso em: 16 nov. 2020, às 14h43.

(8) Disponível em: https://www.hypeness.com.br/2015/03/novas-configuracoes-de-familias-provam-que-o-afeto-vai-muito-alem-do-tradicional-mae-pai-filhos/. Acesso em: 16 nov. 2020, às 14h34.

12. *Non-Op*; 13. *Hijra*; 14. *Pangender (*Pangênero*)*; 15. Transexual/Transsexual; 17. *Trans person* (Pessoa trans); 18. *Woman* (Mulher); 19. Man (Homem); 20. Butch; 21. *Two-spirit* (Espírito duplo); 22. Trans; 23. *Agender* (sem gênero); 24. *Third sex* (Terceiro sexo); 25. *Gender fluid* (Gênero fluido); 26. *Non-binary transgender* (Transgênero não binário); 27 *Androgyne* (Andrógena); 28 *Gender-gifted*; 29. *Gender bender*; 30. *Femme*; 31. *Person of transgender* experience (Pessoa em experiência transgênera); 32. *Androgynous* (Andrógeno)(9).

A lista não é exaustiva. O Facebook, por exemplo, em 2014, já disponibilizava 52 (cinquenta e duas) opções...(10)

Acrescente-se a essa complexidade, o número de gerações que hoje convivem entre si: (i) Geração X; (ii) Y (*Millenials*); (iii) Z; e (iv) *Baby boomers*, ou seja, 4 (quatro) gerações convivendo, estudando e trabalhando simultaneamente. A nomenclatura obedece a lógica relativa à data de nascimento, que marca o estágio geracional. Os *babies boomers* são os nascidos entre 1945 e 1964; depois, vem a geração X, que compreende o período de 1965 a 1984; seguida pela geração Y, formada pelos indivíduos que nasceram entre 1985 e 1999; e, por fim, a geração Z, que contempla os nascidos a partir de 2000. Mais do que uma classificação cronológica, as gerações são determinadas a partir do comportamento das pessoas que nasceram no mesmo período.

Toda uma diversidade complexa no meio de um universo laboral digital que muda diuturnamente. Todos juntos e misturados trabalhando e desenvolvendo novos modelos de prestação e entrega de serviços em velocidade e dinâmica digitais.

Rapidez, simplicidade e objetividade próprias de um mundo cravado neste "digital".

As *startups* representam bem esse momento. A cultura da garagem, ou seja, onde uma ideia criada por amigos, numa garagem, tem a possibilidade (real) de tornar-se em pouco tempo um unicórnio (empresa com valor de mercado superior a um milhão de dólares), é o símbolo máximo deste deslocamento exponencial. O Brasil tem bons exemplos disso: 99, iFood, Movile (dona, entre outras marcas, do próprio iFood), Nubank e Stone.

A lógica econômica está mudando também.

As *fintechs* são um bom exemplo disso. "Hoje, as *startups* do setor financeiro também querem explorar nichos — e causas. (...) há *fintechs* dedicadas a quem tem menos de 18 anos, a negros, à comunidade LGBTI+, a quem é de esquerda e para os

---

(9) Disponível em: https://www.hypeness.com.br/2016/06/nova-york-agora-reconhece-31-diferentes-tipos-de-genero/#:~:text=O%20mundo%20est%C3%A1%20mudando%2C%20se,simplesmente%20em%20homens%20e%20mulheres. Acesso em: 16 nov. 2020, às 14h50.

(10) Disponível em: https://epoca.globo.com/vida/noticia/2014/03/52-opcoes-de-bidentidade-sexual-no-facebookb.html. Acesso em: 16 nov. 2020, às 14h53.

interessados em apoiar organizações não governamentais (ONGs). Mas qual é o benefício dessas contas digitais de nicho? Diferentemente do que se pode pensar, uma *fintech* focada em um público específico não é só jogada de marketing. Esses negócios podem ajudar a financiar causas e a levar crédito para pessoas que são deixadas de fora pelos bancos tradicionais"[(11)].

Diversidade, *fintechs* de nicho e mais disrupção tecnológica: *machine learning*, IoT (internet das coisas), *cloud computing*, inteligência artificial, 5G, digital *twins*, *fog & edge computing*, *quantum computing* e o RPA inteligente (automação inteligente de processos robóticos). Todo um mundo de inovação tecnológica que bate de frente com o mundo do trabalho: para o bem e para o mal.

Alie-se ainda a tudo isso a obrigação de reciclagem de todo esse material tecnológico. Daí a imperiosa necessidade de fabricação de componentes que possam ter a vida útil estendida caracterizando o preceito de uma economia digital e circular. Lembre-se, nesse quesito, que o Brasil lidera a produção de lixo eletrônico na América Latina e é o sétimo país do ranking mundial ficando atrás da China, Estados Unidos, Japão, Índia, Alemanha e Reino Unido com 1,5 milhão de toneladas ao ano.

Novos arquétipos

O sindicato até então pautava sua atuação por meio dos arquétipos (i) do herói, que representava e trazia à tona todas as reivindicações da parte mais fraca na relação de trabalho: o trabalhador e do (ii) fora da lei, que enfrentava as amarras institucionais do Estado, quando emparedava o trabalhador, dentro do seu universo de subordinação. O sindicato não se vergava a pressões; desafiava padrões instrucionais em busca de justiça e não necessariamente obediência à lei.

Tudo dentro de uma estrada linear que disciplinava as jornadas acima encabeçadas pelos arquétipos do herói e fora da lei.

Todavia, hoje, as jornadas são outras.

Não se trata mais de um mercado de trabalho fechado, dividido por claras e específicas categorias.

Estamos diante de arenas abertas, que compõem o ecossistema trabalhista.

Mais do que nunca há a necessidade de observar o mundo pela lente de um *zeitgeist internético*[(12)], própria de um lugar de trabalho abrigado pela multidisciplinariedade, pelo imprevisível e enfatize-se: formado por "pessoas híbridas".

Sim. "Nos tornamos híbridos. Parte de nós é humana, ainda é orgânica. Mas, parte de nós já se tornou máquina. Porque quando alguém diz *estou sem bateria* (quando

---

(11) Disponível em: https://economia.estadao.com.br/noticias/geral,fintechs-de-nicho-vao-alem-do-dinheiro,70003737450. Acesso em: 26 ago. 2022, às 17h35.
(12) Expressão de Tiago Mattos.

na verdade é o celular que está), a simbiose entre homem e máquina já foi absorvida pelo espectro psicológico. Somos uma interface conectada, que entra em desespero se estamos sem sinal de wi-fi — ou simplesmente esquecemos o celular (...). Sentimos que o vidro do celular quebrado é quase como uma cicatriz na nossa pele"(13).

O trabalhador do século XXI pode ser definido como um *homo zappiens*, conceito utilizado por Venn & Vrakking para definir os alunos do século XXI, mas que bem se enquadra ao trabalhador atual, na medida em que ele também é "direto, ativo, impaciente, incontrolável e, de certa forma, indisciplinado (...), que aprende muito cedo que há muitas fontes de informação e que essas fontes podem defender verdades diferentes"(14) e, como tal, não pode ser regrado por normas e/ou ditames próprios de um mundo linear.

Não dá para "rodar" o hardware de uma sociedade eminentemente analógica dentro do software desses novos trabalhadores e seus novos trabalhos.

Dá pau.

Para melhor compreensão desse ecossistema trabalhista há de se desconsiderar alguns arquétipos então presentes no viés analógico, como, por exemplo e inicialmente, o arquétipo da linha de montagem, onde as pessoas/trabalhadores estão perfiladas, lado a lado, em frente a uma esteira.

No ecossistema trabalhista estão cada vez mais presentes atores com propósitos. Com viés transformador. Onde a transformação radical é o objetivo fundamental. Onde não há porque se prender a espaço, tempos, marcas e remuneração, se objetivos não são respeitados. Governança, ESG, *compliance*, políticas de atração, engajamento, autonomia, experimentação, ativos alavancados, *staff* sob demanda, interfaces, pensamento efetual, algoritmos...

O sindicato deve se valer do **arquétipo criador (onde há vontade há caminho)**.

O Direito do Trabalho é transformador, cresce e se espraia de modo rizomático.

Várias definições de identidade neste ecossistema trabalhista são possíveis. Quando se limita apenas à *celetização* como o "melhor caminho", como se qualquer outro obrigatoriamente se vestisse de uma capa de exploração, se despreza a alteridade. Recusa-se então o pertencimento dentro do ecossistema, que é reduzido a uma identidade hierarquizada de um só "ser o certo"; "ser o melhor"; "ser o tudo". Cria-se uma definição de identidade do trabalhador, como empregado, de maneira melancólica, limitada a uma única experiência. À custa de uma série de derivas, ela não é mais usada como um instrumento conceitual histórico de compreensão evolutiva,

---

(13) MATTOS, Tiago. *Vai lá e faz.* Caxias do Sul: Belas Letras, 2017, p. 53.

(14) VRAKKING, Bem; VEEN, Wim. *Homo zappiens, educando na era digital.* Porto Alegre: Artmed, 2009, p. 27.

mas, como uma trava; um "obstáculo contra à exploração dos novos bárbaros digitais", que se estabelece por narrativas predefinidas, sem celebrar a diversidade.

Precisamos dar luz às trevas que sustentam a racionalização subjetiva desse entendimento próprio, que está preso às amarras do século passado; a um mundo analógico e linear, que está desaparecendo.

O arquétipo criador baseia-se nisso.

Para tanto, vamos trabalhar com jornadas permeadas de pistas capazes de contribuir para nos tirar da desesperança, em direção a um mundo possível, dentro do ecossistema trabalhista.

É claro que a busca pela direção correta não implica menosprezar o que já existe, porque existe, e como existe.

> Os antigos navegadores guiavam-se pelas estrelas. Mesmo nesta nossa época do radar e do sonar, os pilotos ainda dependem da linha do horizonte para manter a perspectiva durante o voo. E, verdade seja dita, foi a Lua que guiou de volta à Terra os astronautas, já quase perdidos, da missão espacial Apolo 13. Sem pontos de referência fixos e estáveis, é quase certo que estaremos desesperadamente perdidos.[15]

Tal como se come uma alcachofra, a meta é retirar todas as folhas desnecessárias e chegar ao coração; a razão e motivação do ecossistema.

Para isso, o arquétipo do criador recorre ao aparato sensorial, que é em si recurso e ao mesmo tempo limite.

Com base no vetor do arquétipo da criação, o sindicato permeia e entra em metamorfose junto com outros atores presentes no ecossistema trabalhista: os coletivos sociais.

Sua função principal passa pelo status de centro de convergência de pessoas e práticas, poroso e catalisador em relação a outros coletivos, grupos e blocos de criação e comunidades. Somente assim poderá de fato e de direito atender aos reais interesses daqueles que representa.

A ideia desse viés coletivo sindical do século XXI não é apenas para servir de representante (como nos tempos analógicos) de um certo número limitado de trabalhadores (empregados) de um determinado setor, mas trabalhar na construção de um bloco de interesses, afetos, diálogos, experiências aos quais o maior número de trabalhadores adira, numa espécie de condensador, agregador de sujeitos e ideias, em constantes aproximações, diversidade, adesões e desgarramentos, transformando-se para tanto em contato ativo com outros centros de intensidade.

---

(15) MARK, Margaret; PEARSON, Carol S. *O herói e o fora-da-lei*. 1. ed. 8ª reimp. Tradução Merle Scoss. São Paulo: Editora Cultrix, 2003. p. 269.

Afinal, "um coletivo é um campo de troca privilegiado, uma concentração de encontros de intensidade distinta. (...) se articulam em função de uma afinidade que se concretiza em ações em tempos variados. (...) pela heterogeneidade necessária e pelas múltiplas velocidades que constituem um coletivo. E a manutenção da intensidade que atravessa um coletivo depende da possibilidade de suportar e fomentar a coabitação de velocidades distintas, presenças inconstantes e dedicações não mensuráveis em dinheiro ou tempo, uma vez que são as intensidades transindividuais que garantem a força irradiadora do coletivo"(16).

Outro arquétipo funcional imprescindível é o da diversidade chamado de SINDIVERSIDADE.

A união dele com outras entidades sindicais, oficialmente ou não, para atender ao maior número de pessoas (mesmo aquelas que não são empregados), funcionando, igualmente, para formação de seus quadros, por meio de parcerias estratégicas, com vários outros coletivos sociais, catalisando, facilitando e aumentando o centro trabalhista dos interesses, numa espécie de "guarda-chuva" desses coletivos sociais no campo laboral, com ideias, ideais e idealização relativas a pontos de vista diferentes, mas integrativos.

Tudo atento e convergente à alteridade cultural e estruturante deste mundo digital, pivotando crenças, resolvendo conflitos por meio de co-criatividade (atuação conjunta com outros coletivos) e quebrando paradigmas comportamentais analógicos, onde não couber coexistência com o digital.

Transformando, deste modo, o quadrado num redondo, mas, não a fórceps ou por meio de digressões interpretativas tortas, e, sim, pela simplicidade inerente ao mundo digital.

Como se vê, a noção de coletivo faz parte de um contexto inalienável de configuração que atravessa as vidas por intermédio de várias redes sociotécnicas.

A característica das redes é estabelecer a "conexão entre coletivos em que os coletivos aparecem como uma tentativa micropolítica de sincronia com movimentos de redes que os ultrapassam e para as quais eles são fundamentais. O coletivo é um ponto na rede e, também, ele próprio uma rede. Na construção de redes, acentradas, entre múltiplos atores em um espaço ilimitado, os coletivos aparecem como centros de concentração de ideias, pessoas, criação, forças de onde novas conexões podem sair para compor outras redes"(17).

Tudo de modo digital e por meio de um trabalho sistêmico de construção de conhecimento e representação coletivos, que vai além do sindicato em si, se estabelecendo uma espécie de *crowdsourcing* sindical, sistema de chamada aberta e democrática

---

(16) MIGLIOR, Cesar. *O que é um coletivo*. Disponível em: file:///C:/Users/ACA/Downloads/Cezar_Migliorin%20(2).pdf. Acesso em: 26 ago. 2021, às 18:51.
(17) *Idem*.

para participação daqueles que efetivamente querem contribuir. Dentro desse sistema subdividem-se outros integrativos, como: a) *crowdvoting* (votação); b) *crowdfunding* (obtenção de recursos: vaquinhas digitais para projetos de representação específicos ou para manutenção da estrutura); c) *crowdsolving* (solução de problemas); d) *crowd-searching* (encontrar algo); etc.

O mundo está veloz. Constantes novos ciclos se criam em instantes. O mundo exige-nos alteridade-diversidade-representatividade. Algo como, mesmo ouvindo e amando música clássica compreender a motivação e existência de fenômenos como Harry Styles e a acusação que lhe é feita de fazer *queerbaiting*.

Sim, *queerbaiting*, palavra que define uma pessoa que tenta se beneficiar de uma imagem *queer* (estilo de se vestir diferente do esperado em uma sociedade que determina ainda gêneros). Harry Styles usa vestidos, saias e unhas pintadas... A acusação que sofre tem a ver com uma eventual jogada de marketing para ganhar dinheiro e não defender efetivamente a causa LGBTI+.

Ou, ainda, *gaslighting*, que trata da violência psicológica que causa instabilidade emocional nas mulheres, por conta do machismo ou patriarcado.

É impossível defender interesses de coletivos sociais sem adentrar no novo. Nas novas discussões.

Não dá para ficar preso ao passado, tal como ficou o tenente Onoda.[(18)]

Não dá para ter um comportamento *globin mode* (esta palavra foi eleita a palavra do ano no dicionário de Oxford de 2022), vale dizer, autoindulgente, preguiçoso, desleixado.

Dentro dessa nova identidade sindical acomodam-se novas formas de trabalho. Acordos coletivos de trabalho que não se restringem a contratos de emprego. Atravessam zonas cinzentas ou cercadas de tabus de eventual "conflito de interesses" de trabalhadores que são mais trabalhadores do que microempresários ou simples associados. O espectro de alcance e acolhimento não é limitativo. O gênero trabalhador, tal como aquele ligado ao sexo, não é binário. O sindicato evolui e se transforma. Torna-se digital.

Referências

Livros:

MARK, Margaret; PEARSON, Carol S. *O herói e o fora-da-lei*. 1. ed. 8ª reimp. Tradução Merle Scoss. São Paulo: Editora Cultrix, 2003.

---

(18) AGUIAR, Antonio Carlos. Surge um novo profissional: desenvolvedor de jornadas no ecossistema trabalhista. *Consultor Jurídico*. *Conjur*. 30 de dezembro de 2022, às 9h19.

MATTOS, Tiago. *Vai lá e faz.* Caxias do Sul: Belas Letras, 2017.

TALEB, Nassim Nicholas. *A lógica do cisne negro.* O impacto do altamente improvável. Gerenciando o desconhecido. Tradução Marcelo Schild. 18. ed. Rio de Janeiro: Best Business, 2019.

VRAKKING, Bem; VEEN, Wim. *Homo zappiens, educando na era digital.* Porto Alegre: Artmed, 2009.

Jornal:

BARROS, Daniel Martins. De que lado você está? *Jornal O Estado de S. Paulo*, 2018.

Sites:

Disponível em: https://g1.globo.com/sp/sao-paulo/eleicoes/2020/noticia/2020/11/16/dois-transexuais-estao-entre-os-dez-vereadores-mais-votados-de-sao-paulo.ghtml. Acesso em: 16 nov. 2020, às 14h26.

Disponível em: https://bancadafeministapsol.com.br/. Acesso em: 16 nov. 2020, às 14h43.

Disponível em: https://www.hypeness.com.br/2015/03/novas-configuracoes-de-familias-provam-que-o-afeto-vai-muito-alem-do-tradicional-mae-pai-filhos/. Acesso em: 16 nov. 2020, às 14h34.

Disponível em: https://www.hypeness.com.br/2016/06/nova-york-agora-reconhece-31-diferentes-tipos-de-genero/#:~:text=O%20mundo%20est%C3%A1%20mudando%2C%20se,simplesmente%20em%20homens%20e%20mulheres. Acesso em: 16 nov. 2020, às 14h50.

Disponível em: https://epoca.globo.com/vida/noticia/2014/03/52-opcoes-de-bidentidade-sexual-no-facebookb.html. Acesso em: 16 nov. 2020, às 14h53.

Disponível em: https://economia.estadao.com.br/noticias/geral,fintechs-de-nicho-vao-alem-do-dinheiro,70003737450. Acesso em: 26 ago. 2012, às 17h35.

Disponível em: https://canaltech.com.br/inovacao/disrupcao-e-longevidade-no-seculo-xxi/. Acesso em: 26 ago. 2021, às 18h14.

MIGLIOR, Cesar. *O que é um coletivo.* Disponível em: file:///C:/Users/ACA/Downloads/Cezar_Migliorin%20(2).pdf. Acesso em: 26 ago. 2021, às 18h51.

A AUTORIZAÇÃO DA JORNADA EXTRAORDINÁRIA EM AMBIENTE INSALUBRE SEM LICENÇA PRÉVIA DA AUTORIDADE COMPETENTE: UMA ANÁLISE ACERCA DOS IMPACTOS DA FLEXIBILIZAÇÃO DO ART. 60 DA CLT NO MEIO AMBIENTE DO TRABALHO(*)

Sergio Torres Teixeira(**)
Isabella Lins Rocha Silva(***)

1. Introdução

Muitas vezes, o meio ambiente laboral é, por si só, um local de risco para o trabalhador. Ruído, exposição a frio e calor, vibração, agentes químicos. Todos esses são agentes — inclusive reconhecidos pela Norma Regulamentadora n. 15 — os quais são capazes, dentre diversos outros, de prejudicar a saúde do trabalhador, gerando consequências a curto, médio e longo prazos, a depender do caso concreto, sendo essas consequências, por vezes, irreversíveis.

Foi nesse sentido que o legislador buscou, no art. 60 da Consolidação das Leis do Trabalho, garantir uma proteção específica dentro do meio ambiental laboral, por meio da obrigatoriedade de licença prévia da autoridade competente para a realização de jornadas extraordinárias em ambientes insalubres, considerando que, se a insalubridade já é penosa em uma jornada irregular, ela se torna ainda mais perigosa quando além do "ordinário".

Entretanto, não é mais sequer contemporâneo pontuar que as mudanças geradas pela Reforma Trabalhista, desde 2017 até a atualidade, foram profundas e extremamente modificativas em alguns aspectos. O caso do art. 60 da CLT é um desses. Ao introduzir a tese do art. 611-A na legislação pátria, a Lei n. 13.467/17[1] mudou signi-

---

(*) Texto publicado de modo inédito na Revista LTr, n. 10, ano 87, out. 2023, p. 1243-1259.
(**) Doutor em Direito. Professor da FDR/UFPE e da UNICAP. Desembargador do TRT6. Membro da ABDT
(***) Bacharela em Direito. Pesquisadora.
(1) BRASIL. *Lei n. 13.467, de 13 de julho de 2017*. Altera a Consolidação das Leis do Trabalho (CLT), aprovada pelo Decreto-Lei n. 5.452, de 1º de maio de 1943, e as Leis ns. 6.019, de 3 de janeiro de 1974, 8.036, de 11 de maio de 1990, e 8.212, de 24 de julho de 1991, a fim de adequar a legislação às novas

ficativamente o rumo do direito do trabalho por meio do entendimento de que, salvo exceções, o acordado deve prevalecer sobre o legislado, estendendo-se até mesmo para situações de restrições de direitos, conforme ficou cristalino no julgamento, em fevereiro do presente ano, do Tema 1.046 (STF).

A Reforma abriu a margem para que a negociação coletiva — frente às dificuldades, crenças ou realidades de cada sindicato/categoria — negociasse o direito do trabalhador, mesmo aqueles "originalmente" e historicamente tidos como indisponíveis, como a saúde, estando dentro dela, de forma lógica, o direito a jornadas de trabalho sadias.

Nesse contexto, houve a criação da possibilidade, por meio de instrumentos de negociação (acordos coletivos e/ou convenções coletivas de trabalho), de um completo rompimento com o previsto no art. 60 da CLT, um recorte da legislação — diga-se de passagem — pensado exclusivamente para a proteção do trabalhador, princípio regedor da legislação trabalhista.

Busca-se entender, portanto, o impacto que a flexibilização do art. 60 gerou no meio ambiente do trabalho, em sua saúde propriamente dita. Quais são os riscos aos quais os obreiros passam a estar ainda mais expostos e, além disso, de que forma a mudança legislativa alterou a forma de a Justiça do Trabalho decidir acerca da temática. É inegável a relevância desse questionamento, tendo em vista que são incontáveis os trabalhadores expostos a ambientes insalubres, sendo certo que quaisquer alterações nessa temática exigem um olhar crítico e atento, sob pena de consequências irreversíveis.

Porém, a fim de ter uma compreensão ampla dessa temática, é necessário começar da base. Para tanto, o presente trabalho velear-se-á de fontes bibliográficas, a fim de entender o que é o meio ambiente de trabalho, de quais formas ele pode ser danoso, em que momento surgem tais preocupações e como essa temática foi evoluindo ao longo do tempo, entre avanços e retrocessos, tendo em vista a marcha — muitas vezes lenta — da História. Ademais, de fato é imprescindível a consulta doutrinária para entender-se a Reforma Trabalhista, as modificações por ela realizadas e qual rumo foi tomado em relação ao art. 60 da CLT, especificamente.

Nesse sentido, a primeira seção irá analisar o contexto histórico por trás da noção de meio ambiente do trabalho, iniciando no século IV a.C., passando pela Revolução Industrial e pelo contexto mundial, até desembocar na realidade brasileira, tão diferente quando comparada a outros países. Sucessivamente, a seção subsequente tratará acerca da abordagem conceitual do meio ambiente trabalho e como se deu a trajetória da fundamentalidade e indisponibilidade do direito ao labor saudável dentro do ordenamento brasileiro.

---

relações de trabalho. Diário Oficial da União, Brasília, DF, 14 jul. 2017. Disponível em: https://www.planalto.gov.br/ccivil_03/_ato2015-2018/2017/lei/l13467.htm. Acesso em: 15 jul. 2023.

Ademais, as duas seções seguintes irão buscar entender quais foram os impactos gerados pela Lei n. 13.467/17 na legislação trabalhista, especificamente na flexibilização do art. 60 da CLT e da realização de jornadas extraordinárias em ambientes insalubres sem a prévia autorização do MTE, analisando, especificamente, o acordo coletivo negociado entre a BRF S.A. e a entidade sindical responsável em Pernambuco, demonstrando a elasticidade que as normas ganharam após a Reforma Trabalhista.

Por fim, a seção final trará uma diferente abordagem, tendo em vista que partirá da jurisprudência do Tribunal Regional do Trabalho da 6ª Região (Pernambuco) e do Tribunal Superior do Trabalho, a fim de compreender como, na prática, a flexibilização do art. 60 impactou nas decisões dos tribunais e, consequentemente, na proteção e amparo ao trabalhador, polo vulnerável dentro das relações trabalhistas.

2. Origem histórica da preocupação com o meio ambiente do trabalho: contextos mundial e brasileiro

Os primeiros referimentos ao adoecimento laboral datam do século IV a.C., com destaque para Aristóteles e o atendimento e prevenção das enfermidades dos trabalhadores nos ambientes das minas; Platão e o reconhecimento de enfermidades específicas do esqueleto que acometiam determinados trabalhadores no exercício de suas profissões; e, por fim, Hipócrates e a descoberta da origem das doenças profissionais que acometiam os trabalhadores nas minas de estanho.[2]

Entretanto, foi apenas no ano de 1700 que o médico Bernardino Ramazzini, residente da cidade de Módena, Itália, lançou a obra *De Morbis Artificum Diatriba*, a qual lhe traria, futuramente, o título de "Pai da Medicina do Trabalho", tendo o autor sistematizado os ensinamentos até então acumulados acerca do meio ambiente do trabalho e o adoecimento dos trabalhadores. Ramazzini, sob a influência de Hipócrates, frisa a necessidade de questionar o "paciente proletário" acerca da pergunta "e que arte exerce?", dúvida que poderia ser traduzida como "Qual a sua ocupação?", colocando como prioritária, dentro da gama de perguntas que envolve a relação entre médico e paciente, a necessidade de entender a influência que o labor exerce na vida daquele paciente.[3]

Parece simples e até mesmo banal, quando se parte do pensamento contemporâneo, que determinadas doenças estejam associadas ao meio laboral, entretanto, dentro do contexto de meados do século XVIII, os pensamentos do médico abriram caminho para sua detalhada análise acerca das ligações existentes entre o meio ambiente do trabalho e a saúde dos obreiros, perpassando por questionamentos, dentro da sua coletânea, acerca das "doenças dos carpinteiros", "doenças dos químicos e "doenças das

(2) BRASIL. Agência Nacional de Vigilância Sanitária. *Segurança no ambiente hospitalar*. Disponível em: <https://www.gov.br/anvisa/ptbr/centraisdeconteudo/publicacoes/servicosdesaude/publicacoes/seguranca-no-ambiente hospitalar.pdf/view>. Acesso em: 21 abr. 2023.
(3) RAMAZZINI, Bernardino. *As doenças dos trabalhadores* [texto]. Tradução de Raimundo Estrêla. 4. ed. São Paulo: Fundacentro, 2016.

lavadeiras", além de outras mais de cinquenta profissões. Acerca das "doenças dos mineiros", por exemplo, Ramazzini[4] discorre, de forma surpreendentemente atual, que:

> O múltiplo e variado campo semeado de doenças para aqueles que necessitam ganhar salário e, portanto, terão de sofrer males terríveis em consequência do ofício que exercem, prolifera, segundo creio, devido a duas causas principais: a primeira, e a mais importante, é a natureza nociva da substância manipulada que pode produzir doenças especiais pelas exalações danosas e poeiras irritantes que afetam o organismo humano; a segunda é a violência que se faz à estrutura natural da máquina vital com posições forçadas e inadequadas do corpo, o que, pouco a pouco, pode produzir grave enfermidade.

Extrai-se das ponderações do autor a noção de indissociabilidade entre o meio ambiente de trabalho e a saúde do obreiro, principalmente quando se trata de trabalhos mecanizados e insalubres, tendo em vista a manipulação de substâncias maléficas, bem como a mecânica física por trás de determinados tipos de ocupações, ainda mais ao considerar-se as condições da época.

O advento da Revolução Industrial, praticamente um século depois do lançamento de *Diatribe Morbis Artificum Diatriba*, originou um severo e diferenciado impacto nas condições de trabalho, com novas consequências imprevisíveis para os autores e estudiosos que a antecederam. É importante esclarecer que a Revolução Industrial não foi a responsável pela gênese do adoecimento relacionado ao trabalho, tendo em vista que, como já pontuado, existem anotações séculos antes que remontam a essa temática. Entretanto, ela desencadeou uma intensificação no processo de exploração da mão de obra em uma escala até então não vista, de forma abrangente, estrutural e complexa, desembocando na construção do sistema produtivo capitalista.

Nesse sentido, o modelo econômico industrial originado pela Revolução acarretou uma competição desleal — e extremamente rentável para as classes dominantes — entre o ser humano e a máquina. Iniciou-se, portanto, um intenso rompimento com o trabalho manual, doméstico, até então predominante, para abrir espaço ao surgimento de uma lógica de trabalho baseada no maior lucro possível a partir dos menores gastos, sejam eles materiais, sejam eles humanos. Não sendo necessário existir um trabalho específico, o que passa a ser observada é uma expressiva redução salarial, pois o trabalhador não era mais associado a suas habilidades específicas, mas apenas uma "peça", entre tantas outras, dentro da "engrenagem", o que permitiu uma extrema precarização das condições laborais, passando essa a ser um recorte estruturante e essencial à manutenção desse sistema de trabalho-lucro.

Assim, o contexto da Revolução Industrial e do advento do modo de produção capitalista restou associado a jornadas extremamente extenuantes, em locais predo-

(4) RAMAZZINI, Bernardino. *As doenças dos trabalhadores* [texto]. Tradução de Raimundo Estrêla. 4. ed. São Paulo: Fundacentro, 2016, p. 29.

minantemente insalubres, com tempo reduzido para alimentação e descanso, além de remunerações ínfimas para mulheres e crianças, sendo, inclusive, normalizado o trabalho infantil. O trabalhador "livre", portanto, se tornou presa das máquinas e dos seus ditames de produção, os quais, necessariamente, atendiam à rápida necessidade de acumulação de capital, em um processo de aglomeração de operários em espaços inadequados e proliferação dos mais diversos tipos de males e doenças, enquanto a periculosidade das engrenagens resultava em uma alta porção de mutilações, acidentes e mortes(5), tendo em vista que as fábricas não eram pensadas para serem saudáveis ou seguras, mas, para maximizar os lucros dentro da produção industrial, sendo indiferente às condições de vida ou de trabalho dos obreiros.

Se comparada à realidade europeia, tem-se no contexto brasileiro passos ainda mais lentos quando se fala acerca da saúde do trabalhador. Dentro do Brasil Colônia, não apenas o atendimento médico aos trabalhadores era quase inexistente, como para boa parte da sociedade. A única classe minimamente atendida era de militares, existindo para eles físicos e cirurgiões-mor, além de hospitais militares, restando aos demais trabalhadores o atendimento nas Santas Casas, escassos cirurgiões e, principalmente, cuidados da medicina doméstica e milenar.(6) Quando se pensa na situação dos escravizados, com nada mais poderiam contar além da "caridade" dos seus senhores ou do Estado paternalista, quando existente.(7)

É importante destacar que as principais atividades econômicas do Brasil Colônia eram extremamente prejudiciais à saúde dos escravizados e dos trabalhadores assalariados. Funções como as existentes nas plantações de cana-de-açúcar e nas minas exploradas garantiam ao trabalho a associação com expectativas de vida baixíssimas e doenças extremamente típicas, principalmente quando associadas às jornadas de trabalho exaustivas e aos abusos físicos e psicológico. Nesse sentido, destacam Timbó e Eufrásio(8):

> Há relatos do período colonial, em que o atendimento médico mais frequente aos acidentados que trabalhavam nas minas exploradas, na então capitania de Minas Gerais, eram os tratamentos dos acidentes e das intoxicações, principalmente nas minas de Congonhas do Sabará e nas do Rio das Velhas. **A atividade mineradora, embora lucrativa, era reconhecida por seus perigos atribuídos às más condições de trabalho.** (TOLEDO, 2008). A primeira intervenção neurocirúrgica realizada no Brasil ocorreu

---

(5) COSTA, Sonia Maria da Fonseca Thedim; GOMES, Carlos Minayo. A construção do campo da saúde do trabalhador: percurso e dilemas. *Cadernos de Saúde Pública*, Rio de Janeiro, v. 13, 1997, p. 22.
(6) EUFRÁSIO, Carlos Augusto Fernandes; TIMBÓ, Maria Santa Martins. O meio ambiente do trabalho saudável e suas repercussões no Brasil e no mundo, a partir de sua evolução história. *Pensar*, Fortaleza, v. 14, n. 2, p. 356, jul./dez. 2009.
(7) TOLEDO, Marcos Furtado de; MARQUES, Rita de Cássia. Medicina do trabalho. *PROTEÇÃO: Revista Mensal de Saúde e Segurança do Trabalho*, Novo Hamburgo, ano 21, p. 96-108, maio 2008.
(8) EUFRÁSIO, Carlos Augusto Fernandes; TIMBÓ, Maria Santa Martins. O meio ambiente do trabalho saudável e suas repercussões no Brasil e no mundo, a partir de sua evolução história. *Pensar*, Fortaleza, v. 14, n. 2, p. 357, jul./dez. 2009.

em Sabará, em 1710, e teve relação com acidente de trabalho. **Trata-se de um caso de traumatismo cranioencefálico com fraturas expostas e afundamento ósseo, causado pela queda de galho de árvore sobre a cabeça de um escravo. O caso está registrado no erário mineral, escrito pelo cirurgião português Luis Gomes Ferreyra, originalmente publicado em Lisboa no ano de 1735** (TOLEDO, 2008). **Na mineração, feita em minas subterrâneas, além dos eventuais desmoronamentos e acidentes de toda espécie, o trabalhador estava sujeito às condições de trabalho permanentemente insalubres.** (grifos dos autores)

Com o fim do Brasil Colônia e a chegada das oligarquias da República Velha, em 1889, passos curtos começam a ser dados no tangente à proteção da saúde do trabalhador, como a dispensa dos trabalhadores doentes ser meramente reconhecida como legítima e os acidentados poderem ser enviados às Santas Casas de Misericórdia, fazendo-se registro policial dos acidentes ocorridos.

Dentro desse contexto, apesar de a primeira lei de acidentes de trabalho brasileira ter sido aprovada em 15 de janeiro de 1919, por força do Decreto Legislativo n. 3.724, regulamentado pelo Decreto n. 13.498, de 12 de março de 1919, sendo um avanço embrionário, é importante entender que até a década de 1920 as condições de trabalho eram semelhante àquelas vistas no período da Revolução Industrial inglesa com jornadas de trabalho exaustivas e acidentes de trabalho constantes[(9)], demonstrando, portanto, que é necessário observar a realidade brasileira enquanto única e específica, tendo em vista que as linhas temporais são totalmente diferentes daquelas vistas na Europa.

Não é coerente pensar, todavia, que todos esses processos de extrema exploração ocorreriam sem o surgimento de reações por parte do proletariado, produto do mesmo sistema que o oprimia. É justamente esse contexto de opressão que desencadeia o ideal da consciência de classe entre os trabalhadores, além da figura das organizações de ajuda mútua e, posteriormente, dos sindicatos[(10)].

Isso pois, aqui utilizando como base o conceito de *classe* de Thompson[(11)], a classe trabalhadora pode ser entendida como um fenômeno histórico complexo, tendo em vista a sua capacidade de diversos processos, muitas vezes aparentemente desconexos entre si, pois interligados por processos em comum, quais sejam, a

---

(9) EUFRÁSIO, Carlos Augusto Fernandes; TIMBÓ, Maria Santa Martins. O meio ambiente do trabalho saudável e suas repercussões no Brasil e no mundo, a partir de sua evolução história. *Pensar*, Fortaleza, v. 14, n. 2, p. 358, jul./dez. 2009.

(10) SILVEIRA, Tayane. *Representações da Revolução Industrial e da classe trabalhadora em North and South, de Elizabeth Gaskell*. Orientadora: Dra. Cláudia Mauch. 2016. 67 f. TCC (Graduação) – Curso de História – Universidade Federal do Rio Grande do Sul, Porto Alegre, 2016. Disponível em: https://lume.ufrgs.br/bitstream/handle/10183/156944/001016672.pdf?sequence=1. Acesso em: 12 maio 2023.

(11) THOMPSON, Edward P. *A formação da classe operária inglesa*. Trad. Denise Bottmann, Renato Busatto Neto e Cláudia Rocha de Almeida. Rio de Janeiro: Paz e Terra, 1987, v. II, p. 9.

dominação burguesa e a exploração por parte do capital. Nesse sentido, o autor conclui que: "A consciência de classe surge da mesma forma em tempos e lugares diferentes, mas nunca exatamente da mesma forma"(12). É notório, portanto, esse sentimento em comum, coletivo, mesmo dentro das particularidades existentes entre diferentes grupos e pessoas.

É a partir desse contexto que surge a gênese dos sindicatos, as "sociedades de ajuda mútua", normalmente composta por artesões "que faziam contribuições financeiras para auxiliar seus integrantes em casos emergenciais, e clandestinas, pois a legislação da época não permitia quaisquer formas de organizações operárias"(13), desembocando, anos após, na criação dos primeiros sindicatos, no surgimento dos primeiros líderes sindicais e na eclosão de diversas demonstrações de revolta por parte do operariado, em uma demonstração de certa consciência política acerca das opressões vivenciadas, ao passo em que se reconhecia o choque existente entre os trabalhadores e seus patrões.

Nesse contexto, a partir do estabelecimento dos sindicatos, surgiram lutas mais concretas por conhecidos direitos trabalhistas, tais como descanso semanal, férias, limitação da jornada de trabalho e salários mais coerentes. Apesar dos lentos passos intrínsecos à História, tem-se alguns exemplos de importantes conquistas trabalhistas, como a edição do *Factory Act* — Ato Fabril — pelo Parlamento Britânico, em 1833, o qual proibiu o trabalho noturno de menores de 18 anos, reduziu a jornada de trabalho para 12h/dia e 69h/semana, além de exigir que os donos das fábricas garantissem escola para as crianças desempregadas menores de 13 anos, demonstrando a imprescindibilidade da luta trabalhista e sindical.

3. Conceito de meio ambiente do trabalho e a fixação do direito ao labor saudável enquanto fundamental e indisponível

A fim de adentrar na complexidade dos conceitos de meio ambiente e meio ambiente do trabalho, o presente trabalho adentra na realidade brasileira, foco principal da análise, e terá como ponto de partida o art. 200 da Constituição Federal(14), mais especificamente o seu inciso VII, abaixo transcrito:

> Art. 200. Ao sistema único de saúde compete, além de outras atribuições, nos termos da lei: (...)
>
> VIII — colaborar na proteção do meio ambiente, **nele compreendido o do trabalho**. (grifos dos autores)

---

(12) THOMPSON, Edward P. *A formação da classe operária inglesa.* Trad. Denise Bottmann, Renato Busatto Neto e Cláudia Rocha de Almeida. Rio de Janeiro: Paz e Terra, 1987, v. II, p. 10.

(13) SILVEIRA, Tayane. *Representações da Revolução Industrial e da classe trabalhadora em North and South, de Elizabeth Gaskell.* Orientadora: Dra. Cláudia Mauch. 2016. 67 f. TCC (Graduação) - Curso de História - Universidade Federal do Rio Grande do Sul, Porto Alegre, 2016. Disponível em: https://lume.ufrgs.br/bitstream/handle/10183/156944/001016672.pdf?sequence=1. Acesso em: 12 maio 2023.

(14) BRASIL. *Constituição da República Federativa do Brasil de 1988.* Brasília, DF: Senado Federal, 1988. Disponível em: http://www.planalto.gov.br/ccivil_03/constituicao/constituicao.htm. Acesso em: 30 abr. 2023.

É possível notar que o Constituinte fez uma explícita escolha ao fixar o meio ambiente do trabalho como parte integrante do meio ambiente, em si, trazendo a necessidade de entendimento não apenas do que seria esse meio ambiente — e meio ambiente do trabalho —, mas, além disso, de quais formas as suas existências e necessidades se interligam.

Existe uma percepção, por parte de autores como Guilherme José Purvim de Figueiredo, de que as normas referentes à saúde do trabalhador, a despeito de estarem — de forma bastante pacífica — inseridas como um campo do Direito do Trabalho, também poderiam ser objeto do Direito Ambiental ou, até mesmo, do Direito Sanitário e da Teoria Geral dos Direitos Humanos[(15)]. Isso pois, o meio ambiente do trabalho seria uma das espécies de meio ambiente *lato sensu*[(16)]. Enquanto o meio ambiente, em si, poderia ser definido — por meio da legislação — a partir do art. 3º, I da Lei n. 6.938/81[(17)], o meio ambiente do trabalho mostra-se como uma expansão desse conceito, tendo em vista que é em seu meio de labor que, muitas vezes, as pessoas passam a maior parte do seu dia, dos seus anos e da sua vida, sendo imprescindível dar a devida importância para esse entendimento.

Todas as variáveis existentes dentro desse meio ambiente específico garantirão um local saudável (ou não), onde o trabalhador pode exercer o seu ofício ou, ao contrário, um processo de adoecimento intrínseco ao desequilíbrio de algum desses fatores, fato esse que justifica tanto a preocupação constituinte, quanto legislativa, a fim de garantir mecanismos para assegurar a saúde do meio ambiente do trabalho.

Os riscos inerentes à não concretização de tais direitos é tão latente que o direito tratou de não permitir a renúncia a eles, prevendo, por exemplo, situações de desequilíbrio em que as pessoas renunciassem alguns direitos com o objetivo de sobreviver e garantir empregos. Nesse ínterim, tem-se que é fundamental o direito ao meio ambiente do trabalho saudável, tendo em vista o seu caráter básico e primordial à própria dignidade humana, sendo essencial para a existência e o desenvolvimento pleno do indivíduo dentro da sociedade[(18)], havendo uma intensa possibilidade de adoecimento quando não há a concretização de tal direito.

Por semelhante razão — em um sentido de causa e consequência —, considerando a fundamentalidade de tais direitos, esse são, também, indisponíveis, por possuírem

---

(15) FIGUEIREDO, Guilherme José Purvim de. *Direito ambiental e a saúde dos trabalhadores*. São Paulo: LTr, 2000.

(16) CAMILA, Adélia. Meio ambiente do trabalho como direito fundamental e responsabilidade civil do empregador. *In*: XXIV Congresso Nacional do CONPEDI — UFMG/FUMEC/DOM HELDER CÂMARA. *Anais*... Florianópolis: CONPEDI, 2015.

(17) O conceito de meio ambiente é complexo, discutido pela doutrina e pelos organismos internacionais, mas foi definido na Lei n. 6.938/81, a qual rege a política nacional do meio ambiente, a fim de garantir a sua aplicabilidade, como: "Art. 3º Para os fins previstos nesta Lei, entende por: I — meio ambiente, o conjunto de condições, lei, influências e interações de ordem física, química e biológica, que permite, abriga e rege a vida em todas as suas formas (...)".

(18) CANOTILHO, J. J. Gomes. *Direito constitucional e teoria da Constituição*. 7. ed. Coimbra: Almedina, 2003.

uma dimensão objetiva, indo além da esfera individual e, portanto, resguardados pela ordem jurídica de forma inalienável e irrenunciável[19]. Destarte, tanto a Constituição Federal, quanto a Consolidação das Leis Trabalhistas trataram de fixar nortes capazes de gerar a saúde do meio ambiente de trabalho. Na CLT, por exemplo, tem-se um capítulo inteiro ("V — Da Segurança e da Medicina do Trabalho")[20] dedicado a tal temática, além da regulamentação trabalhista contar com a emissão, pelo Ministério do Trabalho e do Emprego, de Normas Regulamentadoras (NRs), as quais também estabelecem requisitos e direcionamentos quanto à segurança e saúde ocupacionais.

São inegáveis os avanços quando o tema é saúde do meio ambiente do trabalho, principalmente ao analisar-se, dentro da perspectiva brasileira, quão longe a legislação chegou em termos de buscar prever as necessidades amplas do trabalhador e tentar abarcar formas de lidar com elas. Entretanto, dentro de um contexto pós-Reforma Trabalhista, é urgente analisar como alguns recortes específicos passaram a flexibilizar direitos que, conforme discutido, não seriam passíveis de tal flexibilização, nem tampouco de modificações capazes de gerar ônus ao trabalhador e ao seu meio ambiente laboral.

4. A Reforma Trabalhista e o advento do "acordado sobre o legislado" — impacto na flexibilização do art. 60 da CLT e do labor extraordinário em ambiente insalubre

A Lei n. 13.467/17, popularmente conhecida apenas como "Reforma Trabalhista", inovou em diversos pontos da Consolidação das Leis Trabalhistas (CLT). Para muitos, a reforma não passou de um avanço necessário para "modernizar" e "atualizar" o direito do trabalhador, entretanto, na prática, existe uma real preocupação quanto às flexibilizações que a Reforma trouxe ao passar a privilegiar — em temáticas basilares — o negociado frente ao legislado.

Nesse sentido, restou fixado pelo art. 611-A, incluído pela Lei n. 13.467/17, que a convenção coletiva e o acordo coletivo passariam a ter prevalência sobre a lei em diversos casos, sendo fundamental para o presente trabalho as possibilidades trazidas pelos incisos XII e XIII, respectivamente, "enquadramento do grau de insalubridade" e "prorrogação de jornada em ambientes insalubres, sem licença prévia das autoridades competentes do Ministério do Trabalho".

Da análise do artigo, tem-se que, no contexto pós-Reforma, passou-se a existir, de forma consolidada, a possibilidade de a negociação coletiva dispor — mesmo que de forma contrária à lei e menos benéfica ao trabalhador — sobre tópicos de suma importância para a saúde do meio ambiente do trabalho: jornada de trabalho e sua

(19) SARLET, Ingo Wolfgang. *Dignidade da pessoa humana e direitos fundamentais na Constituição Federal de 1988*. 13. ed. rev. e atual. Porto Alegre: Livraria do Advogado, 2016.
(20) BRASIL. Consolidação das Leis do Trabalho (CLT). *Decreto-Lei n. 5.452, de 1º de maio de 1943*. Disponível em: http://www.planalto.gov.br/ccivil_03/decreto-lei/Del5452.htm. Acesso em: 10 jul. 2023.

prorrogação, banco de horas, intervalos, etc., desconsiderando, ainda, que não necessariamente a negociação coletiva age em prol dos benefícios trabalhistas, tendo em vista que a crise na representação de diversas categorias é uma realidade, além do peleguismo histórico de diversos sindicatos, os quais tendem a agir de forma a beneficiar as necessidades e desejos patronais.

Em suma, o que a nova lei inaugurou foi a institucionalização da "igualdade" entre patrão e empregado — tanto por meio das negociações individuais, quanto a partir da possibilidade de acordos coletivos que sobreponham a lei. O que se perdeu de vista, ao privilegiar um suposto desenvolvimento econômico em detrimento das garantias trabalhistas, é que, pelos próprios princípios do Direito do Trabalho, essa "igualdade" é incapaz de existir, tendo em vista que esse ramo surge justamente para intervir em relações desiguais nas quais o trabalhador, polo mais vulnerável na relação, precisa de suporte, a fim de garantir um meio ambiente de trabalho saudável e capaz de garantir o seu bem-estar biopsicossocial.

Ademais, tem-se no art. 611-B um rol de objetos ilícitos, de fato, no qual foram incluídas "a supressão ou a redução"(21) de direitos como o salário mínimo, a remuneração de horas extras em no mínimo 50% do valor normal, a licença-maternidade e a licença-paternidade e o aviso prévio proporcional ao tempo de serviço, sendo no mínimo de trinta dias, nos termos da lei. No entanto, chama muita atenção o descrito no parágrafo único do mesmo artigo, ao fixar que: "Regras sobre duração do trabalho e intervalos não são consideradas como normas de saúde, higiene e segurança do trabalho para os fins do disposto neste artigo".

Restou fixado, portanto, que, para todos os fins, regras sobre duração do trabalho e intervalos são consideradas como de saúde, higiene e segurança do trabalho, mas não no momento de abrir margens à flexibilização dos direitos trabalhistas historicamente conquistados, como intervalo mínimo de 1 hora para jornadas acima das 8h diárias. É perceptível que a Reforma se desvinculou do princípio da proteção ao trabalhador, conferindo ao princípio da autonomia coletiva da vontade um poder jamais antes visto na legislação — e que não se equilibra, mas se sobrepõe à indisponibilidade de diversos direitos trabalhistas, colocando em risco décadas e décadas de lutas por avanços.

Entretanto, antes de adentrar no objeto propriamente dito, do presente trabalho, qual seja, a possibilidade de labor extraordinário em ambiente insalubre sem a autorização prévia da autoridade competente, matéria inicialmente fixada no art. 60 da CLT, torna-se necessária, primeiramente, a análise de alguns pontos, como: o conceito da insalubridade, o impacto de tais jornadas no bem-estar laboral e qual o sentido de a legislação ter trazido, inicialmente, a vedação dessas jornadas extraordinárias, com

---

(21) BRASIL. Consolidação das Leis do Trabalho. *Decreto-Lei n. 5.452, de 1º de maio de 1943*. Diário Oficial da União, Poder Executivo, Brasília, DF, 2 maio 1943. Disponível em: https://www.planalto.gov.br/ccivil_03/decreto-lei/del5452.htm. Acesso em: 15 jun. 2023.

enfoques nas realizadas em ambiente insalubre. Nesse contexto, tem-se que a Consolidação das Leis do Trabalho, em seu art. 189, fixou:

> Art. 189. Serão consideradas atividades ou operações **insalubres** aquelas que, por sua natureza, condições ou métodos de trabalho, exponham os empregados a **agentes nocivos à saúde, acima dos limites de tolerância fixados em razão da natureza e da intensidade do agente e do tempo de exposição aos seus efeitos**. (grifos dos autores)

A sintetização do legislador associa-se diretamente com a origem da palavra "insalubre", a qual advém do latim e significa tudo aquilo que origina doença, sendo a insalubridade, nesse sentido, a qualidade de insalubre[22]; ou seja, a despeito dos conceitos legais que circundam a noção da insalubridade no trabalho, é possível entender que sua gênese é extremamente antiga, tendo em vista que os ambientes e as condições insalubres são praticamente inerentes a diversas formas e recortes de labor.

De modo geral, portanto, antes de adentrar nos recortes legislativos em si, a insalubridade surge a partir de agentes que são, por natureza, nocivos à saúde, entre eles: calor, frio, ruído, agentes químicos, poeiras minerais, vapores, radiação, pressão, agentes biológicos, entre diversos outros que podem ser prejudiciais, de alguma forma, ao ser humano. E é nesse contexto que a insalubridade surge: como uma forma de compensar o obreiro pela condição a qual ele será, de forma inerente, exposto.

Contudo, tendo em vista que o legislador delegou à autoridade administrativa a regulação detalhada desses institutos, não basta que um agente seja danoso para ensejar o direito ao adicional de insalubridade, estando as normas para tal fixação descritas na Norma Regulamentadora n. 15 — "Atividades e Operações Insalubres", aprovada pela Portaria n. 3.214, de 8 de junho de 1978. Nesse sentido, segundo a NR-15, os agentes que justificam o adicional são: ruídos, ruídos de impacto, calor, radiações ionizantes, vibrações, frio, umidade, exposição aos agentes químicos, contato com agentes biológicos, esgotos e lixos urbanos.

É importante pontuar que não existe uma questão meramente teórica quando se trata da insalubridade. Os riscos aos quais os trabalhadores ficam expostos, principalmente quando pensado em um contexto a longo prazo, são reais, sérios e, em muitos casos, severos e penosos, afetando de forma direta a saúde dos trabalhadores. Quando se analisa, por exemplo, o contato direto com agrotóxico — considerado como agente químico passível ao recebimento de adicional pelo Anexo 13 da NR-15[23] —, tão presente no labor dos trabalhadores rurais, as consequências são gravíssimas e, diversas vezes, irreversíveis.

---

(22) CORRÊA, Márcia Angelim Chaves; SALIBA, Tuffi Messias. *Insalubridade e periculosidade*: aspectos técnicos. 18. ed. São Paulo: Editora LTr, 2022.

(23) PACHECO, Marília. *Trabalho e natureza*: sobre os impactos socioambientais dos agrotóxicos em trabalhadores rurais de Mato Grosso nos anos de 2006 a 2017. Orientadora: Dra. Mônica Sette Lopes. 2022. 135 f. Tese (Mestrado) — Curso de Direito — Universidade Federal de Minas Gerais, Belo Horizonte, 2022. Disponível em: https://repositorio.ufmg.br/handle/1843/48351.

É por tal gravidade que a legislação trabalhista tratou de estabelecer formas específicas — a depender do agente — para atenuar os riscos aos quais trabalhadores que laboram em ambientes insalubres ficam expostos de forma recorrente, habitual e danosa. Para tanto, estabeleceu-se a necessidade, em diversas situações, do uso de equipamentos de proteção individual (EPIs), a fim de garantir a segurança do trabalhador frente à inevitabilidade do contato com a insalubridade e/ou periculosidade.

Nesse contexto, a Norma Regulamentadora n. 6 (NR-06)[24] regulamentou a execução do trabalho com uso de EPIs, sem estar condicionada a setores ou atividades econômicas específicas, passando por diversas mudanças desde a Portaria n. 3.214, de 8 de junho de 1978, por meio da qual ela foi instituída. É importante pontuar que a NR-06 não apenas informa pontos acerca dos equipamentos, mas tem como objetivo "estabelecer os requisitos para aprovação, comercialização, fornecimento e utilização de Equipamentos de Proteção Individual — EPI".

Tal ponto é extremamente interessante, pois demonstra uma preocupação estatal em regulamentar quais caminhos necessitam ser seguidos por empregados, empregadores, fornecedores, comerciantes e afins, para que seja possível garantir um meio ambiente do trabalho saudável, mesmo quando existe exposição a agentes insalubres e/ou periculosos. Percebe-se, portanto, que existe o entendimento pela inevitabilidade dessas atividades, enquanto se busca um caminho capaz de proteger os trabalhadores e evitar doenças, exposições danosas, acidentes e afins.

Dentro desse contexto, diferentes exposições exigem diferentes medidas. Por esse motivo, o Anexo I da NR-06 buscou fornecer listas acerca de quais equipamentos devem ser entregues, dividindo-as em nove subtópicos, sendo eles: proteção da cabeça, proteção dos olhos e face, proteção auditiva, proteção respiratória, proteção do tronco, proteção dos membros superiores, proteção dos membros inferiores, proteção do corpo inteiro e proteção contra quedas com diferença de nível.

A partir do exposto, torna-se perceptível que não se trata de norma "solta", aberta, ambígua ou incompleta. Na verdade, tem-se nessa norma regulamentadora um verdadeiro manual do que precisa ser feito para proteção do trabalhador frente aos agentes que podem prejudicar a sua saúde. Entretanto, a complexidade dessa norma leva a alguns questionamentos: como fiscalizar esses ambientes? Como garantir que esses requisitos estão sendo seguidos? Como, na prática, ter trabalhadores verdadeiramente protegidos?

---

(24) BRASIL. Ministério do Trabalho e Emprego. *Portaria n. 3.214, de 8 de junho de 1978*. Aprova as Normas Regulamentadoras — NR — do Capítulo V, Título II, da Consolidação das Leis do Trabalho, relativas à Segurança e Medicina do Trabalho. Norma Regulamentadora n. 6 - Equipamentos de Proteção Individual (EPI). Diário Oficial da União, Brasília, DF, 6 jul. 1978. Disponível em: https://www.gov.br/trabalho-e-emprego/pt-br/acesso-ainformacao/participacao-social/conselhos-e-orgaos-colegiados/comissao-tripartite-partitariapermanente/arquivos/normas-regulamentadoras/nr-06-atualizada-2022-1.pdf. Acesso em: 5 jul. 2023.

É justamente esse o contexto que necessitava ser traçado para desembocar no artigo da Consolidação que serviu como "pano de fundo" para a escolha do presente objeto: o art. 60, surgido como uma ramificação dessa competência do atual Ministério do Trabalho e Emprego e a necessidade — pode-se dizer, ainda maior — de averiguar como se dá a jornada laboral quando essa ocorre em ambientes insalubres. Dentro dessa realidade, assim fixou a CLT acerca da possibilidade realização de jornadas extraordinárias dentro de ambientes insalubres:

> Art. 60. **Nas atividades insalubres**, assim consideradas as constantes dos quadros mencionados no capítulo *"Da Segurança e da Medicina do Trabalho"*, ou que neles venham a ser incluídas por ato do Ministro do Trabalho, Indústria e Comércio, **quaisquer prorrogações só poderão ser acordadas mediante licença prévia das autoridades competentes em matéria de higiene do trabalho**, as quais, para esse efeito, procederão aos necessários **exames locais** e **à verificação dos métodos e processos de trabalho, quer diretamente, quer por intermédio de autoridades sanitárias federais, estaduais e municipais, com quem entrarão em entendimento para tal fim.** (grifos dos autores)

O referido artigo é pragmático ao estabelecer uma proibição dentro da relação trabalhista, qual seja: o impedimento referente a existir jornada extraordinária em ambiente insalubre, a não ser que seja emitida a licença prévia das autoridades competentes em matéria de higiene do trabalho e, por se tratar de norma que diz respeito à saúde do cidadão — nesse caso específico, do trabalhador —, tem-se, também, sua indisponibilidade e fundamentalidade. Portanto, não é possível abrir margem para sua flexibilização, sob pena de severo prejuízo ao bem-estar laboral, inegociável para um meio ambiente do trabalho saudável.

Nesse sentido, a Portaria n. 671, de 8 de novembro de 2021, do à época Ministério do Trabalho e Previdência, tratou de regulamentar "disposições relativas à legislação trabalhista, à inspeção do trabalho, às políticas públicas e às relações de trabalho"(25), entre elas a prorrogação de jornada em atividades insalubres, estabelecendo os trâmites necessários para que essa prática possa ser permitida nas empregadoras, chamando atenção a quantidade de requisitos que precisam ser cumpridos a fim de garantir o deferimento da licença.

Qual seria a necessidade de a norma trabalhista preocupar-se em tal nível se não para proteger a saúde dos trabalhadores? Uma vez fixada a importância dessa tutela estatal para fins de cuidado com o polo mais vulnerável da relação trabalhista, não pode haver (ou não deveria haver) permissão para autorizar a flexibilidade dessas normas, tendo em vista que se desemboca na diminuição dessa tutela estatal, ou seja: menos regulamentação, menos fiscalização e, consequentemente, maiores riscos dentro do ambiente de trabalho. Entretanto, na prática, outros foram os rumos tomados pela legislação brasileira trabalhista, a qual caminha por caminhos inconstitucionais severamente intensificados desde a vigência da Reforma de 2017.

---

(25) BRASIL. Ministério do Trabalho e Previdência. *Portaria n. 671, de 8 de novembro de 2021*. Diário Oficial da União, Brasília, DF, 9 nov. 2021. Disponível em: https://in.gov.br/en/web/dou/-/portaria-359094139. Acesso em: 10 jul. 2023.

5. Liberdade permissiva das cláusulas e a (in) constitucionalidade das disposições que se opõem à CF/88 e à CLT: análises acerca da organização sindical pós-reforma trabalhista a partir dos acordos coletivos da BRF S.A. em Pernambuco

> Na avaliação da presidente da Associação Brasileira dos Advogados Trabalhistas (LESSA, 2019), **as mudanças quanto aos acordos individuais e coletivos, ao invés de representar a maior participação do trabalhador a fim de adquirir melhorias, conforme defendem os reformistas, representou o exato oposto: funcionam como a forma mais eficaz de redução de direitos trabalhistas, visto que o trabalhador/sindicato se vê obrigado a negociar a abdicação de seus direitos sob a ameaça de perder o emprego/contribuição sindical, impactando de forma violenta o princípio da irrenunciabilidade dos direitos.** Assumir o argumento reformista de que a maior relevância das normas coletivas representaria a maior participação do trabalhador é ignorar todo o contexto social que fundamenta o princípio norteador do Direito do Trabalho: o **princípio da proteção. Não se pode ignorar que o trabalhador é a parte vulnerável da relação de emprego e a parte hipossuficiente da relação jurídica, motivo pelo qual é incabível pensar que, em uma decisão a ser tomada em conjunto com o seu empregador, o trabalhador teria mais voz.**[(26)] (grifos dos autores)

O artigo acima referenciado, "Trabalhador hipersuficiente: o limite de flexibilização no contrato de trabalho pós-reforma trabalhista" do *Brazilian Journal of Development*, demonstra uma importante característica da Reforma Trabalhista: o uso da legislação para possibilitar não apenas "brechas", mas verdadeiros escombros no tangente à temática flexibilização de direitos trabalhistas. Na prática, o que tem se visto são convenções coletivas e acordos coletivos flexibilizando direitos indisponíveis e que, antes de 2017, não poderiam, de forma alguma, ser acordados de tal forma, tendo em vista que trazem prejuízo a temas primordiais ao trabalhador, como jornada de trabalho e insalubridade.

Isso porque a Reforma trouxe uma série de alterações que atingiram diretamente a negociação coletiva, além de tolher o papel da Justiça do Trabalho no sentido de intervir nos casos de acordos e convenções que sejam prejudiciais ao trabalhador ou firam direitos indisponíveis. Primeiramente, tem-se o fim da contribuição sindical obrigatória e a diminuição de 86% na arrecadação se comparados os períodos de ja-

---

(26) ARAÚJO, Andréa Cristina Marques de; PEREIRA, Emilia de Fatima da Silva Farinha Pereira; COSTA, Tatiane Rodrigues. Os impactos da reforma trabalhista: horas extras, intervalares, "*in itinere*" e acordos de prorrogação e compensação de jornada. *Brazilian Journal of Development*, Curitiba, v. 7, n. 4, p. 42358-42910, abr. 2021.

neiro a setembro de 2018 com janeiro a setembro de 2017[(27)], o que dificulta não apenas os termos das negociações, mas a própria manutenção e possibilidade da estrutura sindical, fazendo esses sistemas se enfraquecerem, estando mais propícios ao alargamento da flexibilização. Ademais, a redação dada pela Lei n. 13.467/17 ao art. 8º, § 3º, privilegiou completamente a autonomia da negociação coletiva, afastando-se, porém, da proteção ao trabalhador, princípio regedor do Direito do Trabalho, ao fixar que:

> Art. 8º (...)
>
> § 3º No exame de convenção coletiva ou acordo coletivo de trabalho, a Justiça do Trabalho analisará exclusivamente a conformidade dos elementos essenciais do negócio jurídico, respeitado o disposto no art. 104 da Lei n. 10.406, de 10 de janeiro de 2002 (Código Civil), e balizará sua atuação pelo princípio da intervenção mínima na autonomia da vontade coletiva.

Tem-se, portanto, uma impossibilidade de haver a atuação da Justiça do Trabalho, mesmo que exista a elaboração de acordos e convenções que, claramente, violam direitos indisponíveis. Para o melhor entendimento de tal contexto, o presente trabalho irá analisar o exemplo de alguns dos acordos coletivos firmados pela empresa BRF S.A., "um dos maiores complexos agroindustriais do mundo"[(28)], resultante da fusão entre a Sadia e a Perdigão, sendo atualmente formado por, também, outras famosas marcas, como Deline, Qualy e Miss Daisy.

Por se tratar de grupo econômico do ramo alimentício, é incontroversa a exposição dos trabalhadores à insalubridade, tendo em vista que o armazenamento de produtos em câmaras frias é imprescindível para a manutenção da qualidade alimentar, tendo sido regularizado pela Portaria n. 210, de 10 de novembro de 1998, além de possíveis exposições a ruídos, agentes químicos, etc., tendo em vista que aqui se fala em labor fabril. Isso tanto é verdade que a empresa realiza, em muitos casos, o pagamento do adicional de insalubridade, a entrega de equipamentos de segurança e, mais recentemente, o descanso térmico obrigatório segundo o art. 253 da CLT. Para entendimento de como esses procedimentos ocorrem nas indústrias alimentícias e quais os riscos inerentes ao trabalhador, recorre-se ao artigo de Fabiano Takeda[(29)] acerca dos limites de exposição ocupacional em trabalhos com baixas temperaturas:

> **Empresas de diversos ramos industriais, como frigoríficos, indústrias alimentícias e portuárias, expõem trabalhadores ao frio devido à necessidade de manter a qualidade e conservação dos produtos visando atender as normas higiênico-sanitárias obrigatórias para produção de**

---

(27) BUGALHO, Andréia Chiquini; MOREIRA, Gabriel Carvalho; MACHADO, Rafaela Sousa. Trabalhador hipersuficiente: o limite de flexibilização no contrato de trabalho pós-reforma trabalhista. *Brazilian Journal of Development*, Curitiba, v. 7, n. 2, p. 17413-17731, fev. 2021.

(28) Citação retirada do site da empresa, disponível em: https://www.brf-global.com/.

(29) TAKEDA, Fabiano. *Proposta de avaliação da temperatura corporal de trabalhadores com exposição ao frio na indústria frigorífica*. Orientador: Antônio Renato Pereira Moro. 2018. 274 f. Tese (Pós-Graduação) – Curso de Engenharia de Produção — Universidade Federal de Santa Catarina, Florianópolis, 2018. Disponível em: https://repositorio.ufsc.br/bitstream/handle/123456789/205255/PEPS5736-T.pdf?sequence=-1.

alimentos perecíveis. (...) Em virtude dessas exposições a baixas temperaturas, se não forem controlados adequadamente a exposição dos trabalhadores, o resultado pode ser o aumento significativo de doenças e acidentes de trabalho. Consecutivamente, estudos em frigoríficos apontam a prevalência de queixas de **dor e desconforto** em trabalhadores da indústria frigorífica em relação ao frio do ambiente de trabalho, e **essas queixas predominam nas mãos devido o modelo de atividade e contato com as peças de frangos resfriadas e/ou congeladas** (BUZANELLO; MORO, 2012; BUZANELLO, 2003; HOLMÉR, 1994). Consequentemente, podem ocorrer sintomas como **estresse, desconforto, dormência, rigidez nas partes com maior intensidade de exposição ao frio, redução da destreza, formigamento, redução da sensibilidade dos dedos e flexibilidade das articulações, entre outras anomalias**, aumentando consequentemente e predispondo os trabalhadores expostos a essas condições em riscos de acidentes e principalmente problemas de saúde (SARDÁ; RUIZ; KIRTSCHIG, 2009; ARAUJO, 2013; IIDA, 2005; HASSI, 2001). (grifos dos autores)

Analisando o caso concreto da BRF S.A. em Pernambuco, tem-se como incontroversas algumas informações: o ambiente insalubre ao qual são expostos os trabalhadores e os riscos inerentes desses ambientes, inclusive dentro da jornada regular de 8 horas diárias e 44 horas semanais. Não restam dúvidas acerca da necessidade de acompanhamento das autoridades competentes, a fim de garantir que aquele local de trabalho busque proteger os seus trabalhadores da forma mais salutar possível, ainda mais quando se começar a falar das jornadas extraordinárias, objeto do conteúdo do art. 60 da CLT.

Entretanto, o ACT (Acordo Coletivo de Trabalho) de 2018/2019[30] (justamente no ano seguinte à vigência da Reforma de 2017), firmado entre a empresa e o sindicato, estreou a seguinte cláusula:

> CLÁUSULA TRIGÉSIMA SEGUNDA — PRORROGAÇÃO DE JORNADA DE TRABALHO EM AMBIENTE INSALUBRE
>
> A EMPRESA poderá prorrogar a jornada de trabalho dos empregados que exercem suas funções em ambientes insalubres sem que seja necessária licença prévia das autoridades competentes do Ministério do Trabalho de acordo com o que preconiza a Lei n. 13.467/17 no seu art. 611-A, alínea XIII.

É de se entender que o sindicato não está agindo de forma indevida ou desamparado de bases legais para atuar de tal forma. Pelo contrário, a cláusula encontra-se em total coerência com a atual (falsa) ideia de que direitos trabalhistas precisam, necessariamente, ser flexibilizados para que a atividade empresarial possa se manter.

---

(30) BRF S.A. *Acordo coletivo de trabalho com o sindicato dos trabalhadores*. 2018/2019. Vitória de Santo Antão. Disponível em: http://www3.mte.gov.br/sistemas/mediador/ConsultarInstColetivo. Acesso em: 15 jul. 2023.

A cláusula presente no Acordo Coletivo de 2018/2019 foi firmada ao ponto de estar igualmente presente nos ACT de 2020/2021, 2021/2022 e 2023/2024, resultando na possibilidade de a empresa valer-se da negociação coletiva ao ponto de não precisar cumprir com a legislação trabalhista; nesse caso específico, não se preocupar com a necessidade de ter uma licença prévia para autorizar a jornada extraordinária dos trabalhadores assumidamente insalubre.

Não se objetiva, com isso, de forma alguma, deslegitimar a importância das lutas sindicais, essenciais para galgar espaços mais saudáveis e justos à classe trabalhadora. Entretanto, no presente momento vivido pelo Direito do Trabalho, é necessário entender as tentativas de desmontes existentes e de que forma os atuais sindicatos — em um complexo contexto, conforme exposto, em maior ou menor grau a depender de cada recorte — acabam por contribuir com uma realidade de flexibilização excessiva. Nessa toada, o reflexo ou saldo final é não apenas uma rotina de maior vulnerabilidade dentro do labor, mas, também, uma série de consequências legais nas lides que envolvem tais temáticas frente à Justiça do Trabalho.

6. O impacto da flexibilização do art. 60 nas decisões dos Tribunais quanto à nulidade do banco de horas em ambientes insalubres: análise da jurisprudência atualizada do TRT6 e do TST

Por fim, chega-se ao impacto da flexibilização do art. 60 na Justiça do Trabalho, tendo em vista que a Reforma Trabalhista afetou diretamente nas decisões de todos os tribunais do país. No presente trabalho, a análise será, especificamente, quanto às decisões que julgaram a nulidade (ou não) do banco de horas previsto em convenção/acordo coletivo quando presente atividade em ambiente insalubre, considerando a existência (ou não) de norma coletiva autorizadora da jornada extraordinária em ambiente insalubre sem a autorização prévia da autoridade competente, conforme o art. 60 da CLT determina. Para a referente análise, serão consideradas, primeiramente, as decisões do Tribunal Regional do Trabalho da 6ª Região.

Para a escolha dos acórdãos, foram levadas em consideração a composição do TRT6, o qual possui quatro turmas, a existência de cláusula autorizadora quanto à temática abordada e se houve a nulidade do instrumento de banco de horas/compensação de carga-horária. Nesse sentido, restaram escolhidos oito acórdãos, dois de cada turma, sem distinção quanto ao responsável pela relatoria do acórdão. Quanto à matéria, todos tratam acerca da nulidade do banco de horas por descumprimento do art. 60 da CLT, entretanto, em metade dos casos havia norma autorizando, enquanto na outra metade não existia. Por fim, recortou-se o lapso temporal entre 2020 e 2023 para assinatura do acórdão, considerando o objetivo do presente trabalho de realizar uma análise recente e apenas no contexto posterior à Reforma Trabalhista. Nesse sentido, colaciona-se abaixo quadro contendo as escolhas realizadas:

TURMA	RELATORIA	N. DO PROCESSO	EXISTÊNCIA DE CLÁUSULA AUTORIZADORA	NULIDADE DO BANCO DE HORAS
1ª	Des. Eduardo Pugliesi	0000049-32.2020.5.06.0201	SIM	APENAS NO PERÍODO ANTERIOR AO ACT
2ª	Des. Fábio André de Farias	0000560-59.2022.5.06.0201	SIM	NÃO
3ª	Des. Virginia Malta Canavarro	0000157-27.2021.5.06.0201	SIM	NÃO
4ª	Des. Larry da Silva Oliveira Filho	0000345-20.2021.5.06.0201	SIM	APENAS NO PERÍODO ANTERIOR AO ACT
1ª	Des. Eduardo Pugliesi	0000260-60.2022.5.06.0181	NÃO	SIM
2ª	Des. Paulo Alcântara	0000437-24.2022.5.06.0181	NÃO	SIM
3ª	Des. Virginia Malta Canavarro	0000819-63.2022.5.06.0101	NÃO	SIM
4ª	Des. Larry da Silva Oliveira Filho	0001138-16.2021.5.06.0182	NÃO	SIM

(Tabela dos autores)

Da análise dos oito acórdãos, foi possível extrair que existe nítida diferença nas decisões, a depender se há, ou não, norma coletiva anexada aos autos. Quanto aos exemplos dos processos em que restou comprovado o ambiente insalubre, mas não há comprovante de cláusula autorizadora da jornada extraordinária sem autorização prévia da norma competente, tem-se os seguintes processos: 0000260-60.2022.5.06.0181(31), 0000437-24.2022.5.06.0181(32), 0000819-63.2022.5.06.0101(33) e 0001138-16.2021.5.06.0182(34). Para melhor entendimento, será analisada a decisão da 1ª Turma no processo de número 0000260-60.2022.5.06.0181, de relatoria do Desembargador Eduardo Pugliesi, tendo em vista que sedimenta o então analisado e possui recente assinatura de 2 de agosto de 2023.

Após realização de laudo técnico, restou reconhecida a insalubridade no ambiente laboral analisado entre 11.02.2017 e 21.10.2018, além de 22.10.2019 e 03.03.2022. Após análise das circunstâncias, as quais envolveram o caso concreto da lide, decidiu-se:

> (...)
>
> No presente caso, o contrato de trabalho do reclamante, referente ao período imprescrito, tem como marco inicial o dia 23.03.2017, vigente até

---

(31) BRASIL. Tribunal Regional Federal da 6ª Região. *Reclamação Trabalhista n. 0000260-60.2022.5.06.0181*, Rel. Des. Eduardo Pugliesi. Primeira Turma, julgado em 02.08.2023, Dje 03.08.2023.

(32) BRASIL. Tribunal Regional Federal da 6ª Região. *Reclamação Trabalhista n. 0000437-24.2022.5.06.0181*, Rel. Des. Paulo Alcântara. Segunda Turma, julgado em 03.05.2023, Dje 05.05.2023.

(33) BRASIL. Tribunal Regional Federal da 6ª Região. *Reclamação Trabalhista n. 0000819-63.2022.5.06.0101*, Rel. Min. Virgínia Malta Canavarro, Terceira Turma, julgado em 1°.08.2023, Dje 1°.08.2023.

(34) BRASIL. Tribunal Regional Federal da 6ª Região. *Reclamação Trabalhista n. 0001138-16.2021.5.06.0182*, Rel. Des. Larry da Silva Oliveira Filho. Quarta Turma, julgado em 20.07.2023, Dje 20.07.2023.

03.03.2022, de modo que, **em respeito ao princípio da irretroatividade das leis, as inovações de direito material introduzidas no sistema jurídico pela "Lei da Reforma Trabalhista" devem ser aplicáveis ao pacto laboral levado a cabo entre as partes, tão somente, a partir de 11.11.2017.**

(...)

Na hipótese, considerando que o contrato de trabalho perdurou de 23.03.2017 a 03.03.2022 (período imprescrito), há aplicação das disposições legais da Lei n. 13.467/17 a partir de sua vigência, 11.11.2017, ante a sua aplicação imediata aos contratos em vigor, conforme interpretação dos arts. 6º, LINDB e 912, CLT. Assim, a análise do caso em apreço observará os dois regramentos distintos.

Quanto ao período imprescrito pré-reforma (23.03.2017 a 10.11.2017), tem-se que quaisquer prorrogações só poderiam ser acordadas mediante licença prévia das autoridades competentes em matéria de higiene do trabalho. E, na hipótese dos autos, não há comprovação de que a reclamada detinha autorização do Ministério do Trabalho e Emprego para adoção de tal regime de compensação nas atividades realizadas pelo reclamante, razão pela qual entendo correta a decisão de origem, que converge com os termos do que dispõe o art. 60, da CLT, supratranscrito.

Portanto, comungo do entendimento do Juízo de origem, no sentido de considerar inválido, para o período pré-reforma, o sistema de banco de horas adotado pela reclamada, nos períodos em que constatada a insalubridade, conforme laudo pericial.

(...)

No referente ao período pós-reforma (a partir de 11.11.2017), conforme anteriormente relatado, tem-se que passou a ser permitida a prorrogação de jornada em locais insalubres através de norma coletiva, mesmo sem a referida licença prévia, conforme se infere do novel art. 611-A, XIII, da CLT (incluído pela Lei n. 13.467/2017).

Ocorre que, ao compulsar os ACTs colacionados aos autos pela demandada (ID a111c88 e seguintes), observo que esses não trataram sobre a possibilidade de prorrogação de jornada de trabalho em ambiente insalubre sem licença prévia das autoridades competentes do Ministério do Trabalho, razão pela qual há de se invalidar, igualmente, o referido banco de horas nos períodos em que constatada a insalubridade, conforme laudo pericial.

(...)

Por conseguinte, não há como estabelecer os efeitos jurídicos de tal regime de compensação de jornada, seja porque não cumprida as regras estabelecidas no acordo, quanto ao ajuste entre o funcionário e o supervisor,

> quanto as folgas compensatórias, ou porque ausente a autorização do Ministério do Trabalho e Emprego para adoção de tal regime de compensação. (grifos dos autores)

A analisada decisão não abre margem para dúvidas quanto ao impacto da Reforma Trabalhista na temática, nem tampouco para a imprescindibilidade de normas coletivas que não flexibilizem os direitos indisponíveis dos trabalhadores, tendo em vista que, no presente caso, o fator determinante para a invalidade do banco de horas com base na argumentação do art. 60 da CLT foi o fato de não existir uma cláusula autorizadora presente em Convenção Coletiva ou Acordo Coletivo. Nesse sentido, sequer houve uma conduta ativa do sindicato da categoria em proibir, mas, apenas a ausência de norma contendo tal flexibilização já foi suficiente para proteger o direito do trabalhador e dar mais um passo no sentido da saúde do meio ambiente laboral.

Tem-se, portanto, que, quanto a esse recorte, o TRT da 6ª Região tem tendido a ainda continuar buscando a proteção do trabalhador que realiza jornadas extraordinárias em ambientes insalubres, mesmo após a Reforma Trabalhista e suas alterações, tendo seguido essa mesma linha de raciocínio as decisões presentes nos processos de ns. **0000437-24.2022.5.06.0181**, 0000819-63.2022.5.06.0101 e **0001138-16.2021.5.06.0182**. Entretanto, quando existe previsão em norma coletiva, a situação se complexifica, tendo em vista que a Lei de 2017 foi claramente permissiva nesse ponto, conforme analisado em outros tópicos do presente trabalho.

Nesse sentido, para fins de análise dessas hipóteses, será destrinchada a decisão da 4ª Turma no processo de número 0000345-20.2021.5.06.0201, de relatoria do Desembargador Larry da Silva Oliveira Filho, o qual conseguiu sedimentar de forma relevante o quanto a norma coletiva possui impacto nesses casos concretos, além de sua assinatura que data de momento recente, em 20 de abril de 2022.

Não foi necessária a realização de laudo técnico, tendo em vista ser incontroversa a insalubridade do ambiente, com pagamento de adicional de insalubridade e fornecimento de equipamentos de segurança. Após a análise do caso concreto, proferiu-se o seguinte acórdão:

> Com efeito, **até o advento da Reforma Trabalhista, a Consolidação das Leis do Trabalho exigia, para a prorrogação da jornada nas atividades insalubres, a prévia autorização das autoridades competentes em matéria de higiene do trabalho (art. 60 da CLT), a qual não poderia ser suprimida, nem mesmo por norma coletiva.**
>
> **No entanto, a partir de 11.11.2017 (data de vigência da Lei n. 13.467/2017), o art. 611-A, inciso XIII, da CLT passou a dispor que "a convenção coletiva e o acordo coletivo de trabalho têm prevalência sobre a lei quando, entre outros, dispuserem sobre a prorrogação de jornada em ambientes insalubres, sem licença prévia das autoridades competentes do Ministério do Trabalho".**

> **Sob pena de afronta à Súmula Vinculante n. 10 editada pela Suprema Corte, independentemente do entendimento pessoal deste magistrado, impõe-se reconhecer que o art. 611-A, inciso XIII, da CLT, foi recepcionado pela Constituição da República e se compatibiliza com a Convenção n. 155 da OIT (que possui hierarquia de norma supralegal — RE 466.343)**, pelo menos, até que o Supremo Tribunal Federal se manifeste sobre a questão.
>
> No caso concreto, **restou incontroverso que o autor laborava em ambiente insalubre**, já que os contracheques demonstram o pagamento do adicional correspondente, em todo o contrato de trabalho imprescrito (23.04.2016 até 1º.03.2021).
>
> **Também restou evidenciado que a demandada acordou com o sindicato obreiro que a prorrogação da jornada de trabalho em ambiente insalubre prescinde de autorização prévia das autoridades competentes do Ministério do Trabalho** (v. Cláusula Trigésima Segunda dos ACTs 2018/2019 e 2019/2020 — ID d783044 até ID d3fc12c).
>
> **Nesse contexto, agiu com acerto o julgador singular ao invalidar o banco de horas, apenas, no período anterior à vigência do Acordo Coletivo de Trabalho 2018/2019 (1º.02.2018), deferindo ao trabalhador as horas laboradas a partir da 8ª hora diária e/ou da 44ª hora semanal.** (grifos dos autores)

É inegável o quão "divisor de águas" o papel da negociação coletiva tornou-se após a Reforma Trabalhista e a análise desses acórdãos traz justamente isso à tona: a completa associação entre o que foi decidido na norma coletiva — nesse caso, acordo — e a perda de direitos indisponíveis por parte da classe trabalhadora — nessa situação, o direito a um meio ambiente de trabalho saudável, sadio e que priorize o bem-estar biopsicossocial dos que ali laboram.

No mesmo sentido foram julgados os recursos dos processos ns. 0000049-32.2020.5.06.0201[35], 0000560-59.2022.5.06.0201[36] e 0000157-27.2021.5.06.0201[37], todos de procedência da Vara Única do Trabalho de Vitória de Santo Antão — Pernambuco e em face da mesma reclamada, a empresa BRF S.A., tendo como parte central da discussão os acordos coletivos negociados com o referente sindicato.

Nesse ínterim, chega-se à inegável realidade — na prática, não há caminho para o Judiciário desvencilhar-se dessas normas, tendo em vista que foram completamente

---

(35) BRASIL. Tribunal Regional Federal da 6ª Região. *Reclamação Trabalhista n. 0000049-32.2020.5.06.0201*, Rel. Des. Eduardo Pugliesi, Primeira Turma, julgado em 11.05.202, Dje 12.05.2023.

(36) BRASIL. Tribunal Regional Federal da 6ª Região. *Reclamação Trabalhista n. 0000560-59.2022.5.06.0201*, Rel. Des. Fábio André de Farias, Segunda Turma, julgado em 10.02.2023, Dje 10.02.2023.

(37) BRASIL. Tribunal Regional Federal da 6ª Região. *Reclamação Trabalhista n. 0000157-27.2021.5.06.0201*, Rel. Des. Virgínia Malta Canavarro, Terceira Turma, julgado em 04.11.2021, Dje 04.11.2021.

abrangidas e "sugadas" pelo ordenamento jurídico, inclusive pelo próprio Tribunal Superior do Trabalho, como será analisado, em seguida. Todavia e por fim, é imprescindível relembrar que a natureza revolucionária do Direito do Trabalho impõe uma constância intransigente na busca de melhores condições para o meio ambiente laboral, não esquecendo a sua gênese e princípio regedor: a proteção do trabalhador.

Entendidas as percepções existentes no Tribunal Regional da 6ª Região, é relevante, na análise do objeto, entender qual o posicionamento do Tribunal Superior do Trabalho quanto à temática, tendo em vista a relevância que as decisões superiores possuem no rumo do direito do trabalho. Para tanto, será analisada, primeiramente, a decisão proferida após a interposição de Recurso de Revista e Agravo de Instrumento em Recurso de Revista nos Autos de n. 0000713-29.2021.5.06.0201(38), com origem na Vara Única de Vitória de Santo Antão — Pernambuco, em lide iniciada em face da empresa BRF S.A., reclamada em diversos outros processos analisados no presente trabalho.

O agravo e o recurso de revista foram julgados pela 5ª Turma do TST, em 15 de março de 2023, à unanimidade, com a relatoria do Ministro Douglas Alencar Rodrigues, tendo sido o agravo provido e o recurso de revista não conhecido, nos termos que passam a ser expostos.

Destaca-se, em uma análise inicial, que o recurso investigado trata não apenas, mas também, da possível, ou não, validade do instrumento de compensação de jornada sem a autorização prévia do MTE, nos termos do art. 60 da CLT, existindo nos autos acordo coletivo de autorização dessa hipótese, conforme explicitado em recorte da ementa do julgamento:

> (...)
>
> Em relação ao período anterior à vigência da Lei n. 13.467/2017, a decisão do Regional quanto à invalidade da compensação de jornada em face da atividade insalubre, sem a necessária autorização da autoridade competente, está em consonância com a Súmula n. 85, VI, do TST. **No tocante ao período posterior à vigência da Lei n. 13.467/2017, a prorrogação da jornada em ambiente insalubre passou a ser permitida também pela via negocial coletiva, dispensando-se, nesse caso, a licença prévia antes mencionada (CLT, art. 611-A, XIII).**
>
> Essa inovação, no contexto do **crescente prestígio à autonomia negocial coletiva** (CF, art. 7º, XXVI) e que foi objeto de decisões paradigmáticas da Suprema Corte, impôs aos atores sociais novas e maiores responsabilidades, notadamente em questões como a posta nos autos, em que a previsão de sobrejornada em ambiente insalubre há de impor a verificação prévia dos métodos de trabalho e da eficiência dos equipa-

---

(38) BRASIL. Tribunal Superior do Trabalho. *Reclamação Trabalhista n. 0000713-29.2021.5.06.0201*, Rel. Min. Douglas Alencar Rodrigues, Quinta Turma, julgado em 15.03.2023, Dje 31.03.2023.

mentos de proteção adotados, sem o que o objeto negocial estará viciado (CF, arts. 6º, "*caput*", 7º, XXII, 196 c/c o arts. art. 104, II, do CC, e 157, I, da CLT).

(...)

De se notar, ainda que segue preservada a possibilidade de fiscalização das **condições de trabalho por auditores fiscais do trabalho (CF, art. 21, XXIV, c/c o art. 200 da CLT) e/ou pelo Ministério Público do Trabalho (CF, art. 129, III c/c o art. 83, III, da LC 75/1993)**, com as medidas administrativas e judiciais correlatas. **A delegação legal inserta no art. 611-A, III, da CLT, objetivou apenas estimular o diálogo social responsável entre os atores sociais, jamais permitir a construção, pela via negocial coletiva, de condições que submetam os trabalhadores a condições aviltantes e indignas de trabalho**.

Vale destacar que o Plenário do Supremo Tribunal Federal, em sessão realizada em 02.06.2022 (At. publicada no DJE de 14.06.2022), ao julgar o Recurso Extraordinário com **Agravo 1.121.633 (Relator Ministro Gilmar Mendes)**, com repercussão geral, decidiu pela **constitucionalidade das normas coletivas em que pactuada a restrição ou supressão de direitos trabalhistas, desde que respeitados os direitos absolutamente indisponíveis, independente da fixação específica de vantagens compensatórias**.

Segundo o entendimento consagrado pelo STF no referido julgamento, alçada a autonomia negocial coletiva ao patamar constitucional (art. 7º, XXVI, da CF), as cláusulas dos acordos e convenções coletivas de trabalho, em que previsto o afastamento ou limitação de direitos, devem ser integralmente cumpridas e respeitadas, salvo quando, segundo a teoria da adequação setorial negociada, afrontem direitos revestidos com a nota da indisponibilidade absoluta. Logo, a decisão Regional foi proferida em sintonia com a legislação trabalhista e o entendimento do Supremo Tribunal Federal. Recurso de revista não conhecido. (grifos dos autores)

A partir da análise da decisão da 5ª Turma, é possível perceber um alinhamento com o fixado pós-Reforma no sentido de fomentação à negociação coletiva mesmo quando essa age de encontro aos direitos mais primordiais do trabalhador. Foi o feito, também, no pontuado julgamento realizado pelo Supremo Tribunal Federal do Agravo 1.121.633[39] (Tema 1.046). E volta-se ao questionamento: qual a medida utilizada para decidir que o direito à saúde, intrínseco a temáticas como jornada de trabalho, após décadas de entendimento pela sua indisponibilidade, tornou-se disponível?

---

(39) BRASIL. Supremo Tribunal Federal. *Agravo n. 1.121.633*, Rel. Min Gilmar Mendes. Julgado em 02.06.2022, Dje 28.04.2023.

Em sentido relativamente oposto encontra-se a decisão proferida no Recurso de Revista do Auto de n. 0000281-20.2013.5.04.0662[(40)], com origem na 2ª Vara do Trabalho de Passo Fundo, em lide iniciada em face da empresa FRS S/A Agro Avícola Industrial, cuja principal atividade é o abate de aves, exigindo, portanto, o labor dos obreiros em câmaras frias.

É interessante entender, primeiramente, que nesse caso concreto — inclusive por se tratar de um processo muito anterior à Reforma Trabalhista — não há cláusula específica afastando a necessidade da licença prévia da autoridade competente, porém, tem-se, de forma incontroversa, duas situações: o labor em ambiente insalubre (com adicional pago pela empresa) e o acordo de compensação de jornada extraordinária previsto em norma coletiva. Tendo isso em vista, assim julgou a 7ª Turma do Tribunal Superior do Trabalho, em decisão de relatoria do Ministro Evandro Pereira Valadão Lopes:

> (...)
>
> III. Em 03.05.2019, o Plenário Virtual do Supremo Tribunal Federal, analisando **o Tema 1.046** da Tabela de Repercussão Geral, que trata da "validade de norma coletiva de trabalho que limita ou restringe direito trabalhista não assegurado constitucionalmente", reconheceu, por unanimidade, a existência de repercussão geral da questão constitucional suscitada e decidiu submeter a matéria a posterior julgamento no Plenário físico (*leading case*: ARE-1121633, Relator Ministro Gilmar Mendes, acórdão de repercussão geral publicado no DJe-108 de 23.05.2019).
>
> IV. Em 14.06.2022 foi publicada a decisão do e. STF proferida no Tema 1.046, fixando a seguinte tese jurídica: "São constitucionais os acordos e as convenções coletivas que, ao considerarem a adequação setorial negociada, pactuam limitações ou afastamentos de direitos trabalhistas, independentemente da explicitação especificada de vantagens compensatórias, **desde que respeitados os direitos absolutamente indisponíveis**".
>
> V. **Na hipótese vertente, discute-se exclusivamente a possibilidade ou não de a negociação coletiva estipular, sem autorização da autoridade competente, prorrogação e compensação de jornada em atividade insalubre. A matéria está abarcada por direito absolutamente indisponível, havendo previsão constitucional e legal que vedam a ampliação da jornada de trabalho em atividade insalubre sem autorização da autoridade competente, nos termos do art. 7º, XXII, da Constituição da República, que assegura ao trabalhador a redução dos riscos inerentes ao trabalho por meio de normas de saúde, higiene e segurança, e do art. 60 da CLT,**

(40) BRASIL. Tribunal Superior do Trabalho. *Reclamação Trabalhista n. 0000281-20.2013.5.04.0662*, Rel. Des. Evandro Valadão. Sétima Turma, julgado em 24.05.2023, Dje 02.06.2023.

com a redação anterior à alteração promovida pela Lei n. 13.467/2017, que, sem nenhuma exceção, dispõe ser indispensável a autorização prévia da autoridade competente em matéria de higiene do trabalho para que haja acordo de prorrogação da jornada de trabalho em atividades insalubres.

VI. **No caso concreto, ao afastar a exigência do art. 60 da CLT para validar negociação coletiva que prorrogou a jornada em atividade insalubre sem a autorização da autoridade competente na matéria, o v. acórdão recorrido violou o mencionado dispositivo legal.** Deve, portanto, o recurso de revista ser provido para restabelecer a sentença que condenou a parte reclamada ao pagamento das horas extraordinárias. (grifos dos autores)

É de extrema relevância a análise do Ministro Relator Evandro Valadão, a qual coaduna com as ideias trazidas na presente monografia, ao entender que existem limites às negociações coletivas e que esse norte precisa ser dado a partir da indisponibilidade dos direitos, estando o direito à saúde previsto no art. 7º, XXII da CF/88 e fomentado pelo art. 60 da CLT, o qual busca, justamente, essa garantia dentro do meio ambiente do trabalho.

A decisão então analisada demonstra que existem, sim, outras linhas argumentativas quanto à presente temática, entretanto, o ano de distribuição do processo é de extrema relevância, tendo em vista que se trata de um momento muito anterior à Lei de 2017 e, portanto, com um contexto alheio ao atual e, consequentemente, acordos e convenções coletivas que, em regra, não previam, especificamente, o afastamento do art. 60.

É de considerável importância, nesse sentido, trazer como exemplo diverso a decisão proferida nos autos da Reclamação Trabalhista de n. 0000061-97.2021.5.23.0052[(41)], de relatoria do Ministro Evandro Pereira Valadão Lopes, tendo em vista que, apesar de também originar da 7ª Turma, traz uma perspectiva oposta ao decidir pela validade do sistema de compensação de jornada, uma vez que existe autorização expressa dentro da norma coletiva, demonstrando uma total e completa influência gerada pelo contexto pós-Reforma Trabalhista, ou seja, a prevalência do acordado sobre o legislado, mesmo que em detrimento de direitos trabalhistas tão basilares.

É possível observar que a análise comparativa de tais decisões demonstra que o julgamento do Tema 1.046 do Supremo Tribunal Federal não foi capaz de trazer pacificidade à matéria analisada, tendo em vista que o entendimento do que seriam "direitos absolutamente indisponíveis" varia a partir do critério dado por diferentes julgadores. Porém, é possível afirmar que a jurisprudência predominante tende a

---

(41) BRASIL. Tribunal Superior do Trabalho. *Reclamação Trabalhista n. 0000061-97.2021.5.23.0052*, Rel. Des. Cláudio Mascarenhas Brandão, Sétima Turma, julgado em 09.08.2023, Dje 18.08.2023.

validar os acordos de compensação de jornada, mesmo que em ambientes insalubres, contanto que tenha a previsão expressa de afastamento do art. 60, demonstrando o total e completo impacto da Reforma nessa temática.

Dentro desse contexto, contudo, tendo em mente a necessidade de proteção ao trabalhador, é inconcebível pensar que uma norma coletiva que não acrescenta direitos, mas os diminui e cerceia, tenha tamanha legitimidade frente aos Poderes Legislativo e Judiciário do país.

Tal linha argumentativa desconsidera fatores seríssimos no contexto sindical, como o fim da contribuição obrigatória, a dificuldade de negociação em categorias menores e até mesmo o peleguismo herdado de outros momentos históricos. Ademais, é consideravelmente alarmante o crescente número de cláusulas específicas de afastamento do art. 60 na composição de normas coletivas, em uma clara tentativa de desvencilhar-se da legislação trabalhista em prol de um suposto crescimento econômico.

Nesse ínterim, impõe-se a relevância de destacar, novamente, que não é pouco significativa a quantidade de decisões que segue o pensamento imbuído pela Reforma de 2017. É imprescindível entender, porém, que os julgadores não estão sendo contrários ao ordenamento atualizado, mas, pelo contrário, decidindo de acordo com a legislação pátria atualizada. É por isso que se reforça uma genuína preocupação quanto às originalidades trazidas pela lei, em si, tendo em vista que as decisões aqui trabalhadas dela se originam e se baseiam.

Portanto, o questionamento no presente trabalho é acerca do fato que direitos trabalhistas de extrema relevância (aqui entendidos enquanto fundamentais e indisponíveis) passaram a ser tratados pela própria lei — e, sucessivamente, pela prática — como passíveis de flexibilização, apontando, infelizmente, para um futuro de cerceamento e perda de duras conquistas trabalhistas, o que desemboca na necessidade de manutenção (e, inclusive, aumento) da vigilância constante quanto ao princípio da proteção do trabalhador, a fim de buscar possíveis freios para a onda de retrocessos enfrentada pelo Direito do Trabalho, tendo como horizonte um futuro mais garantista.

Conclusões

O presente trabalho buscou, por meio de uma análise crítica da doutrina, da jurisprudência e da legislação pátria, entender qual foi o verdadeiro impacto da Reforma Trabalhista no meio ambiente do trabalho e na permissão (ou não) da realização de jornadas extraordinárias dentro do contexto de exposição a agentes insalubres.

A partir de todo o analisado e exposto, chega-se à conclusão de que é inegável o papel que a Reforma possuiu na flexibilização de tal norma, tendo em vista que, ao conceder à negociação coletiva uma extensão de poderes até então sem precedentes e fixar a tese do negociado prevalecer sobre o legislado, a Lei n. 13.467 de 2017 inovou de forma muito impactante no âmbito das relações de trabalho, possibilitando a alteração do direito do trabalhador, mesmo quando implicar em retrocesso ou perda.

Apesar do "freio" que o art. 611-B da Consolidação das Leis do Trabalho apresentou, pontuando determinados tópicos que não poderiam ser alterados por meio de negociação coletiva, passou-se a entender que a jornada de trabalho não faz parte das normas de higiene e segurança do trabalho, sendo, portanto, possível matéria de ACT ou CCT, mesmo quando existirem cláusulas flexibilizadoras de direitos que, até então, eram considerados indisponíveis.

Dentro desse contexto, a análise da jurisprudência pátria foi cristalina: havendo cláusula na qual se fixe a possibilidade de jornadas extraordinárias sem a prévia licença do Ministério do Trabalho e Emprego, o negociado deve prevalecer sobre o legislado, em uma falsa lógica de que a entidade sindical, necessariamente, irá buscar fazer valer o direito do trabalhador. O que se tem na prática, infelizmente, são instrumentos que deveriam apenas regular ou ampliar o direito da classe trabalhadora, mas que, ao contrário, muitas vezes retrocedem e "abrem mão" de direitos conquistados por meio de lutas que se arrastaram por anos e anos. Não há na pesquisa qualquer intenção de desmerecimento às lutas sindicais. Entretanto, é de extrema relevância que se entenda a conjuntura do sindicalismo no Brasil atual, com as consequências do fim da contribuição sindical obrigatória, por exemplo.

Nesse sentido, as constatações extraídas do presente artigo não são otimistas ou positivas, tendo em vista que apontam para um arriscado caminho: a trilha do retrocesso dos direitos trabalhistas, sob o falso discurso de que essa é a única solução para viabilizar a atividade empresarial, deixando de lado o princípio regedor de proteção à classe trabalhadora, sem o qual o direito do trabalho perde o próprio objeto de ser, a sua gênese.

Na atualidade, portanto, apesar de se saber acerca das consequências gravíssimas que uma exposição contínua à insalubridade pode gerar — ainda mais no contexto de jornadas insalubres —, existe, na teoria e na prática, a possibilidade de se deixar de lado um instrumento pensado exclusivamente para a proteção do trabalhador, o que poderia ser entendido como "burocracia", mas que, em verdade, é a busca pela garantia de que aquele ambiente é seguro, sadio e saudável para o trabalhador, polo vulnerável dentro das relações trabalhistas.

A análise das decisões do Tribunal Regional da 6ª Região e do Tribunal Superior do Trabalho, além da decisão do Supremo Tribunal Federal no julgamento do Tema 1.046, não abre margem para dúvidas: ao falar-se dessa matéria, tudo depende da forma que o sindicato — representante da classe trabalhadora — irá agir, tendo em vista que as decisões se baseiam quase que exclusivamente na existência, ou não, de cláusulas autorizadoras da jornada extraordinária no ambiente insalubre sem a necessária licença prévia do MTE.

Portanto, chega-se à conclusão de que, de fato, o retrocesso permeado pela Reforma Trabalhista permanece gerando impactos na vida do trabalhador. Quanto a essa temática específica, é imprescindível que exista o fortalecimento das lutas sindicais, tendo em vista o tamanho do poder que foi concedido à negociação e quanta benesse ou estrago essas possibilidades podem trazer.

Por fim, reitera-se que a legislação trabalhista no país, como ordenamento jurídico destinado originalmente a proporcionar maior equilíbrio a uma relação naturalmente desigual existente entre a classe patronal e a classe trabalhadora, tem sofrido algumas involuções intoleráveis dentre as diversas modificações materializadas nos últimos anos sob a bandeira da modernização. Nesse sentido, especificamente em relação à mudança promovida pelo texto do art. 611-A quanto à admissibilidade de prorrogação da jornada em ambiente insalubre sem prévia autorização da autoridade competente, não apenas há inconstitucionalidade sob a perspectiva do princípio do não-retrocesso social, mas ocorre a materialização de um quadro de ameaça que exige de todos os operadores do direito uma urgente e constante vigilância, a fim de fazer valer, em tudo quanto possível, o valor constitucional da dignidade da pessoa humana, elemento basilar da estrutura do ordenamento jurídico pátrio.

Referências

ARAÚJO, Andréa Cristina Marques de; PEREIRA, Emilia de Fatima da Silva Farinha Pereira; COSTA, Tatiane Rodrigues. Os impactos da reforma trabalhista: horas extras, intervalares, "*in itinere*" e acordos de prorrogação e compensação de Jornada. *Brazilian Journal of Development*, Curitiba, v. 7, n. 4, p. 42358-42910, abr. 2021.

BARROS, Alice Monteiro de. *Curso de direito do trabalho*. 11. ed. São Paulo: LTr, 2017.

BELFORT, Fernando José Cunha. *Meio ambiente do trabalho*. Competência da Justiça do Trabalho. São Paulo: LTr, 2003.

BRASIL. Agência Nacional de Vigilância Sanitária. *Segurança no ambiente hospitalar*. Disponível em: https://www.gov.br/anvisa/ptbr/centraisdeconteudo/publicacoes/servicosdesaude/publicacoes seguranca-no-ambiente hospitalar.pdf/view. Acesso em: 21 abr. 2023.

BRASIL. *Constituição da República Federativa do Brasil de 1988*. Brasília, DF: Senado Federal, 1988. Disponível em: http://www.planalto.gov.br/ccivil_03/constituicao/constituicao.htm. Acesso em: 30 abr. 2023.

BRASIL. Consolidação das Leis do Trabalho (CLT). *Decreto-Lei n. 5.452, de 1º de maio de 1943*. Disponível em: http://www.planalto.gov.br/ccivil_03/decreto-lei/Del5452.htm. Acesso em: 10 jul. 2023.

BRASIL. *Lei n. 13.467, de 13 de julho de 2017*. Altera a Consolidação das Leis do Trabalho (CLT), aprovada pelo Decreto-Lei n. 5.452, de 1º de maio de 1943, e as Leis ns. 6.019, de 3 de janeiro de 1974, 8.036, de 11 de maio de 1990, e 8.212, de 24 de julho de 1991, a fim de adequar a legislação às novas relações de trabalho. Diário Oficial da União, Brasília, DF, 14 jul. 2017. Disponível em: https://www.planalto.gov.br/ccivil_03/_ato2015-2018/2017/lei/l13467.htm. Acesso em: 15 jul. 2023.

BRASIL. Ministério do Trabalho e Previdência. *Portaria n. 671, de 8 de novembro de 2021*. Diário Oficial da União, Brasília, DF, 9 nov. 2021. Disponível em: https://in.gov.br/en/web/dou/-/portaria-359094139. Acesso em: 10 jul. 2023.

BRASIL. Tribunal Regional Federal da 6ª Região. *Reclamação Trabalhista n. 0000157-27.2021.5.06.0201*, Rel. Des. Virgínia Malta Canavarro, Terceira Turma, julgado em 04.11.2021, Dje 04.11.2021.

BRASIL. Tribunal Superior do Trabalho. *Reclamação Trabalhista n. 0000713-29.2021.5.06.0201*, Rel. Min. Douglas Alencar Rodrigues, Quinta Turma, julgado em 15.03.2023, Dje 31.03.2023.

BRASIL. Supremo Tribunal Federal. *Agravo n. 1.121.633*, Rel. Min Gilmar Mendes. Julgado em 02.06.2022, Dje 28.04.2023.

BRASIL. Tribunal Regional Federal da 6ª Região. *Reclamação Trabalhista n. 0000345-20.2021. 5.06.0201*, Rel. Des. Larry da Silva Oliveira Filho. Quarta Turma, julgado em 20.04.2022, Dje 22.04.2023.

BRASIL. Tribunal Regional Federal da 6ª Região. *Reclamação Trabalhista n. 0000437-24.2022. 5.06.0181*, Rel. Des. Paulo Alcântara. Segunda Turma, julgado em 03.05.2023, Dje 05.05.2023.

BRASIL. Tribunal Regional Federal da 6ª Região. *Reclamação Trabalhista n. 0000049-32.2020. 5.06.0201*, Rel. dES. Eduardo Pugliesi, Primeira Turma, julgado em 11.05.202, Dje 12.05.2023.

BRASIL. Tribunal Superior do Trabalho. *Reclamação Trabalhista n. 0000281-20.2013.5.04.0662*, Rel. Des. Evandro Valadão. Sétima Turma, julgado em 24.05.2023, Dje 02.06.2023.

BRASIL. Tribunal Regional Federal da 6ª Região. *Reclamação Trabalhista n. 0001138-16.2021. 5.06.0182*, Rel. Des. Larry da Silva Oliveira Filho. Quarta Turma, julgado em 20.07.2023, Dje 20.07.2023.

BRASIL. Tribunal Regional Federal da 6ª Região. *Reclamação Trabalhista n. 0000819-63.2022. 5.06. 0101*, Rel. Min. Virgínia Malta Canavarro, Terceira Turma, julgado em 1º.08.2023, Dje 1º.08.2023.

BRASIL. Tribunal Regional Federal da 6ª Região. *Reclamação Trabalhista n. 0000260-60.2022. 5.06.0181*, Rel. Des. Eduardo Pugliesi. Primeira Turma, julgado em 02.08.2023, Dje 03.08.2023.

BRASIL. Tribunal Superior do Trabalho. *Reclamação Trabalhista n. 0000061-97.2021.5.23.0052*, Rel. Des. Cláudio Mascarenhas Brandão, Sétima Turma, julgado em 09.08.2023, Dje 18.08.2023.

BRAGHINI, M. *Direito do trabalho e processo do trabalho*. Leme: JH Mizuno, 2019.

BUGALHO, Andréia Chiquini; MOREIRA, Gabriel Carvalho; MACHADO, Rafaela Sousa. Trabalhador hipersuficiente: o limite de flexibilização no contrato de trabalho pós-reforma trabalhista. *Brazilian Journal of Development*, Curitiba, v. 7, n. 2, p. 17413 — 17731, fev. 2021.

CARVALHO, Augusto César Leite de. *Direito do trabalho*: curso e discurso. 2. ed. São Paulo: LTr Editora, 2018.

CAMILA, Adélia. *Meio ambiente do trabalho como direito fundamental e responsabilidade civil do empregador. In*: XXIV Congresso Nacional do CONPEDI — UFMG/FUMEC/DOM HELDER CÂMARA. *Anais...* Florianópolis: CONPEDI, 2015.

CANOTILHO, J. J. Gomes. *Direito constitucional e teoria da Constituição.* 7. ed. Coimbra: Almedina, 2003.

CASSAR, Vólia Bomfim; BORGES, Leonardo Dias. *Comentários à Reforma Trabalhista*. 3. ed. São Paulo: Método, 2018.

CORRÊA, Márcia Angelim Chaves; SALIBA, Tuffi Messias. *Insalubridade e periculosidade*: aspectos técnicos. 18. ed. São Paulo: LTr Editora, 2022.

CORREIA, Henrique *et al*. *Reforma trabalhista*: questões objetivas e discursivas. 3. ed. Salvador: Juspodivm, 2018.

EUFRÁSIO; TIMBÓ. O meio ambiente do trabalho saudável e suas repercussões no Brasil e no mundo, a partir de sua evolução história. *Pensar*, Fortaleza, v. 14, n. 2, p. 356, jul./dez. 2009.

FIGUEIREDO, Guilherme José Purvin de. *Direito ambiental e saúde dos trabalhadores*. 2. ed. São Paulo: LTr, 2007, p. 23.

MACHADO, Sidnei. *O direito à proteção ao meio ambiente de trabalho no Brasil*: os desafios para a construção de uma racionalidade normativa. São Paulo: LTr, 2001.

MARX, Karl. *Miséria da Filosofia*: resposta à Filosofia da miséria, do Sr. Proudhon. São Paulo: Global, 2009, p. 190.

MATOS, Larissa Lopes. *O princípio da proteção e da norma mais favorável no direito do trabalho, diante das alterações promovidas pela Lei n. 13.467/17*: Uma análise à luz do direito constitucional e internacional. 2018. Disponível em: https://jus.com.br/artigos/67527/o-principio-da-protecao-e-da-norma-mais-favoravel-no-direito-do-trabalho-diante-das-alteracoes--promovidas-pela-lei-13-467-17.

MELO, Raimundo Simão de. *Direito ambiental e saúde do trabalhador*: responsabilidades legais, dano material, dano moral, dano estético, indenização pela perda de uma chance, prescrição. 3. ed. São Paulo: LTr, 2008.

MILARÉ, Édis. *Direito do ambiente*: doutrina, prática, jurisprudência, glossário. 11. ed. rev. e atual. São Paulo: Revista dos Tribunais, 2020.

MACHADO, Paulo Affonso Leme. *Direito ambiental brasileiro*. 26. ed. rev. e atual. São Paulo: Malheiros, 2019.

Ministério do Trabalho e Emprego (Brasil). *Portaria n. 3.214, de 8 de junho de 1978*. Aprova as Normas Regulamentadoras - NR - do Capítulo V, Título II, da Consolidação das Leis do Trabalho, relativas à Segurança e Medicina do Trabalho. Diário Oficial da União, Brasília, DF, 6 jul. 1978. Disponível em: https://www.camara.leg.br/proposicoesWeb/prop_mostrarintegra?codteor=309173&filename=LegislacaoCitada+-INC+5298%2F2005. Acesso em: 5 jul. 2023

OLIVEIRA, Sebastião Geraldo de. *Indenizações por acidente do trabalho ou doença ocupacional*. 4. ed. São Paulo: LTr, 2008.

PACHECO, Marília. *Trabalho e natureza*: sobre os impactos socioambientais dos agrotóxicos em trabalhadores rurais de Mato Grosso nos anos de 2006 a 2017. Orientadora: Dra. Mônica Sette Lopes. 2022. 135 f. Tese (Mestrado) — Curso de Direito — Universidade Federal de Minas Gerais, Belo Horizonte, 2022. Disponível em: https://repositorio.ufmg.br/handle/1843/48351.

RAMAZZINI, Bernardino. *As doenças dos trabalhadores* [texto]. Tradução de Raimundo Estrêla. 4. ed. São Paulo: Fundacentro, 2016.

SARLET, Ingo Wolfgang. *Dignidade da pessoa humana e direitos fundamentais na Constituição Federal de 1988*. 13. ed. rev. e atual. Porto Alegre: Livraria do Advogado, 2016.

SILVEIRA, Tayane. *Representações da Revolução Industrial e da classe trabalhadora em North and South, de Elizabeth Gaskell.* Orientadora: Dra. Cláudia Mauch. 2016. 67 f. TCC (Graduação) — Curso de História — Universidade Federal do Rio Grande do Sul, Porto Alegre, 2016. Disponível em: https://lume.ufrgs.br/bitstream/handle/10183/156944/001016672.pdf?sequence=1. Acesso em: 12 maio 2023.

THOMPSON, Edward P. *A formação da classe operária inglesa.* Trad. Denise Bottmann, Renato Busatto Neto e Cláudia Rocha de Almeida. Rio de Janeiro: Paz e Terra, 1987, v. II, p. 9.

TOLEDO, Marcos Furtado de; MARQUES, Rita de Cássia. Medicina do Trabalho. *PROTEÇÃO*: Revista Mensal de Saúde e Segurança do Trabalho, Novo Hamburgo, ano 21, p. 96-108, maio 2008.

O SINDICALISMO NO SISTEMA CAPITALISTA E NA DEMOCRACIA: PAPEL ESTRUTURAL

Mauricio Godinho Delgado(*)

I — Introdução

O presente artigo objetiva analisar as interconexões entre capitalismo e sindicalismo e suas entidades componentes, a par das interconexões entre sindicalismo e Democracia.

Para tanto, analisa, primeiramente, o surgimento do sistema capitalista, desde as suas primeiras manifestações na Inglaterra dos séculos XVI até XVIII, passando pela Revolução Industrial, que se espalha para a Europa Ocidental nas primeiras décadas do século XX, a par de também para os Estados Unidos da América, ao menos nos estados do nordeste e norte daquele novo país.

Menciona o texto também a correlação que existe entre o capitalismo emergente na Europa Ocidental com as economias extrativistas e escravagistas criadas, pelos próprios europeus, nas Américas, a par do domínio de países, pelos europeus, capitaneados especialmente pela Inglaterra, também em regiões da África e da Ásia.

Nesse quadro, o texto examina o surgimento do sindicalismo nos países de capitalismo central, no interior da primeira fase do sistema socioeconômico e durante a sua evolução histórica. Indica que a estruturação do movimento sindical, não obstante as inúmeras e poderosas adversidades por ele sofridas, evidenciou um papel decisivo no estabelecimento de determinados limites à exploração capitalista estabelecida nesses países, de maneira a atenuar ou superar a dominação e a espoliação sem peias, característica da primeira fase do sistema econômico.

(*) Doutor em Filosofia do Direito (UFMG) e Mestre em Ciência Política (UFMG). Ministro do Tribunal Superior do Trabalho (TST) desde 2007. Diretor da ENAMAT, Escola Nacional dos Magistrados do Trabalho (2022-2024) e ex-Presidente da Comissão de Documentação e Memória do TST (2020-2022). Magistrado do Trabalho há mais de 33 anos. Advogado por mais de 10 anos, até novembro de 1989. Professor Universitário há mais de 45 anos, sendo hoje Professor Titular do UDF e de seu Mestrado em Direito das Relações Sociais e Trabalhistas (2014-...). Coordenador do Grupo de Pesquisa sobre Sindicalismo, com composição nacional e internacional, no Mestrado em Direito do UDF, registrado no CNPq. Ex-Professor da UFMG (1978-2000) e ex-Professor da PUC-Minas (2000-2012). Autor de mais de 38 livros e mais de 140 artigos em Direito do Trabalho, Direito Constitucional do Trabalho, Direito Processual do Trabalho, Direitos Humanos Sociais e Ciência Política.

De igual sorte, o artigo também faz a conexão entre o surgimento do movimento sindical e de suas entidades componentes no processo de construção da Democracia em terras ocidentais, inicialmente, também nos países de capitalismo central.

Demonstra o estudo que o fenômeno democrático, em sua estrutura e dinâmica contemporâneas, não seria realizável e compreensível sem a percepção do papel cumprido pelo movimento sindical no interior dessas sociedades e economias.

O estudo faz parte das pesquisas e reflexões realizadas no Mestrado em Direito das Relações Sociais e Trabalhistas do UDF, em Brasília-DF, onde este autor atua, integrando-se a projeto de pesquisa e a grupo de pesquisa organizados em torno do assunto naquele profícuo ambiente acadêmico.

II — O papel do sindicalismo no sistema capitalista

O presente item II deste artigo analisa o papel do sindicalismo e das entidades sindicais no sistema capitalista, atuando como veículos de organização e representação dos trabalhadores nos diversos nichos da economia e da sociedade. Nesse cenário, o sindicalismo é direcionado ao diálogo, resistência e/ou influência de natureza coletiva perante o empresariado e as demais instituições no plano da sociedade civil, especialmente de seu mercado econômico e de trabalho, mas também perante o Estado, suas instituições e as autoridades públicas.

Para tanto, o texto examinará, em seu subitem 1, a estruturação do sistema capitalista e da própria classe trabalhadora no contexto de sua formação histórica original, que ocorreu, essencialmente, na Europa Ocidental, a par de também em determinados estados componentes dos EUA, especialmente os do norte e do centro daquele país.

No subitem 2, passará à análise das diversas funções que as entidades sindicais e o movimento sindical desempenham no sistema capitalista, tendo como foco preponderante, por ora, o exemplo oriundo dos países de capitalismo originário, especialmente situados na Europa Ocidental, embora com nítida aplicação nas demais partes do globo, especialmente na América Latina e, por consequência, no Brasil.

1. A estruturação do capitalismo e da classe trabalhadora no contexto do sistema socioeconômico originário

O sistema capitalista surge na Europa Ocidental entre o século XVI e o século XVIII, espraiando-se para diversos países europeus ao longo do século XIX e também para diferentes estados integrantes dos EUA, especialmente os do nordeste e norte, igualmente neste mesmo século.

Nos cem anos subsequentes, no século XX, tornou-se, sem dúvida, um sistema mundial, atingindo os diversos quadrantes do globo. Nesse extenso lapso temporal, reuniu, com clareza, algumas de suas características mais distintivas, no tocante à sua formação e também ao seu desenvolvimento e mais recente configuração.[1]

Citem-se algumas dessas características distintivas — as quais não ocorreram, nem ocorrem, necessariamente, em seu conjunto, no exato mesmo país, região ou marco temporal: no início, uma atividade comercial intensa, espalhando-se pelo ocidente europeu e se concentrando em enormes cidades mercantis da Itália, Holanda e Inglaterra, por exemplo; uma subsequente e contínua unificação das regiões européias em torno dos Estados Nacionais, facilitando a geração da realidade e do conceito de um mercado econômico nacional; ainda em suas épocas iniciais, o surgimento de uma política pública estatal típica desses novos Estados Nacionais europeus, que se estende, essencialmente, desde o século XV até o século XVIII, a qual passa a estimular mais firmemente o comércio do respectivo país, especialmente para o exterior, por meio da política econômica denominada mercantilista; no contexto desse cenário, o fortalecimento de uma cada vez mais rica classe empresarial, voltada à busca incessante da produção, circulação, distribuição e acumulação de bens e riquezas e à criação de novas formas de atuação econômica e política.

Citem-se também: a decomposição incessante do antigo sistema produtivo feudal europeu, seja pelo êxodo da população campesina para as cidades, seja pela crescente subordinação da produção artesanal e manufatureira tradicionais a empreendedores capitalistas surgidos; um processo de urbanização crescente, criando

---

(1) A análise da formação histórica do sistema capitalista, a partir da experiência histórica europeia, particularmente, no início, a britânica, e logo em seguida, já no século XIX, a europeia também continental, a par da norte-americana, foi extraída com suporte em diversas fontes bibliográficas, que realizam importantes pesquisas e reflexões sobre esse sistema econômico. Citem-se, ilustrativamente, observada a ordem alfabética dos autores: CATTANI, Antonio David (Org.); HOLZMANN, Lorena (Org.). *Dicionário de trabalho e tecnologia*. Porto Alegre: UFRGS, 2006; DE DECCA, Edgar; MENEGUELO, Cristina. *Fábricas e homens* — a revolução industrial e o cotidiano dos trabalhadores. 5. ed. São Paulo: Atual, 2009; DELGADO, Mauricio Godinho. *Capitalismo, trabalho e emprego* — entre o paradigma da destruição e os caminhos de reconstrução. 3. ed. São Paulo: LTr, 2017; DELGADO, Mauricio Godinho. *Curso de direito do trabalho*. 19. ed. São Paulo: LTr, 2020; DOBB, Maurice. *A evolução do capitalismo*. Tradução Manuel do Rêgo Braga. 9. ed. Rio de Janeiro: LTC, 2015; FREEMAN, Joshua B. *Mastodontes* — a história da fábrica e a construção do mundo moderno. Tradução Pedro Maia Soares. São Paulo: Todavia, 2019; HARARI, Yuval Noah. *Sapiens* — uma breve história da humanidade. Tradução Janaína Marcoantonio. 36. ed. Porto Alegre: L&PM, 2018; HOBSBAWN, Eric J. *A era das revoluções, 1789-1848*. 41. ed. Rio de Janeiro/São Paulo: Paz e Terra, 2019; HOBSBAWN, Eric J. *Da revolução industrial inglesa ao imperialismo*. Tradução Donaldson Magalhães Garschagen. 6. ed. Rio de Janeiro: GEN/Forense Universitária, 2016; HUNT, E. K.; LAUTZENHEISER, Mark. *História do pensamento econômico* — uma perspectiva crítica. 3. ed. 10. tir. Rio de Janeiro: Elsevier, 2013; HUNT, E. K. & SHERMAN, Howard J. *História do pensamento econômico*. Tradução de Jaime Larry Benchimol. 26. ed. 3. reimpr. Petrópolis: Vozes, 2017; INIKORI, Joseph E. *Africans and the industrial revolution in England* — a study in international trade and economic development. New York: Cambridge, 2009; REZENDE FILHO, Cyro de Barros. *História econômica geral*. 10. ed. São Paulo: Contexto, 2016; SWEEZY, Paul *et al. A transição do feudalismo para o capitalismo*. Tradução Isabel Didonnet. Rio de Janeiro: Paz e Terra, 2004; WILLIAMS, Eric. *Capitalismo e escravidão*. 1. ed. 2. reimpr. São Paulo: Companhia das Letras, 2012.

cidades populosas, com uma massa de trabalhadores disponíveis para o recrutamento pelas novas formas produtivas criadas pelo capitalismo. Mais do que isso, uma crescente classe trabalhadora destituída de meios de produção e desvinculada dos laços servis que a atavam ao sistema produtivo feudal europeu; em síntese, neste caso, um enorme conjunto disponível de trabalhadores juridicamente livres, embora extremamente pobres.

Aponte-se, ainda, com especial ênfase, um pouco mais à frente, já no século XVIII, a estruturação de um novo modelo de produção distinto e mais abrangente do que o artesanato e a manufatura, consistente na **fábrica** (ou, na famosa expressão de Marx, a "grande indústria"), que deu origem ao novo e poderoso segmento industrial da economia, originado especialmente a partir da Inglaterra.

Indiquem-se, por fim, o surgimento de correntes de pensamento favoráveis às atividades comerciais e industriais capitalistas, em contraponto à ideologia dominante no feudalismo, que era adversa às ideias de lucro, de juros, de produção, circulação e acumulação de riquezas, todas elas típicas e dominantes no cotidiano do novo sistema econômico em estruturação e de sua classe empresarial dirigente, a burguesia. Essas novas ideias passam pelas reformas religiosas protestantes deflagradas a partir do século XVI, na Europa (e pela posterior adaptação da Igreja Católica Romana ao capitalismo e seu ideário), como também pelo advento do racionalismo no pensamento filosófico e político e, mais à frente, pelo despontar e afirmação do liberalismo (seja o econômico, seja o filosófico, seja o político).

Evidentemente que atividades comerciais pujantes já haviam sido encontradas em diversas outras fases históricas passadas, até mesmo na Idade Antiga, quer no oriente, quer no ocidente, sem que, por correlação, se pudesse falar na presença do sistema socioeconômico capitalista nessas experiências históricas específicas remotas. Do mesmo modo, o trabalho livre, subordinado e oneroso também já existia antes do advento do capitalismo, embora fosse meramente residual nas sociedades históricas anteriores, não tendo correlação, igualmente, com a presença do capitalismo em tais realidades socioeconômicas passadas. Ademais, enormes centros urbanos também existiram em períodos históricos precedentes ao sistema capitalista, sem que se pudesse inferir qualquer correlação sólida entre os dois fenômenos em tais épocas antigas.

A distinção que parece marcante, pois, na Europa Ocidental dos séculos XVI em diante, foi a ampla presença de diversos fatores tradicionais, já vivenciados na história (atividade comercial intensa; segmento socioeconômico amplo, diversificado, próspero e crescente vinculado à direção e dominância de tais atividades mercantis; segmento social relevante de trabalhadores livres, aptos a serem conectados às novas atividades produtivas), em conjugação com a ampla presença, igualmente, de fatores novos, típicos de um novo sistema socioeconômico em estruturação.

Entre esses fatores novos, citem-se, por exemplo: a presença de políticas públicas incisivas de estímulo ao novo sistema econômico, quer por meio do mercantilismo, em um primeiro momento — que durou alguns séculos, como visto —, quer por meio do liberalismo, em um segundo momento; o incentivo estatal e do novo ideário surgido em favor das diversas atividades econômicas do novo sistema em formação, seja no campo da produção dos bens — agora compreendidos como mercadorias, isto é, bens para o mercado —, seja no campo de sua circulação, seja quanto à sua distribuição, seja no tocante às atividades de suporte e incentivo ao novo sistema, como, ilustrativamente, as atividade de financiamento e as atividades e obras infraestruturais; a formação de um largo espectro de trabalhadores livres, mas destituídos de riqueza e de poder, aptos a serem conectados, ainda sem direitos e proteções, ao novo sistema econômico; o surgimento da indústria, por meio da Revolução Industrial deflagrada na Inglaterra no século XVIII e, em seguida, espraiada para outros países europeus e alguns estados componentes dos EUA.

A partir do século XIX, o capitalismo já se mostrava um sistema muito bem caracterizado, complexo e diferenciado em face de qualquer outro sistema socioeconômico anterior, tendendo à mundialização cada vez mais rapidamente (fato que ficaria mais pronunciado ainda durante o século XX). Sua força motora irá subordinar economias ao largo do globo, especialmente as então denominadas economias coloniais (na África, na Ásia e nas Américas), que extraíam ou produziam matérias-primas minerais e mercadorias agropecuárias para a exportação e funcionamento dos países capitalistas líderes desse sistema na Europa e nos Estados Unidos da América, grande parte das vezes mediante a utilização do trabalho escravo.

Tempos depois, já no século XX, esse processo de produção de mercadorias primárias para os países centrais capitalistas se estenderia também para outros países capitalistas emergentes em diversas partes do globo terrestre. De todo modo, as economias coloniais, ditas periféricas, igualmente davam consistência ao capitalismo originário despontado — dito central —, na qualidade de centro produtor e exportador de matérias-primas, conforme exposto, além de mercado consumidor dos bens produzidos pela indústria crescente europeia e norte-americana.

A criação da indústria capitalista pela denominada Revolução Industrial (hoje considerada a primeira grande revolução tecnológica do sistema capitalista) teve papel muito importante na caracterização, evolução e crescimento do capitalismo. Teve papel muito importante também na estruturação de uma classe trabalhadora ampla e concentrada em grandes nichos geográficos específicos — as cidades industriais surgidas a partir da Inglaterra e, posteriormente, características do capitalismo na Europa, EUA e, mais à frente, em todo o globo terrestre.

Com a subsequente generalização do sistema capitalista aos países europeus e aos EUA, ainda na primeira fase do sistema capitalista, o modo de organização de todo o sistema socioeconômico foi se amoldando às peculiaridades tipicamente capitalistas, atingindo os setores financeiro, comercial, de logística, extrativo mineral, agrário, etc. O uso da força de trabalho subordinada e assalariada se amplia, os métodos de organização do sistema laboral no interior das empresas, à base de uma crescente distribuição de tarefas e de uma disciplina concentrada e vertical, se generalizam, ao passo que a produção de bens e serviços para o mercado se torna a pedra de toque de funcionamento de todo o sistema econômico.

Evidentemente que, no cenário das colônias e, em seguida, nos novos países independentes das Américas, Ásia e África, a lógica capitalista era muita mais crua e despótica. Assim, o mesmo sistema que alardeava o liberalismo econômico, político e jurídico na Europa, nos séculos XVIII e XIX, e, até mesmo, nos EUA, convivia, cinicamente, com um regime privado repressivo da força de trabalho, à base da escravidão imposta à população negra trazida coercitivamente de países africanos. Registre-se que esse ignóbil, violento e estúpido regime repressivo de força de trabalho durou vários séculos nas dezenas de países que o adotaram dentro do ciclo histórico de criação e crescimento do capitalismo. Nessas regiões e países coloniais e escravistas (ou em parte deles, pelo menos — como no caso dos EUA), se estruturaram economias e sociedades essencialmente extrativistas, de pura e simples exploração dos recursos naturais e da pessoa humana trabalhadora escravizada, com marcas institucionais, políticas e culturais segregacionistas, excludentes e racistas que iriam se preservar, ainda que indiretamente, até mesmo em pleno século XXI em diversos desses países (vide, por exemplo, grande parte do sul dos EUA e grande parte da história excludente de vários países latino-americanos, inclusive, lamentavelmente, o Brasil). Esse sistema extrativista mineral e monocultor agrário, gerando produtos primários dos trópicos para entrega na Europa e em outros países capitalistas, era parte integrante da formação e crescimento do novo sistema capitalista, embora seus teóricos europeus, naquela época, hipocritamente, jamais aceitassem tal vinculação.[2]

A classe trabalhadora que se forma no processo de estruturação do sistema capitalista originário, em sua base europeia e do norte dos EUA, embora se torne, nas economias tipicamente industriais, o segmento mais numeroso da população envolvida

(2) Sobre essa forte vinculação entre os sistemas econômicos repressivos e despóticos estruturados nas Américas — à exceção de algumas colônias inglesas do nordeste do futuro EUA —, caracterizados pela extração mineral e produção monocultora agrária, à base da força de trabalho submetida à escravatura, especialmente da população negra trazida da África, e o sistema capitalista nascente e em desenvolvimento na Europa, consultar, ilustrativamente, os seguintes estudos: BLACKBURN, Robin. *The Making of New World Slavery* — from the Baroque to the Modern, 1492-1800. London/New York: 2010; DOBB, Maurice. *A evolução do capitalismo*. Tradução Manuel do Rêgo Braga. 9. ed. Rio de Janeiro: LTC, 2015, p. 201-223; HOBSBAWN, Eric J. *A era das revoluções, 1789-1848*. 41. ed. Rio de Janeiro/São Paulo: Paz e Terra, 2019; HOBSBAWN, Eric J. *Da revolução industrial inglesa ao imperialismo*. Tradução Donaldson Magalhães Garschagen. 6. ed. Rio de Janeiro: GEN/Forense Universitária, 2016, p. 1-44 e 125-145; HUNT, E. K. & SHERMAN, Howard J. *História do pensamento econômico*. Tradução de Jaime Larry Benchimol. 26. ed. 3. reimpr. Petrópolis: Vozes, 2017, p. 165-180; HARARI, Yuval Noah. *Sapiens* — uma breve história da humanidade. Tradução Janaína Marcoantonio. 36. ed. Porto Alegre: L&PM, 2018; INIKORI, Joseph E. *Africans and the industrial revolution in England* — a study in international trade and economic development. New York: Cambridge, 2009; REZENDE FILHO, Cyro de Barros. *História econômica geral*. 10. ed. São Paulo: Contexto, 2016; TOMICH, Dale W. *Pelo prisma da escravidão* — trabalho, capital e economia mundial. Tradução Antonio Pádua Danesi. São Paulo: EDUSP, 2011; WILLIAMS, Eric. *Capitalismo e escravidão*. 1. ed. 2. reimpr. São Paulo: Companhia das Letras, 2012.

no mercado de trabalho, não consegue apresentar, em suas primeiras décadas de convivência e enfrentamento perante o sistema capitalista emergente, uma clara compreensão da lógica de operação do sistema e, ainda mais relevante, uma clara estratégia de enfrentamento eficaz em face de sua força opressiva e desigual.

Essa fase originária somente começaria a ser superada a partir do século XIX, especialmente no contexto das experiências trabalhistas ocorridas na Europa Ocidental.

2. O papel do sindicalismo e das entidades sindicais de trabalhadores no sistema socioeconômico capitalista

A crescente população de trabalhadores e trabalhadoras que foi inserida no sistema produtivo capitalista europeu passou por uma fase inicial de intensa espoliação e exploração, sem quaisquer direitos e garantias, envolvendo, inclusive, mulheres e, até mesmo, crianças nesse processo produtivo despótico então estruturado. Jornadas muito alargadas — há registros de práticas corriqueiras superiores a 13/14 horas de trabalho ao dia —, salários miseráveis, disciplina fabril implacável, o mais absoluto unilateralismo de poder em todas as fases contratuais existentes, ausência de qualquer proteção e garantias contra doenças e acidentes do trabalho no curso do contrato, ausência de qualquer proteção ao emprego, etc. Em suma, um cenário de agressividade e exploração amplas nas primeiras fases de evolução do sistema capitalista.(3)

Nesse primeiro período, a classe trabalhadora ainda não havia conseguido encontrar os mecanismos necessários e eficientes para a sua defesa, proteção e enfrentamento dos desafios trazidos pelo sistema econômico e social capitalista, com as suas fórmulas exploratórias dominantes de contratação e gestão da força de trabalho.

---

(3) É bastante ampla e consolidada a pesquisa científica e histórica sobre esse período inicial do sistema capitalista na Europa Ocidental, inclusive com a intensa exploração da força de trabalho na respectiva fase do sistema socioeconômico, que foi caracterizada pela ausência de uma política trabalhista protetiva e civilizatória em relação a trabalhadoras e trabalhadores. Citem-se, a título de ilustração, as seguintes obras: DE DECCA, Edgar; MENEGUELO, Cristina. *Fábricas e homens* — a revolução industrial e o cotidiano dos trabalhadores. 5. ed. São Paulo: Atual, 2009; DELGADO, Mauricio Godinho. *Capitalismo, trabalho e emprego* — entre o paradigma da destruição e os caminhos de reconstrução. 3. ed. São Paulo: LTr, 2017; DELGADO, Mauricio Godinho. *Curso de direito do trabalho*. 19. ed. São Paulo: LTr, 2020; DELGADO, Mauricio Godinho. *Direito coletivo do trabalho*. 7. ed. São Paulo: LTr, 2017; FREEMAN, Joshua B. *Mastodontes* — a história da fábrica e a construção do mundo moderno. Tradução Pedro Maia Soares. São Paulo: Todavia, 2019; GOMES, Orlando; GOTTSCHALK, Elson. *Curso de direito do trabalho*. 5. ed. Rio de Janeiro/São Paulo, 1972, p. 2-25; HARARI, Yuval Noah. *Sapiens* — uma breve história da humanidade. Tradução Janaína Marcoantonio. 36. ed. Porto Alegre: L&PM, 2018; HOBSBAWN, Eric J. *A era das revoluções, 1789-1848*. 41. ed. Rio de Janeiro/São Paulo: Paz e Terra, 2019; HOBSBAWN, Eric J. *Da revolução industrial inglesa ao imperialismo*. Tradução Donaldson Magalhães Garschagen. 6. ed. Rio de Janeiro: GEN/Forense Universitária, 2016, p. 1-44 e 125-145; HUNT, E. K. & SHERMAN, Howard J. *História do pensamento econômico*. Tradução de Jaime Larry Benchimol. 26. ed. 3. reimpr. Petrópolis: Vozes, 2017, p. 165-180; RUSSOMANO, Mozart Victor. *Princípios gerais de direito sindical*. 2. ed. Rio de Janeiro: Forense, 2000.

Embora a ideia de reunião, agregação e organização coletiva dos trabalhadores já tivesse surgido no início do século XVIII — há registro de organizações sindicais de trabalhadores no começo do referido século, na Inglaterra, ainda que com epítetos diversos (associação; liga; cooperativa, etc.) —,[4] o fato é que ainda não se encontrava bem formulada qualquer estratégia de enfrentamento eficiente dos enormes problemas antepostos aos trabalhadores nesse período. Vários fatores atuavam nessa direção.

De um lado, os direitos de reunião e de associação, especialmente o de associação de caráter sindical, ainda não eram autorizados, pela ordem jurídica, aos trabalhadores em qualquer país europeu, prevalecendo, ao invés, a tendência à criminalização das atividades sindicais e de vários aspectos dos movimentos sindicalistas (greves; manifestações; etc.). A Inglaterra eliminou a descriminalização das atividades sindicais apenas na década de 1820 (cem anos após o surgimento do sindicalismo no país), por meio dos *Tolerations Acts*. Diferentemente desse país pioneiro, os demais países europeus somente seguiram essa tendência democrática mais de quatro décadas depois e, mesmo assim, paulatinamente, ao longo da segunda metade do século XIX.[5]

De outro lado, no contexto dessa política pública hostil ao sindicalismo, as pressões e violências contra os trabalhadores também ocorriam no ambiente empresarial, açuladas pelo caráter absoluto que se conferia ao poder empregatício no quadro da ordem jurídica e política da época — o liberalismo então originário.

Desse modo, em meio a essa ambientação geral gravemente adversa, prevaleciam também entre os trabalhadores mais resolutos algumas ideias e estratégias que se mostrariam claramente ineficazes a médio e a longo prazos, embora fossem aptas a demonstrar, no curto prazo, a existência de uma nítida revolta em vista da superexploração socioeconômica das pessoas que viviam do trabalho inerente a esta fase inicial do capitalismo.

Essas estratégias ineficientes foram, por exemplo, as seguintes: fórmulas de atuação do tipo insurrecional, voltadas ao enfrentamento físico do poder privado e do poder político dominantes, por vezes com uso da própria violência; igualmente a estratégia de quebra de máquinas, em protesto às péssimas condições de trabalho vivenciadas nas fábricas capitalistas; somem-se a isso as estratégias do socialismo utópico, que propunham o afastamento dos trabalhadores e suas famílias da sociedade capitalista hostil, em busca da construção longínqua de experiências societárias mais livres e de convivência mais civilizada; por fim, a estratégia anarquista, caracterizada

---

(4) Em suas pesquisas, por exemplo, o jurista Mozart Victor Russomano situa no ano de 1720 — há mais de 300 anos, portanto — o exemplo do primeiro sindicato na história, estruturado na Inglaterra, consistente na associação dos mestres e alfaiates. Para o autor, este seria o "ponto de partida das '*trade unions*' britânicas", que se propagariam pelo país daí em diante. RUSSOMANO, Mozart Victor. *Princípios gerais de direito sindical*. 2. ed. Rio de Janeiro: Forense, 2000, p. 17.

(5) Em DELGADO, Mauricio Godinho. *Direito coletivo do trabalho*. 7. ed. São Paulo: LTr, 2017, p. 156-159, há uma mostra dessa evolução histórica, envolvendo vários países europeus, indicados por fontes bibliográficas diversas pesquisadas. Mais à frente, ainda neste subitem 2, elas serão todas especificadas.

por ser muito combativa e mobilizadora, porém sem um projeto real de solução para os problemas concretos colocados em desafio, uma vez que considerava qualquer forma de poder organizado um potencial instrumento de opressão.[6]

Tempos após o surgimento do capitalismo, da deflagração e generalização de sua primeira revolução tecnológica (também denominada de Revolução Industrial) e do próprio surgimento das entidades sindicais obreiras, atingidos já os meados do século XIX, os trabalhadores alcançam maior clareza a respeito dos veículos e das estratégias de enfrentamento das condições laborais adversas ofertadas pelo sistema capitalista. Com isso, passam a alcançar importantes e crescentes vitórias em sua busca de melhores condições de trabalho e de vida na sociedade e economia capitalistas.[7]

Essas estratégias e veículos mais eficientes são os seguintes, por exemplo: a compreensão mais firme e clara, pelos obreiros, acerca da importância da organização coletiva dos trabalhadores, por intermédio especialmente das entidades sindicais, de maneira a não somente resistirem, com eficiência, às pressões desfavoráveis do poder econômico, como também alcançarem, via negociação coletiva trabalhista, direitos e garantias no próprio ambiente empresarial. Além disso, também por intermédio das mesmas entidades sindicais, igualmente passarem a conseguir pressionar, com maior eficiência, o próprio Estado e suas instituições em favor da criação de diplomas normativos e políticas públicas harmônicas aos interesses dos grandes contingentes de pessoas que vivem de seu trabalho. Em síntese, solidifica-se a confirmação da descoberta da ação coletiva, por meio das entidades sindicais, como veículo eficiente para conferir solidez e maior eficiência às lutas trabalhistas em favor de melhores condições de vida e de trabalho.

Solidifica-se, igualmente, a clareza sobre a necessidade da pressão coletiva também sobre a sociedade política — ao invés da pressão apenas no plano econômico e profissional específico —, como meio de conquista de novas regras jurídicas estatais aptas a superarem o padrão unilateral precedente, ou seja, regras jurídicas mais democráticas e favoráveis à grande maioria da população, em especial às enormes camadas que vivem do trabalho no interior do sistema econômico capitalista.

Já neste instante, os trabalhadores e suas lideranças passam a perceber que o Direito não tem de ser, inapelavelmente, um simples instrumento de dominação, exclusão, desigualdade e barbárie — tal como foi durante milênios e séculos —, podendo se transformar, ainda que em parte, também em um instrumento de civilização, de busca de práticas mais igualitárias e democráticas, em suma, um instrumento de justiça social.

---

(6) A respeito dessas estratégias pouco eficazes de atuação — embora muitas vezes respeitáveis e, muitas vezes, até heroicas —, consultar, por exemplo, DELGADO, Mauricio Godinho. *Curso de direito do trabalho*. 19. ed. São Paulo: LTr, 2020, p. 97-127.

(7) A respeito dessa virada na compreensão dos trabalhadores sobre o sistema socioeconômico capitalista e, inclusive, o sistema político que o protegia, com a sua excludente ideologia liberal originária, consultar, igualmente, o mesmo texto já mencionado: DELGADO, Mauricio Godinho. *Curso de direito do trabalho*. 19. ed. São Paulo: LTr, 2020, p. 97-127.

Historicamente, tais percepções e clarezas tornaram-se hegemônicas no seio dos trabalhadores na virada da metade do século XIX, na Europa Ocidental, particularmente a partir dos anos de 1846 a 1848, datas em que se conjugam diversos acontecimentos de grande impacto, todos na mesma direção das estratégias e veículos progressistas acima indicados. Trata-se do movimento cartista, na Inglaterra; da revolução de 1848, na França; do lançamento do manifesto comunista, de Marx e Engels, também no ano de 1848. São eventos paradigmáticos, indicadores da mudança de chave na forma de pensar e agir dos trabalhadores no sistema trabalhista.

Aliás, não é por outra razão que o ano de 1848, no ocidente europeu, também significa um ponto de virada no advento da Democracia na história ou, pelo menos, na clareza quanto à rota de construção de uma sociedade efetivamente democrática no mundo contemporâneo, com uma Democracia multidimensional, abrangente de diversas dimensões e facetas relevantes na estrutura da economia e da sociedade históricas.

Não por outra razão, o sindicalismo alcança grandes vitórias após esse momento diferenciado, passando a conquistar, política e juridicamente, o direito de reunião e de associação sindical em diversos países europeus. Em um processo histórico sucessivo nas últimas décadas do século XIX, citem-se, ilustrativamente: a Grã-Bretanha, em 1859, com o *Molestation of Workmen Act*, diploma normativo ainda mais favorável do que os *Toleration Acts*, da década de 1820; a Alemanha, em 1869, deixa de considerar delito as coalizões de trabalhadores; a Dinamarca, em 1874, estabelece o reconhecimento do direito de livre associação sindical; a França, em 1884, consolida o direito de associação sindical; a Espanha e Portugal, em 1887, aprovam também esse mesmo avanço democrático; a Itália, em 1889, igualmente deixa de considerar delito as coalizões de trabalhadores; na Bélgica, tal avanço se consolida em 1898.[(8)]

Nesse processo de vitórias sindicais, trabalhistas e populares acontecidas na segunda metade do século XIX no ocidente europeu, há que se considerar também outra descoberta importante efetivada pelos trabalhadores e seu respectivo movimento sindical: a necessidade de os obreiros estruturarem, em cada país, partido(s) político(s) estreitamente vinculado(s) aos interesses específicos dos trabalhadores e trabalhadoras, além de seus interesses mais amplos, no sentido do avanço democrático e da justiça social, respeitada sua composição social interna coerente com esse novo ideário.

E, de fato, no continente europeu, a partir da segunda metade do século XIX, se constroem diversos partidos de extração trabalhista, sejam socialistas, social-democratas, comunistas ou estritamente trabalhistas, todos com forte inserção na classe

---

(8) Citando-se, pela ordem cronológica dos avanços democráticos, os seguintes países e respectivos autores como fonte bibliográfica: Inglaterra: GOMES, Orlando; GOTTSCHALK, *Curso de direito do trabalho*. 5. ed. Rio de Janeiro: Forense, 1972, p. 475; também RUSSOMANO, Mozart Victor. *Princípios gerais de direito sindical*. 2. ed. Rio de Janeiro: Forense, 2000, p. 17; Alemanha: NASCIMENTO, Amauri Mascaro. *Compêndio de direito sindical*. 2. ed. São Paulo: 2000, p. 42; Dinamarca, França, Espanha e Portugal: GOMES, O. e GOTTSCHALK, E., *loc. cit.*; Itália: NASCIMENTO, A. M., ob. cit., p. 42; Bélgica: GOMES, O. e GOTTSCHALK, E., *loc. cit.*

trabalhadora e um ideário programático bastante progressista. Mencionem-se, por ilustração, pela ordem cronológica de sua criação, os seguintes partidos que iriam alcançar, desde o início do século XX até os dias atuais, em seus países, enorme importância política, institucional, social e cultural: Partido Popular Socialista, da Dinamarca, instituído em 1871; Partido Social-Democrata, da Alemanha, criado em 1875; Partido Socialista Operário Espanhol, da Espanha, criado em 1879; Partido Trabalhista, da Noruega, instituído em 1887; Partido Social-Democrata, da Áustria, criado em 1888; Partido Social-Democrata, da Suécia, instituído em 1889; Partido Social-Democrata, da Finlândia, criado em 1899; Partido Trabalhista, da Grã-Bretanha (Reino Unido), instituído em 1900; Partido Socialista, da França, criado em 1905.(9)

No sistema capitalista, portanto, mostra-se bem claro que as entidades sindicais de trabalhadores e o sindicalismo cumprem papel estrutural de enorme relevância. Vamos a algumas de suas funções estruturais mais significativas.

Em primeiro lugar, o sindicalismo e suas entidades cumprem a função cardeal de buscar elevar as condições de contratação e gestão da força de trabalho no sistema socioeconômico, em agregação às conquistas já efetivadas (se for o caso) por diplomas normativos do Estado.

O exercício dessa função sindical se faz por intermédio de um diálogo contínuo com o poder econômico e seus representantes na respectiva categoria ou segmento empresarial, além dos demais empregadores constituídos em instituições sem fins lucrativos. Nesse cenário, o sindicalismo faz uso dos instrumentos clássicos apresentados pelo Direito Coletivo do Trabalho para o cumprimento desse objetivo, tais como, ilustrativamente, a negociação coletiva trabalhista, a greve, as campanhas de mobilização da categoria e de divulgação na comunidade, as organizações nos locais de trabalho, as ações judiciais, entre outros mecanismos.

Em segundo lugar, as entidades sindicais e o movimento sindical, de maneira geral, ostentam também função precípua na resistência à precarização trabalhista, em sentido amplo, tanto aquela advinda das práticas empresariais como aquela decorrente de políticas públicas antissociais, especialmente em conjunturas adversas no plano da economia e da política institucional na história de cada país.

Essa função é muito relevante, apresentando, ademais, certa complexidade. É que ela exige do sindicalismo não apenas o adequado manejo dos instrumentos institucionais, sociais, econômicos e jurídicos postos à sua disposição pelo Direito Coletivo do

---

(9) As informações sobre partidos políticos progressistas em alguns relevantes países europeus foram retiradas da Wikipedia, via Google, na internet, com acesso no dia 28.02.2022, entre 14:00/14:50 horas. Esclareça-se que se destacaram, por país, neste texto, apenas os partidos de esquerda mais longevos e historicamente mais influentes, ostentando participações significativas em diferentes períodos e mandatos no respectivo governo do país. Mas não se desconhece — e nem se negligencia — a existência de outros partidos progressistas em todos os países mencionados, além de em outros países da Europa. Pontue-se, ademais, que alguns desses partidos especificados foram produto de fusões entre anteriores partidos progressistas — fato que pode fixar sua data de criação em momento histórico um pouco mais remoto ainda.

Trabalho, como também a aptidão de bem se articular com outros segmentos sociais e institucionais, de maneira a empoderar a sua atuação nesses momentos de ataque ao patamar civilizatório mínimo já consolidado na comunidade trabalhista em que atua.

Em terceiro lugar, o sindicalismo e suas entidades cumprem a função cardeal de aperfeiçoar a distribuição de renda na economia e na sociedade capitalistas, evitando que tal dinâmica fique simplesmente ao sabor e tendência do mercado econômico. O empoderamento das pessoas que vivem do trabalho, por meio de sua inserção nas empresas e instituições, com o acompanhamento e conquistas do sindicalismo, garante, em seu conjunto, maiores ganhos e proteções à sua vida profissional, com consequências positivas não somente para os indivíduos como também para as micro-comunidades em que eles se inserem, como a família, o bairro, a cidade, etc.

O presidente norte-americano Franklin Delano Roosevelt, nas décadas de 1930/40, percebeu isso com muita clareza e sabedoria, impulsionando o sindicalismo nos EUA a partir de seus mandatos no governo federal, como fórmula decisiva para a elevação das condições de trabalho, renda e vida da grande maioria da população daquele país então devastado por gravíssima crise econômica desde 1929. Como bem observa o historiador norte-americano Joshua Freeman, "o *New Deal* e seus equivalentes nos estados propiciaram apoio simbólico e prático aos trabalhadores que tentavam se sindicalizar"[(10)]. Nesse quadro, em decorrência da política pública sindical e trabalhista do governo Roosevelt, a filiação a sindicatos saltou de 3,6 milhões de obreiros "no início da Grande Depressão para 10,5 milhões em 1941, atingindo 14,8 milhões em 1945; aproximadamente um em cada três trabalhadores não agrícolas portava uma carteira sindical".[(11)]

Em quarto lugar, o sindicalismo e as entidades sindicais, com a sua existência e atuação, amenizam o unilateralismo do exercício do poder empresarial no mundo do trabalho, pontuando, no cotidiano das empresas e instituições, a necessidade de se visualizar também a perspectiva dos trabalhadores no ambiente laboral.

Com isso, aspectos relacionados à saúde, ao bem-estar, à civilidade, além da agregação de benefícios materiais e imateriais, se tornam mais comuns e recorrentes.

Em quinto lugar, o sindicalismo e as entidades sindicais, com a sua existência e atuação, diminuem, em alguma medida, o unilateralismo de perspectivas na sociedade civil, ao realizarem certo contrabalanceamento ao domínio de narrativas expostas por inúmeras e poderosas fontes de comunicação social prevalecentes, tais como, por exemplo, os diversos meios de comunicação de massa (usualmente controlados pelo poder econômico em grande parte das sociedades e economias capitalistas).

---

(10) FREEMAN, Joshua B. *Mastodontes* — A história da fábrica e a construção do mundo moderno. Tradução de Pedro Maia Soares. São Paulo: Todavia, 2019, p. 172.
(11) FREEMAN, J. B. Ob. cit., p. 178.

A propósito, não há como se falar em Democracia sem a atenuação desse processo de dominância avassaladora da perspectiva econômica empresarial no âmbito da sociedade política e suas instituições; e essa atenuação, em grande medida, é concretizada pela presença e atuação históricas feitas pelo sindicalismo e respectivas entidades sindicais.

III — O papel estrutural do sindicalismo na Democracia e no Estado Democrático de Direito

Embora a palavra democracia seja de origem grega, oriunda da prática e obras filosóficas escritas no século V a.C., especialmente na Atenas de cerca de 2.500 anos atrás, estando, em seguida, presente em obras de diversos autores da Antiguidade Clássica (como o historiador Políbio, de Roma, por exemplo) e mesmo em textos de fases históricas posteriores, antes do século XIX d.C., a verdade é que, naqueles tempos, não existia, efetivamente, o fenômeno democrático na acepção que ele adquiriu na contemporaneidade.(12)

É que, na Idade Antiga, na Idade Média e mesmo na Idade Moderna, quer no ocidente, quer no oriente, não existiam sistemas de organização da sociedade política e da sociedade civil fundados nos princípios amplos da liberdade, muito menos da igualdade, da participação igualitária e ampla dos indivíduos e grupos sociais nas diversas esferas de poder, da cidadania estendida às diferentes camadas da população, a par de outros princípios e métodos de organização e gestão social e política hoje considerados fundamentais a um sistema minimamente democrático.

Entre esses princípios, regras e métodos essenciais à concepção contemporânea de Democracia, mencionem-se, ainda que apenas ilustrativamente, os seguintes: o respeito às liberdades e direitos individuais, sociais e públicos de expressão, de reunião, de locomoção, de organização temporária e/ou permanente, inclusive em instituições próprias, de participação nas instâncias públicas de poder, entre outros aspectos; o respeito às liberdades individuais e sociais de organização, reivindicação, atuação, negociação e, em alguma medida, de participação em instâncias sociais de poder que envolvam o trabalho massivo de pessoas humanas, conjunto que é sintetizado, em geral, nos princípios da liberdade sindical, da autonomia das entidades sindicais e do sindicalismo, a par das garantias sindicais; o real equilíbrio de poderes institucionalizados na sociedade política, dividindo-se, com freios e contrapesos, claramente, pelo menos, os poderes executivo, legislativo e judiciário; a existência de mandatos temporários e eletivos nos postos diretivos centrais dos poderes executivos e legislativos,

---

(12) Nesta linha, DELGADO, Mauricio Godinho, por exemplos em dois textos componentes do seguinte livro dual: DELGADO, M. G.; DELGADO, G. N. *Constituição da República e direitos fundamentais* — dignidade da pessoa humana, justiça social e Direito do Trabalho. 4. ed. São Paulo: LTr, 2017. Os textos individuais mencionados na respectiva obra são: Constituição da República, Estado Democrático de Direito e Direito do Trabalho. Ob. cit., p. 33-48; por fim, Democracia, cidadania e trabalho, Ob. cit., p. 94-107.

com eleições livres, isentas e periódicas; a participação ampla, livre e segura da população adulta nas diversas esferas de poder, especialmente o político; a liberdade como um conceito largo e abrangente, atingindo as dimensões individuais, coletivas, sociais e públicas; a busca relevante do cumprimento do princípio da igualdade no plano socioeconômico, por intermédio de distintos e convergentes meios; o respeito efetivo ao poder das maiorias, ao invés de apenas das elites; uma sistemática abrangente de proteção jurídica e institucional aos interesses relevantes dos grandes grupos populacionais destituídos de poder e riqueza particulares, mediante os denominados direitos sociais; a proteção jurídica e institucional às minorias. Estes são alguns dos principais aspectos imprescindíveis a um sistema democrático no sentido contemporâneo.

Ao inverso, naqueles períodos históricos remotos — bem como em inúmeros países e regiões hoje ainda existentes —, prevaleciam sistemas repressivos da força de trabalho, como a escravidão e a servidão, os quais subjugavam a grande maioria da população; prevalecia também um sistema normativo que viabilizava o exercício incontrastável do poder, pelo detentor de riquezas e dos meios de produção, sobre os trabalhadores e trabalhadoras, mesmo que livres, juridicamente, sem instituições e instrumentos diversificados hábeis a inviabilizar tal tradição e prática de dominação e exclusão; prevalecia também uma ordem institucional e jurídica que vinculava os direitos e prerrogativas centrais da sociedade política e da sociedade civil à riqueza ou à propriedade ou a algum outro restritivo aspecto inerente, em essência, a estritas elites socioeconômicas ou estamentais dominantes; prevalecia também uma ordem jurídica que excluía e coisificava as mulheres, suprimindo-lhes a capacidade civil, excluindo-as de qualquer forma ou canal de exercício de poder e lhes subordinando, regra geral, a algum homem, seja o pai, seja o marido, seja a outro provedor — isso, caso não se tratasse de mulher escrava ou estrangeira, a qual não possuía qualquer mínima proteção jurídica e institucional. As crianças e adolescentes, a par das pessoas com deficiência, não possuíam qualquer *status* protetivo na ordem sociojurídica. Os estrangeiros, por sua vez, também eram completamente marginalizados, salvo relações e proteções tópicas e excepcionais de caráter pessoal que alcançassem na respectiva sociedade; inexistiam as liberdades e direitos individuais, sociais e públicos inerentes ao fenômeno democrático no sentido contemporâneo.

Em síntese, as estruturas de Estado e de sociedade política existentes eram ora simplesmente despóticas, construídas em torno do monarca (nas palavras de hoje, em torno dos ditadores e/ou das ditaduras) e, no máximo, de seus vassalos nobres; ora se constituíam em estruturas um pouco mais regradas e consensuadas entre a monarquia e a restrita elite da nobreza. Em síntese, ou se tratava, na verdade, de uma monarquia despótica, ou de uma monarquia aristocratizada, ou de figuras autocráticas e/ou elitistas similares. Todos os demais segmentos da sociedade eram excluídos do sistema político, institucional e deliberativo das respectivas entidades estatais. Mais do que isso, o caráter despótico do Estado reproduzia-se na sociedade, avalizando o exercício autoritário de poder no âmbito das relações privadas, ao menos em face de escravos, servos, grande parte dos trabalhadores livres, mulheres, crianças e adolescentes, estrangeiros, pessoas com deficiência etc.

Isso quer dizer que se falar em sistema ou em ambiente democrático no âmbito das relações públicas ou das relações privadas nessas experiências históricas fortemente excludentes e autoritárias consiste hoje, no mínimo, em uma imprecisão de análise ou, se for o caso, em uma manifesta incompreensão científica acerca daquele tipo de realidade histórica.

Dessa maneira, o conceito contemporâneo de Democracia é eminentemente multidimensional, abrangendo as diversas esferas e tipos de exercício de poder tanto na sociedade política (o Estado e suas instituições) como na sociedade civil (o campo das pessoas e instituições privadas e sociais).(13)

Nesse quadro, a Democracia, em seu sentido amplo e contemporâneo, começa a se construir, efetivamente, apenas em meados do século XIX, no momento em que setores sociais destituídos de riqueza e de poder, pela primeira vez na História, começaram a alcançar vitórias reais no sentido de sua inserção na sociedade política e de também participação, em alguma medida, nas diversas esferas de poder da sociedade civil. Esse processo de vitórias foi crescente, conforme exposto no subitem 1, retro, passando claramente pela estruturação e desenvolvimento do sindicalismo e de suas entidades sindicais componentes.

Por essas razões é que se pode falar que o sindicalismo e suas entidades ostentaram, sem dúvida, um papel estrutural na construção da Democracia ocidental, a partir do século XIX, bem como preservam esse papel fundamental no contexto da manutenção e no aperfeiçoamento do padrão democrático de estruturação do Estado e da sociedade civil no mundo atual.

Por isso também é que se pode afirmar que o sindicalismo e suas entidades ostentam um notável papel político na sociedade democrática, por serem fundamentais instituições e mecanismos de organização, representação, reivindicação e atuação dos setores populares destituídos de riqueza e de poder, em comparação com a potência avassaladora das elites socioeconômicas no interior do sistema capitalista e que se manifesta cotidianamente tanto no âmbito da sociedade civil como no âmbito da sociedade política.

Sem o sindicalismo e as entidades sindicais, dentro de um sistema capitalista denso, múltiplo e organizado, ter-se-á apenas, em inúmeros assuntos e questões de caráter social e econômico — embora de enorme interesse público e, inclusive, de forte interesse da grande maioria da população que vive do seu trabalho —, essencialmente, apenas a visão particularíssima do poder econômico, ou seja, somente uma

(13) DELGADO, Mauricio Godinho. Constituição da República, Estado Democrático de Direito e Direito do Trabalho. *In*: DELGADO, M. G.; DELGADO, G. N. *Constituição da República e direitos fundamentais* — dignidade da pessoa humana, justiça social e direito do trabalho. 4. ed. São Paulo: LTr, 2017, p. 33-37. Igualmente, DELGADO, Mauricio Godinho. Democracia, cidadania e trabalho. *In*: DELGADO, M. G.; DELGADO, G. N. *Constituição da República e direitos fundamentais* — dignidade da pessoa humana, justiça social e Direito do Trabalho. 4. ed. São Paulo: LTr, 2017, p. 94-99.

perspectiva unilateral e enviesada de compreensão e de propostas sobre esses assuntos e questões. Isso porque essa visão particularíssima, enviesada e unilateral consubstancia aquela que tende a ser divulgada, constantemente, de maneira repetida e intensa, pelos meios de comunicação de massa, uma vez que estes são de propriedade e controlados, com disciplinado exclusivismo, por esse mesmo poder econômico ao longo de todo o território do país e do Estado.

Em síntese, não há democracia real, substantiva e multidimensional, em determinado país e Estado, sem a presença de associações estruturadas na sociedade civil com efetiva autonomia, especialmente quando formadas por setores socioeconômicos destituídos, em princípio, de riqueza e poder na lógica original do sistema capitalista; não há democracia caso essas associações não possam, com liberdade, poder e eficiência, manifestar a sua visão sobre os grandes temas econômicos e sociais da comunidade, de maneira a propiciar uma melhor e mais abrangente compreensão desses temas; não há democracia verdadeira caso não se estruture, na sociedade civil e na sociedade política, uma real cidadania inclusiva para todos, ao invés de, essencialmente, para as elites e suas visões específicas arquitetadas.

É importante destacar que essa percepção mais ampla do fenômeno democrático já era enfatizada por alguns teóricos da Democracia no século XX, inclusive nos EUA, embora o subsequente advento do ideário neoliberal tenha buscado diminuir e/ou sufocar tais democráticas e mais abrangentes percepções. Nessa linha, o clássico autor Robert A. DAHL arrola, entre outros aspectos, como pontos essenciais para uma verdadeira democracia, a necessária presença de associações independentes, autônomas, aptas a veicularem interesses diversos na sociedade e a propiciarem a veiculação de uma "informação alternativa", de maneira a permitirem a construção, no seio da população, de um "entendimento esclarecido" sobre os diversos temas de relevância para os grupos sociais e para o conjunto da comunidade.(14)

Em síntese, não há democracia real, substantiva e multidimensional, em determinado país e Estado, sem a presença de associações estruturadas na sociedade civil

---

(14) DAHL, Robert A. *Sobre a democracia*. Tradução Beatriz Sidou. 2. reimpr. Brasília: UnB, 2016, p. 111-113 c./c. p. 98-105 (a edição original em língua inglesa foi divulgada em 1998). O cientista político norte-americano Robert Dahl (1915-2014) formou suas concepções sobre o fenômeno democrático já fora do período histórico da hegemonia do liberalismo primitivo — fortemente excludente, como se sabe —, que vigorou nos EUA até 1929, ano de início da grande depressão que lançou no desemprego e na miséria milhões de norte-americanos, destruindo também o vigor da economia capitalista naquele país por significativo período. Professor de Yale por cerca de 40 anos, desde 1946, produziu suas mais importantes obras na fase em que o liberalismo tradicional ainda se encontrava desprestigiado mesmo nos EUA (décadas de 1930 até a década de 1970), além de antes do advento da nova vertente política, econômica e filosófica eminentemente desagregadora denominada "neoliberalismo". Essa feliz coincidência histórica e profissional na vida do autor certamente influenciou as suas concepções científicas, permitindo-lhe vislumbrar uma necessária dimensão mais ampla para o fenômeno democrático. Sobre os dados da biografia de Robert A. DAHL, consultar: *Wikipedia*, a enciclopédia livre. Acessada, via plataforma *Google*, em 30.04.2020, entre 13:30 hs/13:53 horas.

com efetiva autonomia, formadas por setores socioeconômicos destituídos, em princípio, de riqueza e poder na lógica original do sistema capitalista; não há democracia caso essas associações não possam, com liberdade, poder e eficiência, construir e disseminar sua visão sobre os grandes temas econômicos e sociais da comunidade, gerando, como diz Robert DAHL, "informação alternativa"; não há democracia verdadeira caso não se estruture, na sociedade civil e na sociedade política, uma real "cidadania inclusiva". Como aponta Robert DAHL, é fundamental que haja um "entendimento esclarecido", pela população, dos assuntos e questões decisivas da vida social e política, ao invés, conforme se percebe inúmeras vezes, de uma mera informação manipulada e unilateral sobre esses assuntos e questões.(15)

No Estado Democrático de Direito (ou Estado de Direito Democrático) estruturado pelo novo Constitucionalismo Humanista e Social de após a Segunda Grande Guerra, na Europa Ocidental — documentos constitucionais da França (1946), da Itália (1947) e da Alemanha (1949), seguidos pelos documentos constitucionais de Portugal (1974) e da Espanha (1976), chegando ao Brasil com a Constituição de 1988 —, esse papel do sindicalismo e das entidades sindicais é ainda mais proeminente.

É que a concepção de Estado Democrático de Direito (ou de Estado de Direito Democrático), inerente a esse novo constitucionalismo, envolve três dimensões imbricadas, que não se concretizam, entre outros aspectos, sem a existência e a participação de um sistema sindical sólido, atuante e representativo. Essas dimensões — que formam o tripé conceitual do Estado Democrático de Direito — são a pessoa humana, com a sua dignidade; a sociedade política, necessariamente estruturada de modo democrático e inclusivo; e a sociedade civil, também necessariamente estruturada de modo democrático e inclusivo.(16)

Isso porque a centralidade da pessoa humana no sistema socioeconômico e na ordem jurídica, decorrente da primeira dimensão do Estado Democrático de Direito,

---

(15) Neste último parágrafo harmonizamos a visão teórica de Robert A. Dahl com a nossa visão também ampla de Democracia - no caso agregando, entre as instituições intermediárias, independentes e autônomas, as entidades sindicais e o sindicalismo. A respeito, DAHL, Robert A. *Sobre a democracia.* Tradução Beatriz Sidou. 2. reimpr. Brasília: UnB, 2016, p. 111-113 c./c. p. 98-105. A respeito, igualmente, DELGADO, Mauricio Godinho. Constituição da República, Estado Democrático de Direito e Direito do Trabalho. *In*: DELGADO, M. G.; DELGADO, G. N. *Constituição da República e direitos fundamentais* — dignidade da pessoa humana, justiça social e direito do trabalho. 4. ed. São Paulo: LTr, 2017, p. 33-48. Igualmente, DELGADO, Mauricio Godinho. Democracia, cidadania e trabalho. *In*: DELGADO, M. G.; DELGADO, G. N. *Constituição da República e direitos fundamentais* — dignidade da pessoa humana, justiça social e Direito do Trabalho. 4. ed. São Paulo: LTr, 2017, p. 94-107.

(16) Esse tripé conceitual estruturador do Estado Democrático de Direito está lançado em DELGADO, Mauricio Godinho. Constituição da República, Estado Democrático de Direito e Direito do Trabalho. *Revista LTr* — Legislação do Trabalho. v. 10, São Paulo: LTr, outubro de 2011, p. 1159-1171. Igualmente: DELGADO, Mauricio Godinho. Constituição da República, Estado Democrático de Direito e Direito do Trabalho. *In*: DELGADO, M. G.; DELGADO, G. N. *Constituição da República e direitos fundamentais* — dignidade da pessoa humana, justiça social e direito do trabalho. 4. ed. São Paulo: LTr, 2017, p. 33-58.

ostenta diversas facetas, inclusive — e com grande importância —, as facetas econômicas e profissionais, as quais, em boa medida, recebem inequívoco reforço oriundo do sindicalismo e das entidades sindicais.

De outro lado, o caráter inclusivo e democrático da sociedade política passa pela permeabilidade do Estado e das políticas públicas aos interesses não apenas do poder econômico, porém, na mesma medida, dos setores populares vinculados ao mundo do trabalho. E, para isso, torna-se imprescindível a presença e o diálogo constantes com o sindicalismo e com as entidades sindicais.

Por fim, o caráter inclusivo e democrático da sociedade civil — esta, composta pelo universo da vida privada e social, com as suas inúmeras instituições e dinâmicas, inclusive o mercado econômico capitalista — somente pode ser alcançado caso exista, na realidade envolvente, um sindicalismo sólido, muito bem estruturado, atuante e representativo, como veículo para fazer ouvir as perspectivas, necessidades, reivindicações e proteções ao largo segmento das pessoas que vivem do trabalho.

IV — Considerações finais

Este artigo procurou analisar as interconexões entre o sistema socioeconômico capitalista e as entidades sindicais e seu movimento específico, conhecido como sindicalismo.

Buscou também estudar as interconexões entre a Democracia, na amplitude com que se conhece o fenômeno contemporaneamente, e o movimento sindical e suas entidades integrantes.

No primeiro intento, centrou seu foco no surgimento do sistema capitalista, consideradas desde as suas primeiras manifestações na Inglaterra dos séculos XVI até XVIII, culminando com a experiência substantiva da denominada Revolução Industrial, ocorrida entre o século XVIII, no mesmo país, até as primeiras décadas do século XIX. Pontuou, logo a seguir, a propagação do novel sistema socioeconômico para outros países europeus ocidentais e também para os Estados Unidos da América, ao menos, em um primeiro instante, nas regiões do nordeste e do norte deste novo país.

O texto menciona também a correlação que existe entre o capitalismo emergente na Europa Ocidental com as economias extrativistas e escravocratas criadas, pelos próprios europeus, nas Américas, a par do domínio de países desse continente, capitaneados pela Inglaterra, também em regiões da África e da Ásia. Embora este não fosse o objetivo do presente estudo — mas, seguramente, merecedor de outra análise específica —, ele deixa registrado que o sistema capitalista mostrava, desde seu começo, duas faces e dimensões: aquelas características dos países pioneiros ou recém agregados ao sistema, em sua modalidade industrial desenvolvida, ao lado da face e dimensão imposta aos países periféricos interconectados ao sistema dominante, em um contexto e formato de mais crua e severa exploração e miséria.

Em seu foco de análise proposto, o texto passa a examinar o paulatino surgimento do sindicalismo nos países de capitalismo central, no interior da primeira fase do sistema socioeconômico capitalista e durante a sua evolução histórica. Nesta análise, indica que a estruturação do movimento sindical, embora hostilizada por inúmeras e poderosas adversidades, teve papel decisivo no estabelecimento de determinados limites à exploração capitalista estabelecida nos países de capitalismo central, de maneira a atenuar a dominação e a espoliação sem peias, característica da primeira fase do sistema econômico. Esse papel seria mantido nas fases posteriores do sistema socioeconômico nesses países desenvolvidos, especialmente na Europa Ocidental, até culminar com a estruturação, particularmente depois da Segunda Grande Guerra, em meados do século XX, com um modelo de organização da sociedade política e da sociedade civil muito mais igualitário e respeitoso do que o tradicional, que passou a ser conhecido pelo epíteto de Estado de Bem-Estar Social.

De igual sorte, o artigo também faz a conexão entre o surgimento do movimento sindical e de suas entidades componentes no processo de construção da Democracia em terras ocidentais, inicialmente também nos países de capitalismo central.

O texto evidencia que o estudo do fenômeno democrático, em sua estrutura e dinâmica contemporâneas, não seria realizável e compreensível sem a percepção do papel cumprido pelo movimento sindical no interior dessas sociedades e economias.

Conclui o artigo pelo papel verdadeiramente estrutural do sindicalismo e de suas entidades componentes tanto no sistema socioeconômico capitalista como na configuração do fenômeno democrático, com a sofisticação e aprofundamento que alcançou depois da Segunda Grande Guerra, no denominado Constitucionalismo Humanista e Social, responsável pelo modelo do Estado Democrático de Direito (ou Estado de Direito Democrático), mais bem concretizado no âmbito do Estado de Bem-Estar Social.

V — Referências bibliográficas

1 — Artigos e livros:

BLACKBURN, Robin. *The Making of New World Slavery* — from the Baroque to the Modern, 1492-1800. London/New York: 2010.

CATTANI, Antonio David (Org.); HOLZMANN, Lorena (Org.). *Dicionário de trabalho e tecnologia*. Porto Alegre: UFRGS, 2006.

DAHL, Robert A. *Sobre a democracia*. Tradução Beatriz Sidou. 2. reimpr. Brasília: UnB, 2016.

DE DECCA, Edgar; MENEGUELO, Cristina. *Fábricas e homens* — a revolução industrial e o cotidiano dos trabalhadores. 5. ed. São Paulo: Atual, 2009.

DELGADO, Mauricio Godinho. *Capitalismo, trabalho e emprego* — entre o paradigma da destruição e os caminhos de reconstrução. 3. ed. São Paulo: LTr, 2017.

________; DELGADO, Gabriela Neves. *Constituição da República e direitos fundamentais* — dignidade da pessoa humana, justiça social e Direito do Trabalho. 4. ed. São Paulo: LTr, 2017.

________. Constituição da República, Estado Democrático de Direito e Direito do Trabalho. *Revista LTr* — Legislação do Trabalho. v. 10, São Paulo: LTr, outubro de 2011, p. 1159-1171.

________. Constituição da República, Estado Democrático de Direito e Direito do Trabalho. *In*: DELGADO, M. G.; DELGADO, G. N. *Constituição da República e direitos fundamentais* — dignidade da pessoa humana, justiça social e Direito do Trabalho. 4. ed. São Paulo: LTr, 2017.

________. *Curso de direito do trabalho*. 19. ed. São Paulo: LTr, 2020.

________. Democracia, cidadania e trabalho. *In*: DELGADO, M. G.; DELGADO, G. N. *Constituição da República e direitos fundamentais* — dignidade da pessoa humana, justiça social e Direito do Trabalho. 4. ed. São Paulo: LTr, 2017.

________. *Direito coletivo do trabalho*. 7. ed. São Paulo: LTr, 2017.

DOBB, Maurice. *A evolução do capitalismo*. Tradução Manuel do Rêgo Braga. 9. ed. Rio de Janeiro: LTC, 2015.

FREEMAN, Joshua B. *Mastodontes* — a história da fábrica e a construção do mundo moderno. Tradução Pedro Maia Soares. São Paulo: Todavia, 2019.

GOMES, Orlando; GOTTSCHALK. *Curso de direito do trabalho*. 5. ed. Rio de Janeiro: Forense, 1972.

HARARI, Yuval Noah. *Sapiens* — uma breve história da humanidade. Tradução Janaína Marcoantonio. 36. ed. Porto Alegre: L&PM, 2018.

HOBSBAWN, Eric J. *A era das revoluções, 1789-1848*. 41. ed. Rio de Janeiro/São Paulo: Paz e Terra, 2019.

________. *Da revolução industrial inglesa ao imperialismo*. Tradução Donaldson Magalhães Garschagen. 6. ed. Rio de Janeiro: GEN/Forense Universitária, 2016.

HUNT, E. K.; LAUTZENHEISER, Mark. *História do pensamento econômico* — uma perspectiva crítica. 3. ed. 10. tir. Rio de Janeiro: Elsevier, 2013.

________; SHERMAN, Howard J. *História do pensamento econômico*. Tradução de Jaime Larry Benchimol. 26. ed. 3. reimpr. Petrópolis: Vozes, 2017.

INIKORI, Joseph E. *Africans and the Industrial Revolution in England* — a study in international trade and economic development. New York: Cambridge, 2009.

NASCIMENTO, Amauri Mascaro. *Compêndio de direito sindical*. 2. ed. São Paulo: 2000.

REZENDE FILHO, Cyro de Barros. *História econômica geral*. 10. ed. São Paulo: Contexto, 2016.

RUSSOMANO, Mozart Victor. *Princípios gerais de direito sindical*. 2. ed. Rio de Janeiro: Forense, 2000.

SWEEZY, Paul *et al*. *A transição do feudalismo para o capitalismo*. Tradução Isabel Didonnet. Rio de Janeiro: Paz e Terra, 2004.

TOMICH, Dale W. *Pelo prisma da escravidão* — trabalho, capital e economia mundial. Tradução Antonio Pádua Danesi. São Paulo: EDUSP, 2011.

WILLIAMS, Eric. *Capitalismo e escravidão.* 1. ed. 2. reimpr. São Paulo: Companhia das Letras, 2012.

2. Outras referências capturadas na rede mundial de computadores (internet):

WIKIPEDIA. Consulta à Wikipedia, a enciclopédia livre. Tema diversificado, mas convergente — Partidos Políticos na Europa Ocidental: Trabalhistas, Socialistas, Sociais-Democratas, Comunistas. Acesso via plataforma *Google*, na internet, efetuado no dia 28.02.2022, entre 14:00/14:50 horas.

WIKIPEDIA. Consulta à Wikipedia, a enciclopédia livre. Tema: biografia de Robert A. DAHL. Acesso via plataforma *Google*, em 30.04.2020, entre 13:30 hs/13:53 horas.

REGISTRO BIBLIOGRÁFICO

Registro Bibliográfico: 175608
Título: A guerra está aqui no meu escritório. Maldito progresso
Tipo do Material: Artigo de Periódico
Número de Chamada: A
MACIEL, José Alberto Couto. A guerra está aqui no meu escritório. Maldito progresso. *Revista LTr*, São Paulo, a. 87, t. II, n. 10, p. 1260, out. 2023.

Registro Bibliográfico: 175427
Título: A Justiça do Trabalho pretende acabar com a recuperação judicial para crédito de reclamantes mediante despersonalização da pessoa jurídica
Tipo do Material: Artigo de Periódico
Número de Chamada: ON-LINE (Consulte a Biblioteca)
MACIEL, José Alberto Couto. A Justiça do Trabalho pretende acabar com a recuperação judicial para crédito de reclamantes mediante despersonalização da pessoa jurídica. *Revista Fórum justiça do trabalho*, Belo Horizonte, v. 40, n. 477, p. 79-82, set. 2023.

Registro Bibliográfico: 175029
Título: Custas e depósitos pagos por um "estranho" - falta de prestação jurisdicional?
Tipo do Material: Artigo de Periódico
Número de Chamada: ON-LINE (Consulte a Biblioteca)
MACIEL, José Alberto Couto. Custas e depósitos pagos por um "estranho" - falta de prestação jurisdicional? *Revista Fórum justiça do trabalho*, Belo Horizonte, v. 40, n. 476, p. 85-88, ago. 2023.

Registro Bibliográfico: 174430
Título: Custas e depósitos pagos por um "estranho": falta de prestação jurisdicional?
Tipo do Material: Artigo de Periódico
Número de Chamada: A
MACIEL, José Alberto Couto. Custas e depósitos pagos por um "estranho": falta de prestação jurisdicional? *Revista LTr*, São Paulo, a. 87, t. II, n. 7, p. 777-778, jul. 2023.

Registro Bibliográfico: 174900
Título: Justiça do Trabalho ignora o Supremo Tribunal Federal?
Tipo do Material: Artigo de Periódico
Número de Chamada: A
MACIEL, José Alberto Couto. Justiça do Trabalho ignora o Supremo Tribunal Federal? *Revista LTr*, São Paulo, a. 87, t. II, n. 8, p. 1008-1009, ago. 2023.

Registro Bibliográfico: 175447
Título: Justiça do Trabalho ignora o Supremo Tribunal Federal?
Tipo do Material: Artigo de Periódico
Número de Chamada: ON-LINE (Consulte a Biblioteca)
MACIEL, José Alberto Couto. Justiça do Trabalho ignora o Supremo Tribunal Federal? *Revista Fórum justiça do trabalho*, Belo Horizonte, v. 40, n. 478, p. 73-75, out. 2023.

Registro Bibliográfico: 171861
Título: Uma viagem pelo direito do trabalho: progresso ou retrocesso?
Tipo do Material: Artigo de Periódico
MACIEL, José Alberto Couto. Uma viagem pelo direito do trabalho: progresso ou retrocesso? *Revista LTr*, São Paulo, a. 87, t. I, n. 1, p. 5-16, jan. 2023.
Link de acesso: http://www.trt9.jus.br/portal/arquivos/8684844

Registro Bibliográfico: 169537
Título: Impacto da realidade virtual nos contratos
Tipo do Material: Artigo de Periódico
Número de Chamada: Disponível on-line
MACIEL, José Alberto Couto. Impacto da realidade virtual nos contratos. *Revista Fórum justiça do trabalho*. Belo Horizonte, v. 39, n. 460, p. 63-69, abr. 2022.

Registro Bibliográfico: 167319
Título: A inconstitucionalidade da despedida arbitrária frente ao texto da Constituição de 1988
Tipo do Material: Artigo de Periódico
Número de Chamada: [Digitalizado]
MACIEL, José Alberto Couto. A inconstitucionalidade da despedida arbitrária frente ao texto da Constituição de 1988.
Revista Fórum justiça do trabalho, Belo Horizonte, v. 38, n. 452, p. 11-45, ago. 2021.

Registro Bibliográfico: 164902
Título: Direito Econômico e Direito Social: limites
Tipo do Material: Artigo de Periódico
Número de Chamada: I
MACIEL, José Alberto Couto. Direito Econômico e Direito Social: limites. *Revista Fórum justiça do trabalho*, Belo Horizonte, v. 38, n. 445, p. 49-53, jan. 2021.

Registro Bibliográfico: 166615
Título: Dos ludistas ao coronavírus: uma visão da evolução do trabalho e do desemprego no decorrer dos anos
Tipo do Material: Artigo de Periódico
Número de Chamada: Disponível on-line
MACIEL, José Alberto Couto; MACIEL, Pedro Rubino. Dos ludistas ao coronavírus: uma visão da evolução do trabalho e do desemprego no decorrer dos anos. *Revista Fórum justiça do trabalho*, Belo Horizonte, v. 38, n. 451, p. 105-114, jul. 2021.

Registro Bibliográfico: 164643

Título: História do Direito do Trabalho até o final do COVID

Tipo do Material: Artigo de Periódico

Número de Chamada: I [Digitalizado]

MACIEL, José Alberto Couto. História do Direito do Trabalho até o final do COVID. *Revista Fórum justiça do trabalho*, Belo Horizonte, v. 37, n. 442, p. 77-94, out. 2020.

Registro Bibliográfico: 166776

Título: Medida Provisória n. 946: inconstitucionalidade

Tipo do Material: Artigo de Periódico

Número de Chamada: I

MACIEL, José Alberto Couto. Medida Provisória n. 946: inconstitucionalidade. *Revista Fórum justiça do trabalho*, Belo Horizonte, v. 37, n. 439, p. 103-107, jul. 2020.

Registro Bibliográfico: 162022

Título: Contrato verde e amarelo: comentários

Tipo do Material: Artigo de Periódico

Número de Chamada: [Digitalizado]

MACIEL, José Alberto Couto. Contrato verde e amarelo: comentários. *LTr — Suplemento Trabalhista*, São Paulo, a. 55, n. 98, p. 675-677, 2019.

Registro Bibliográfico: 162042

Título: Transcendência e os julgamentos no Tribunal Superior do Trabalho

Tipo do Material: Artigo de Periódico

MACIEL, José Alberto Couto. Transcendência e os julgamentos no Tribunal Superior do Trabalho. *Revista LTr*. São Paulo, a. 83, t. II, n. 12, p. 1415-1432, dez. 2019.

Registro Bibliográfico: 156822

Título: Título executivo judicial inexequível, a rescisória e a terceirização

Tipo do Material: Artigo de Periódico

MACIEL, José Alberto Couto. Título executivo judicial inexequível, a rescisória e a terceirização. *Revista LTr*, São Paulo, a. 82, t. II, n. 9, p. 1036-1039, set. 2018.

Link de acesso: http://juslaboris.tst.jus.br/handle/20.500.12178/147371

Registro Bibliográfico: 149433

Título: Comentários a algumas alterações legais que serão apreciadas pelo Congresso Nacional, mediante Medida Provisória ou Projeto de Lei

Tipo do Material: Artigo de Periódico

Número de Chamada: A

MACIEL, José Alberto Couto. Comentários a algumas alterações legais que serão apreciadas pelo Congresso Nacional, mediante Medida Provisória ou Projeto de Lei. *LTr — Suplemento Trabalhista*, São Paulo, a. 53, n. 6, p. 13-15, 2017.

Registro Bibliográfico: 150089

Título: O processo do trabalho e sua diferenciação do processo comum

Tipo do Material: Artigo de Periódico

Número de Chamada: E

MACIEL, José Alberto Couto. O processo do trabalho e sua diferenciação do processo comum. *Justiça do Trabalho*, Belo Horizonte, a. 34, n. 397, p. 95-97, jan. 2017.

Registro Bibliográfico: 150320

Título: Terceirização: reflexos da lei e de decisões do STF sobre sua validade. Comentários à Lei n. 13.429, de 31 de março de 2017, no que concerne à terceirização.

Tipo do Material: Artigo de Periódico

Número de Chamada: A

MACIEL, José Alberto Couto. Terceirização: reflexos da lei e de decisões do STF sobre sua validade. Comentários à Lei n. 13.429, de 31 de março de 2017, no que concerne à terceirização. *LTr — Suplemento Trabalhista*, São Paulo, a. 53, n. 29, p. 139-142, 2017.

Registro Bibliográfico: 148706

Título: Arbitragem na relação de emprego e na relação de trabalho

Tipo do Material: Artigo de Periódico

MACIEL, José Alberto Couto. Arbitragem na relação de emprego e na relação de trabalho. *Revista LTr*, São Paulo, a. 80, t. II, n. 9, p. 1079-1081, set. 2016.

Link de acesso: http://www.migalhas.com.br/dePeso/16,MI244276,81042-Arbitragem+na+relacao+de+emprego+e+na+relacao+de+trabalho

Registro Bibliográfico: 149943

Título: Aspectos da desconsideração da personalidade jurídica no âmbito do Direito do Trabalho

Tipo do Material: Artigo de Periódico

Número de Chamada: E

MACIEL, José Alberto Couto. Aspectos da desconsideração da personalidade jurídica no âmbito do Direito do Trabalho. *Revista da Academia Brasileira de Direito do Trabalho*, São Paulo, a. 21, n. 21, p. 35-41, 2016.

Registro Bibliográfico: 146269

Título: Novo CPC. Coisa julgada inconstitucional e ação rescisória: revogação do prazo decadencial de seu trânsito em julgado

Tipo do Material: Artigo de Periódico

Número de Chamada: A

MACIEL, José Alberto Couto. Novo CPC. Coisa julgada inconstitucional e ação rescisória: revogação do prazo decadencial de seu trânsito em julgado. LTr — Suplemento Trabalhista, São Paulo, a. 52, n. 15, p. 79-80, 2016.

Registro Bibliográfico: 146456

Título: O novo Código de Processo Civil e sua aplicação no processo do trabalho com relação aos prazos

Tipo do Material: Artigo de Periódico

MACIEL, José Alberto Couto. O novo Código de Processo Civil e sua aplicação no processo do trabalho com relação aos prazos. *LTr — Suplemento Trabalhista*, São Paulo, a. 52, n. 24, p. 139-141, 2016.

Link de acesso: http://www.migalhas.com.br/dePeso/16,MI233787,71043-O+novo+Codigo+de+Processo+Civil+e+sua+aplicacao+no+pr ocesso+do

Registro Bibliográfico: 146572

Título: O princípio da primazia da resolução de mérito no novo Código de Processo Civil e sua aplicação ao processo do trabalho

Tipo do Material: Artigo de Periódico

Número de Chamada: A

MACIEL, José Alberto Couto. O princípio da primazia da resolução de mérito no novo Código de Processo Civil e sua aplicação ao processo do trabalho. *LTr — Suplemento Trabalhista*, São Paulo, a. 52, n. 25, p. 143-145, 2016.

Registro Bibliográfico: 145880

Título: A exigência de comum acordo no dissídio coletivo

Tipo do Material: Artigo de Periódico

MACIEL, José Alberto Couto. A exigência de comum acordo no dissídio coletivo. *LTr — Suplemento Trabalhista*, São Paulo, a. 51, n. 150, p. 769-770, 2015.

Registro Bibliográfico: 142613

Título: Audiência virtual para entrega de memoriais

Tipo do Material: Artigo de Periódico

Número de Chamada: B

MACIEL, José Alberto Couto. Audiência virtual para entrega de memoriais. *Revista do Direito Trabalhista*, Brasília, a. 21, n. 3, p. 40, mar. 2015.

Link de acesso: http://www.migalhas.com.br/dePeso/16,MI217040,11049-Audiencia+virtual+para+entrega+de+memoriais

Registro Bibliográfico: 141284

Título: Críticas à alteração no regimento interno do TST

Tipo do Material: Artigo de Periódico

Número de Chamada: B

MACIEL, José Alberto Couto. Críticas à alteração no regimento interno do TST. *Jornal Trabalhista Consulex*, Brasília, a. 32, n. 1562, p. 4-5, 12 jan. 2015.

Registro Bibliográfico: 141521

Título: Críticas à alteração no regimento interno do TST: cancelamento de sustentações orais

Tipo do Material: Artigo de Periódico

Número de Chamada: E

MACIEL, José Alberto Couto. Críticas à alteração no regimento interno do TST: cancelamento de sustentações orais.

Justiça do Trabalho, Porto Alegre, a. 32, n. 373, p. 12-14, jan. 2015.

Registro Bibliográfico: 145252

Título: O Supremo Tribunal Federal e a demissão imotivada: reintegração, readmissão ou simples direito do trabalhador?

Tipo do Material: Artigo de Periódico

Número de Chamada: A

MACIEL, José Alberto Couto. O Supremo Tribunal Federal e a demissão imotivada: reintegração, readmissão ou simples direito do trabalhador? *LTr — Suplemento Trabalhista*, São Paulo, a. 51, n. 126, p. 653-655, 2015.

Link de acesso: http://www.migalhas.com.br/dePeso/16,MI227201,71043-O+STF+e+a+demissao+imotivada+Reintegracao+readmissao+ou+simples

Registro Bibliográfico: 143530

Título: Os futuros contratos de trabalho

Tipo do Material: Artigo de Periódico

Número de Chamada: B [Digitalizado]

MACIEL, José Alberto Couto. Os futuros contratos de trabalho. *Revista do Direito Trabalhista*, Brasília, a. 21, n. 5, p. 24-25, maio 2015.

Link de acesso: http://www.migalhas.com.br/dePeso/16,MI219107,61044-Os+futuros+contratos+de+trabalho

Registro Bibliográfico: 144906

Título: Terceirização, uma visão equivocada

Tipo do Material: Artigo de Periódico

Número de Chamada: E

MACIEL, José Alberto Couto. Terceirização, uma visão equivocada. *Revista da Academia Brasileira de Direito do Trabalho*, São Paulo, a. 20, n. 20, p. 35-36, 2015.

Registro Bibliográfico: 137453

Título: A falta dos classistas na Justiça do Trabalho

Tipo do Material: Artigo de Periódico

Número de Chamada: A

MACIEL, José Alberto Couto. A falta dos classistas na Justiça do Trabalho. *LTr — Suplemento Trabalhista*, São Paulo, a. 50, n. 48, p. 223-224, 2014.

Registro Bibliográfico: 137489

Título: Banco fica impedido de deduzir prejuízo

Tipo do Material: Artigo de Periódico

Número de Chamada: A

MACIEL, José Alberto Couto. Banco fica impedido de deduzir prejuízo. *Revista do Direito Trabalhista*, Brasília, a. 20, n. 3, p. 32-33, mar. 2014.

Registro Bibliográfico: 138802

Título: Comentários às alterações processuais trabalhistas decorrentes da Lei n. 13.015, de 22.7.2014

Tipo do Material: Artigo de Periódico

Número de Chamada: B

MACIEL, José Alberto Couto. Comentários às alterações processuais trabalhistas decorrentes da Lei n. 13.015, de 22.7.2014. *LTr — Suplemento Trabalhista*, São Paulo, a. 50, n. 90, p. 411-417, 2014.

Link de acesso: http://www.migalhas.com.br/arquivos/2014/7/art20140724-06.pdf

Registro Bibliográfico: 132070

Título: A insegurança jurídica e as Súmulas do Tribunal Superior do Trabalho

Tipo do Material: Artigo de Periódico

MACIEL, José Alberto Couto. A insegurança jurídica e as Súmulas do Tribunal Superior do Trabalho. *Revista LTr*, São Paulo, a. 77, t. I, n. 5, p. 545-550, maio 2013.

Link de acesso: http://www.migalhas.com.br/dePeso/16,MI172538,71043-A+inseguranca+juridica+e+as+sumulas+do+Tribunal+Superior+do+Trabalho

Registro Bibliográfico: 131198

Título: Hotéis querem alterar leis trabalhistas para a Copa

Tipo do Material: Artigo de Periódico

Número de Chamada: B

MACIEL, José Alberto Couto. Hotéis querem alterar leis trabalhistas para a Copa. *Jornal Trabalhista Consulex*, Brasília, a. 30, n. 1470, p. 8, 25 mar. 2013.

Registro Bibliográfico: 132004

Título: STF proíbe a dispensa imotivada em empresas públicas estatais, sociedades de economia mista da União e dos estados, municípios e Distrito Federal

Tipo do Material: Artigo de Periódico

Número de Chamada: B

MACIEL, José Alberto Couto. STF proíbe a dispensa imotivada em empresas públicas estatais, sociedades de economia mista da União e dos estados, municípios e Distrito Federal. *Revista do Direito Trabalhista*, Brasília, a. 19, n. 5, p. 18-19, maio 2013.

Registro Bibliográfico: 131358

Título: Supremo Tribunal Federal proíbe a dispensa imotivada em empresas públicas estatais, sociedades de economia mista da União e dos Estados, Municípios e Distrito Federal

Tipo do Material: Artigo de Periódico

Número de Chamada: E

MACIEL, José Alberto Couto. Supremo Tribunal Federal proíbe a dispensa imotivada em empresas públicas estatais, sociedades de economia mista da União e dos Estados, Municípios e Distrito Federal. *LTr — Suplemento Trabalhista*, São Paulo, a. 49, n. 46, p. 255-256, 2013.

Link de acesso: http://www.revistas.unifacs.br/index.php/redu/article/view/2549/1843

Registro Bibliográfico: 128556

Título: Comentários às Súmulas ns. 6, 10, 244, 277 e 369, com a redação atual, conforme Resoluções ns. 185/2012 e 186/2012 do TST

Tipo do Material: Artigo de Periódico

Número de Chamada: B

MACIEL, José Alberto Couto. Comentários às Súmulas ns. 6, 10, 244, 277 e 369, com a redação atual, conforme Resoluções ns. 185/2012 e 186/2012 do TST. *LTr — Suplemento Trabalhista*, São Paulo, a. 48, n. 137, p. 705-708, 2012.

Registro Bibliográfico: 127837

Título: Culpa da CLT?

Tipo do Material: Artigo de Periódico

Número de Chamada: L

MACIEL, José Alberto Couto. Culpa da CLT? *SDI Jurisprudência Uniformizadora do TST*, Curitiba, a. 17, n. 190, p. 9-13, set. 2012.

Registro Bibliográfico: 124034

Título: Direito dos empregadores

Tipo do Material: Artigo de Periódico

Número de Chamada: I

MACIEL, José Alberto Couto. Direito dos empregadores. *LTr — Suplemento Trabalhista*, São Paulo, a. 48, n. 35, p. 165-167, 2012.

Link de acesso: http://www.migalhas.com.br/dePeso/16,MI151124,11049-Direito+dos+empregadores

Registro Bibliográfico: 121910

Título: Aviso-prévio de até 90 dias

Tipo do Material: Artigo de Periódico

Número de Chamada: D

MACIEL, José Alberto Couto. Aviso-prévio de até 90 dias. *Jornal Trabalhista Consulex*, Brasília, a. 28, n. 1401, p. 11, 14 nov. 2011.

Registro Bibliográfico: 119544
Título: Inexistência de débito trabalhista
Tipo do Material: Artigo de Periódico
Número de Chamada: B
MACIEL, José Alberto Couto. Inexistência de débito trabalhista. *Revista do Direito Trabalhista*, Brasília, a. 17, n. 6, p. 16-17, jun. 2011.

Registro Bibliográfico: 119585
Título: Inexistência de débito trabalhista
Tipo do Material: Artigo de Periódico
Número de Chamada: B
MACIEL, José Alberto Couto. Inexistência de débito trabalhista. *Trabalho em Revista*, Curitiba, a. 30, n. 347, p. 6-7, jun. 2011.

Registro Bibliográfico: 119598
Título: Inexistência de débito trabalhista
Tipo do Material: Artigo de Periódico
Número de Chamada: A
MACIEL, José Alberto Couto. Inexistência de débito trabalhista. *LTr — Suplemento Trabalhista*, São Paulo, a. 47, n. 82, p. 419-420, 2011.

Registro Bibliográfico: 119921
Título: Inexistência de débito trabalhista
Tipo do Material: Artigo de Periódico
Número de Chamada: E
MACIEL, José Alberto Couto. Inexistência de débito trabalhista. *Justiça do Trabalho*, Porto Alegre, a. 28, n. 331, p. 94-96, jul. 2011.

Registro Bibliográfico: 117432
Título: O poder normativo da justiça do trabalho ainda existe?
Tipo do Material: Artigo de Periódico
Número de Chamada: L
MACIEL, José Alberto Couto. O poder normativo da justiça do trabalho ainda existe? *SDI Jurisprudência Uniformizadora do TST*, Curitiba, a. 16, n. 172, p. 7-12, mar. 2011.

Registro Bibliográfico: 117557
Título: O poder normativo da justiça do trabalho ainda existe?
Tipo do Material: Artigo de Periódico
Número de Chamada: B
MACIEL, José Alberto Couto. O poder normativo da justiça do trabalho ainda existe? *Revista do Direito Trabalhista*, Brasília, a. 17, n. 3, p. 14-15, mar. 2011.

Registro Bibliográfico: 117852

Título: O poder normativo da justiça do trabalho ainda existe?

Tipo do Material: Artigo de Periódico

Número de Chamada: A

MACIEL, José Alberto Couto. O poder normativo da justiça do trabalho ainda existe? *LTr — Suplemento Trabalhista*, São Paulo, a. 47, n. 47, p. 231-233, 2011.

Registro Bibliográfico: 118157

Título: O poder normativo da justiça do trabalho ainda existe?

Tipo do Material: Artigo de Periódico

Número de Chamada: E

MACIEL, José Alberto Couto. O poder normativo da justiça do trabalho ainda existe? *Justiça do Trabalho*, Porto Alegre, a. 28, n. 328, p. 65-69, abr. 2011.

Registro Bibliográfico: 122710

Título: Recurso para o STF de matéria trabalhista? Vai reclamar para o bispo!

Tipo do Material: Artigo de Periódico

Número de Chamada: L

MACIEL, José Alberto Couto. Recurso para o STF de matéria trabalhista? Vai reclamar para o bispo! *Revista do Direito Trabalhista*, Brasília, a. 17, n. 12, p. 20-21, dez. 2011.

Link de acesso: http://www.migalhas.com.br/dePeso/16,MI145038,21048-Recurso+para+o+STF+de+materia+trabalhista?+Vai+reclamar+para+o+bispo

Registro Bibliográfico: 114007

Título: A despedida arbitrária e o estado empregador

Tipo do Material: Artigo de Periódico

Número de Chamada: E

MACIEL, José Alberto Couto. A despedida arbitrária e o estado empregador. *Revista LTr*, São Paulo, a. 74, t. II, n. 8, p. 906-918, ago. 2010.

Link de acesso: http://www.andt.org.br/dyn_images/60133946_Despedida_Arbitraria_Dr._Jose_Alberto_Couto_Maciel.pdf

Registro Bibliográfico: 114342

Título: A despedida arbitrária e o estado empregador (duas partes)

Tipo do Material: Artigo de Periódico

Número de Chamada: B

MACIEL, José Alberto Couto. A despedida arbitrária e o estado empregador (duas partes). *Jornal Trabalhista Consulex*, Brasília, a. 27, n. 1343, p. 4-11, 27 set. 2010.

Registro Bibliográfico: 115053

Título: Discriminação dos direitos sociais pelo Supremo Tribunal Federal

Tipo do Material: Artigo de Periódico

Número de Chamada: A

MACIEL, José Alberto Couto. Discriminação dos direitos sociais pelo Supremo Tribunal Federal. *LTr — Suplemento Trabalhista*, São Paulo, a. 46, n. 131, p. 619-624, 2010.

Registro Bibliográfico: 115361

Título: Discriminação dos direitos sociais pelo Supremo Tribunal Federal

Tipo do Material: Artigo de Periódico

Número de Chamada: D

MACIEL, José Alberto Couto. Discriminação dos direitos sociais pelo Supremo Tribunal Federal. *Decisório Trabalhista*, Curitiba, a. 17, n. 196, p. 7-18, nov. 2010.

Registro Bibliográfico: 115947

Título: Discriminação dos direitos sociais pelo Supremo Tribunal Federal

Tipo do Material: Artigo de Periódico

Número de Chamada: E

MACIEL, José Alberto Couto. Discriminação dos direitos sociais pelo Supremo Tribunal Federal. *Justiça do Trabalho*, Porto Alegre, a. 27, n. 323, p. 30-39, nov. 2010.

Registro Bibliográfico: 109848

Título: Terceirização

Tipo do Material: Artigo de Periódico

Número de Chamada: E

MACIEL, José Alberto Couto. Terceirização. *Justiça do Trabalho*, Porto Alegre, a. 27, n. 314, p. 7-25, fev. 2010.

Registro Bibliográfico: 111970

Título: Terceirização

Tipo do Material: Artigo de Periódico

Número de Chamada: B

MACIEL, José Alberto Couto. Terceirização. *O Trabalho*, Curitiba, n. 158, p. 5543-5552, abr. 2010.

Registro Bibliográfico: 111724

Título: Terceirização. Parte I

Tipo do Material: Artigo de Periódico

Número de Chamada: B

MACIEL, José Alberto Couto. Terceirização. Parte I. *Jornal Trabalhista Consulex*, Brasília, a. 27, n. 1325, p. 4-9, 24 maio 2010.

Registro Bibliográfico: 103123

Título: A necessária revisão da Súmula n. 331 do TST: terceirização

Tipo do Material: Artigo de Periódico

Número de Chamada: L

MACIEL, José Alberto Couto. A necessária revisão da Súmula n. 331 do TST: terceirização. *LTr — Suplemento Trabalhista*, São Paulo, a. 45, n. 66, p. 315-319, 2009.

Registro Bibliográfico: 102133
Título: Em defesa da CLT
Tipo do Material: Artigo de Periódico
Número de Chamada: I
MACIEL, José Alberto Couto. Em defesa da CLT. *Revista IOB Trabalhista e Previdenciária*, São Paulo, a. 20, n. 238, p., abr. 2009.

Registro Bibliográfico: 106708
Título: Honorários advocatícios na Justiça do Trabalho: uma nova visão
Tipo do Material: Artigo de Periódico
Número de Chamada: E
MACIEL, José Alberto Couto. Honorários advocatícios na Justiça do Trabalho: uma nova visão. *Justiça do Trabalho*, Porto Alegre, a. 26, n. 309, p. 65-68, set. 2009.

Registro Bibliográfico: 107752
Título: Honorários advocatícios na Justiça do Trabalho: uma nova visão
Tipo do Material: Artigo de Periódico
Número de Chamada: A
MACIEL, José Alberto Couto. Honorários advocatícios na Justiça do Trabalho: uma nova visão. *LTr — Suplemento Trabalhista*, São Paulo, a. 45, n. 154, p. 741-743, 2009.

Registro Bibliográfico: 105632
Título: Interpretação equivocada do Enunciado n. 337 do TST
Tipo do Material: Artigo de Periódico
Número de Chamada: A
MACIEL, José Alberto Couto. Interpretação equivocada do Enunciado n. 337 do TST. *LTr — Suplemento Trabalhista*, São Paulo, a. 45, n. 104, p. 493-4, 2009.

Registro Bibliográfico: 106386
Título: Interpretação equivocada do Enunciado n. 337 do TST
Tipo do Material: Artigo de Periódico
Número de Chamada: B
MACIEL, José Alberto Couto. Interpretação equivocada do Enunciado n. 337 do TST. *Jornal Trabalhista Consulex*, Brasília, a. 26, n. 1293, p. 5-6, 05 out. 2009.

Registro Bibliográfico: 114289
Título: Interpretação equivocada do Enunciado n. 337 do TST
Tipo do Material: Artigo de Periódico
Número de Chamada: E
MACIEL, José Alberto Couto. Interpretação equivocada do Enunciado n. 337 do TST. *Justiça do Trabalho*, Porto Alegre, a. 26, n. 307, p. 45-47, jul. 2009.

Registro Bibliográfico: 100626
Título: Leis trabalhistas. Tema em discussão
Tipo do Material: Artigo de Periódico
Número de Chamada: B
MACIEL, José Alberto Couto. Leis trabalhistas. Tema em discussão. *Jornal Trabalhista Consulex*, Brasília, a. 26, n. 1261, p. 9, 23 fev. 2009.

Registro Bibliográfico: 101030
Título: Leis trabalhistas. Tema em discussão
Tipo do Material: Artigo de Periódico
Número de Chamada: B
MACIEL, José Alberto Couto. Leis trabalhistas. Tema em discussão. *Trabalho em Revista*, Curitiba, a. 28, n. 319, p. 5-6, fev. 2009.

Registro Bibliográfico: 101270
Título: Leis trabalhistas. Tema em discussão
Tipo do Material: Artigo de Periódico
Número de Chamada: E
MACIEL, José Alberto Couto. Leis trabalhistas. Tema em discussão. *Justiça do Trabalho*, Porto Alegre, a. 26, n. 301, p. 75-76, jan. 2009.

Registro Bibliográfico: 98351
Título: Embargos de divergência no TST e a matéria constitucional
Tipo do Material: Artigo de Periódico
Número de Chamada: F
MACIEL, José Alberto Couto. Embargos de divergência no TST e a matéria constitucional. *Revista do TST*, Brasília, v. 74, n. 2, p. 86-89, abr./jun. 2008.
Link de acesso: http://www.tst.jus.br/documents/1295387/1312870/4.+Embargos+de+diverg%C3%AAncia+no+TST+e+a+mat%C3%A9ri a+constitucional

Registro Bibliográfico: 96736
Título: Arbitragem no dissídio individual de trabalho frente à Emenda Constitucional n. 45/2004
Tipo do Material: Artigo de Periódico
MACIEL, José Alberto Couto. Arbitragem no dissídio individual de trabalho frente à Emenda Constitucional n. 45/2004. *LTr — Suplemento Trabalhista*, São Paulo, a. 44, n. 39, p. 199-200, 2008.

Registro Bibliográfico: 95923
Título: Novos embargos somente por divergência no Tribunal Superior do Trabalho
Tipo do Material: Artigo de Periódico
Número de Chamada: B
MACIEL, José Alberto Couto. Novos embargos somente por divergência no Tribunal Superior do Trabalho. *Jornal Trabalhista Consulex*, Brasília, a. 25, n. 1209, p. 6-7, 18 fev. 2008.

Registro Bibliográfico: 98596

Título: Terceirização na atividade-fim das empresas de telecomunicações e outras concessionárias de serviço público

Tipo do Material: Artigo de Periódico

Número de Chamada: B

MACIEL, José Alberto Couto. Terceirização na atividade-fim das empresas de telecomunicações e outras concessionárias de serviço público. *Revista do Direito Trabalhista*, Brasília, a. 14, n. 8, p. 8-11, ago. 2008.

Registro Bibliográfico: 98655

Título: Terceirização na atividade-fim das empresas de telecomunicações e outras concessionárias de serviço público

Tipo do Material: Artigo de Periódico

Número de Chamada: A

MACIEL, José Alberto Couto. Terceirização na atividade-fim das empresas de telecomunicações e outras concessionárias de serviço público. *Revista LTr*, São Paulo, a. 72, t. II, n. 8, p. 968-972, ago. 2008.

Registro Bibliográfico: 99281

Título: Terceirização na atividade-fim das empresas de telecomunicações e outras concessionárias do serviço púbico

Tipo do Material: Artigo de Periódico

Número de Chamada: B

MACIEL, José Alberto Couto. Terceirização na atividade-fim das empresas de telecomunicações e outras concessionárias do serviço púbico. *Trabalho em Revista*, Curitiba, a. 27, n. 314, p. 3-7, set. 2008.

Registro Bibliográfico: 100589

Título: Terceirização na atividade-fim. Empresas de telecomunicações e outras concessionárias de serviço público. Novos projetos de lei e inovações de liminar concedida no STF

Tipo do Material: Artigo de Periódico

Número de Chamada: C

MACIEL, José Alberto Couto. Terceirização na atividade-fim. Empresas de telecomunicações e outras concessionárias de serviço público. Novos projetos de lei e inovações de liminar concedida no STF. *Revista do TST*, Brasília, v. 74, n. 4, p. 136-47, out./dez. 2008.

Link de acesso: http://www.tst.jus.br/documents/1295387/838ad0ca-a835-48ea-9097-936f54037293

Registro Bibliográfico: 73020

Título: Comentários à regulamentação da repercussão geral nos recursos extraordinários

Tipo do Material: Artigo de Periódico

Número de Chamada: A

MACIEL, José Alberto Couto. Comentários à regulamentação da repercussão geral nos recursos extraordinários. *Revista LTr*, São Paulo, a. 71, t. II, n. 8, p. 944-47, ago. 2007.

Registro Bibliográfico: 98633

Título: Honorários advocatícios na Justiça do Trabalho e o dano material decorrente de sua não aplicação

Tipo do Material: Artigo de Periódico

Número de Chamada: E

MACIEL, José Alberto Couto. Honorários advocatícios na Justiça do Trabalho e o dano material decorrente de sua não aplicação. *Justiça do Trabalho*, Porto Alegre, a. 24, n. 281, p. 7-9, maio 2007.

Registro Bibliográfico: 71232

Título: Honorários advocatícios na Justiça do Trabalho e o dano material decorrente de sua não-aplicação

Tipo do Material: Artigo de Periódico

Número de Chamada: B

MACIEL, José Alberto Couto. Honorários advocatícios na Justiça do Trabalho e o dano material decorrente de sua não-aplicação. *Revista do Direito Trabalhista*, Brasília, a. 13, n. 5, p. 28-29, maio 2007.

Registro Bibliográfico: 72064

Título: Honorários advocatícios na Justiça do Trabalho e o dano material decorrente de sua não-aplicação

Tipo do Material: Artigo de Periódico

Número de Chamada: A

MACIEL, José Alberto Couto. Honorários advocatícios na Justiça do Trabalho e o dano material decorrente de sua não-aplicação. *Revista LTr*, São Paulo, a. 71, t. II, n. 7, p. 794-95, jul. 2007.

Registro Bibliográfico: 68191

Título: Inconstitucionalidade da interpretação do art. 111-A, II, da Constituição, no que concerne às vagas da magistratura no TST

Tipo do Material: Artigo de Periódico

Número de Chamada: B

MACIEL, José Alberto Couto. Inconstitucionalidade da interpretação do art. 111-A, II, da Constituição, no que concerne às vagas da magistratura no TST. *Jornal Trabalhista Consulex*, Brasília, a. 24, n. 1154, p. 6-7, 22 jan. 2007.

Registro Bibliográfico: 73924

Título: Novos embargos somente por divergência no Tribunal Superior do Trabalho

Tipo do Material: Artigo de Periódico

Número de Chamada: A

MACIEL, José Alberto Couto. Novos embargos somente por divergência no Tribunal Superior do Trabalho. *Revista LTr*, São Paulo, a. 71, t. II, n. 9, p. 1115-16, set. 2007.

Registro Bibliográfico: 75005

Título: Novos embargos somente por divergência no Tribunal Superior do Trabalho

Tipo do Material: Artigo de Periódico

Número de Chamada: B

MACIEL, José Alberto Couto. Novos embargos somente por divergência no Tribunal Superior do Trabalho. *Revista do Direito Trabalhista*, Brasília, a. 13, n. 11, p. 4, nov. 2007.

Registro Bibliográfico: 95980

Título: Novos embargos somente por divergência no Tribunal Superior do Trabalho

Tipo do Material: Artigo de Periódico

Número de Chamada: F

MACIEL, José Alberto Couto. Novos embargos somente por divergência no Tribunal Superior do Trabalho. *Revista de Direito do Trabalho*, São Paulo, a. 33, n. 128, p. 387-89, out./dez. 2007.

Registro Bibliográfico: 68895

Título: O dano moral na Justiça do Trabalho e o poder de comando do empregador. Previsões legais de indenização

Tipo do Material: Artigo de Periódico

Número de Chamada: B

MACIEL, José Alberto Couto. O dano moral na Justiça do Trabalho e o poder de comando do empregador. Previsões legais de indenização. *Revista do Direito Trabalhista*, Brasília, a. 13, n. 2, p. 13, fev. 2007.

Registro Bibliográfico: 69443

Título: O dano moral na Justiça do Trabalho e o poder de comando do empregador. Previsões legais de indenização

Tipo do Material: Artigo de Periódico

Número de Chamada: B

MACIEL, José Alberto Couto. O dano moral na Justiça do Trabalho e o poder de comando do empregador. Previsões legais de indenização. *Jornal Trabalhista Consulex*, Brasília, a. 24, n. 1162, p. 6-7, 19 mar. 2007.

Registro Bibliográfico: 70635

Título: O dano moral na Justiça do Trabalho e o poder de comando do empregador. Previsões legais de indenização

Tipo do Material: Artigo de Periódico

Número de Chamada: A

MACIEL, José Alberto Couto. O dano moral na Justiça do Trabalho e o poder de comando do empregador. Previsões legais de indenização. *Revista LTr*, São Paulo, a. 71, t. I, n. 4, p. 446-47, abr. 2007.

Registro Bibliográfico: 70711

Título: O dano moral na Justiça do Trabalho e o poder de comando do empregador. Previsões legais de indenização

Tipo do Material: Artigo de Periódico

Número de Chamada: E

MACIEL, José Alberto Couto. O dano moral na Justiça do Trabalho e o poder de comando do empregador. Previsões legais de indenização. *Justiça do Trabalho*, Porto Alegre, a. 24, n. 279, p. 15-17, mar. 2007.

Registro Bibliográfico: 66746

Título: A substituição processual ilimitada, concedida pelo STF aos sindicatos e a inviabilidade de execução

Tipo do Material: Artigo de Periódico

MACIEL, José Alberto Couto. A substituição processual ilimitada, concedida pelo STF aos sindicatos e a inviabilidade de execução. *Revista LTr*, São Paulo, a. 70, t. II, n. 9, p. 1047-48, set. 2006.

Registro Bibliográfico: 63989

Título: Honorários advocatícios na Justiça do Trabalho. Caução

Tipo do Material: Artigo de Periódico

Número de Chamada: A

MACIEL, José Alberto Couto. Honorários advocatícios na Justiça do Trabalho. Caução. *LTr — Suplemento Trabalhista*, São Paulo, a. 42, n. 53, p. 243-44, 2006.

Registro Bibliográfico: 66000

Título: Honorários advocatícios na Justiça do Trabalho. Caução

Tipo do Material: Artigo de Periódico

Número de Chamada: E

MACIEL, José Alberto Couto. Honorários advocatícios na Justiça do Trabalho. Caução. *Justiça do Trabalho*, Porto Alegre, a. 23, n. 268, p. 46-47, abr. 2006.

Registro Bibliográfico: 67115

Título: Inconstitucionalidade da interpretação do art. 111-A, II, da Constituição, no que concerne às vagas da magistratura no TST

Tipo do Material: Artigo de Periódico

Número de Chamada: B

MACIEL, José Alberto Couto. Inconstitucionalidade da interpretação do art. 111-A, II, da Constituição, no que concerne às vagas da magistratura no TST. *Revista do Direito Trabalhista*, Brasília, a. 12, n. 10, p. 23-24, out. 2006.

Registro Bibliográfico: 66014

Título: O reconhecimento das centrais sindicais. Medida Provisória n. 293/2006

Tipo do Material: Artigo de Periódico

MACIEL, José Alberto Couto. O reconhecimento das centrais sindicais. Medida Provisória n. 293/2006. *Justiça do Trabalho*, Porto Alegre, a. 23, n. 269, p. 86-88, maio 2006.

Registro Bibliográfico: 67843

Título: Os caras-de-pau

Tipo do Material: Artigo de Periódico

Número de Chamada: B

MACIEL, José Alberto Couto. Os caras-de-pau. *Jornal Trabalhista Consulex*, Brasília, a. 23, n. 1151, p. 10, 25 dez. 2006.

Registro Bibliográfico: 63088

Título: Rescisão indireta do contrato de trabalho: atrasos nos pagamentos do FGTS e INSS

Tipo do Material: Artigo de Periódico

Número de Chamada: B

MACIEL, José Alberto Couto. Rescisão indireta do contrato de trabalho: atrasos nos pagamentos do FGTS e INSS. *Jornal Trabalhista Consulex*, Brasília, a. 23, n. 1114, p. 13, 10 abr. 2006.

Registro Bibliográfico: 137613

Título: Contribuição de negociação coletiva: lesão aos trabalhadores na reforma sindical

Tipo do Material: Artigo de Periódico

Número de Chamada: E

MACIEL, José Alberto Couto. Contribuição de negociação coletiva: lesão aos trabalhadores na reforma sindical. *Justiça do Trabalho*, Porto Alegre, a. 22, n. 257, p. 36-38, maio 2005.

Registro Bibliográfico: 57970

Título: Contribuição negocial coletiva. Lesão aos trabalhadores na reforma sindical

Tipo do Material: Artigo de Periódico

Número de Chamada: A

MACIEL, José Alberto Couto. Contribuição negocial coletiva. Lesão aos trabalhadores na reforma sindical. *LTr — Suplemento Trabalhista*, São Paulo, a. 41, n. 44, p. 175-77, 2005.

Registro Bibliográfico: 59518

Título: Contribuição negocial coletiva. Lesão aos trabalhadores na reforma sindical

Tipo do Material: Artigo de Periódico

Número de Chamada: B

MACIEL, José Alberto Couto. Contribuição negocial coletiva. Lesão aos trabalhadores na reforma sindical. *Revista do Direito Trabalhista*, Brasília, a. 11, n. 4, p. 12-13, abr. 2005.

Registro Bibliográfico: 16338

Título: Direito coletivo constitucional e o servidor público

Tipo do Material: Capítulo de Livro

Número de Chamada: 35.08 S654jt 2005

MACIEL, José Alberto Couto. Direito coletivo constitucional e o servidor público. In: SOARES, José Ronald Cavalcante (coord.). *O servidor público e a justiça do trabalho:* homenagem ao Ministro Ronaldo José Lopes Leal. São Paulo: LTr, 2005. p. 148. ISBN 8536106840.

Registro Bibliográfico: 57654
Título: Pode o STF julgar contra a Constituição? (resumo)
Tipo do Material: Artigo de Periódico
Número de Chamada: C
MACIEL, José Alberto Couto; FONSECA, Igor Cunio Machado (elab. de resumo). Pode o STF julgar contra a Constituição? (resumo). *Synthesis*, São Paulo, n. 40, p. 80-82, jan./jun. 2005.

Registro Bibliográfico: 61481
Título: Reforma do judiciário. Erro grosseiro do Congresso Nacional no que concerne à competência trabalhista?
Tipo do Material: Artigo de Periódico
Número de Chamada: B
MACIEL, José Alberto Couto. Reforma do judiciário. Erro grosseiro do Congresso Nacional no que concerne à competência trabalhista? *Revista do Direito Trabalhista*, Brasília, a. 11, n. 2, p. 16-17, fev. 2005.

Registro Bibliográfico: 59712
Título: Reforma do processo trabalhista
Tipo do Material: Artigo de Periódico
Número de Chamada: A
MACIEL, José Alberto Couto. Reforma do processo trabalhista. *Revista LTr*, São Paulo, a. 69, t. II, n. 7, p. 804-9, jul. 2005.

Registro Bibliográfico: 59742
Título: Reforma do processo trabalhista
Tipo do Material: Artigo de Periódico
Número de Chamada: B
MACIEL, José Alberto Couto. Reforma do processo trabalhista. *Revista do Direito Trabalhista*, Brasília, a. 11, n. 7, p. 14-18, jul. 2005.

Registro Bibliográfico: 59806
Título: Reforma do processo trabalhista
Tipo do Material: Artigo de Periódico
Número de Chamada: B
MACIEL, José Alberto Couto. Reforma do processo trabalhista. *Jornal Trabalhista Consulex*, Brasília, a. 22, n. 1081, p. 8-14, 15 ago. 2005.

Registro Bibliográfico: 61304
Título: Rescisão indireta do contrato de trabalho: atrasos nos pagamentos do FGTS e INSS
Tipo do Material: Artigo de Periódico
Número de Chamada: B
MACIEL, José Alberto Couto. Rescisão indireta do contrato de trabalho: atrasos nos pagamentos do FGTS e INSS. *Revista do Direito Trabalhista*, Brasília, a. 11, n. 12, p. 20, dez. 2005.

Registro Bibliográfico: 67895

Título: Rescisão indireta do contrato de trabalho: atrasos nos pagamentos do FGTS e INSS

Tipo do Material: Artigo de Periódico

Número de Chamada: E

MACIEL, José Alberto Couto. Rescisão indireta do contrato de trabalho: atrasos nos pagamentos do FGTS e INSS. *Justiça do Trabalho*, Porto Alegre, a. 22, n. 264, p. 7-9, dez. 2005.

Registro Bibliográfico: 55518

Título: A nova competência da Justiça do Trabalho

Tipo do Material: Artigo de Periódico

Número de Chamada: A

MACIEL, José Alberto Couto. A nova competência da Justiça do Trabalho. *Revista do Direito Trabalhista*, Brasília, a. 10, n. 11, p. 3-4, nov. 2004.

Registro Bibliográfico: 54197

Título: A polêmica sobre a greve de servidores públicos

Tipo do Material: Artigo de Periódico

Número de Chamada: B

MACIEL, José Alberto Couto. A polêmica sobre a greve de servidores públicos. *Revista LTr*, São Paulo, a. 68, t. II, n. 9, p. 1065-1068, set. 2004.

Registro Bibliográfico: 51032

Título: Cooperativa de trabalho no serviço público. Licitude da contratação

Tipo do Material: Artigo de Periódico

Número de Chamada: C

MACIEL, José Alberto Couto. Cooperativa de trabalho no serviço público. Licitude da contratação. *Synthesis*, São Paulo, n. 38, p. 158-160, jan./jun. 2004.

Registro Bibliográfico: 53952

Título: Embargos de divergência e infringentes no Tribunal Superior do Trabalho (resumo)

Tipo do Material: Artigo de Periódico

Número de Chamada: C

MACIEL, José Alberto Couto; JOSÉ, Lúcia Regina de Oliveira Torres (elab. de resumo). Embargos de divergência e infringentes no Tribunal Superior do Trabalho (resumo). *Synthesis*, São Paulo, n. 39, p. 103-105, jul./dez. 2004.

Registro Bibliográfico: 54222

Título: Expurgos inflacionários sobre os quarenta por cento: uma nova visão

Tipo do Material: Artigo de Periódico

Número de Chamada: A

MACIEL, José Alberto Couto. Expurgos inflacionários sobre os quarenta por cento: uma nova visão. *LTr — Suplemento Trabalhista*, São Paulo, a. 40, n. 118, p. 523-27, 2004.

Registro Bibliográfico: 54649
Título: Expurgos inflacionários sobre os quarenta por cento: uma nova visão
Tipo do Material: Artigo de Periódico
Número de Chamada: B
MACIEL, José Alberto Couto. Expurgos inflacionários sobre os quarenta por cento: uma nova visão. *Revista do Direito Trabalhista*, Brasília, a. 10, n. 10, p. 4-8, out. 2004.

Registro Bibliográfico: 55178
Título: Expurgos inflacionários sobre os quarenta por cento: uma nova visão
Tipo do Material: Artigo de Periódico
Número de Chamada: E
MACIEL, José Alberto Couto. Expurgos inflacionários sobre os quarenta por cento: uma nova visão. *Justiça do Trabalho*, Porto Alegre, a. 21, n. 250, p. 16-23, out. 2004.

Registro Bibliográfico: 55307
Título: Expurgos inflacionários sobre os quarenta por cento: uma nova visão
Tipo do Material: Artigo de Periódico
Número de Chamada: B
MACIEL, José Alberto Couto. Expurgos inflacionários sobre os quarenta por cento: uma nova visão. *Jornal Trabalhista Consulex*, Brasília, a. 21, n. 1045, p. 8-11, 29 nov. 2004.

Registro Bibliográfico: 51237
Título: Pode o STF julgar contra a Constituição?
Tipo do Material: Artigo de Periódico
Número de Chamada: B
MACIEL, José Alberto Couto. Pode o STF julgar contra a Constituição? *Revista do Direito Trabalhista*, Brasília, a. 10, n. 3, p. 3-5, mar. 2004.

Registro Bibliográfico: 51566
Título: Pode o STF julgar contra a Constituição?
Tipo do Material: Artigo de Periódico
Número de Chamada: B
MACIEL, José Alberto Couto. Pode o STF julgar contra a Constituição? *Jornal Trabalhista Consulex*, Brasília, a. 21, n. 1014, p. 3-5, 26 abr. 2004.

Registro Bibliográfico: 51576
Título: Pode o STF julgar contra a Constituição?
Tipo do Material: Artigo de Periódico
Número de Chamada: A
MACIEL, José Alberto Couto. Pode o STF julgar contra a Constituição? *LTr — Suplemento Trabalhista*, São Paulo, a. 40, n. 47, p. 197-200, 2004.

Registro Bibliográfico: 50974

Título: Prescrição do dano moral na Justiça do Trabalho

Tipo do Material: Artigo de Periódico

Número de Chamada: A

MACIEL, José Alberto Couto. Prescrição do dano moral na Justiça do Trabalho. *LTr — Suplemento Trabalhista*, São Paulo, a. 40, n. 33, p. 139-40, 2004.

Registro Bibliográfico: 51251

Título: Prescrição do dano moral na Justiça do Trabalho

Tipo do Material: Artigo de Periódico

Número de Chamada: E

MACIEL, José Alberto Couto. Prescrição do dano moral na Justiça do Trabalho. *Justiça do Trabalho*, Porto Alegre, a. 21, n. 243, p. 31-33, mar. 2004.

Registro Bibliográfico: 51664

Título: Prescrição do dano moral na Justiça do Trabalho

Tipo do Material: Artigo de Periódico

Número de Chamada: B

MACIEL, José Alberto Couto. Prescrição do dano moral na Justiça do Trabalho. *Revista do Direito Trabalhista*, Brasília, a. 10, n. 4, p. 18-19, abr. 2004.

Registro Bibliográfico: 52840

Título: Prescrição do dano moral na Justiça do Trabalho

Tipo do Material: Artigo de Periódico

Número de Chamada: B

MACIEL, José Alberto Couto. Prescrição do dano moral na Justiça do Trabalho. *Jornal Trabalhista Consulex*, Brasília, a. 21, n. 1024, p. 8-9, 05 jul. 2004.

Registro Bibliográfico: 52851

Título: Relação de emprego pode ser matéria de direito

Tipo do Material: Artigo de Periódico

Número de Chamada: B

MACIEL, José Alberto Couto. Relação de emprego pode ser matéria de direito. *Revista do Direito Trabalhista*, Brasília, a. 10, n. 6, p. 16, jun. 2004.

Registro Bibliográfico: 52863

Título: Relação de emprego pode ser matéria de direito

Tipo do Material: Artigo de Periódico

Número de Chamada: A

MACIEL, José Alberto Couto. Relação de emprego pode ser matéria de direito. *LTr — Suplemento Trabalhista*, São Paulo, a. 40, n. 81, p. 349-50, 2004.

Registro Bibliográfico: 43750
Título: A nova competência da Justiça do Trabalho e o Projeto de Lei n. 288/2001 (resumo)
Tipo do Material: Artigo de Periódico
Número de Chamada: C
MACIEL, José Alberto Couto; ROTONDARO, Nora Magnólia Costa (elab. de resumo). A nova competência da Justiça do Trabalho e o Projeto de Lei n. 288/2001 (resumo). *Synthesis*, São Paulo, n. 36, p. 100-102, jan./jun. 2003.

Registro Bibliográfico: 45275
Título: A reforma do processo trabalhista
Tipo do Material: Artigo de Periódico
Número de Chamada: B
MACIEL, José Alberto Couto. A reforma do processo trabalhista. *Jornal Trabalhista Consulex*, Brasília, a. 20, n. 972, p. 10, 30 jun. 2003.

Registro Bibliográfico: 45590
Título: A reforma do processo trabalhista
Tipo do Material: Artigo de Periódico
Número de Chamada: A
MACIEL, José Alberto Couto. A reforma do processo trabalhista. *LTr — Suplemento Trabalhista*, São Paulo, a. 39, n. 85, p. 385 86, 2003.

Registro Bibliográfico: 46564
Título: A reforma do processo trabalhista
Tipo do Material: Artigo de Periódico
Número de Chamada: E
MACIEL, José Alberto Couto. A reforma do processo trabalhista. *Justiça do Trabalho*, Porto Alegre, a. 20, n. 234, p. 22-24, jun. 2003.

Registro Bibliográfico: 47865
Título: Cooperativa de trabalho no serviço público. Licitude da contratação
Tipo do Material: Artigo de Periódico
Número de Chamada: A
MACIEL, José Alberto Couto. Cooperativa de trabalho no serviço público. Licitude da contratação. *LTr — Suplemento Trabalhista*, São Paulo, a. 39, n. 149, p. 983-84, 2003.

Registro Bibliográfico: 49134
Título: Cooperativa de trabalho no serviço público. Licitude da contratação
Tipo do Material: Artigo de Periódico
Número de Chamada: B
MACIEL, José Alberto Couto. Cooperativa de trabalho no serviço público. Licitude da contratação. *Revista do Direito Trabalhista*, Brasília, a. 9, n. 12, p. 17-18, dez. 2003.

Registro Bibliográfico: 46353

Título: Dano material. Incompetência da Justiça do Trabalho (resumo)

Tipo do Material: Artigo de Periódico

Número de Chamada: C

MACIEL, José Alberto Couto; CARBONELLI, Egle Alice Pazotti (elab. de resumo). Dano material. Incompetência da Justiça do Trabalho (resumo). *Synthesis*, São Paulo, n. 37, p. 127-129, jul./dez. 2003.

Registro Bibliográfico: 15151

Título: Embargos de divergência e infringentes no Tribunal Superior do Trabalho

Tipo do Material: Capítulo de Livro

Número de Chamada: 347.955:331 R248va 2003

MACIEL, José Alberto Couto. Embargos de divergência e infringentes no Tribunal Superior do Trabalho. In: FERRARI, Irany; COSTA, Armando Casimiro (coord.). *Recursos trabalhistas:* estudos em homenagem ao Ministro Vantuil Abdala. São Paulo: LTr, 2003. p. 113-136. ISBN 8536104910.

Registro Bibliográfico: 47875

Título: Embargos de divergência e infringentes no Tribunal Superior do Trabalho

Tipo do Material: Artigo de Periódico

Número de Chamada: A

MACIEL, José Alberto Couto. Embargos de divergência e infringentes no Tribunal Superior do Trabalho. *Revista LTr*, São Paulo, a. 67, t. II, n. 10, p. 103-5, out. 2003.

Registro Bibliográfico: 47400

Título: O econômico contra o social

Tipo do Material: Artigo de Periódico

Número de Chamada: B

MACIEL, José Alberto Couto. O econômico contra o social. *Revista do Direito Trabalhista*, Brasília, a. 9, n. 10, p. 19-21, out. 2003.

Registro Bibliográfico: 44501

Título: Revogação da Instrução n. 4 do Tribunal Superior do Trabalho

Tipo do Material: Artigo de Periódico

Número de Chamada: E

MACIEL, José Alberto Couto. Revogação da Instrução n. 4 do Tribunal Superior do Trabalho. *Justiça do Trabalho*, Porto Alegre, a. 20, n. 232, p. 7-9, abr. 2003.

Registro Bibliográfico: 44622

Título: Revogação da Instrução n. 4 do Tribunal Superior do Trabalho

Tipo do Material: Artigo de Periódico

Número de Chamada: A

MACIEL, José Alberto Couto. Revogação da Instrução n. 4 do Tribunal Superior do Trabalho. *LTr — Suplemento Trabalhista*, São Paulo, a. 39, n. 65, p. 299-300, 2003.

Registro Bibliográfico: 44919

Título: Revogação da Instrução n. 4 do Tribunal Superior do Trabalho

Tipo do Material: Artigo de Periódico

Número de Chamada: B

MACIEL, José Alberto Couto. Revogação da Instrução n. 4 do Tribunal Superior do Trabalho. *Revista do Direito Trabalhista*, Brasília, a. 9, n. 5, p. 3-4, maio 2003.

Registro Bibliográfico: 45693

Título: Revogação da Instrução n. 4 do Tribunal Superior do Trabalho

Tipo do Material: Artigo de Periódico

Número de Chamada: B

MACIEL, José Alberto Couto. Revogação da Instrução n. 4 do Tribunal Superior do Trabalho. *Jornal Síntese*, Porto Alegre, a. 7, n. 75, p. 3-4, maio 2003.

Registro Bibliográfico: 46201

Título: Revogação da Instrução n. 4 do Tribunal Superior do Trabalho

Tipo do Material: Artigo de Periódico

Número de Chamada: E

MACIEL, José Alberto Couto. Revogação da Instrução n. 4 do Tribunal Superior do Trabalho. *Revista da Academia Nacional de Direito do Trabalho*, São Paulo, a. 11, n. 11, p. 59-61, 2003.

Registro Bibliográfico: 43646

Título: Dano material. Incompetência da Justiça do Trabalho

Tipo do Material: Artigo de Periódico

Número de Chamada: E

MACIEL, José Alberto Couto. Dano material. Incompetência da Justiça do Trabalho. *Revista LTr*, São Paulo, a. 67, t. I, n. 2, p. 154-156, fev. 2003.

Registro Bibliográfico: 41414

Título: A nova competência da Justiça do Trabalho e o Projeto de Lei n. 288/2001

Tipo do Material: Artigo de Periódico

Número de Chamada: B

MACIEL, José Alberto Couto. A nova competência da Justiça do Trabalho e o Projeto de Lei n. 288/2001. *Revista do Direito Trabalhista*, Brasília, a. 8, n. 8, p. 15-22, ago. 2002.

Registro Bibliográfico: 19054

Título: Comentários à Lei n. 9.957, de 12 de janeiro de 2000: comissões de conciliação prévia

Tipo do Material: Capítulo de Livro

Número de Chamada: 347.919.7:331 L 534 2002

MACIEL, José Alberto Couto. Comentários à Lei n. 9.957, de 12 de janeiro de 2000: comissões de conciliação prévia. In: PAIVA, Mário Antônio Lobato de (coord.). *A lei do rito sumaríssimo e das comissões de conciliação prévia na justiça do trabalho vistas pelos juristas.* Rio de Janeiro: Forense, 2002. p. 169. ISBN 85-309-1491-0.

Registro Bibliográfico: 19044

Título: Comentários à Lei n. 9.957, de 12 de janeiro de 2000: rito sumaríssimo

Tipo do Material: Capítulo de Livro

Número de Chamada: 347.919.7:331 L 534 2002

MACIEL, José Alberto Couto. Comentários à Lei n. 9.957, de 12 de janeiro de 2000: rito sumaríssimo. In: PAIVA, Mário Antônio Lobato de (coord.). *A lei do rito sumaríssimo e das comissões de conciliação prévia na justiça do trabalho vistas pelos juristas*. Rio de Janeiro: Forense, 2002. p. 79. ISBN 85-309-1491-0.

Registro Bibliográfico: 96193

Título: Ensaios de direito do trabalho

Tipo do Material: Livro

Número de Chamada: 34:331 M 138e 2002

MACIEL, José Alberto Couto. *Ensaios de direito do trabalho*. Brasília, DF: Consulex, 2002. 175 p. ISBN 85-88551-17-9.

Registro Bibliográfico: 40425

Título: Estudos sobre o projeto de lei que possibilita a redução de direitos trabalhistas

Tipo do Material: Artigo de Periódico

Número de Chamada: C

MACIEL, José Alberto Couto. Estudos sobre o projeto de lei que possibilita a redução de direitos trabalhistas. *Revista do TST*, Brasília, v. 68, n. 1, p. 204-14, jan./mar. 2002.

Registro Bibliográfico: 37565

Título: FGTS. Novas contribuições sociais. Inconstitucionalidades e ilegalidade da Lei Complementar n. 110/2001

Tipo do Material: Artigo de Periódico

Número de Chamada: C

MACIEL, José Alberto Couto. FGTS. Novas contribuições sociais. Inconstitucionalidades e ilegalidade da Lei Complementar n. 110/2001. *Synthesis*, São Paulo, n. 34, p. 151-153, jan./jun. 2002.

Registro Bibliográfico: 42019

Título: Fiscal do trabalho não é juiz

Tipo do Material: Artigo de Periódico

Número de Chamada: B

MACIEL, José Alberto Couto. Fiscal do trabalho não é juiz. *Revista do Direito Trabalhista*, Brasília, a. 8, n. 9, p. 3, set. 2002.

Registro Bibliográfico: 37348

Título: Flexibilização do direito do trabalho: beneficia ou prejudica o trabalhador? Opinião dos doutos

Tipo do Material: Artigo de Periódico

Número de Chamada: B

SÜSSEKIND, Arnaldo *et al.* Flexibilização do direito do trabalho: beneficia ou prejudica o trabalhador? Opinião dos doutos. *Revista do Direito Trabalhista*, Brasília, a. 8, n. 2, p. 6-8, fev. 2002.

Registro Bibliográfico: 37868
Título: Inconstitucionalidade do projeto de lei que possibilita a redução de direitos trabalhistas
Tipo do Material: Artigo de Periódico
Número de Chamada: B
MACIEL, José Alberto Couto. Inconstitucionalidade do projeto de lei que possibilita a redução de direitos trabalhistas. *Revista do Direito Trabalhista*, Brasília, a. 8, n. 3, p. 5-6, mar. 2002.

Registro Bibliográfico: 41305
Título: Inconstitucionalidades e ilegalidades da Lei Complementar n. 110/2001
Tipo do Material: Artigo de Periódico
Número de Chamada: E
MACIEL, José Alberto Couto. Inconstitucionalidades e ilegalidades da Lei Complementar n. 110/2001. *Revista da Academia Nacional de Direito do Trabalho*, São Paulo, a. 10, n. 10, p. 88-90, 2002.

Registro Bibliográfico: 38713
Título: Extinção do Tribunal Superior do Trabalho
Tipo do Material: Artigo de Periódico
Número de Chamada: I
MACIEL, José Alberto Couto. Extinção do Tribunal Superior do Trabalho. *Síntese Trabalhista*, São Paulo, a. 13, n. 150, p. 134-36, dez. 2001.

Registro Bibliográfico: 35338
Título: FGTS. Novas contribuições sociais. Inconstitucionalidades e ilegalidade da Lei Complementar n. 110/2001
Tipo do Material: Artigo de Periódico
Número de Chamada: A
MACIEL, José Alberto Couto. FGTS. Novas contribuições sociais. Inconstitucionalidades e ilegalidade da Lei Complementar n. 110/2001. *Revista LTr*, São Paulo, a. 65, t. II, n. 8, p. 947-48, ago. 2001.

Registro Bibliográfico: 38699
Título: FGTS. Novas contribuições sociais. Inconstitucionalidades e ilegalidade da Lei Complementar n. 110/2001
Tipo do Material: Artigo de Periódico
Número de Chamada: I
MACIEL, José Alberto Couto. FGTS. Novas contribuições sociais. Inconstitucionalidades e ilegalidade da Lei Complementar n. 110/2001. *Síntese Trabalhista*, São Paulo, a. 13, n. 149, p. 11-13, nov. 2001.

Registro Bibliográfico: 35841
Título: Flexibilização da CLT: um tiro no direito dos trabalhadores
Tipo do Material: Artigo de Periódico
Número de Chamada: B
MACIEL, José Alberto Couto. Flexibilização da CLT: um tiro no direito dos trabalhadores. *Revista do Direito Trabalhista*, Brasília, a. 7, n. 10, p. 21, out. 2001.

Registro Bibliográfico: 36210

Título: Futebol. Extinção do passe no direito brasileiro

Tipo do Material: Artigo de Periódico

Número de Chamada: A

MACIEL, José Alberto Couto; MACIEL, Bruno. Futebol. Extinção do passe no direito brasileiro. *LTr — Suplemento Trabalhista*, São Paulo, a. 37, n. 148, p. 709-12, 2001.

Registro Bibliográfico: 35285

Título: Inconstitucionalidades e ilegalidades da Lei Complementar n. 110/2001

Tipo do Material: Artigo de Periódico

Número de Chamada: B

MACIEL, José Alberto Couto. Inconstitucionalidades e ilegalidades da Lei Complementar n. 110/2001. *Jornal Trabalhista Consulex*, Brasília, a. 18, n. 879, p. 11-12, 03 set. 2001.

Registro Bibliográfico: 35643

Título: Inconstitucionalidades e ilegalidades da Lei Complementar n. 110/2001

Tipo do Material: Artigo de Periódico

Número de Chamada: B

MACIEL, José Alberto Couto. Inconstitucionalidades e ilegalidades da Lei Complementar n. 110/2001. *Revista do Direito Trabalhista*, Brasília, a. 7, n. 9, p. 8-9, set. 2001.

Registro Bibliográfico: 55374

Título: Medida Provisória n. 2.226/2001. Extinção do Tribunal Superior do Trabalho

Tipo do Material: Artigo de Periódico

Número de Chamada: E

MACIEL, José Alberto Couto. Medida Provisória n. 2.226/2001. Extinção do Tribunal Superior do Trabalho. *Justiça do Trabalho*, Porto Alegre, a. 18, n. 214, p. 7-10, out. 2001.

Registro Bibliográfico: 38658

Título: Os expurgos do FGTS: consequências de um acordo geral

Tipo do Material: Artigo de Periódico

Número de Chamada: I

MACIEL, José Alberto Couto. Os expurgos do FGTS: consequências de um acordo geral. *Síntese Trabalhista*, São Paulo, a. 12, n. 144, p. 133-34, jun. 2001.

Registro Bibliográfico: 35714

Título: Recurso de revista — requisito da transcendência — Medida provisória n. 2226/2001, extinção do Tribunal Superior do Trabalho

Tipo do Material: Artigo de Periódico

Número de Chamada: A

MACIEL, José Alberto Couto. Recurso de revista - requisito da transcendência - Medida provisória n. 2226/2001, extinção do Tribunal Superior do Trabalho. *Revista LTr*, São Paulo, a. 65, t. II, n. 9, p. 1035-37, set. 2001.

Registro Bibliográfico: 35459
Título: Recurso do TST
Tipo do Material: Artigo de Periódico
Número de Chamada: B
MACIEL, José Alberto Couto. Recurso do TST. *Jornal Trabalhista Consulex*, Brasília, a. 18, n. 882, p. 11-12, 24 set. 2001.

Registro Bibliográfico: 36570
Título: Salário mínimo proporcional
Tipo do Material: Artigo de Periódico
Número de Chamada: B
MACIEL, José Alberto Couto. Salário mínimo proporcional. *Revista do Direito Trabalhista*, Brasília, a. 7, n. 12, p. 8, dez. 2001.

Registro Bibliográfico: 35631
Título: TST examinará transcendência no recurso de revista
Tipo do Material: Artigo de Periódico
Número de Chamada: B
MACIEL, José Alberto Couto. TST examinará transcendência no recurso de revista. *Revista do Direito Trabalhista*, Brasília, a. 7, n. 9, p. 34-35, set. 2001.

Registro Bibliográfico: 31056
Título: Comentários à Lei n. 9.958, de 12 de janeiro de 2000
Tipo do Material: Artigo de Periódico
Número de Chamada: A
MACIEL, José Alberto Couto. Comentários à Lei n. 9.958, de 12 de janeiro de 2000. *Revista LTr*, São Paulo, a. 64, t. I, n. 2, p. 178-83, fev. 2000.

Registro Bibliográfico: 31108
Título: Comentários à Lei n. 9.958, de 12 de janeiro de 2000
Tipo do Material: Artigo de Periódico
Número de Chamada: B
MACIEL, José Alberto Couto. Comentários à Lei n. 9.958, de 12 de janeiro de 2000. *Revista Jurídica Consulex*, Brasília, a. 4, v. 1, n. 38, p. 18-20, fev. 2000.

Registro Bibliográfico: 31203
Título: Comentários à Lei n. 9.958, de 12 de janeiro de 2000
Tipo do Material: Artigo de Periódico
Número de Chamada: B
MACIEL, José Alberto Couto. Comentários à Lei n. 9.958, de 12 de janeiro de 2000. *Jornal Trabalhista Consulex*, Brasília, a. 17, n. 805, p. 5-8, 27 mar. 2000.

Registro Bibliográfico: 130341

Título: Comentários às novas reformas do judiciário trabalhista

Tipo do Material: Livro

Número de Chamada: 34:331 M 138c 2000

MACIEL, José Alberto Couto. *Comentários às novas reformas do judiciário trabalhista.* Brasília, DF: Consulex, 2000. 138 p.

Registro Bibliográfico: 31029

Título: Comissões de conciliação prévia: comentários à Lei n. 9.958/2000

Tipo do Material: Artigo de Periódico

Número de Chamada: B

MACIEL, José Alberto Couto. Comissões de conciliação prévia: comentários à Lei n. 9.958/2000. *Revista do Direito Trabalhista*, Brasília, a. 6, n. 1, p. 38-43, jan. 2000.

Registro Bibliográfico: 30785

Título: Dissídio coletivo: substituição ou representação?

Tipo do Material: Artigo de Periódico

Número de Chamada: B

MACIEL, José Alberto Couto. Dissídio coletivo: substituição ou representação? *Jornal Trabalhista Consulex*, Brasília, a. 17, n. 793, p. 7-8, 03 jan. 2000.

Registro Bibliográfico: 32546

Título: Dissídio coletivo: substituição ou representação?

Tipo do Material: Artigo de Periódico

Número de Chamada: C

MACIEL, José Alberto Couto. Dissídio coletivo: substituição ou representação? *Synthesis*, São Paulo, n. 31, p. 171-174, jul./dez. 2000.

Registro Bibliográfico: 31952

Título: Inconstitucionalidade do atual artigo 557 do Código de Processo Civil

Tipo do Material: Artigo de Periódico

MACIEL, José Alberto Couto. Inconstitucionalidade do atual artigo 557 do Código de Processo Civil. *Revista do Direito Trabalhista*, Brasília, a. 6, n. 6, p. 24-25, jun. 2000.

Registro Bibliográfico: 47553

Título: Querem quebrar o poder judiciário

Tipo do Material: Artigo de Periódico

Número de Chamada: B

MACIEL, José Alberto Couto. Querem quebrar o poder judiciário. *Jornal Trabalhista Consulex*, Brasília, a. 17, n. 819, p. 18, 03 jul. 2000.

Registro Bibliográfico: 27626

Título: A inconstitucionalidade da despedida arbitrária frente ao texto da Constituição de 1988 e a consequente reintegração do empregado

Tipo do Material: Artigo de Periódico

Número de Chamada: A

MACIEL, José Alberto Couto. A inconstitucionalidade da despedida arbitrária frente ao texto da Constituição de 1988 e a consequente reintegração do empregado. *Revista LTr*, São Paulo, a. 63, t. I, n. 3, p. 310-23, mar. 1999.

Registro Bibliográfico: 30671

Título: Dissídio coletivo: substituição ou representação?

Tipo do Material: Artigo de Periódico

Número de Chamada: A

MACIEL, José Alberto Couto. Dissídio coletivo: substituição ou representação? *Revista LTr*, São Paulo, a. 63, t. II, n. 12, p. 1605-07, dez. 1999.

Registro Bibliográfico: 27393

Título: Efeito vinculante nas relações de trabalho: benefício ou malefício?

Tipo do Material: Artigo de Periódico

Número de Chamada: B

PIMENTA, Wagner Antônio; MACIEL, José Alberto Couto. Efeito vinculante nas relações de trabalho: benefício ou malefício? *Revista Jurídica Consulex*, Brasília, a. 3, v. 1, n. 26, p. 58-59, fev. 1999.

Registro Bibliográfico: 24836

Título: A crise da Justiça do Trabalho e a flexibilização

Tipo do Material: Artigo de Periódico

Número de Chamada: A

MACIEL, José Alberto Couto. A crise da Justiça do Trabalho e a flexibilização. *Revista LTr*, São Paulo, a. 62, t. I, n. 2, p. 176-78, fev. 1998.

Registro Bibliográfico: 25683

Título: A globalização da economia e a redução de direitos trabalhistas (resumo)

Tipo do Material: Artigo de Periódico

Número de Chamada: C

MACIEL, José Alberto Couto; ALMEIDA, Sebastião (elab. de resumo). A globalização da economia e a redução de direitos trabalhistas (resumo). *Synthesis*, São Paulo, n. 26, p. 42-44, jan./jun. 1998.

Registro Bibliográfico: 27660

Título: Contrato de trabalho por prazo determinado

Tipo do Material: Artigo de Periódico

Número de Chamada: I

MACIEL, José Alberto Couto. Contrato de trabalho por prazo determinado. *Síntese Trabalhista*, São Paulo, a. 9, n. 110, p. 150-52, ago. 1998.

Registro Bibliográfico: 25188

Título: Contrato de trabalho por prazo determinado. Críticas à Lei n. 9.601/98

Tipo do Material: Artigo de Periódico

Número de Chamada: D

MACIEL, José Alberto Couto. Contrato de trabalho por prazo determinado. Críticas à Lei n. 9.601/98. *Genesis — Revista de Direito do Trabalho*, Curitiba, n. 61, p. 78-80, jan. 1998.

Registro Bibliográfico: 26231

Título: Contrato de trabalho temporário: constitucional ou inconstitucional?

Tipo do Material: Artigo de Periódico

Número de Chamada: B

MACIEL, José Alberto Couto. Contrato de trabalho temporário: constitucional ou inconstitucional? *Revista Jurídica Consulex*, Brasília, a. 2, v. 1, n. 17, p. 53-54, maio 1998.

Registro Bibliográfico: 27029

Título: Críticas à Lei n. 9.601/98 que dispõe sobre o contrato de trabalho por prazo determinado (resumo)

Tipo do Material: Artigo de Periódico

Número de Chamada: C

MACIEL, José Alberto Couto; VASCONCELLOS, Maria Stella Lopes da Silva (elab. de resumo). Críticas à Lei n. 9.601/98 que dispõe sobre o contrato de trabalho por prazo determinado (resumo). *Synthesis*, São Paulo, n. 27, p. 108, jul./dez. 1998.

Registro Bibliográfico: 24715

Título: Críticas à Lei n. 9.601/98 que dispõe sobre o contrato de trabalho por prazo determinado

Tipo do Material: Artigo de Periódico

Número de Chamada: A

MACIEL, José Alberto Couto. Críticas à Lei n. 9.601/98 que dispõe sobre o contrato de trabalho por prazo determinado. *LTr — Suplemento Trabalhista*, São Paulo, a. 34, n. 25, p. 107-09, 1998.

Registro Bibliográfico: 26688

Título: Críticas à Lei n. 9.601/98 que dispõe sobre o contrato de trabalho por prazo determinado

Tipo do Material: Artigo de Periódico

Número de Chamada: J

MACIEL, José Alberto Couto. Críticas à Lei n. 9.601/98 que dispõe sobre o contrato de trabalho por prazo determinado. *Trabalho & Doutrina:* processo, jurisprudência. São Paulo, n. 17, p. 84-86, jun. 1998.

Registro Bibliográfico: 3579

Título: Desemprego ou supérfluo?: globalização

Tipo do Material: Livro

Número de Chamada: 34:331 M 138d 1998

MACIEL, José Alberto Couto. *Desemprego ou supérfluo?:* globalização. São Paulo: LTr, 1998. 112 p. ISBN 85-7322-379-0.

Registro Bibliográfico: 26391
Título: FGTS. Prescrição. Não é mais trintenária a prescrição das parcelas do FGTS
Tipo do Material: Artigo de Periódico
Número de Chamada: A
MACIEL, José Alberto Couto. FGTS. Prescrição. Não é mais trintenária a prescrição das parcelas do FGTS. *LTr — Suplemento Trabalhista*, São Paulo, a. 34, n. 152, p. 711-12, 1998.

Registro Bibliográfico: 26708
Título: Globalização. Quem está atrás do pano?
Tipo do Material: Artigo de Periódico
Número de Chamada: J
MACIEL, José Alberto Couto. Globalização. Quem está atrás do pano? *Trabalho & Doutrina:* processo, jurisprudência. São Paulo, n. 18, p. 92-94, set. 1998.

Registro Bibliográfico: 11900
Título: Papel das centrais sindicais Tipo do Material: Capítulo de Livro
Número de Chamada: 34:331.88 C 986ot 1998
MACIEL, José Alberto Couto. Papel das centrais sindicais. In: FRANCO FILHO, Georgenor de Sousa (coord.). *Curso de direito coletivo do trabalho:* estudos em homenagem ao Ministro Orlando Teixeira da Costa. São Paulo: LTr, 1998. p. 120-134.

Registro Bibliográfico: 26620
Título: Prescrição
Tipo do Material: Artigo de Periódico
Número de Chamada: B
MACIEL, José Alberto Couto. Prescrição. *Revista do Direito Trabalhista*, Brasília, a. 4, n. 10, p. 4-5, out. 1998.

Registro Bibliográfico: 25294
Título: Redução de salário: vergonha nacional
Tipo do Material: Artigo de Periódico
Número de Chamada: D
MACIEL, José Alberto Couto. Redução de salário: vergonha nacional. *Genesis — Revista de Direito do Trabalho*, Curitiba, n. 63, p. 373-74, mar. 1998.

Registro Bibliográfico: 55518
Título: A nova competência da Justiça do Trabalho
Tipo do Material: Artigo de Periódico
Número de Chamada: A
MACIEL, José Alberto Couto. A nova competência da Justiça do Trabalho. *Revista do Direito Trabalhista*, Brasília, a. 10, n. 11, p. 3-4, nov. 2004.

Registro Bibliográfico: 54197

Título: A polêmica sobre a greve de servidores públicos

Tipo do Material: Artigo de Periódico

Número de Chamada: B

MACIEL, José Alberto Couto. A polêmica sobre a greve de servidores públicos. *Revista LTr*, São Paulo, a. 68, t. II, n. 9, p. 1065-1068, set. 2004.

Registro Bibliográfico: 51032

Título: Cooperativa de trabalho no serviço público. Licitude da contratação

Tipo do Material: Artigo de Periódico

Número de Chamada: C

MACIEL, José Alberto Couto. Cooperativa de trabalho no serviço público. Licitude da contratação. *Synthesis*, São Paulo, n. 38, p. 158-160, jan./jun. 2004.

Registro Bibliográfico: 53952

Título: Embargos de divergência e infringentes no Tribunal Superior do Trabalho (resumo)

Tipo do Material: Artigo de Periódico

Número de Chamada: C

MACIEL, José Alberto Couto; JOSÉ, Lúcia Regina de Oliveira Torres (elab. de resumo). Embargos de divergência e infringentes no Tribunal Superior do Trabalho (resumo). *Synthesis*, São Paulo, n. 39, p. 103-105, jul./dez. 2004.

Registro Bibliográfico: 54222

Título: Expurgos inflacionários sobre os quarenta por cento: uma nova visão

Tipo do Material: Artigo de Periódico

Número de Chamada: A

MACIEL, José Alberto Couto. Expurgos inflacionários sobre os quarenta por cento: uma nova visão. *LTr — Suplemento Trabalhista*, São Paulo, a. 40, n. 118, p. 523-27, 2004.

Registro Bibliográfico: 54649

Título: Expurgos inflacionários sobre os quarenta por cento: uma nova visão

Tipo do Material: Artigo de Periódico

Número de Chamada: B

MACIEL, José Alberto Couto. Expurgos inflacionários sobre os quarenta por cento: uma nova visão. *Revista do Direito Trabalhista*, Brasília, a. 10, n. 10, p. 4-8, out. 2004.

Registro Bibliográfico: 55178

Título: Expurgos inflacionários sobre os quarenta por cento: uma nova visão

Tipo do Material: Artigo de Periódico

Número de Chamada: E

MACIEL, José Alberto Couto. Expurgos inflacionários sobre os quarenta por cento: uma nova visão. *Justiça do Trabalho*, Porto Alegre, a. 21, n. 250, p. 16-23, out. 2004.

Registro Bibliográfico: 55307
Título: Expurgos inflacionários sobre os quarenta por cento: uma nova visão
Tipo do Material: Artigo de Periódico
Número de Chamada: B
MACIEL, José Alberto Couto. Expurgos inflacionários sobre os quarenta por cento: uma nova visão. *Jornal Trabalhista Consulex*, Brasília, a. 21, n. 1045, p. 8-11, 29 nov. 2004.

Registro Bibliográfico: 51237
Título: Pode o STF julgar contra a Constituição?
Tipo do Material: Artigo de Periódico
Número de Chamada: B
MACIEL, José Alberto Couto. Pode o STF julgar contra a Constituição? *Revista do Direito Trabalhista*, Brasília, a. 10, n. 3, p. 3-5, mar. 2004.

Registro Bibliográfico: 51566
Título: Pode o STF julgar contra a Constituição?
Tipo do Material: Artigo de Periódico
Número de Chamada: B
MACIEL, José Alberto Couto. Pode o STF julgar contra a Constituição? *Jornal Trabalhista Consulex*, Brasília, a. 21, n. 1014, p. 3-5, 26 abr. 2004.

Registro Bibliográfico: 51576
Título: Pode o STF julgar contra a Constituição?
Tipo do Material: Artigo de Periódico
Número de Chamada: A
MACIEL, José Alberto Couto. Pode o STF julgar contra a Constituição? *LTr — Suplemento Trabalhista*, São Paulo, a. 40, n. 47, p. 197-200, 2004.

Registro Bibliográfico: 50974
Título: Prescrição do dano moral na Justiça do Trabalho
Tipo do Material: Artigo de Periódico
Número de Chamada: A
MACIEL, José Alberto Couto. Prescrição do dano moral na Justiça do Trabalho. *LTr — Suplemento Trabalhista*, São Paulo, a. 40, n. 33, p. 139-40, 2004.

Registro Bibliográfico: 51251
Título: Prescrição do dano moral na Justiça do Trabalho
Tipo do Material: Artigo de Periódico
Número de Chamada: E
MACIEL, José Alberto Couto. Prescrição do dano moral na Justiça do Trabalho. *Justiça do Trabalho*, Porto Alegre, a. 21, n. 243, p. 31-33, mar. 2004.

Registro Bibliográfico: 51664

Título: Prescrição do dano moral na Justiça do Trabalho

Tipo do Material: Artigo de Periódico

Número de Chamada: B

MACIEL, José Alberto Couto. Prescrição do dano moral na Justiça do Trabalho. *Revista do Direito Trabalhista*, Brasília, a. 10, n. 4, p. 18-19, abr. 2004.

Registro Bibliográfico: 52840

Título: Prescrição do dano moral na Justiça do Trabalho

Tipo do Material: Artigo de Periódico

Número de Chamada: B

MACIEL, José Alberto Couto. Prescrição do dano moral na Justiça do Trabalho. *Jornal Trabalhista Consulex*, Brasília, a. 21, n. 1024, p. 8-9, 05 jul. 2004.

Registro Bibliográfico: 52851

Título: Relação de emprego pode ser matéria de direito

Tipo do Material: Artigo de Periódico

Número de Chamada: B

MACIEL, José Alberto Couto. Relação de emprego pode ser matéria de direito. *Revista do Direito Trabalhista*, Brasília, a. 10, n. 6, p. 16, jun. 2004.

Registro Bibliográfico: 52863

Título: Relação de emprego pode ser matéria de direito

Tipo do Material: Artigo de Periódico

Número de Chamada: A

MACIEL, José Alberto Couto. Relação de emprego pode ser matéria de direito. *LTr — Suplemento Trabalhista*, São Paulo, a. 40, n. 81, p. 349-50, 2004.

Registro Bibliográfico: 43750

Título: A nova competência da Justiça do Trabalho e o Projeto de Lei n. 288/2001 (resumo)

Tipo do Material: Artigo de Periódico

Número de Chamada: C

MACIEL, José Alberto Couto; ROTONDARO, Nora Magnólia Costa (elab. de resumo). A nova competência da Justiça do Trabalho e o Projeto de Lei n. 288/2001 (resumo). *Synthesis*, São Paulo, n. 36, p. 100-102, jan./jun. 2003.

Registro Bibliográfico: 45275

Título: A reforma do processo trabalhista

Tipo do Material: Artigo de Periódico

Número de Chamada: B

MACIEL, José Alberto Couto. A reforma do processo trabalhista. *Jornal Trabalhista Consulex*, Brasília, a. 20, n. 972, p. 10, 30 jun. 2003.

Registro Bibliográfico: 45590
Título: A reforma do processo trabalhista
Tipo do Material: Artigo de Periódico
Número de Chamada: A
MACIEL, José Alberto Couto. A reforma do processo trabalhista. *LTr — Suplemento Trabalhista*, São Paulo, a. 39, n. 85, p. 385-86, 2003.

Registro Bibliográfico: 46564
Título: A reforma do processo trabalhista
Tipo do Material: Artigo de Periódico
Número de Chamada: E
MACIEL, José Alberto Couto. A reforma do processo trabalhista. *Justiça do Trabalho*, Porto Alegre, a. 20, n. 234, p. 22-24, jun. 2003.

Registro Bibliográfico: 47865
Título: Cooperativa de trabalho no serviço público. Licitude da contratação
Tipo do Material: Artigo de Periódico
Número de Chamada: A
MACIEL, José Alberto Couto. Cooperativa de trabalho no serviço público. Licitude da contratação. *LTr — Suplemento Trabalhista*, São Paulo, a. 39, n. 149, p. 983-84, 2003.

Registro Bibliográfico: 49134
Título: Cooperativa de trabalho no serviço público. Licitude da contratação
Tipo do Material: Artigo de Periódico
Número de Chamada: B
MACIEL, José Alberto Couto. Cooperativa de trabalho no serviço público. Licitude da contratação. *Revista do Direito Trabalhista*, Brasília, a. 9, n. 12, p. 17-18, dez. 2003.

Registro Bibliográfico: 46353
Título: Dano material. Incompetência da Justiça do Trabalho (resumo)
Tipo do Material: Artigo de Periódico
Número de Chamada: C
MACIEL, José Alberto Couto; CARBONELLI, Egle Alice Pazotti (elab. de resumo). Dano material. Incompetência da Justiça do Trabalho (resumo). *Synthesis*, São Paulo, n. 37, p. 127-129, jul./dez. 2003.

Registro Bibliográfico: 47875
Título: Embargos de divergência e infringentes no Tribunal Superior do Trabalho
Tipo do Material: Artigo de Periódico
Número de Chamada: A
MACIEL, José Alberto Couto. Embargos de divergência e infringentes no Tribunal Superior do Trabalho. *Revista LTr*, São Paulo, a. 67, t. II, n. 10, p. 103-5, out. 2003.

Registro Bibliográfico: 47400

Título: O econômico contra o social

Tipo do Material: Artigo de Periódico

Número de Chamada: B

MACIEL, José Alberto Couto. O econômico contra o social. *Revista do Direito Trabalhista*, Brasília, a. 9, n. 10, p. 19-21, out. 2003.

Registro Bibliográfico: 44501

Título: Revogação da Instrução n. 4 do Tribunal Superior do Trabalho

Tipo do Material: Artigo de Periódico

Número de Chamada: E

MACIEL, José Alberto Couto. Revogação da Instrução n. 4 do Tribunal Superior do Trabalho. *Justiça do Trabalho*, Porto Alegre, a. 20, n. 232, p. 7-9, abr. 2003.

Registro Bibliográfico: 44622

Título: Revogação da Instrução n. 4 do Tribunal Superior do Trabalho

Tipo do Material: Artigo de Periódico

Número de Chamada: A

MACIEL, José Alberto Couto. Revogação da Instrução n. 4 do Tribunal Superior do Trabalho. *LTr — Suplemento Trabalhista*, São Paulo, a. 39, n. 65, p. 299-300, 2003.

Registro Bibliográfico: 44919

Título: Revogação da Instrução n. 4 do Tribunal Superior do Trabalho

Tipo do Material: Artigo de Periódico

Número de Chamada: B

MACIEL, José Alberto Couto. Revogação da Instrução n. 4 do Tribunal Superior do Trabalho. *Revista do Direito Trabalhista*, Brasília, a. 9, n. 5, p. 3-4, maio 2003.

Registro Bibliográfico: 45693

Título: Revogação da Instrução n. 4 do Tribunal Superior do Trabalho

Tipo do Material: Artigo de Periódico

Número de Chamada: B

MACIEL, José Alberto Couto. Revogação da Instrução n. 4 do Tribunal Superior do Trabalho. *Jornal Síntese*, Porto Alegre, a. 7, n. 75, p. 3-4, maio 2003.

Registro Bibliográfico: 46201

Título: Revogação da Instrução n. 4 do Tribunal Superior do Trabalho

Tipo do Material: Artigo de Periódico

Número de Chamada: E

MACIEL, José Alberto Couto. Revogação da Instrução n. 4 do Tribunal Superior do Trabalho. *Revista da Academia Nacional de Direito do Trabalho*, São Paulo, a. 11, n. 11, p. 59-61, 2003.

Registro Bibliográfico: 43646
Título: Dano material. Incompetência da Justiça do Trabalho
Tipo do Material: Artigo de Periódico
Número de Chamada: E
MACIEL, José Alberto Couto. Dano material. Incompetência da Justiça do Trabalho. *Revista LTr*, São Paulo, a. 67, t. I, n. 2, p. 154-156, fev. 2003.

Registro Bibliográfico: 41414
Título: A nova competência da Justiça do Trabalho e o Projeto de Lei n. 288/2001
Tipo do Material: Artigo de Periódico
Número de Chamada: B
MACIEL, José Alberto Couto. A nova competência da Justiça do Trabalho e o Projeto de Lei n. 288/2001. *Revista do Direito Trabalhista*, Brasília, a. 8, n. 8, p. 15-22, ago. 2002.

Registro Bibliográfico: 40425
Título: Estudos sobre o projeto de lei que possibilita a redução de direitos trabalhistas
Tipo do Material: Artigo de Periódico
Número de Chamada: C
MACIEL, José Alberto Couto. Estudos sobre o projeto de lei que possibilita a redução de direitos trabalhistas. *Revista do TST*, Brasília, v. 68, n. 1, p. 204-14, jan./mar. 2002.

Registro Bibliográfico: 37565
Título: FGTS. Novas contribuições sociais. Inconstitucionalidades e ilegalidade da Lei Complementar n. 110/2001
Tipo do Material: Artigo de Periódico
Número de Chamada: C
MACIEL, José Alberto Couto. FGTS. Novas contribuições sociais. Inconstitucionalidades e ilegalidade da Lei Complementar n. 110/2001. *Synthesis*, São Paulo, n. 34, p. 151-153, jan./jun. 2002.

Registro Bibliográfico: 42019
Título: Fiscal do trabalho não é juiz
Tipo do Material: Artigo de Periódico
Número de Chamada: B
MACIEL, José Alberto Couto. Fiscal do trabalho não é juiz. *Revista do Direito Trabalhista*, Brasília, a. 8, n. 9, p. 3, set. 2002.

Registro Bibliográfico: 37348
Título: Flexibilização do direito do trabalho: beneficia ou prejudica o trabalhador? Opinião dos doutos
Tipo do Material: Artigo de Periódico
Número de Chamada: B
SÜSSEKIND, Arnaldo *et al.* Flexibilização do direito do trabalho: beneficia ou prejudica o trabalhador? Opinião dos doutos. *Revista do Direito Trabalhista*, Brasília, a. 8, n. 2, p. 6-8, fev. 2002.

Registro Bibliográfico: 37868
Título: Inconstitucionalidade do projeto de lei que possibilita a redução de direitos trabalhistas
Tipo do Material: Artigo de Periódico
Número de Chamada: B
MACIEL, José Alberto Couto. Inconstitucionalidade do projeto de lei que possibilita a redução de direitos trabalhistas. *Revista do Direito Trabalhista*, Brasília, a. 8, n. 3, p. 5-6, mar. 2002.

Registro Bibliográfico: 41305
Título: Inconstitucionalidades e ilegalidades da Lei Complementar n. 110/2001
Tipo do Material: Artigo de Periódico
Número de Chamada: E
MACIEL, José Alberto Couto. Inconstitucionalidades e ilegalidades da Lei Complementar n. 110/2001. *Revista da Academia Nacional de Direito do Trabalho*, São Paulo, a. 10, n. 10, p. 88-90, 2002.

Registro Bibliográfico: 38713
Título: Extinção do Tribunal Superior do Trabalho
Tipo do Material: Artigo de Periódico
Número de Chamada: I
MACIEL, José Alberto Couto. Extinção do Tribunal Superior do Trabalho. *Síntese Trabalhista*, São Paulo, a. 13, n. 150, p. 134-36, dez. 2001.

Registro Bibliográfico: 35338
Título: FGTS. Novas contribuições sociais. Inconstitucionalidades e ilegalidade da Lei Complementar n. 110/2001
Tipo do Material: Artigo de Periódico
Número de Chamada: A
MACIEL, José Alberto Couto. FGTS. Novas contribuições sociais. Inconstitucionalidades e ilegalidade da Lei Complementar n. 110/2001. *Revista LTr*, São Paulo, a. 65, t. II, n. 8, p. 947-48, ago. 2001.

Registro Bibliográfico: 38699
Título: FGTS. Novas contribuições sociais. Inconstitucionalidades e ilegalidade da Lei Complementar n. 110/2001
Tipo do Material: Artigo de Periódico
Número de Chamada: I
MACIEL, José Alberto Couto. FGTS. Novas contribuições sociais. Inconstitucionalidades e ilegalidade da Lei Complementar n. 110/2001. *Síntese Trabalhista*, São Paulo, a. 13, n. 149, p. 11-13, nov. 2001.

Registro Bibliográfico: 35841
Título: Flexibilização da CLT: um tiro no direito dos trabalhadores
Tipo do Material: Artigo de Periódico
Número de Chamada: B
MACIEL, José Alberto Couto. Flexibilização da CLT: um tiro no direito dos trabalhadores. *Revista do Direito Trabalhista*, Brasília, a. 7, n. 10, p. 21, out. 2001.

Registro Bibliográfico: 36210

Título: Futebol. Extinção do passe no direito brasileiro

Tipo do Material: Artigo de Periódico

Número de Chamada: A

MACIEL, José Alberto Couto; MACIEL, Bruno. Futebol. Extinção do passe no direito brasileiro. *LTr — Suplemento Trabalhista*, São Paulo, a. 37, n. 148, p. 709-12, 2001.

Registro Bibliográfico: 35285

Título: Inconstitucionalidades e ilegalidades da Lei Complementar n. 110/2001

Tipo do Material: Artigo de Periódico

Número de Chamada: B

MACIEL, José Alberto Couto. Inconstitucionalidades e ilegalidades da Lei Complementar n. 110/2001. *Jornal Trabalhista Consulex*, Brasília, a. 18, n. 879, p. 11-12, 03 set. 2001.

Registro Bibliográfico: 35643

Título: Inconstitucionalidades e ilegalidades da Lei Complementar n. 110/2001

Tipo do Material: Artigo de Periódico

Número de Chamada: B

MACIEL, José Alberto Couto. Inconstitucionalidades e ilegalidades da Lei Complementar n. 110/2001. *Revista do Direito Trabalhista*, Brasília, a. 7, n. 9, p. 8-9, set. 2001.

Registro Bibliográfico: 55374

Título: Medida Provisória n. 2.226/2001. Extinção do Tribunal Superior do Trabalho

Tipo do Material: Artigo de Periódico

Número de Chamada: E

MACIEL, José Alberto Couto. Medida Provisória n. 2.226/2001. Extinção do Tribunal Superior do Trabalho. *Justiça do Trabalho*, Porto Alegre, a. 18, n. 214, p. 7-10, out. 2001.

Registro Bibliográfico: 38658

Título: Os expurgos do FGTS: consequências de um acordo geral

Tipo do Material: Artigo de Periódico

Número de Chamada: I

MACIEL, José Alberto Couto. Os expurgos do FGTS: consequências de um acordo geral. *Síntese Trabalhista*, São Paulo, a. 12, n. 144, p. 133-34, jun. 2001.

Registro Bibliográfico: 35714

Título: Recurso de revista - requisito da transcendência - Medida provisória n. 2226/2001, extinção do Tribunal Superior do Trabalho

Tipo do Material: Artigo de Periódico

Número de Chamada: A

MACIEL, José Alberto Couto. Recurso de revista - requisito da transcendência - Medida provisória n. 2226/2001, extinção do Tribunal Superior do Trabalho. *Revista LTr*, São Paulo, a. 65, t. II, n. 9, p. 1035-37, set. 2001.

Registro Bibliográfico: 35459

Título: Recurso do TST

Tipo do Material: Artigo de Periódico

Número de Chamada: B

MACIEL, José Alberto Couto. Recurso do TST. *Jornal Trabalhista Consulex*, Brasília, a. 18, n. 882, p. 11-12, 24 set. 2001.

Registro Bibliográfico: 36570

Título: Salário mínimo proporcional

Tipo do Material: Artigo de Periódico

Número de Chamada: B

MACIEL, José Alberto Couto. Salário mínimo proporcional. *Revista do Direito Trabalhista*, Brasília, a. 7, n. 12, p. 8, dez. 2001.

Registro Bibliográfico: 35631

Título: TST examinará transcendência no recurso de revista

Tipo do Material: Artigo de Periódico

Número de Chamada: B

MACIEL, José Alberto Couto. TST examinará transcendência no recurso de revista. *Revista do Direito Trabalhista*, Brasília, a. 7, n. 9, p. 34-35, set. 2001.

Registro Bibliográfico: 31056

Título: Comentários à Lei n. 9.958, de 12 de janeiro de 2000

Tipo do Material: Artigo de Periódico

Número de Chamada: A

MACIEL, José Alberto Couto. Comentários à Lei n. 9.958, de 12 de janeiro de 2000. *Revista LTr*, São Paulo, a. 64, t. I, n. 2, p. 178-83, fev. 2000.

Registro Bibliográfico: 31108

Título: Comentários à Lei n. 9.958, de 12 de janeiro de 2000

Tipo do Material: Artigo de Periódico

Número de Chamada: B

MACIEL, José Alberto Couto. Comentários à Lei n. 9.958, de 12 de janeiro de 2000. *Revista Jurídica Consulex*, Brasília, a. 4, v. 1, n. 38, p. 18-20, fev. 2000.

Registro Bibliográfico: 31203

Título: Comentários à Lei n. 9.958, de 12 de janeiro de 2000

Tipo do Material: Artigo de Periódico

Número de Chamada: B

MACIEL, José Alberto Couto. Comentários à Lei n. 9.958, de 12 de janeiro de 2000. *Jornal Trabalhista Consulex*, Brasília, a. 17, n. 805, p. 5-8, 27 mar. 2000.

Registro Bibliográfico: 31029

Título: Comissões de conciliação prévia: comentários à Lei n. 9.958/2000

Tipo do Material: Artigo de Periódico

Número de Chamada: B

MACIEL, José Alberto Couto. Comissões de conciliação prévia: comentários à Lei n. 9.958/2000. *Revista do Direito Trabalhista*, Brasília, a. 6, n. 1, p. 38-43, jan. 2000.

Registro Bibliográfico: 30785

Título: Dissídio coletivo: substituição ou representação?

Tipo do Material: Artigo de Periódico

Número de Chamada: B

MACIEL, José Alberto Couto. Dissídio coletivo: substituição ou representação? *Jornal Trabalhista Consulex*, Brasília, a. 17, n. 793, p. 7-8, 03 jan. 2000.

Registro Bibliográfico: 32546

Título: Dissídio coletivo: substituição ou representação?

Tipo do Material: Artigo de Periódico

Número de Chamada: C

MACIEL, José Alberto Couto. Dissídio coletivo: substituição ou representação? *Synthesis*, São Paulo, n. 31, p. 171-174, jul./dez. 2000.

Registro Bibliográfico: 31952

Título: Inconstitucionalidade do atual artigo 557 do Código de Processo Civil

Tipo do Material: Artigo de Periódico

MACIEL, José Alberto Couto. Inconstitucionalidade do atual artigo 557 do Código de Processo Civil. *Revista do Direito Trabalhista*, Brasília, a. 6, n. 6, p. 24-25, jun. 2000.

Registro Bibliográfico: 47553

Título: Querem quebrar o poder judiciário

Tipo do Material: Artigo de Periódico

Número de Chamada: B

MACIEL, José Alberto Couto. Querem quebrar o poder judiciário. *Jornal Trabalhista Consulex*, Brasília, a. 17, n. 819, p. 18, 03 jul. 2000.

Registro Bibliográfico: 27626

Título: A inconstitucionalidade da despedida arbitrária frente ao texto da Constituição de 1988 e a consequente reintegração do empregado

Tipo do Material: Artigo de Periódico

Número de Chamada: A

MACIEL, José Alberto Couto. A inconstitucionalidade da despedida arbitrária frente ao texto da Constituição de 1988 e a consequente reintegração do empregado. *Revista LTr*, São Paulo, a. 63, t. I, n. 3, p. 310-23, mar. 1999.

Registro Bibliográfico: 30671

Título: Dissídio coletivo: substituição ou representação?

Tipo do Material: Artigo de Periódico

Número de Chamada: A

MACIEL, José Alberto Couto. Dissídio coletivo: substituição ou representação? *Revista LTr*, São Paulo, a. 63, t. II, n. 12, p. 1605-07, dez. 1999.

Registro Bibliográfico: 27393

Título: Efeito vinculante nas relações de trabalho: benefício ou malefício?

Tipo do Material: Artigo de Periódico

Número de Chamada: B

PIMENTA, Wagner Antônio; MACIEL, José Alberto Couto. Efeito vinculante nas relações de trabalho: benefício ou malefício? *Revista Jurídica Consulex*, Brasília, a. 3, v. 1, n. 26, p. 58-59, fev. 1999.

Registro Bibliográfico: 24836

Título: A crise da Justiça do Trabalho e a flexibilização

Tipo do Material: Artigo de Periódico

Número de Chamada: A

MACIEL, José Alberto Couto. A crise da Justiça do Trabalho e a flexibilização. *Revista LTr*, São Paulo, a. 62, t. I, n. 2, p. 176-78, fev. 1998.

Registro Bibliográfico: 25683

Título: A globalização da economia e a redução de direitos trabalhistas (resumo)

Tipo do Material: Artigo de Periódico

Número de Chamada: C

MACIEL, José Alberto Couto; ALMEIDA, Sebastião (elab. de resumo). A globalização da economia e a redução de direitos trabalhistas (resumo). *Synthesis*, São Paulo, n. 26, p. 42-44, jan./jun. 1998.

Registro Bibliográfico: 27660

Título: Contrato de trabalho por prazo determinado

Tipo do Material: Artigo de Periódico

Número de Chamada: I

MACIEL, José Alberto Couto. Contrato de trabalho por prazo determinado. *Síntese Trabalhista*, São Paulo, a. 9, n. 110, p. 150-52, ago. 1998.

Registro Bibliográfico: 25188

Título: Contrato de trabalho por prazo determinado. Críticas à Lei n. 9.601/98

Tipo do Material: Artigo de Periódico

Número de Chamada: D

MACIEL, José Alberto Couto. Contrato de trabalho por prazo determinado. Críticas à Lei 9.601/98. *Genesis — Revista de Direito do Trabalho*, Curitiba, n. 61, p. 78-80, jan. 1998.

Registro Bibliográfico: 26231

Título: Contrato de trabalho temporário: constitucional ou inconstitucional?

Tipo do Material: Artigo de Periódico

Número de Chamada: B

MACIEL, José Alberto Couto. Contrato de trabalho temporário: constitucional ou inconstitucional? *Revista Jurídica Consulex*, Brasília, a. 2, v. 1, n. 17, p. 53-54, maio 1998.

Registro Bibliográfico: 27029

Título: Críticas à Lei n. 9.601/98 que dispõe sobre o contrato de trabalho por prazo determinado (resumo)

Tipo do Material: Artigo de Periódico

Número de Chamada: C

MACIEL, José Alberto Couto; VASCONCELLOS, Maria Stella Lopes da Silva (elab. de resumo). Críticas à Lei n. 9.601/98 que dispõe sobre o contrato de trabalho por prazo determinado (resumo). *Synthesis*, São Paulo, n. 27, p. 108, jul./dez. 1998.

Registro Bibliográfico: 24715

Título: Críticas à Lei n. 9.601/98 que dispõe sobre o contrato de trabalho por prazo determinado

Tipo do Material: Artigo de Periódico

Número de Chamada: A

MACIEL, José Alberto Couto. Críticas à Lei n. 9.601/98 que dispõe sobre o contrato de trabalho por prazo determinado. *LTr — Suplemento Trabalhista*, São Paulo, a. 34, n. 25, p. 107-09, 1998.

Registro Bibliográfico: 26688

Título: Críticas à Lei n. 9.601/98 que dispõe sobre o contrato de trabalho por prazo determinado

Tipo do Material: Artigo de Periódico

Número de Chamada: J

MACIEL, José Alberto Couto. Críticas à Lei n. 9.601/98 que dispõe sobre o contrato de trabalho por prazo determinado. *Trabalho & Doutrina:* processo, jurisprudência. São Paulo, n. 17, p. 84-86, jun. 1998.

Registro Bibliográfico: 26391

Título: FGTS. Prescrição. Não é mais trintenária a prescrição das parcelas do FGTS

Tipo do Material: Artigo de Periódico

Número de Chamada: A

MACIEL, José Alberto Couto. FGTS. Prescrição. Não é mais trintenária a prescrição das parcelas do FGTS. *LTr — Suplemento Trabalhista*, São Paulo, a. 34, n. 152, p. 711-12, 1998.

Registro Bibliográfico: 26708

Título: Globalização. Quem está atrás do pano?

Tipo do Material: Artigo de Periódico

Número de Chamada: J

MACIEL, José Alberto Couto. Globalização. Quem está atrás do pano? *Trabalho & Doutrina:* processo, jurisprudência. São Paulo, n. 18, p. 92-94, set. 1998.

Registro Bibliográfico: 26620
Título: Prescrição
Tipo do Material: Artigo de Periódico
Número de Chamada: B
MACIEL, José Alberto Couto. Prescrição. *Revista do Direito Trabalhista*, Brasília, a. 4, n. 10, p. 4-5, out. 1998.

Registro Bibliográfico: 25294
Título: Redução de salário: vergonha nacional
Tipo do Material: Artigo de Periódico
Número de Chamada: D
MACIEL, José Alberto Couto. Redução de salário: vergonha nacional. *Genesis — Revista de Direito do Trabalho*, Curitiba, n. 63, p. 373-74, mar. 1998.

Registro Bibliográfico: 22774
Título: A globalização da economia e a redução de direitos trabalhistas
Tipo do Material: Artigo de Periódico
Número de Chamada: A
MACIEL, José Alberto Couto. A globalização da economia e a redução de direitos trabalhistas. *Revista LTr*, São Paulo, a. 61, t. I, n. 4, p. 466-70, abr. 1997.

Registro Bibliográfico: 23461
Título: Globalização e relação de emprego
Tipo do Material: Artigo de Periódico
Número de Chamada: P.Ga1
MACIEL, José Alberto Couto. Globalização e relação de emprego. *Jornal Trabalhista*, Brasília, a. 14, n. 670, p. 789, 4 ago. 1997.

Registro Bibliográfico: 24138
Título: Vigência da Convenção n. 158 da OIT (resumo)
Tipo do Material: Artigo de Periódico
Número de Chamada: C
MACIEL, José Alberto Couto; ARRAIS, Jeimes Gadioli (elab. de resumo). Vigência da Convenção n. 158 da OIT (resumo). *Synthesis*, São Paulo, n. 25, p. 117-119, jul./dez. 1997.

Registro Bibliográfico: 20906
Título: A garantia no emprego em vigor
Tipo do Material: Artigo de Periódico
Número de Chamada: D
MACIEL, José Alberto Couto. A garantia no emprego em vigor. *Genesis — Revista de Direito do Trabalho*, Curitiba, n. 37, p. 41-43, jan. 1996.

Registro Bibliográfico: 40649

Título: A garantia no emprego em vigor

Tipo do Material: Artigo de Periódico

Número de Chamada: J

MACIEL, José Alberto Couto. A garantia no emprego em vigor. *Trabalho & Doutrina:* processo, jurisprudência. São Paulo, n. 8, p. 97-100, mar. 1996.

Registro Bibliográfico: 69658

Título: A Justiça do Trabalho e os classistas

Tipo do Material: Artigo de Periódico

Número de Chamada: D

MACIEL, José Alberto Couto. A Justiça do Trabalho e os classistas. *LTr — Jornal do Congresso*, São Paulo, n. 11, p. 74, nov. 1996.

Registro Bibliográfico: 21979

Título: Convenção 158 da OIT

Tipo do Material: Artigo de Periódico

Número de Chamada: I

MACIEL, José Alberto Couto. Convenção 158 da OIT. *Síntese Trabalhista*, São Paulo, a. 7, n. 88, p. 129-32, out. 1996.

Registro Bibliográfico: 28839

Título: Honorários advocatícios na Justiça do Trabalho, um equívoco corrigido pela Lei n. 8.906/94

Tipo do Material: Artigo de Periódico

Número de Chamada: C

MACIEL, José Alberto Couto. Honorários advocatícios na Justiça do Trabalho, um equívoco corrigido pela Lei n. 8.906/94. *Synthesis*, São Paulo, n. 22, p. 68-70, jan./jun. 1996.

Registro Bibliográfico: 48563

Título: Lei n. 9.139/95. O que mudou no agravo de instrumento no processo do trabalho

Tipo do Material: Artigo de Periódico

Número de Chamada: A

MACIEL, José Alberto Couto. Lei n. 9.139/95. O que mudou no agravo de instrumento no processo do trabalho. *LTr — Suplemento Trabalhista*, São Paulo, a. 32, n. 12, p. 83-84, 1996.

Registro Bibliográfico: 22288

Título: Vigência da Convenção n. 158 da OIT

Tipo do Material: Artigo de Periódico

Número de Chamada: J

MACIEL, José Alberto Couto. Vigência da Convenção n. 158 da OIT. *Trabalho & Doutrina:* processo, jurisprudência. São Paulo, n. 11, p. 20-23, dez. 1996.

Registro Bibliográfico: 48013

Título: Vigência e compatibilidade da Convenção n. 158 da OIT

Tipo do Material: Artigo de Periódico

Número de Chamada: A

MACIEL, José Alberto Couto. Vigência e compatibilidade da Convenção n. 158 da OIT. *Revista LTr*, São Paulo, a. 60, t. I, n. 6, p. 763-765, jun. 1996.

Registro Bibliográfico: 47855

Título: A garantia no emprego em vigor

Tipo do Material: Artigo de Periódico

Número de Chamada: A

MACIEL, José Alberto Couto. A garantia no emprego em vigor. *Revista LTr*, São Paulo, a. 59, t. II, n. 12, p. 1611-12, dez. 1995.

Registro Bibliográfico: 28705

Título: Estatuto da advocacia: nova lei de proteção que desprotege (resumo)

Tipo do Material: Artigo de Periódico

Número de Chamada: C

MACIEL, José Alberto Couto; ALMEIDA, Sebastião (elab. de resumo). Estatuto da advocacia: nova lei de proteção que desprotege (resumo). *Synthesis*, São Paulo, n. 20, p. 41-44, jan./jun. 1995.

Registro Bibliográfico: 20508

Título: Honorários advocatícios na Justiça do Trabalho, um equívoco corrigido pela Lei n. 8.906/94

Tipo do Material: Artigo de Periódico

Número de Chamada: E

MACIEL, José Alberto Couto. Honorários advocatícios na Justiça do Trabalho, um equívoco corrigido pela Lei n. 8.906/94. *Revista da Academia Nacional de Direito do Trabalho*, São Paulo, a. 3, n. 3, p. 90-92, 1995.

Registro Bibliográfico: 19881

Título: Honorários na Justiça do Trabalho

Tipo do Material: Artigo de Periódico

Número de Chamada: I

MACIEL, José Alberto Couto. Honorários na Justiça do Trabalho. *Síntese Trabalhista*, São Paulo, a. 6, n. 70, p. 109-14, abr. 1995.

Registro Bibliográfico: 19920

Título: O trabalhador e o dano moral

Tipo do Material: Artigo de Periódico

Número de Chamada: I

MACIEL, José Alberto Couto. O trabalhador e o dano moral. *Síntese Trabalhista*, São Paulo, a. 6, n. 71, p. 7, maio 1995.

Registro Bibliográfico: 20951

Título: Reflexões sobre o contrato coletivo nacional

Tipo do Material: Artigo de Periódico

Número de Chamada: C

MACIEL, José Alberto Couto. Reflexões sobre o contrato coletivo nacional. *Revista do TST*, Brasília, v. 64, n. 1, p. 106-11, jan./dez. 1995.

Registro Bibliográfico: 57003

Título: Responsabilidade civil e penal na relação de trabalho

Tipo do Material: Artigo de Periódico

Número de Chamada: F

MACIEL, José Alberto Couto. Responsabilidade civil e penal na relação de trabalho. *Revista do Instituto Goiano de Direito do Trabalho*, Goiânia, a. 3, n. 4, p. 9-20, dez. 1995.

Registro Bibliográfico: 47744

Título: TST na prática, reduz sua competência

Tipo do Material: Artigo de Periódico

Número de Chamada: A

MACIEL, José Alberto Couto. TST na prática, reduz sua competência. *Revista LTr*, São Paulo, a. 59, t. I, n. 1, p. 32-33, jan. 1995.

Registro Bibliográfico: 48405

Título: Estatuto da advocacia: nova lei de proteção que desprotege

Tipo do Material: Artigo de Periódico

Número de Chamada: A

MACIEL, José Alberto Couto. Estatuto da advocacia: nova lei de proteção que desprotege. *Revista LTr*, São Paulo, a. 58, t. II, n. 8, p. 949-51, ago. 1994.

Registro Bibliográfico: 29091

Título: Garantia no emprego (resumo)

Tipo do Material: Artigo de Periódico

Número de Chamada: C

MACIEL, José Alberto Couto; PERALTA, Paulo Jorge (elab. de resumo). Garantia no emprego (resumo). *Synthesis*, São Paulo, n. 18, p. 140-143, jan./jun. 1994.

Registro Bibliográfico: 29093

Título: O contrato coletivo e a arbitragem judicial em nosso país

Tipo do Material: Artigo de Periódico

Número de Chamada: C

MACIEL, José Alberto Couto. O contrato coletivo e a arbitragem judicial em nosso país. *Synthesis*, São Paulo, n. 18, p. 165-166, jan./jun. 1994.

Registro Bibliográfico: 29003

Título: O contrato coletivo e o poder normativo (resumo)

Tipo do Material: Artigo de Periódico

Número de Chamada: C

MACIEL, José Alberto Couto; GOULART, Maria Aparecida de Campos (elab. de resumo). O contrato coletivo e o poder normativo (resumo). *Synthesis*, São Paulo, n. 19, p. 166-168, jul./dez. 1994.

Registro Bibliográfico: 28985

Título: O Estado, o contrato individual de trabalho e a celeridade processual (resumo)

Tipo do Material: Artigo de Periódico

Número de Chamada: C

MACIEL, José Alberto Couto; MARTINI, Fernando (elab. de resumo). O Estado, o contrato individual de trabalho e a celeridade processual (resumo). *Synthesis*, São Paulo, n. 19, p. 120-123, jul./dez. 1994.

Registro Bibliográfico: 29334

Título: Cabimento de ação rescisória contra despacho do relator que indefere recurso no Tribunal Superior do Trabalho Tipo do Material: Artigo de Periódico

Número de Chamada: C

MACIEL, José Alberto Couto. Cabimento de ação rescisória contra despacho do relator que indefere recurso no Tribunal Superior do Trabalho. *Synthesis*, São Paulo, n. 17, p. 124-125, jul./dez. 1993.

Registro Bibliográfico: 48252

Título: Da inconstitucionalidade do depósito exigido pelo art. 899 da CLT

Tipo do Material: Artigo de Periódico

Número de Chamada: A

MACIEL, José Alberto Couto. Da inconstitucionalidade do depósito exigido pelo art. 899 da CLT. *Revista LTr*, São Paulo, a. 57, t. I, n. 2, p. 192-93, fev. 1993.

Registro Bibliográfico: 37620

Título: Depósito recursal na execução trabalhista

Tipo do Material: Artigo de Periódico

Número de Chamada: I

MACIEL, José Alberto Couto. Depósito recursal na execução trabalhista. *Síntese Trabalhista*, São Paulo, a. 5, n. 51, p. 25-28, set. 1993.

Registro Bibliográfico: 173621

Título: Garantia no emprego

Tipo do Material: Artigo de Periódico

Número de Chamada: A

MACIEL, José Alberto Couto. Garantia no emprego. *Revista LTr*, São Paulo, a. 57, t. I, n. 4, p. 410-414, abr. 1993.

Registro Bibliográfico: 23666
Título: O contrato coletivo e a arbitragem judicial em nosso país
Tipo do Material: Artigo de Periódico
Número de Chamada: F
MACIEL, José Alberto Couto. O contrato coletivo e a arbitragem judicial em nosso país. *Revista de Direito do Trabalho*, São Paulo, a. 18, n. 82, p. 34-36, abr./jun. 1993.

Registro Bibliográfico: 48304
Título: O contrato coletivo e o poder normativo
Tipo do Material: Artigo de Periódico
Número de Chamada: A
MACIEL, José Alberto Couto. O contrato coletivo e o poder normativo. *Revista LTr*, São Paulo, a. 57, t. II, n. 10, p. 1185-90, out. 1993.

Registro Bibliográfico: 47140
Título: O Estado, o contrato individual de trabalho e a celeridade processual
Tipo do Material: Artigo de Periódico
Número de Chamada: G
MACIEL, José Alberto Couto. O Estado, o contrato individual de trabalho e a celeridade processual. *Revista do Ministério Público do Trabalho*, Brasília, a. 3, n. 6, p. 15-20, set. 1993.

Registro Bibliográfico: 29770
Título: Cabimento de honorários advocatícios na Justiça do Trabalho (resumo)
Tipo do Material: Artigo de Periódico
Número de Chamada: C
MACIEL, José Alberto Couto; FASSIO, Suely (elab. de resumo). Cabimento de honorários advocatícios na Justiça do Trabalho (resumo). *Synthesis*, São Paulo, n. 15, p. 110-111, jul./dez. 1992.

Registro Bibliográfico: 29963
Título: Os sindicatos de servidores públicos. Impossibilidade de aplicação de convenções, acordos coletivos e dissídios coletivos de natureza econômica (resumo)
Tipo do Material: Artigo de Periódico
Número de Chamada: C
MACIEL, José Alberto Couto; FASSIO, Suely (elab. de resumo). Os sindicatos de servidores públicos. Impossibilidade de aplicação de convenções, acordos coletivos e dissídios coletivos de natureza econômica (resumo). *Synthesis*, São Paulo, n. 14, p. 188-191, jan./jun. 1992.

Registro Bibliográfico: 19771
Título: A irredutibilidade do salário assegurada pela Constituição Federal, Art. 7º, Inc. VI, é a nominal, ou jurídica e não a real, ou econômica
Tipo do Material: Artigo de Periódico
Número de Chamada: A
MACIEL, José Alberto Couto. A irredutibilidade do salário assegurada pela Constituição Federal, Art. 7º, Inc. VI, é a nominal, ou jurídica e não a real, ou econômica. *Revista LTr*, São Paulo, a. 55, t. I, n. 1, p. 33-35, jan. 1991.

Registro Bibliográfico: 30082

Título: A irredutibilidade do salário assegurada pela Constituição Federal, Art. 7º, Inc. VI, é a nominal, ou jurídica e não a real, ou econômica (resumo)

Tipo do Material: Artigo de Periódico

Número de Chamada: C

MACIEL, José Alberto Couto; MANUS, Adélia Cristina Teixeira (elab. de resumo). A irredutibilidade do salário assegurada pela Constituição Federal, art. 7º, inc. VI, é a nominal, ou jurídica e não a real, ou econômica (resumo). *Synthesis*, São Paulo, n. 13, p. 55-56, jul./dez. 1991.

Registro Bibliográfico: 48131

Título: Cabimento de honorários advocatícios na Justiça do Trabalho

Tipo do Material: Artigo de Periódico

Número de Chamada: A

MACIEL, José Alberto Couto. Cabimento de honorários advocatícios na Justiça do Trabalho. *Revista LTr*, São Paulo, a. 55, t. II, n. 11, p. 1319-20, nov. 1991.

Registro Bibliográfico: 39662

Título: Greve: exército de atividades essenciais (resumo)

Tipo do Material: Artigo de Periódico

Número de Chamada: C

MACIEL, José Alberto Couto; PRINA, Dóris Ribeiro Torres (elab. de resumo). Greve: exército de atividades essenciais (resumo). *Synthesis*, São Paulo, n. 12, p. 177-178, jan./jun. 1991.

Registro Bibliográfico: 45436

Título: Os sindicatos de servidores públicos — Impossibilidade de aplicação de convenções, acordos coletivos e dissídios coletivos de natureza econômica

Tipo do Material: Artigo de Periódico

Número de Chamada: A

MACIEL, José Alberto Couto. Os sindicatos de servidores públicos — Impossibilidade de aplicação de convenções, acordos coletivos e dissídios coletivos de natureza econômica. *Revista LTr*, São Paulo, a. 55, t. I, n. 3, p. 291-94, mar. 1991.

Registro Bibliográfico: 48091

Título: Os sindicatos de servidores públicos — Impossibilidade de aplicação de convenções, acordos coletivos e dissídios coletivos de natureza econômica

Tipo do Material: Artigo de Periódico

Número de Chamada: A

MACIEL, José Alberto Couto. Os sindicatos de servidores públicos - Impossibilidade de aplicação de convenções, acordos coletivos e dissídios coletivos de natureza econômica. *Revista LTr*, São Paulo, a. 55, t. II, n. 8, p. 935-39, ago. 1991.

Registro Bibliográfico: 39564
Título: Grupo econômico. Equiparação salarial (resumo)
Tipo do Material: Artigo de Periódico
Número de Chamada: C
MACIEL, José Alberto Couto; MARTINS, Nei Frederico Cano (elab. de resumo). Grupo econômico. Equiparação salarial (resumo). *Synthesis*, São Paulo, n. 11, p. 107-108, jul./dez. 1990.

Registro Bibliográfico: 39513
Título: Mandado de injunção. Seu não cabimento na Justiça do Trabalho
Tipo do Material: Artigo de Periódico
Número de Chamada: C
MACIEL, José Alberto Couto. Mandado de injunção. Seu não cabimento na Justiça do Trabalho. *Synthesis*, São Paulo, n. 10, p. 90-93, jan./jun. 1990.

Registro Bibliográfico: 39490
Título: O recurso extraordinário trabalhista perante o art. 102, III, da Constituição Federal — Caminho a seguir
Tipo do Material: Artigo de Periódico
Número de Chamada: C
MACIEL, José Alberto Couto. O recurso extraordinário trabalhista perante o art. 102, III, da Constituição Federal - Caminho a seguir. *Synthesis*, São Paulo, n. 10, p. 85-87, jan./jun. 1990.

Registro Bibliográfico: 31456
Título: A nova Constituição e a possibilidade de redução de direitos na convenção e no acordo coletivo
Tipo do Material: Artigo de Periódico
Número de Chamada: A
MACIEL, José Alberto Couto. A nova Constituição e a possibilidade de redução de direitos na convenção e no acordo coletivo. *Revista LTr*, São Paulo, a. 53, t. I, n. 1, p. 69-71, jan. 1989.

Registro Bibliográfico: 45948
Título: Grupo econômico. Equiparação salarial
Tipo do Material: Artigo de Periódico
Número de Chamada: A
MACIEL, José Alberto Couto. Grupo econômico. Equiparação salarial. *Revista LTr*, São Paulo, a. 53, t. II, n. 11, p. 1337-1340, nov. 1989.

Registro Bibliográfico: 45855
Título: O recurso extraordinário trabalhista perante o art. 102, III, da Constituição Federal — Caminho a seguir
Tipo do Material: Artigo de Periódico
Número de Chamada: A
MACIEL, José Alberto Couto. O recurso extraordinário trabalhista perante o art. 102, III, da Constituição Federal — Caminho a seguir. *Revista LTr*, São Paulo, a. 53, t. I, n. 4, p. 423-24, abr. 1989.

Registro Bibliográfico: 45921

Título: Os candidatos e os direitos sociais

Tipo do Material: Artigo de Periódico

Número de Chamada: A

MACIEL, José Alberto Couto. Os candidatos e os direitos sociais. *Revista LTr*, São Paulo, a. 53, t. II, n. 8, p. 932-33, ago. 1989.

Registro Bibliográfico: 39194

Título: Servidor público. Requisição. Vínculo de emprego (resumo)

Tipo do Material: Artigo de Periódico

Número de Chamada: C

MACIEL, José Alberto Couto; HESPANHOL, Ricardo César Alonso (elab. de resumo). Servidor público. Requisição. Vínculo de emprego (resumo). *Synthesis*, São Paulo, n. 8, p. 147-148, jan./jun. 1989.

Registro Bibliográfico: 39070

Título: Efeitos dos recursos no Tribunal Superior do Trabalho: lacunas da lei (resumo)

Tipo do Material: Artigo de Periódico

Número de Chamada: C

MACIEL, José Alberto Couto; SILVA, Daisy Sardinha Ribeiro da (elab. de resumo). Efeitos dos recursos no Tribunal Superior do Trabalho: lacunas da lei (resumo). *Synthesis*, São Paulo, n. 7, p. 114-115, jul./dez. 1988.

Registro Bibliográfico: 48754

Título: Efeitos dos recursos no Tribunal Superior do Trabalho. Lacunas da lei

Tipo do Material: Artigo de Periódico

Número de Chamada: A

MACIEL, José Alberto Couto. Efeitos dos recursos no Tribunal Superior do Trabalho. Lacunas da lei. *Revista LTr*, São Paulo, a. 52, t. I, n. 1, p. 57-58, jan. 1988.

Registro Bibliográfico: 39101

Título: O direito individual do trabalho e o plano cruzado (resumo)

Tipo do Material: Artigo de Periódico

Número de Chamada: C

MACIEL, José Alberto Couto; NOGUEIRA, Elson Vilela (elab. de resumo). O direito individual do trabalho e o plano cruzado (resumo). *Synthesis*, São Paulo, n. 7, p. 129-131, jul./dez. 1988.

Registro Bibliográfico: 45762

Título: Servidor público. Requisição. Vínculo de emprego

Tipo do Material: Artigo de Periódico

Número de Chamada: A

MACIEL, José Alberto Couto. Servidor público. Requisição. Vínculo de emprego. *Revista LTr*, São Paulo, a. 52, t. II, n. 9, p. 1050-52, set. 1988.

Registro Bibliográfico: 138111
Título: O direito individual do trabalho e o Plano Cruzado
Tipo do Material: Artigo de Periódico
Número de Chamada: C
MACIEL, José Alberto Couto. O direito individual do trabalho e o Plano Cruzado. *Revista do TST*, Brasília, v. 55, p. 204-209, jan./dez. 1986.
Link de acesso: http://www.tst.jus.br/documents/1295387/1334375/3.+O+Direito+Individual+do+Trabalho+e+o+Plano+Cruzado

Registro Bibliográfico: 48667
Título: Estabilidade e FGTS. A convivência é legal, constitucional e já existente
Tipo do Material: Artigo de Periódico
Número de Chamada: A
MACIEL, José Alberto Couto. Estabilidade e FGTS. A convivência é legal, constitucional e já existente. *Revista LTr*, São Paulo, a. 50, t. II, n. 7, p. 796-801, jul. 1986.

Registro Bibliográfico: 38432
Título: Súmulas 208 e 221. O difícil caminho para o TST (resumo)
Tipo do Material: Artigo de Periódico
Número de Chamada: C
MACIEL, José Alberto Couto; HESPANHOL, Ricardo César Alonso (elab. de resumo). Súmulas 208 e 221. O difícil caminho para o TST (resumo). *Synthesis*, São Paulo, n. 2, p. 52, jan./jun. 1986.

Registro Bibliográfico: 38290
Título: O trabalho nos domingos e feriados (resumo)
Tipo do Material: Artigo de Periódico
Número de Chamada: C
MACIEL, José Alberto Couto. O trabalho nos domingos e feriados (resumo). *Synthesis*, São Paulo, n. 1, p. 81-82, jul./dez. 1985.

Registro Bibliográfico: 38301
Título: Salário-família para o rural. Constitucionalidade de cláusula em dissídio coletivo (resumo)
Tipo do Material: Artigo de Periódico
Número de Chamada: C
MACIEL, José Alberto Couto. Salário-família para o rural. Constitucionalidade de cláusula em dissídio coletivo (resumo). *Synthesis*, São Paulo, n. 1, p. 108, jul./dez. 1985.

Registro Bibliográfico: 48913
Título: Súmulas 208 e 221. O difícil caminho para o TST
Tipo do Material: Artigo de Periódico
Número de Chamada: A
MACIEL, José Alberto Couto. Súmulas 208 e 221. O difícil caminho para o TST. *Revista LTr*, São Paulo, a. 49, t. II, n. 11, p. 1304-1305, nov. 1985.

Registro Bibliográfico: 48869

Título: Salário-família para o rural. Constitucionalidade de cláusula em dissídio coletivo

Tipo do Material: Artigo de Periódico

Número de Chamada: I

MACIEL, José Alberto Couto. Salário-família para o rural. Constitucionalidade de cláusula em dissídio coletivo. *Revista LTr*, São Paulo, a. 49, t. I, n. 1, p. 25-26, jan. 1985.

Registro Bibliográfico: 48829

Título: A indústria da insalubridade — Alerta ao Ministro da Previdência Social

Tipo do Material: Artigo de Periódico

Número de Chamada: A

MACIEL, José Alberto Couto. A indústria da insalubridade - Alerta ao Ministro da Previdência Social. *Revista LTr*, São Paulo, a. 48, t. I, n. 5, p. 539-40, maio 1984.

Registro Bibliográfico: 48802

Título: As novas normas sobre processo do trabalho e o TST: Projeto de Lei n. 6 de 1983

Tipo do Material: Artigo de Periódico

Número de Chamada: A

MACIEL, José Alberto Couto. As novas normas sobre processo do trabalho e o TST: Projeto de Lei n. 6 de 1983. *Revista LTr*, São Paulo, a. 48, t. I, n. 1, p. 15-24, jan. 1984.

Registro Bibliográfico: 120521

Título: Diretor não empregado. FGTS. Competência da Justiça Comum para apreciação do motivo da destituição. Inconstitucionalidade

Tipo do Material: Artigo de Periódico

Número de Chamada: I

MACIEL, José Alberto Couto. Diretor não empregado. FGTS. Competência da Justiça Comum para apreciação do motivo da destituição. Inconstitucionalidade. *Revista Trabalhista Brasileira*, São Paulo, a. 1, n. 2, p. 9-11, fev. 1984.

Registro Bibliográfico: 172706

Título: Transcendência no recurso de revista

Tipo do Material: Capítulo de Livro

Número de Chamada: 34:331 R257 2022

MACIEL, José Alberto Couto. Transcendência no recurso de revista. In: *Reflexões jurídicas contemporâneas*:estudos em homenagem ao ministro Douglas Alencar Rodrigues. Leme, SP: Mizuno, 2022. p. 349-356. ISBN 9786555264388.

Registro Bibliográfico: 169210

Título: A evolução do direito do trabalho e a jurisprudência

Tipo do Material: Capítulo de Livro

Número de Chamada: 34:331.1 N824 v. 2 2021

MACIEL, José Alberto Couto. A evolução do direito do trabalho e a jurisprudência. In: TUPINAMBÁ, Carolina (coord.). *As novas relações trabalhistas e o futuro do direito do trabalho — v. 2*: as novidades provenientes de leis trabalhistas recentes. Belo Horizonte: Fórum, 2021. p. 125-137. ISBN 9786555181203.

Registro Bibliográfico: 160179

Título: Desemprego e garantia no emprego

Tipo do Material: Capítulo de Livro

Número de Chamada: 347.9:331 D635ac 2019

MACIEL, José Alberto Couto. Desemprego e garantia no emprego. In: LEITE, Carlos Henrique Bezerra; EÇA, Vitor Salino de Moura (coord.). *Direito e processo do trabalho*: homenagem a Armando Casimiro Costa Filho. São Paulo:LTr, 2019. p. 80-83. ISBN 9788536199856.

Registro Bibliográfico: 160232

Título: Repercussão geral nos recursos extraordinários em matéria trabalhista

Tipo do Material: Capítulo de Livro

Número de Chamada: 347.9:331 C986cp 2019

MACIEL, José Alberto Couto. Repercussão geral nos recursos extraordinários em matéria trabalhista. In: MARTINEZ, Luciano; BOUCINHAS FILHO, Jorge Cavalcanti; SILVA, Bruno Freire e (coord.). *Curso de direito processual do trabalho*: homenagem da Academia de Brasileira de Direito do Trabalho a Christovão Piragibe Tostes Malta e WagnerD. Giglio. São Paulo: LTr, 2019. p. 304-309. ISBN 9788530100056.

Registro Bibliográfico: 161243

Título: X. Proteção do salário na forma da lei, constituindo crime sua retenção dolosa

Tipo do Material: Capítulo de Livro

Número de Chamada: 342.16"1988" C725 2019

MACIEL, José Alberto Couto. X. Proteção do salário na forma da lei, constituindo crime sua retenção dolosa. In: TEIXEIRA FILHO, João de Lima; MARTINEZ, Luciano (coord.). *Comentários à Constituição de 1988 em matéria dedireitos sociais trabalhistas (arts. 6º a 11)*: uma homenagem aos 30 anos da Constituição da República e aos 40 anos da Academia Brasileira de Direito do Trabalho. São Paulo: LTr, 2019. p. 137-143. ISBN 9788530100735.

Registro Bibliográfico: 153312

Título: Ativismo judicial e o Tribunal Superior do Trabalho

Tipo do Material: Capítulo de Livro

Número de Chamada: 34:331 C389 2018

MACIEL, José Alberto Couto. Ativismo judicial e o Tribunal Superior do Trabalho. In: ARRUDA, Kátia Magalhães;ARANTES, Delaíde Alves Miranda (org.). *A centralidade do trabalho e os rumos da legislação trabalhista*: homenagem ao ministro João Oreste Dalazen. São Paulo: LTr, 2018. p. 159-165. ISBN 9788536195032.

Registro Bibliográfico: 156689

Título: Inconstitucionalidade do negociado sobre o legislado: art. 611-A da CLT

Tipo do Material: Capítulo de Livro

Número de Chamada: 34:331 N848dt 2018

MACIEL, José Alberto Couto. Inconstitucionalidade do negociado sobre o legislado: art. 611-A da CLT. In: RODRIGUES, Douglas Alencar; VEIGA, Maurício de Figueiredo Corrêa da; VEIGA, Matheus de Figueiredo Corrêa da (coord.). *Novos rumos do direito do trabalho na atualidade*: estudos em homenagem ao Ministro Aloysio Corrêa daVeiga. São Paulo: LTr, 2018. p. 84-88. ISBN 9788536197692.

Registro Bibliográfico: 163940

Título: Recurso de revista e transcendência

Tipo do Material: Capítulo de Livro

Número de Chamada: 331.001.73 R257ir 2018

MACIEL, José Alberto Couto. Recurso de revista e transcendência. In: TUPINAMBÁ, Carolina; GOMES, Fábio Rodrigues (coord.). *A reforma trabalhista*: o impacto nas relações de trabalho. Belo Horizonte: Fórum, 2018. p.301-311. ISBN 9788545004417.

Registro Bibliográfico: 173598

Título: Comissionista

Tipo do Material: Capítulo de Livro

Número de Chamada: (038)331 D542dt 2013

MACIEL, José Alberto Couto. Comissionista. In: MANNRICH, Nelson; MARTINEZ, Luciano; PINTO, José Augusto Rodrigues (coord.). *Dicionário brasileiro de direito do trabalho.* São Paulo: LTr, 2013. p. 85. ISBN 9788536125893.

Registro Bibliográfico: 173599

Título: Comissões

Tipo do Material: Capítulo de Livro

Número de Chamada: (038)331 D542dt 2013

MACIEL, José Alberto Couto. Comissões. In: MANNRICH, Nelson; MARTINEZ, Luciano; PINTO, José Augusto Rodrigues (coord.). *Dicionário brasileiro de direito do trabalho.* São Paulo: LTr, 2013. p. 85. ISBN 9788536125893.

Registro Bibliográfico: 16338

Título: Direito coletivo constitucional e o servidor público

Tipo do Material: Capítulo de Livro

Número de Chamada: 35.08 S654jt 2005

MACIEL, José Alberto Couto. Direito coletivo constitucional e o servidor público. In: SOARES, José Ronald Cavalcante(coord.). *O servidor público e a justiça do trabalho*: homenagem ao Ministro Ronaldo José Lopes Leal. São Paulo: LTr, 2005. p. 148. ISBN 8536106840.

Registro Bibliográfico: 15151

Título: Embargos de divergência e infringentes no Tribunal Superior do Trabalho

Tipo do Material: Capítulo de Livro

Número de Chamada: 347.955:331 R248va 2003

MACIEL, José Alberto Couto. Embargos de divergência e infringentes no Tribunal Superior do Trabalho. In: FERRARI, Irany; COSTA, Armando Casimiro (coord.). *Recursos trabalhistas*: estudos em homenagem ao Ministro Vantuil Abdala. São Paulo: LTr, 2003. p. 113-136. ISBN 8536104910.

Registro Bibliográfico: 19054

Título: Comentários à Lei n. 9.957, de 12 de janeiro de 2000: comissões de conciliação prévia

Tipo do Material: Capítulo de Livro

Número de Chamada: 347.919.7:331 L 534 2002

MACIEL, José Alberto Couto. Comentários à Lei n. 9.957, de 12 de janeiro de 2000: comissões de conciliação prévia.In: PAIVA, Mário Antônio Lobato de (coord.). *A lei do rito sumaríssimo e das comissões de conciliação prévia najustiça do trabalho vistas pelos juristas.* Rio de Janeiro: Forense, 2002. p. 169. ISBN 85-309-1491-0.

Registro Bibliográfico: 19044

Título: Comentários à Lei n. 9.957, de 12 de janeiro de 2000: rito sumaríssimo

Tipo do Material: Capítulo de Livro

Número de Chamada: 347.919.7:331 L 534 2002

MACIEL, José Alberto Couto. Comentários à Lei n. 9.957, de 12 de janeiro de 2000: rito sumaríssimo. In: PAIVA, MárioAntônio Lobato de (coord.). *A lei do rito sumaríssimo e das comissões de conciliação prévia na justiça do trabalho vistas pelos juristas.* Rio de Janeiro: Forense, 2002. p. 79. ISBN 85-309-1491-0.

Registro Bibliográfico: 11900

Título: Papel das centrais sindicais

Tipo do Material: Capítulo de Livro

Número de Chamada: 34:331.88 C986ot 1998

MACIEL, José Alberto Couto. Papel das centrais sindicais. In: FRANCO FILHO, Georgenor de Sousa (coord.). *Cursode direito coletivo do trabalho*: estudos em homenagem ao Ministro Orlando Teixeira da Costa. São Paulo: LTr, 1998. p. 120-134.

Registro Bibliográfico: 127000

Título: O direito processual do trabalho e a agilização da Justiça do Trabalho

Tipo do Material: Capítulo de Livro

Número de Chamada: 34:331(063) C578 1994

MACIEL, José Alberto Couto *et al.* O direito processual do trabalho e a agilização da Justiça do Trabalho. In: CONGRESSO COMEMORATIVO DO CINQUENTENÁRIO DA CLT (1993: Brasília, DF). *CLT em debate*: Anais do Congresso Comemorativo do Cinquentenário da Consolidação das Leis do Trabalho. São Paulo: LTr, 1994. p. 159-184.

Registro Bibliográfico: 10817

Título: Trabalho doméstico

Tipo do Material: Capítulo de Livro

Número de Chamada: 342:331 C986am v. 1 1991

MACIEL, José Alberto Couto. Trabalho doméstico. In: ROMITA, Arion Sayão (coord.). *Curso de direito constitucionaldo trabalho — v. 1*: estudos em homenagem ao Prof. Amauri Mascaro Nascimento. São Paulo: LTr, 1991. p. 351-365.

Registro Bibliográfico: 10714

Título: A arbitragem voluntária como forma de solução dos conflitos coletivos em face da nova Constituição Federal

Tipo do Material: Capítulo de Livro

Número de Chamada: 34:331.105.4 R321as 1989

MACIEL, José Alberto Couto. A arbitragem voluntária como forma de solução dos conflitos coletivos em face da novaConstituição Federal. In: TEIXEIRA FILHO, João de Lima (coord.). *Relações coletivas de trabalho*: estudos em homenagem ao Ministro Arnaldo Süssekind. São Paulo: LTr, 1989. p. 573-580.

Registro Bibliográfico: 10490

Título: Alteração do contrato de trabalho

Tipo do Material: Capítulo de Livro

Número de Chamada: 34:331.116 C782 2. ed. 1986

MACIEL, José Alberto Couto. Alteração do contrato de trabalho. In: BERNARDES, Hugo Gueiros (coord.). *O contratode trabalho e sua alteração.* 2. ed. rev. e atual. São Paulo: LTr, 1986. p. 53-97.

Registro Bibliográfico: 10505

Título: Problema do desconto salarial em favor da entidade sindical

Tipo do Material: Capítulo de Livro

Número de Chamada: 34:331.88 S623 1986

MACIEL, José Alberto Couto. Problema do desconto salarial em favor da entidade sindical. In: ROMITA, Arion Sayão(coord.). *Sindicalismo*: obra dedicada a José Martins Catharino. São Paulo: LTr, 1986. p. 166.

Registro Bibliográfico: 112399

Título: Alteração do local de trabalho

Tipo do Material: Capítulo de Livro

Número de Chamada: 34:331.116 Ca 782 1975

MACIEL, José Alberto Couto. Alteração do local de trabalho. In: BERNARDES, Hugo Gueiros (coord.). *O contrato detrabalho e sua alteração.* São Paulo: LTr, 1975. p. 55-85.

Registro Bibliográfico: 152746

Título: Direito do trabalho ao alcance de todos

Tipo do Material: Livro

Número de Chamada: 34:331 M138d 20. ed. 2018

MACIEL, José Alberto Couto; FROTA, Manuela Maciel; AZAMBUJA, Paula Maciel. *Direito do trabalho ao alcance detodos.* 20. ed. São Paulo: LTr, 2018. 159 p. ISBN 9788536195001.

Registro Bibliográfico: 108701

Título: Direito do trabalho ao alcance de todos

Tipo do Material: Livro

Número de Chamada: 34:331 M138d 17. ed. 2012

MACIEL, José Alberto Couto; MACIEL, Paula Machado Colela. *Direito do trabalho ao alcance de todos.* 17. ed. SãoPaulo: LTr, 2012. 168 p. ISBN 978-85-361-2248-9.

Registro Bibliográfico: 119530

Título: Direito do trabalho ao alcance de todos

Tipo do Material: Livro

Número de Chamada: 34:331 M138d 16. ed. 2011

MACIEL, José Alberto Couto; MACIEL, Paula Machado Colela. *Direito do trabalho ao alcance de todos.* 16. ed.atual. São Paulo: LTr, 2011. 160 p. ISBN 978-85-361-1730-0.

Registro Bibliográfico: 96193

Título: Ensaios de direito do trabalho

Tipo do Material: Livro

Número de Chamada: 34:331 M 138e 2002

MACIEL, José Alberto Couto. *Ensaios de direito do trabalho.* Brasília, DF: Consulex, 2002. 175 p. ISBN85-88551-17-9.

Registro Bibliográfico: 130341

Título: Comentários às novas reformas do judiciário trabalhista

Tipo do Material: Livro

Número de Chamada: 34:331 M 138c 2000

MACIEL, José Alberto Couto. *Comentários às novas reformas do judiciário trabalhista.* Brasília, DF: Consulex, 2000. 138 p.

Registro Bibliográfico: 3579

Título: Desemprego ou supérfluo?: globalização

Tipo do Material: Livro

Número de Chamada: 34:331 M 138d 1998

MACIEL, José Alberto Couto. *Desemprego ou supérfluo?:* globalização. São Paulo: LTr, 1998. 112 p. ISBN85-7322-379-0.

Registro Bibliográfico: 3441

Título: Novo direito do trabalho ao alcance de todos

Número de Chamada: 34:331 M138n 15. ed. 1997

MACIEL, José Alberto Couto. *Novo direito do trabalho ao alcance de todos.* 15. ed. São Paulo: LTr, 1997. 158 p.

Registro Bibliográfico: 3163

Título: Comentários à Convenção 158 da OIT: garantia no emprego

Tipo do Material: Livro

Número de Chamada: 341.1:331 M 138c 1996

MACIEL, José Alberto Couto. *Comentários à Convenção 158 da OIT:* garantia no emprego. São Paulo: LTr, 1996. 86p. ISBN 85-7322-113-5.

Registro Bibliográfico: 3207

Título: Comentários à Convenção 158 da OIT: garantia no emprego

Tipo do Material: Livro

Número de Chamada: 341.1:331 M138c 2. ed. 1996

MACIEL, José Alberto Couto. *Comentários à Convenção 158 da OIT:* garantia no emprego. 2. ed. atual. São Paulo:LTr, 1996. 96 p. ISBN 9788573221602.

Registro Bibliográfico: 3068

Título: Direito do trabalho ao alcance de todos

Tipo do Material: Livro

Número de Chamada: 34:331 M138d 14. ed. 1995

MACIEL, José Alberto Couto. *Direito do trabalho ao alcance de todos.* 14. ed. São Paulo: LTr, 1995. 126 p.

Registro Bibliográfico: 2436

Título: Garantia no emprego já em vigor

Tipo do Material: Livro

Número de Chamada: 34:331.13 M 138g 1994

MACIEL, José Alberto Couto. *Garantia no emprego já em vigor.* São Paulo: LTr, 1994. 144 p.

Registro Bibliográfico: 2323

Título: Direito do trabalho ao alcance de todos e a nova Constituição

Tipo do Material: Livro

Número de Chamada: 34:331 M138d 13. ed. 1993

MACIEL, José Alberto Couto. *Direito do trabalho ao alcance de todos e a nova Constituição.* 13. ed. São Paulo: LTr, 1993. 126 p.

Registro Bibliográfico: 2293

Título: Recursos trabalhistas: como destrancar e esclarecer agravo de instrumento e embargos de declaração

Tipo do Material: Livro

Número de Chamada: 347.955:331 M 138r 1993

MACIEL, José Alberto Couto; OLIVEIRA, Roberto Caldas Alvim de. *Recursos trabalhistas:* como destrancar eesclarecer agravo de instrumento e embargos de declaração. São Paulo: LTr, 1993. 119 p.

Registro Bibliográfico: 2328

Título: Direito do trabalho ao alcance de todos e a nova Constituição

Número de Chamada: 34:331 M138d 12. ed. 1992

MACIEL, José Alberto Couto. *Direito do trabalho ao alcance de todos e a nova Constituição.* 12. ed. São Paulo: LTr, 1992. 126 p.

Registro Bibliográfico: 2194

Título: Direito do trabalho ao alcance de todos e a nova Constituição

Tipo do Material: Livro

Número de Chamada: 34:331 M138d 11. ed. 1991

MACIEL, José Alberto Couto. *Direito do trabalho ao alcance de todos e a nova Constituição.* 11. ed. São Paulo: LTr, 1991. 126 p.

Registro Bibliográfico: 2186

Título: Recurso de revista

Tipo do Material: Livro

Número de Chamada: 347.955:331 M 138r

MACIEL, José Alberto Couto. *Recurso de revista.* São Paulo: LTr, 1991. 182 p.

Registro Bibliográfico: 2015

Título: Precedentes do TST em dissídios coletivos comentados

Tipo do Material: Livro

Número de Chamada: 347.998.72(094.9) M138p 1990

MACIEL, José Alberto Couto. *Precedentes do TST em dissídios coletivos comentados.* São Paulo: LTr, 1990. 169p.

Registro Bibliográfico: 1918

Título: Comentários às decisões do Supremo Tribunal Federal em matéria trabalhista

Tipo do Material: Livro

Número de Chamada: 34:331(094.9) M 138c v. 3 1988

MACIEL, José Alberto Couto. *Comentários às decisões do Supremo Tribunal Federal em matéria trabalhista.* SãoPaulo: LTr, 1988. 238 p.; v. 3.

Registro Bibliográfico: 1914

Título: Direito do trabalho ao alcance de todos e a nova Constituição

Tipo do Material: Livro

Número de Chamada: 34:331 M138d 8. ed. 1988

MACIEL, José Alberto Couto. *Direito do trabalho ao alcance de todos e a nova Constituição.* 8. ed. São Paulo: LTr, 1988. 160 p.

Registro Bibliográfico: 1581

Título: Advocacia no Tribunal Superior do Trabalho

Tipo do Material: Livro

Número de Chamada: 347.965:331 M 138a 1984

MACIEL, José Alberto Couto. *Advocacia no Tribunal Superior do Trabalho.* São Paulo: LTr, 1984. 182 p.

Registro Bibliográfico: 1565

Título: Comentários às decisões do Supremo Tribunal Federal em matéria trabalhista

Tipo do Material: Livro

Número de Chamada: 34:331(094.9) M 138c v. 2 1984

MACIEL, José Alberto Couto. *Comentários às decisões do Supremo Tribunal Federal em matéria trabalhista.* SãoPaulo: LTr, 1984. 279 p.; v. 2.

Registro Bibliográfico: 1515

Título: Direito do trabalho ao alcance de todos

Tipo do Material: Livro

Número de Chamada: 34:331 M138d 5. ed. 1983

MACIEL, José Alberto Couto. *Direito do trabalho ao alcance de todos.* 5. ed. São Paulo: LTr, 1983. 136 p.

Registro Bibliográfico: 1577

Título: Direitos trabalhistas dos bancários

Tipo do Material: Livro

Número de Chamada: 347.734:331 M138d 2. ed. 1983

MACIEL, José Alberto Couto. *Direitos trabalhistas dos bancários.* 2. ed. São Paulo: LTr, 1983. 170 p.

Registro Bibliográfico: 1393

Título: Comentários às decisões do Supremo Tribunal Federal em matéria trabalhista

Tipo do Material: Livro

Número de Chamada: 34:331(094.9) M 138c v. 1 1982

MACIEL, José Alberto Couto. *Comentários às decisões do Supremo Tribunal Federal em matéria trabalhista.* SãoPaulo: LTr, 1982. 284 p.; v. 1.

Registro Bibliográfico: 1362

Título: Direito do trabalho ao alcance de todos

Tipo do Material: Livro

Número de Chamada: 34:331 M138d 4. ed. 1982

MACIEL, José Alberto Couto. *Direito do trabalho ao alcance de todos.* 4. ed. São Paulo: LTr, 1982. 136 p.

Registro Bibliográfico: 1363

Título: Direitos trabalhistas dos bancários

Tipo do Material: Livro

Número de Chamada: 347.734:331 M138d 1982

MACIEL, José Alberto Couto. *Direitos trabalhistas dos bancários.* São Paulo: LTr, 1982. 170 p.

Registro Bibliográfico: 684
Título: Direito do trabalho ao alcance de todos
Tipo do Material: Livro
Número de Chamada: 34:331 M138d 1978
MACIEL, José Alberto Couto. *Direito do trabalho ao alcance de todos.* São Paulo: LTr, 1978. 136 p.

Registro Bibliográfico: 632
Título: O progresso atual e o contrato de trabalho do empregado doméstico
Tipo do Material: Livro
Número de Chamada: 647.2 M138p 1978
MACIEL, José Alberto Couto. *O progresso atual e o contrato de trabalho do empregado doméstico.* São Paulo:LTr, 1978. 56 p.